A SEGUNDA MONTANHA

De David Brooks

*A Segunda Montanha:
A busca por uma vida moral*

A Estrada para o Caráter

O Animal Social: A história de como o sucesso acontece

*On Paradise Drive: How we live now
(and always have) in the future tense*

Bubos no Paraíso: A nova classe alta e como chegou lá

BEST-SELLER DO *NEW YORK TIMES*

DAVID BROOKS

A SEGUNDA MONTANHA

A Busca por uma Vida Moral

Rio de Janeiro, 2019

A Segunda Montanha
Copyright © 2019 da Starlin Alta Editora e Consultoria Eireli. ISBN: 978-85-508-1162-8

Translated from original The Second Mountain. Copyright © 2019 by David Brooks. ISBN 978-0-8129-9326-4. This translation is published and sold by permission of Random House, an imprint and division of Penguin Random House, the owner of all rights to publish and sell the same. PORTUGUESE language edition published by Starlin Alta Editora e Consultoria Eireli, Copyright © 2019 by Starlin Alta Editora e Consultoria Eireli.

Todos os direitos estão reservados e protegidos por Lei. Nenhuma parte deste livro, sem autorização prévia por escrito da editora, poderá ser reproduzida ou transmitida. A violação dos Direitos Autorais é crime estabelecido na Lei nº 9.610/98 e com punição de acordo com o artigo 184 do Código Penal.

A editora não se responsabiliza pelo conteúdo da obra, formulada exclusivamente pelo(s) autor(es).

Marcas Registradas: Todos os termos mencionados e reconhecidos como Marca Registrada e/ou Comercial são de responsabilidade de seus proprietários. A editora informa não estar associada a nenhum produto e/ou fornecedor apresentado no livro.

Impresso no Brasil — 1ª Edição, 2019 — Edição revisada conforme o Acordo Ortográfico da Língua Portuguesa de 2009.

Publique seu livro com a Alta Books. Para mais informações envie um e-mail para autoria@altabooks.com.br

Obra disponível para venda corporativa e/ou personalizada. Para mais informações, fale com projetos@altabooks.com.br

Produção Editorial Editora Alta Books	**Produtor Editorial** Thiê Alves	**Marketing Editorial** marketing@altabooks.com.br	**Vendas Atacado e Varejo** Daniele Fonseca Viviane Paiva comercial@altabooks.com.br	**Ouvidoria** ouvidoria@altabooks.com.br
Gerência Editorial Anderson Vieira		**Editor de Aquisição** José Rugeri j.rugeri@altabooks.com.br		
Equipe Editorial	Adriano Barros Bianca Teodoro Ian Verçosa Illysabelle Trajano	Juliana de Oliveira Kelry Oliveira Keyciane Botelho Larissa Lima	Leandro Lacerda Lívia Carvalho Maria de Lourdes Borges Paulo Gomes	Thales Silva Thauan Gomes
Tradução Samantha Batista	**Copidesque** Wendy Campos	**Revisão Gramatical** Hellen Suzuki Thaís Pol	**Diagramação** Luisa Maria Gomes	

Erratas e arquivos de apoio: No site da editora relatamos, com a devida correção, qualquer erro encontrado em nossos livros, bem como disponibilizamos arquivos de apoio se aplicáveis à obra em questão.

Acesse o site www.altabooks.com.br e procure pelo título do livro desejado para ter acesso às erratas, aos arquivos de apoio e/ou a outros conteúdos aplicáveis à obra.

Suporte Técnico: A obra é comercializada na forma em que está, sem direito a suporte técnico ou orientação pessoal/exclusiva ao leitor.

A editora não se responsabiliza pela manutenção, atualização e idioma dos sites referidos pelos autores nesta obra.

Dados Internacionais de Catalogação na Publicação (CIP) de acordo com ISBD

B873s   Brooks, David

A Segunda Montanha: a busca por uma vida moral / David Brooks ; traduzido por Samantha Batista. - Rio de Janeiro : Alta Books, 2019.
384 p. : il. ; 16cm x 23cm.

Tradução de: The Second Mountain
Inclui índice.
ISBN: 978-85-508-1162-8

1. Autoajuda. 2. Felicidade. 3. Carreira. I. Batista, Samantha. II. Título.

2019-1151   CDD 158.1
               CDU 159.947

Elaborado por Odilio Hilario Moreira Junior - CRB-8/9949

Rua Viúva Cláudio, 291 — Bairro Industrial do Jacaré
CEP: 20.970-031 — Rio de Janeiro (RJ)
Tels.: (21) 3278-8069 / 3278-8419
www.altabooks.com.br — altabooks@altabooks.com.br
www.facebook.com/altabooks — www.instagram.com/altabooks

Para Anne,
que me trouxe uma alegria sem fim

SOBRE O AUTOR

DAVID BROOKS é um dos principais escritores e comentaristas norte-americanos. Escreve uma coluna para o *New York Times* e aparece regularmente nos programas *PBS NewsHour* e *Meet the Press*. É autor best-seller de *A Segunda Montanha: A busca por uma vida moral*; *A Estrada para o Caráter*; *O Animal Social: A história de como o sucesso acontece; Character, and Achievement*; *Bubos no Paraíso: A nova classe alta e como chegou lá*; e *On Paradise Drive: How we live now (and always have) in the future tense*.

AGRADECIMENTOS

Este livro fala de relacionamentos e se originou deles. Nos últimos cinco anos, com as reviravoltas da vida, minhas velhas amizades se fortaleceram e, com isso, dezenas de amizades novas vieram de presente. Uma das coisas que aprendi é que, se você precisa de alguma coisa e pede ajuda aos seus amigos, eles valorizam a oportunidade de ajudá-lo. Isso fortalece sua amizade e lhe dá uma chance de ajudá-los mais tarde, quando o jogo tiver virado. No primeiro esboço deste agradecimento, citei o nome de cada um desses amigos importantes, mas fiquei com medo de esquecer alguém que tivesse sido generoso comigo. Então, só quero dizer aos meus amigos — do mundo todo — que vocês sabem quem são. Vocês se lembram dos jantares demorados, das caminhadas, dos clubes do livro e das galerias, dos telefonemas tarde da noite. Vocês sabem como tudo o que conversamos está incutido por todo o livro, como tentei pegar a sabedoria coletiva dos meus amigos e lavrá-la nestas páginas.

Entre as pessoas envolvidas mais diretamente no projeto, agradeço especialmente àquelas que leram e comentaram o manuscrito, incluindo April Lawson, James Hitchcock, Emily Esfahani Smith, Shaylyn Romney Garrett, Celeste Marcus e Pete Wehner. Seus conselhos foram fantásticos e suas recomendações foram inestimáveis. Também gostaria de agradecer a Maria Popova, cujo blog Brain Pickings é uma fonte contínua de sabedoria e orientação.

AGRADECIMENTOS

Provavelmente não escrevi o suficiente neste livro sobre como somos formados por instituições. Eu fui abençoado por ter a vida entrelaçada a pelo menos cinco instituições incríveis. A primeira é a All Our Kids. Escrevo sobre minha segunda família no Capítulo 8. Deixe-me usar um pouco de tempo para agradecer não somente a David Simpson e Kathy Fletcher, mas também a Sarah P. e Emilia, bem como a Thalya, Tahrook, Madeline, Kleo, Keyno, Nabil, James, Koleco, Craig, Shaughn, Bella, Kesari, Santi, Bisah, Chyna, Nueta, Azarri, Brandon, Edd e, literalmente, dezenas de outras pessoas. Eles ofereceram companhia, educação emocional e uma trilha sonora para esta fase da minha vida.

A segunda é o *New York Times*. Trabalhar com meus colegas colunistas é como trabalhar em um motor de combustão intelectual. Trabalhar sob a orientação de James Bennet e Jim Dao e com James Hitchcock significa que, apesar das aparências, você sabe que o motor não explodirá. Servir a nossos leitores é um exercício constante de humildade, de modo prazeroso e doloroso.

A terceira é a Universidade Yale. Este livro foi um curso no Jackson Institute for Global Affairs, com o suporte radiante e paciente do diretor, Jim Levinsohn. Qualquer professor sabe que aprende tanto com seus alunos quanto os ensina; comigo certamente foi assim. Também aprendi com diversos colegas de Yale, especialmente Bryan Garsten, Miroslav Volf, Steven Smith, Christian Wiman, Tony Kronman, Stan McChrystal, Charles Hill e John Lewis Gaddis.

A quarta é o Aspen Institute. Graças aos curadores do instituto, tive a oportunidade de passar o último ano viajando pelo país, conhecendo as pessoas mais inspiradoras e altruístas que já encontrei. Gostaria de agradecer especialmente a Daniel Porterfield, Eric Motley, Jim Crown, Bob Steel, Lynda e Stewart Resnick, e, acima de tudo, aos meus colegas da Weave: Tom Loper, April Lawson, Shaylyn Romney Garrett, Krystle Starvis, Isabel Soto, Celeste Marcus e tantos outros.

Finalmente, há a Penguin Random House. Este é meu terceiro livro com essa editora e sou um desses raros autores que não têm nada de mau a dizer sobre suas editoras. Will Murphy me apresentou a ela. Andy Ward editou este livro com cuidado e muito critério. Gina Centrello achou que eu estava virando tilelê oito anos atrás, mas espero que tenha ficado satisfeita com a fase do Brooks tilelê. Cole Louison é um verificador de fatos absolutamente incrível. Campbell Schnebly-Swanson abordou seu trabalho de pesquisa com o entusiasmo e o talento que marcam sua vida.

Quero agradecer a mais algumas pessoas. Todo mundo tem um lado ativo, e o meu é ser especialista em rádio e TV. Nesse papel, nos últimos 20 anos, tive a chance de ficar lado a lado com Mark Shields. Isso tem sido uma das maiores bênçãos da minha vida. Mark é fiel a seus compromissos, generoso com sua amizade, engraçado de sua própria maneira e inteligente, justo e provocativo em nosso trabalho.

Meus filhos — Joshua, Naomi e Aaron — também tiveram seus altos e baixos nos últimos anos, mas acabaram tornando-se jovens inteligentes, afetuosos, maduros, instruídos e fortes. Passar um tempo com eles é puro contentamento, sempre. Toda vez que meus filhos alcançam um novo estágio da vida, eu penso: "Nossa, essa é a melhor fase de todas." Minha mãe, Lois, faleceu enquanto eu escrevia este livro, então perdi minha melhor editora, e a mais exigente. Meu pai suportou sua perda com elegância e bom ânimo.

Finalmente, Anne. Um argumento central neste livro é o de que podemos ficar expostos quando estamos na pior. Também podemos ser expostos pelo amor. O amor que eu sinto por Anne e recebo dela deixa tudo colorido e aconchegante. Quando as pessoas tentam descrevê-la, normalmente chegam à mesma palavra: brilhante. Este livro tem sido, e o resto da minha vida será, aquecido e guiado pela luz de Anne.

SUMÁRIO

INTRODUÇÃO   xv

PARTE I As Duas Montanhas

    UM **Sistemas Morais**   3
    DOIS **A Vida no Instagram**   15
    TRÊS **A Estrela Insegura**   23
    QUATRO **O Vale**   29
    CINCO **O Deserto**   43
    SEIS **Coração e Alma**   49
    SETE **A Vida Comprometida**   57
    OITO **A Segunda Montanha**   65

Os Quatro Compromissos

PARTE II Vocação

    NOVE **O que É Vocação**   93
    DEZ **O Momento da Anunciação**   101
    ONZE **O que os Mentores Fazem**   107
    DOZE **Problemas de Vampiros**   115
    TREZE **Maestria**   133

PARTE III Casamento

QUATORZE **O Casamento Supremo**	149
QUINZE **Os Estágios da Intimidade I**	159
DEZESSEIS **Os Estágios da Intimidade II**	167
DEZESSETE **A Decisão do Casamento**	179
DEZOITO **Casamento: A Escola Construída Juntos**	189

PARTE IV Filosofia e Fé

DEZENOVE **Compromissos Intelectuais**	203
VINTE **Compromisso Religioso**	217
VINTE E UM **Uma Reviravolta Muito Inesperada**	227
VINTE E DOIS **Rampas e Muros**	269

PARTE V Comunidade

VINTE E TRÊS **Estágios da Construção da Comunidade I**	281
VINTE E QUATRO **Estágios da Construção da Comunidade II**	299
VINTE E CINCO **Conclusão: O Manifesto Relacionalista**	315

| NOTAS | 331 |
| ÍNDICE | 339 |

INTRODUÇÃO

Volta e meia conheço alguém que irradia alegria. Essas pessoas parecem ter uma luz interna que as faz brilhar. Elas são bondosas, tranquilas, ficam satisfeitas com pequenas coisas e são gratas por grandes acontecimentos. Elas não são perfeitas. Ficam exaustas e se estressam, cometem erros de julgamento. Mas vivem pelos outros e não por si mesmas. Elas se comprometeram firmemente com a família, com uma causa, uma comunidade ou uma fé. Sabem por que vieram ao mundo e têm muita satisfação em fazer o que lhes é pedido. A vida não é fácil para essas pessoas. Elas assumiram o fardo de outras, mas estão serenas com isso, resolutas. Elas se interessam por você, em fazê-lo se sentir querido e aceito, e têm prazer em ver o seu bem.

Quando conhecemos tais pessoas, percebemos que a alegria não é só um sentimento, mas pode ser uma atitude mental. Existem euforias temporárias que sentimos depois de vencer alguma coisa, e existe também esse outro tipo de alegria permanente que anima as pessoas que não são obcecadas por si mesmas, mas que se doam.

Geralmente descubro que a vida delas assumiu um formato que imagino como duas montanhas. Elas saíram da escola, começaram sua carreira ou uma família, e identificaram a montanha que deveriam escalar: eu serei policial, médico, empreendedor etc. Na primeira montanha, todos temos que executar determinadas tarefas de vida: estabelecer uma identidade, separar-nos dos pais, cultivar talentos, construir um ego equilibrado e tentar deixar nossa marca no mundo. As pessoas que escalam essa primeira montanha passam muito tempo pensando na gestão de sua reputação, estão sempre contando pontos. Estou à altura disso? Qual é a minha classificação? Como diz o psicólogo James Hollis, nessa fase temos a tendência de pensar: "Eu sou o que o mundo diz que sou."

As metas nessa primeira montanha são as normais endossadas por nossa cultura — ter sucesso, ter uma boa reputação, ser convidado para os círculos sociais certos e experimentar alegria pessoal. São todas as coisas normais: uma casa boa, uma família boa, férias divertidas, comida gostosa, bons amigos e assim por diante.

Então, algo acontece.

Algumas pessoas chegam ao topo dessa primeira montanha, experimentam o sucesso e o acham... insuficiente. "É só isso?", pensam. Elas sentem que deve haver uma jornada mais intensa a ser percorrida.

Outras pessoas caem dessa montanha por conta de alguma falha. Algo acontece em sua carreira, família ou com sua reputação. De repente, a vida não parece mais uma subida contínua pela montanha do sucesso; ela tem uma forma diferente e mais decepcionante.

Para outras ainda, algo inesperado acontece que as faz desviar do caminho: a morte de um filho; um susto com o diagnóstico de um câncer; a luta contra um vício; alguma tragédia que altera a vida e não fazia parte do plano original. Independentemente da causa, essas pessoas não estão mais na montanha. Elas estão no vale da confusão ou do sofrimento. Aliás, isso pode acontecer em qualquer idade, dos 8 aos 85 anos ou mais.

Essas fases de sofrimento têm um jeito de expor o que há de mais profundo em nós mesmos e nos lembrar de que não somos quem pensávamos. As pessoas no vale foram expostas. Foram lembradas de que não são apenas as partes que exibem delas mesmas. Há outra camada nelas que estiveram negligenciando, uma essência na qual moram as feridas mais sombrias e os anseios mais poderosos.

Algumas perdem o brilho ao enfrentar esse tipo de sofrimento. Elas parecem ficar mais receosas e amargas. Elas se afastam de sua essência interior por medo. Suas vidas ficam menores e mais solitárias. Todos conhecemos pessoas idosas que nutrem mágoas eternas. Elas não recebem o respeito que merecem. Vivem suas vidas imersas em uma raiva eterna sobre algo de errado que fizeram a elas há muito tempo.

Mas para outras esse vale é onde se desenvolvem. A época de sofrimento interrompe o fluxo superficial da vida cotidiana. Elas começam a olhar mais fundo para si mesmas e percebem que, na essência, fluindo de todos os locais mais frágeis, há uma capacidade fundamental de se importar, um anseio de transcender o eu e cuidar dos outros. E, quando encontram esse anseio, estão prontas para se tornar uma pessoa completa. Passam a ver coisas familiares com outros olhos. Finalmente são capazes de amar ao próximo como a si mesmas, não só como lema, mas uma realidade prática. Suas vidas são definidas pela maneira como reagem a seu momento de maior adversidade.

As pessoas que evoluíram com o sofrimento fazem duas rebeliões. Primeiro, elas se rebelam contra o ideal de seus egos. Quando estavam na primeira montanha, seu ego tinha uma visão do que almejavam — uma visão de proeminência, prazer e sucesso. No vale, elas perdem o interesse pelo ideal de seu ego. É claro que depois ainda sentem e às vezes sucumbem aos seus desejos egoístas. Mas, no geral, percebem que os desejos do ego nunca satisfarão sua verdadeira essência. Elas percebem, como dito por Henri Nouwen, que são muito melhores do que o ideal de seu ego.

Em segundo lugar, elas se rebelam contra a cultura dominante. Durante toda a vida frequentaram aulas de economia ou viveram em uma cultura que ensina que o ser humano busca o interesse próprio — dinheiro, poder, fama. Mas, de repente, não estão interessadas no que as outras pessoas dizem que devem querer. Desejam coisas que realmente valem a pena esperar. Elevam seus desejos. O mundo diz para serem boas consumidoras, mas elas preferem ser consumidas — por uma causa moral. O mundo diz para desejarem independência, mas elas escolhem a interdependência — estar envoltas em uma rede de relacionamentos afetuosos. O mundo diz para quererem liberdade individual, mas elas preferem intimidade, responsabilidade e compromisso. O mundo quer que subam os degraus em busca do sucesso, mas elas querem ser alguém para outras pessoas. As revistas nas prateleiras querem que perguntem: "O que posso fazer para ser feliz?", mas elas vislumbram algo maior que a felicidade pessoal.

As pessoas que evoluíram com o sofrimento são corajosas o suficiente para deixar morrer partes de seu velho eu. No vale, suas motivações mudaram. Passaram de autocentradas para centradas nos outros.

A essa altura, elas percebem: "Nossa, essa primeira montanha não era a minha montanha, no fim das contas." Há outra montanha bem maior por aí que realmente é a minha. A segunda montanha não é o oposto da primeira. Escalá-la não significa rejeitar a primeira montanha, é a jornada que vem depois. É a fase mais generosa e satisfatória da vida.

Algumas pessoas alteram radicalmente suas vidas quando isso acontece. Desistem de seus escritórios de advocacia e se mudam para o Tibete. Pedem demissão de seus empregos como consultoras e começam a dar aulas em escolas de áreas de baixa renda. Outras ficam em seus campos, mas usam o tempo de outra forma. Tenho uma amiga que criou um negócio de sucesso, mas passa a maior parte do tempo construindo pré-escolas e centros de saúde para as pessoas que trabalham em sua empresa. Ela está na segunda montanha.

Outras ainda ficam no mesmo emprego e no mesmo casamento, mas estão transformadas. Nada mais é sobre elas mesmas; é um chamado. Se são diretoras de escola, sua alegria é ver os professores brilharem. Se trabalham em uma empresa, não se veem mais como gerentes, mas como mentoras; dedicam a energia para ajudar os outros a melhorar. Querem que suas organizações sejam locais bons, em que as pessoas encontrem um propósito, e não adversos, em que só ganham um salário.

Em seu livro *Practical Wisdom* ["A Prática do Bom Senso", em tradução livre], o psicólogo Barry Schwartz e o cientista político Kenneth Sharpe contam uma história sobre um zelador de hospital chamado Luke. No hospital em que Luke trabalhava, havia um jovem que tinha entrado em uma briga e agora estava em coma, e não acordava. Todos os dias, seu pai sentava ao seu lado em uma vigília silenciosa, e fez isso durante seis meses. Um dia, Luke entrou e limpou o quarto do jovem. Seu pai não estava lá; havia saído para fumar um cigarro. Mais tarde, Luke passou por ele no corredor. O pai vociferou com ele e o acusou de não ter limpado o quarto de seu filho.

A resposta da primeira montanha é ver seu trabalho como a limpeza dos quartos. "Eu limpei o quarto do seu filho", você vociferaria de volta. "Você é que estava lá fora fumando." A resposta da segunda montanha é ver seu trabalho como estar a serviço dos pacientes e suas famílias. É atender às suas necessidades em tempos de crise. Essa resposta é: esse homem precisa de conforto. Limpe o quarto novamente.

E foi isso que Luke fez. Como contou a um entrevistador mais tarde: "Eu limpei para que ele pudesse me ver limpando... eu consigo entender seu estado. Fazia uns seis meses que seu filho estava lá. Ele estava um pouco frustrado e eu limpei o quarto de novo. Mas não fiquei com raiva dele. Era uma coisa que eu podia compreender."

Ou veja o exemplo de Abraham Lincoln. Quando jovem, Lincoln tinha uma imensa sede de fama e poder, ao ponto de chegar a ficar com medo da intensidade desse desejo. Mas conservar a União foi um chamado tão forte que as considerações do eu não importavam mais. Ele deixou para trás a reputação pessoal e partiu para sua segunda montanha.

Um dia, em novembro de 1861, fez uma visita ao general George McClellan, na esperança de pressioná-lo pessoalmente a levar a briga contra os Confederados de maneira mais agressiva. Quando Lincoln chegou, McClellan não estava em casa, então Lincoln disse ao mordomo que ele, o secretário de Estado William Seward e um assistente, John Hay, esperariam na sala. Uma hora mais tarde, McClellan chegou em casa e passou pelo cômodo onde o presidente o aguardava. Lincoln esperou por mais 30 minutos. O mordomo retornou para dizer que McClellan havia decidido se recolher naquela noite e que veria Lincoln em algum outro momento. McClellan travava um jogo de poder com Lincoln.

Hay ficou enfurecido. Quem tinha a audácia de tratar o presidente dos Estados Unidos com tanto desrespeito? Lincoln, no entanto, estava imperturbável. "Neste momento", ele disse a Seward e Hay, "é melhor não discutir por questões de etiqueta ou dignidade própria". Não se tratava dele; seu orgulho não estava em jogo. Ele estava disposto a esperar para sempre se pudesse encontrar um general que lutasse pela União. A essa altura, Lincoln havia se doado. A causa era o centro de sua vida. Seu apelo final era para algo externo, não interno.

Essa é a maneira decisiva de saber se você está na primeira ou na segunda montanha. Para quem é seu apelo final? Para si mesmo ou para algo externo?

Se a primeira montanha trata da construção do ego e da definição de si mesmo, a segunda trata de se desprender do ego e deixar o eu de lado. Se a primeira montanha trata da aquisição, a segunda trata da contribuição. Se a primeira montanha é elitista — melhoria de posição social —, a segunda é igualitária — estar em meio àqueles que precisam e andar lado a lado com eles.

Não escalamos a segunda montanha do mesmo jeito que a primeira. A primeira montanha é conquistada. Nós identificamos o cume e vamos em direção a ele com unhas e dentes. A segunda montanha nos conquista. Nós nos rendemos a um chamado e fazemos tudo o que for necessário para atendê-lo e lidar com o problema ou a injustiça com a qual nos deparamos. Na primeira montanha tendemos a ser ambiciosos, estratégicos e independentes. Na segunda, tendemos a ser relacionais, íntimos e implacáveis.

Cheguei ao ponto de conseguir reconhecer pessoas da primeira e da segunda montanha. As pessoas da primeira montanha geralmente são alegres, interessantes e divertidas de ter por perto. Muitas vezes têm empregos admiráveis e podem levá-lo a uma variedade incrível de ótimos restaurantes. As pessoas da segunda montanha não são avessas aos prazeres do mundo. Elas apreciam uma boa taça de vinho ou uma bela praia. (Não há nada pior do que pessoas tão espiritualizadas que não amam o mundo.) Mas elas superaram esses prazeres em busca de uma alegria moral, um sentimento de terem alinhado sua vida a um bem final. Se precisarem escolher, escolhem a alegria.

Seus dias geralmente são exaustivos, pois se dedicam a outras pessoas que preenchem seus dias com pedidos e exigências. Mas estão vivendo com mais amplitude, ativando partes mais íntimas de si mesmas e assumindo responsabilidades mais amplas. Decidiram que, como diz C. S. Lewis: "A carga, ou peso, ou fardo da glória do meu vizinho deve ser colocado diariamente em minhas costas, uma carga tão pesada que apenas a humildade pode carregá-la, e as costas dos orgulhosos se quebrarão."

Eu também passei a reconhecer as organizações da primeira e da segunda montanha. Às vezes trabalhamos em uma empresa ou vamos a uma faculdade e ela não nos marca. Você pega o que foi buscar e vai embora. As organizações da segunda montanha tocam as pessoas de modo profundo e deixam uma marca permanente. Você sempre sabe quando conhece um fuzileiro naval, alguém que estudou na Morehouse College, um pianista da Juilliard, um cientista da NASA. Essas instituições têm um propósito coletivo, um conjunto compartilhado de rituais, uma história de origem em comum. Elas nutrem bons relacionamentos e exigem comprometimento total. Não só educam; elas transformam.

O PLANO

O primeiro propósito deste livro é mostrar como os indivíduos passam da primeira para a segunda montanha, mostrar como é uma vida mais intensa e alegre, passo a passo e em detalhes concretos. Todo mundo diz que devemos servir a uma causa maior que nós mesmos, mas ninguém diz como fazer isso.

O segundo propósito é mostrar como as sociedades podem ir da primeira para a segunda montanha. Este livro é essencialmente sobre renovação, como coisas divididas e alienadas podem encontrar nova integridade. Nossa sociedade sofre uma crise de conexão, uma crise de solidariedade. Vivemos em uma cultura de hiperindividualismo. Há sempre uma tensão entre o eu e a sociedade, entre o individual e o coletivo. Nos últimos 60 anos caminhamos demais em direção ao eu. O único jeito de sair disso é com o reequilíbrio, construir uma cultura que leve as pessoas em direção à relação, à comunidade, ao comprometimento — às coisas que mais desejamos, mas que ainda boicotamos com nosso estilo de vida hiperindividualista.

Na primeira seção, farei um relato mais completo de como acontece a vida na segunda montanha. Vamos subir a primeira montanha, descer até o vale e subir a segunda montanha. Por favor, não leve essa metáfora muito ao pé da letra. É claro que não existe uma fórmula que aborde como a vida acontece. (Minha esposa, por exemplo, parece ter primeiro escalado sua segunda montanha. Diferente da maioria de nós, ela foi criada em um ambiente que enfatizava o comprometimento moral, não o sucesso individual.) Estou usando a metáfora das duas montanhas para reproduzir em forma narrativa os dois diferentes *éthos* morais pelos quais as pessoas podem viver — uma vida vivida para si e uma vida vivida como um presente para os outros. Quero mostrar como esse primeiro modo, que é comum em nossa cultura, não é satisfatório. Descreverei algumas das experiências que as pessoas têm na jornada para vidas mais gratificantes e compartilharei as verdades importantes que elas descobrem. A maioria de nós aprende a viver melhor, fica mais sábia e introspectiva com o passar do tempo, e este livro busca capturar como isso acontece.

Na segunda metade do livro, descreverei como as pessoas vivem com uma mentalidade da segunda montanha. As pessoas na primeira montanha têm vidas mais móveis e pouco apegadas. As da segunda são mais enraizadas e comprometidas. Na segunda montanha a vida é de comprometimento. Quando descrevo como as pessoas da segunda montanha vivem, o que realmente quero demonstrar é como elas firmaram os maiores compromissos com outras pessoas e como os vivem de maneira intensa e completa. Essas pessoas não consideram outras opções. Elas são determinadas. Comprometeram-se firmemente com um ou todos estes fatores:

Um talento
Um companheiro e uma família
Uma filosofia ou fé
Uma comunidade

Um compromisso é fazer uma promessa sem esperar uma recompensa. É se apaixonar por alguma coisa e construir uma estrutura de comportamento acerca dela para aqueles momentos em que o amor fraqueja. Nesta segunda seção do livro, tentarei descrever o comprometimento: como as pessoas são chamadas por um talento e o vivenciam; como decidem com quem casar e prosperam; como criam sua filosofia de vida e como experienciam a fé; como são tomados pelo desejo de servir sua comunidade; e como trabalham com outras pessoas para ajudar sua comunidade a prosperar. A satisfação de nossas vidas depende de como escolhemos e vivemos esses compromissos muitas vezes conflituosos.

Algumas das pessoas descritas nestas páginas viveram suas vidas em um nível bem alto. Realisticamente falando, você e eu não viveremos de modo tão abnegado quanto elas. Isso porque somos seres humanos comuns e ainda seremos nossos eus normais e egoístas mais do que queremos admitir. Mas ainda é importante estabelecer um alto padrão. Ainda é importante se inspirar nos exemplos dos outros e lembrar que é possível ter uma vida de compromissos profundos. Quando não alcançarmos isso, será por nossas próprias limitações, não porque tivemos um ideal inadequado.

O QUE APRENDI

A diferença entre a primeira e a segunda montanha pode parecer um pouco como a distinção entre virtudes de currículo e virtudes de obituário que fiz no último livro, *A Estrada para o Caráter*. E agora devo confessar que estou escrevendo este livro em parte para compensar as limitações do anterior. As pessoas que descrevi em *A Estrada para o Caráter* têm muito a nos ensinar. Mas um livro é escrito em um tempo específico, em um momento específico da jornada de alguém. Os cinco anos que se passaram desde que terminei o livro foram os mais tumultuosos da minha vida. Esses anos — às vezes dolorosos, às vezes alegres — foram um curso avançado na arte e nas armadilhas do viver. Eles me levaram muito além na estrada da compreensão.

Quando escrevi *A Estrada para o Caráter*, ainda estava preso na cadeia do individualismo. Eu acreditava que a vida era melhor quando agimos individualmente, quando assumimos a direção de nosso próprio navio. Ainda acreditava que o caráter era algo construído principalmente por conta própria. Identificamos nosso pecado central e, então, exibindo toda nossa força de vontade, fortalecemos nossos pontos fracos.

Não acredito mais que a formação do caráter é uma tarefa sobretudo individual, ou que seja alcançada de pessoa em pessoa. Não creio mais que a construção do caráter é como ir à academia: que você se exercita e desenvolve sua honestidade, integridade e determinação. Agora acho que o bom caráter é um subproduto da doação de si mesmo. Você ama coisas que valem a pena ser amadas. Você se submete a uma comunidade ou causa, compromete-se com outras pessoas, cria uma floresta densa de ligações amorosas, perde-se no ato diário de servir aos outros enquanto eles se perdem nos atos diários de lhe servir. Caráter é algo bom de se ter, e há muito o que aprender no caminho até ele. Mas existe algo melhor de se ter — contentamento moral. E essa serenidade chega à medida que nos aproximamos de incorporar o amor perfeito.

Além disso, não creio mais que as estruturas morais e culturais de nossa sociedade estejam bem e tudo o que temos que fazer é consertar a nós mesmos individualmente. Ao longo dos últimos anos, como resultado de eventos pessoais, nacionais e globais, eu me tornei radical.

Agora eu acho que o individualismo desenfreado da nossa cultura atual é uma catástrofe. A ênfase no eu — sucesso individual, autossatisfação, liberdade individual, autorrealização — é uma catástrofe. Não basta trabalhar nossas próprias fraquezas. Todo o paradigma cultural precisa mudar da mentalidade do hiperindividualismo para a mentalidade relacional da segunda montanha.

POR QUE ESTAMOS AQUI

Escrevi este livro em parte para me lembrar do tipo de vida que quero viver. Nós, escritores, lavamos a roupa suja em público, mesmo sob o pretexto de fingir escrever sobre outra pessoa. Ou seja, tentamos ensinar o que realmente precisamos aprender. Minha primeira montanha foi incrivelmente afortunada. Alcancei muito mais sucesso profissional do que esperava. Mas essa escalada me transformou em um certo tipo de pessoa: distante, invulnerável e retraída, pelo menos quando se tratava de minha vida privada. Eu me esquivava das responsabilidades do relacionamento. Minha ex-esposa e eu temos um acordo de não falarmos sobre nosso casamento e divórcio em público. Mas quando me recordo, em geral, dos erros, falhas e pecados da minha vida, eles tendem a ser falhas de omissão, falha em estar realmente presente para as pessoas a quem eu deveria ser próximo. Tendem a ser os pecados da ausência: evasão, vício no trabalho, evitação de conflitos, falta de empatia e falha em me expressar abertamente. Tenho dois velhos amigos que vivem a 400km de distância, por exemplo, e o lado deles da amizade exigiu uma paciência e um perdão imensos por todas as vezes que estive ocupado demais, desorganizado demais, distante demais, quando eles precisavam ou estavam disponíveis. Eu olho para essas amizades queridas com uma mistura de gratidão e vergonha, e esse padrão — de não estar presente para o que eu amo por priorizar o tempo em vez de pessoas, produtividade a relacionamentos — é um tema recorrente em minha vida.

O pagamento do pecado é mais pecado. Minhas falhas se acumularam e desabaram sobre mim em 2013. Naquele ano, a vida me jogou no vale. As realidades que definiam minha vida sumiram. Meu casamento de 27 anos terminou e, na esteira desse compromisso fracassado, eu me mudei para um apartamento. Meus filhos estavam chegando à idade adulta e já haviam saído de casa para estudar ou estavam preparando-se para isso. Eu ainda conseguia vê-los quando saíamos para jantar e tal, mas sentia falta daqueles encontros de 15 segundos no corredor ou na cozinha de casa. Havia passado toda a minha vida adulta no movimento conservador, mas meu conservadorismo não era mais o prevalecente, então também me vi descomprometido intelectual e politicamente. Muito da minha vida social foi passada em círculos conservadores, e essas conexões se distanciaram. Percebi que tinha muitas amizades superficiais. Poucas pessoas se abriam comigo, pois eu não transmitia uma sensação que encorajava a vulnerabilidade. Eu era ocupado demais, sempre correndo.

Não tinha raízes, estava sozinho, humilhado, confuso. Lembro-me de passar por esse período em um estado que lembrava uma embriaguez permanente — minhas emoções estavam todas à flor da pele, minhas playlists só tinham músicas irlandesas sobre corações partidos de Sinéad O'Connor e Snow Patrol. Carente, eu importunava meus amigos de maneiras vergonhosas, agora quando paro para pensar — o que tento não fazer. Eu estava descomprometido, pensando em como seria o resto da minha vida, confrontando os problemas de um jovem de 22 anos com a mente de um homem de 55 anos.

Tendo fracassado em um compromisso, passei os cinco anos seguintes pensando e lendo sobre como firmar compromissos bem, como dar significado à vida depois que o sucesso mundano fracassou em se cumprir. Este livro é produto dessa pesquisa. Escrevê-lo foi minha tentativa de chutar meu próprio traseiro, parte do meu esforço contínuo de escrever para tomar meu caminho para uma vida melhor. "Um livro deve ser o machado que rompe o oceano congelado dentro de nós", Kafka escreveu. Ele deve nos acordar e martelar nosso crânio. Esse, para mim, foi o propósito de escrever este livro.

Espero também tê-lo escrito para você. Quando se trata do que nós, escritores, fazemos, gosto de adotar a observação de D. T. Niles: "Somos como mendigos que tentam mostrar aos outros mendigos onde achamos pão." Bastam apenas algumas páginas deste livro para perceber que eu cito muitas pessoas mais sábias que eu. *Muitas* pessoas mesmo. Não peço desculpas por isso. Ocorreu-me várias vezes enquanto escrevia este livro que eu talvez não seja um escritor de verdade. Sou um professor ou um intermediário. Pego o currículo do conhecimento de outras pessoas e o passo adiante.

Finalmente, escrevi este livro como resposta para o momento histórico atual. Por seis décadas, a devoção ao eu tem sido a preocupação central de nossa cultura — moldar, investir e expressar o eu. O capitalismo, a meritocracia e a ciência social moderna têm normalizado o egoísmo; fazem parecer que os únicos motivos humanos reais são os de interesse próprio — o desejo pelo dinheiro, status e poder. Espalham silenciosamente a mensagem de que doar, preocupar-se e amar são apenas a cereja do bolo da sociedade.

Quando toda uma sociedade é construída em torno da preocupação consigo mesmo, seus membros se separam uns dos outros, se dividem e se alienam. E foi isso o que aconteceu conosco. Estamos no vale. O absurdo que vemos em nossa política é causado pelo absurdo em nossas bases morais e culturais — no modo como nos relacionamos uns com os outros, como nos vemos separáveis uns dos outros, nos valores individualistas que se transformaram na água em que nadamos. A cultura da primeira montanha se provou insuficiente, como sempre.

Nossa sociedade se tornou uma conspiração contra a alegria. Colocou ênfase demais na parte individualizadora de nossa consciência — a razão individual — e pouquíssima ênfase nas partes de comprometimento de nossa consciência, o coração e a alma. Vimos um aumento surpreendente de doenças mentais, suicídios e desconfiança. Ficamos cognitivos demais quando devemos ser mais emocionais; utilitários demais quando devemos usar as lentes morais; individualistas demais quando devemos ser mais comunais.

Então nós, como pessoas e como uma sociedade, temos que encontrar nossa segunda montanha. Isso não significa rejeitar as coisas que alcançamos na primeira montanha — o emprego bom, a casa boa, os prazeres de uma vida confortável. Todos precisamos de massagens diárias no ego ao longo da vida. Mas isso requer uma mudança na cultura — uma mudança nos valores e na filosofia, uma renegociação da estrutura do poder em nossa sociedade. É uma questão de mudar de um modo de pensamento para outro. De encontrar um *éthos* que coloque o comprometimento no centro de tudo.

A boa notícia é que: o que damos para nossa comunidade em centavos, ela nos devolve em reais. Se há uma coisa que eu tenho aprendido nos últimos cinco anos é que o mundo é mais encantador, estranho, místico e interconectado do que tudo o que podíamos imaginar quando estávamos na primeira montanha.

Na maior parte do tempo, almejamos muito pouco. Estamos em lugares e papéis inadequados. Passamos nossos dias almejando um pouco de aprovação ou alguma pequena vitória na carreira. Mas há um modo alegre de ser que não é só um pouquinho melhor do que o jeito que você está vivendo agora; é um salto quantitativo. É como se todos nós estivéssemos competindo para chegar um pouco mais perto de uma lâmpada de bronzeamento artificial. Se nos levantarmos e vivermos de modo diferente, poderemos nos bronzear em raios de sol de verdade.

Quando conheço pessoas vivendo com profundo comprometimento, sou atingido por este fato: a alegria é real.

ALEGRIA

Antes de começar a descrever a jornada pelas duas montanhas, quero fazer uma parada no último ponto — sobre a alegria ser algo real. Nossa opinião pública não tem uma definição clara de uma vida boa. Muitas vezes falamos que uma vida boa é uma vida feliz. Como dito na Declaração de Independência dos Estados Unidos, vivemos em busca da felicidade.

Em todas as formas de felicidade, nós nos sentimos bem, exultantes, animados. Mas a palavra "felicidade" pode significar muitas coisas diferentes. Então, é importante distinguir felicidade e alegria.

Qual é a diferença? A felicidade envolve uma vitória do eu, uma expansão de si mesmo. Ela vem quando nos movemos em direção a nossos objetivos, quando as coisas saem como o esperado. Quando somos promovidos. Quando nos formamos na faculdade. Quando nosso time vence a Copa do Mundo. Quando comemos algo delicioso. A felicidade tem a ver com o sucesso, com uma habilidade nova ou algum prazer sensual intensificado.

A alegria tende a envolver certa transcendência do eu. É quando a barreira de pele entre você e alguma outra pessoa ou entidade some e vocês se sentem um só. A alegria está presente quando mãe e bebê olham apaixonadamente nos olhos um do outro, quando um montanhista fica extasiado pela beleza das florestas e se sente em comunhão com a natureza, quando um bando de amigos dança alucinadamente em uníssono. A alegria geralmente envolve o autoesquecimento. A felicidade é nosso objetivo na primeira montanha. A alegria é um subproduto da vida na segunda.

Podemos ajudar a criar a felicidade, mas somos tomados pela alegria. Ficamos satisfeitos com a felicidade, mas somos transformados pela alegria. Quando experimentamos a alegria, muitas vezes sentimos como se tivéssemos vislumbrado uma camada mais profunda e verdadeira da realidade. Um narcisista pode ser feliz, mas nunca poderá ser alegre, pois a redenção de si mesmo é exatamente o que o narcisista não consegue fazer. Um narcisista não consegue nem conceber a alegria. Este é um dos problemas de ficar preso na primeira montanha: é impossível ver o que a segunda montanha oferece.

Meu ponto principal é que a felicidade é boa, mas a alegria é melhor. Assim como a segunda montanha é uma fase mais plena e rica da vida depois da primeira, a alegria é um estado mais pleno e rico depois da felicidade. Além do mais, enquanto a felicidade tende a ser instável e passageira, a alegria pode ser fundamental e duradoura. Quanto melhor viver uma vida comprometida, mais a alegria será seu estado contínuo, a atitude mental que carregará consigo e fará brilhar sobre os outros. Você se tornará uma pessoa alegre. Então, ao longo deste livro, como na vida, a alegria será nossa guia, nosso norte. Se nos movermos em direção à alegria, acabaremos no lugar certo.

OS NÍVEIS DE ALEGRIA

Alguns anos atrás, comecei a colecionar alegrias. Ou, mais precisamente, relatos de alegrias. Coletei as descrições de pessoas do que elas sentiam quando a vida parecia estar no auge, naqueles momentos em que a vida parece mais plena, mais significativa e mais completa.

Quando olho minha coleção agora, percebo que há diferentes camadas de alegria. Há momentos em que estamos fazendo alguma atividade física, geralmente em sincronia com outras pessoas, quando experimentamos o fluxo. Em *Anna Karenina*, Levin está cortando a grama com os homens que trabalham na fazenda. Em um primeiro momento, Levin é desastrado com sua foice, mas depois aprende o movimento e corta fileiras retas e precisas. "Quanto mais Levin cortava, mais sentia aqueles momentos de esquecimento em que não eram mais seus braços que brandiam a foice, mas ela própria dava movimento a todo o seu corpo, cheio de vida e consciente de si e, como mágica, sem nem pensar, o trabalho era realizado correta e habilmente sozinho. Esses eram os momentos mais maravilhosos."

O fluxo é especialmente incrível quando é coletivo, algo experimentado em equipe ou com seu departamento. Meu antigo professor de história, William McNeill, experimentou isso depois de ter sido recrutado pelo exército em 1941. No campo de treinamento ele aprendeu a marchar com outros homens de sua unidade. Ele começou a experimentar sensações estranhas enquanto marchava: "Não há palavras para descrever a emoção despertada pelo movimento prolongado em uníssono que esse exercício envolvia. Lembro-me de uma sensação de bem-estar penetrante; mais especificamente, uma sensação estranha de engrandecimento pessoal; um tipo de expansão, algo marcante, graças à participação no ritual coletivo."

A próxima camada de alegria é a efervescência coletiva, uma dança de celebração. Em quase todas as culturas, voltando no tempo, os momentos alegres são celebrados e abrilhantados por uma dança. Escrevo isso na manhã seguinte ao casamento de um de meus amigos que é judeu ortodoxo. Depois da cerimônia, nós, homens, dançamos em torno do noivo à medida que a música acelerava. Estávamos bem próximos, girando em torno dele, e ele estava no centro da roda, pulando com entusiasmo. De tempos em tempos ele chamava pessoas diferentes — seu avô, um amigo e até eu — para ir ao centro fervilhante para pular de alegria com ele, balançar os braços e gargalhar.

Certa vez, a escritora Zadie Smith descreveu a sensação de estar em uma casa noturna em Londres em 1999. Ela estava perambulando, procurando seus amigos, imaginando onde estaria sua bolsa, quando, de repente, uma música de A Tribe Called Quest começou a tocar. Sobre esse momento, ela escreveu:

> Um homem magérrimo com olhos enormes pegou minha mão em meio a um mar de corpos. Ele me perguntava a mesma coisa repetidamente: *"Você está sentindo isso?"* Eu estava. Meu sapato com aquele salto ridiculamente alto estava me matando. Estava com medo de morrer e, ao mesmo tempo, estava extasiada por "Can I Kick It" começar a tocar exatamente nesse momento da história do mundo, e agora se transformava em "Smells Like Teen Spirit". Eu peguei na mão do homem. Minha mente voou longe. Dançamos muito. Nós nos rendemos à alegria.

Nesse tipo de alegria, como em todos os outros, a gaiola do constrangimento se dissipa e as pessoas se fundem com as outras ao seu redor. Esse tipo de alegria está sempre no momento presente; as pessoas são tomadas pelo momento e o vivem intensamente.

A terceira camada de alegria é o que podemos chamar de alegria emocional. É, por exemplo, a explosão repentina de amor que vemos no rosto de uma mãe quando vê seu filho pela primeira vez. Dorothy Day conseguiu captar isso lindamente: "Se escrevesse o melhor livro, compusesse a maior sinfonia, pintasse o mais belo quadro ou esculpisse a mais extraordinária forma, não poderia ter me sentido uma criadora tão exaltada quanto no momento em que colocaram minha filha em meus braços. Nenhuma criatura humana poderia receber ou conter uma inundação tão vasta de amor e alegria como muitas vezes senti depois do nascimento de minha filha. Com isso veio a necessidade de idolatrar, adorar."

Esse tipo de alegria é íntimo e poderoso. Muitas vezes falo da época, mais de dez anos atrás, em que voltei para casa do trabalho em uma noite de verão e estacionei o carro na garagem ao lado de casa e vi meus 3 filhos, na época com 12, 9 e 4 anos, brincando com uma bola de plástico no quintal. Eles a chutavam longe e apostavam corrida pela grama para pegá-la. Eles riam e tropeçavam uns nos outros enquanto se divertiam delirantemente. Fiquei sentado no carro observando essa cena de felicidade em família pelo para-brisa. O sol de verão brilhava através das árvores. Meu gramado, por alguma razão, parecia perfeito. Experimentei um tipo de alegria fluida e uma inundação de gratidão que pareceu parar o tempo, meu coração pareceu inflar. Tenho certeza de que todos os pais já experimentaram algo assim.

A alegria emocional pode acontecer com frequência no início de um relacionamento amoroso. Casais recém-formados ficam radiantes quando se olham em um piquenique. Ou pode acontecer mais tarde. Casais antigos podem se sentir mais absortos um no outro do que em si mesmos. Você ouvirá pessoas em casamentos felizes falando assim: "Quando fazemos amor, eu desapareço."

O escritor David Whyte demonstra o ponto principal. "A alegria", ele escreve:

> é o ponto de encontro da intencionalidade profunda e do autoesquecimento, a alquimia corporal do que há dentro de nós em comunhão com o que parecia estar formalmente do lado de fora, porém agora não está em lugar nenhum, mas se torna uma barreira viva, uma voz que fala entre nós e o mundo: a dança, a risada, a afeição, o toque entre peles, cantar no carro, música na cozinha, a presença silenciosa amigável e insubstituível de uma filha: a beleza pura e inebriante do mundo habitado como um

limiar entre o que pensávamos que éramos e o que pensávamos que era diferente de nós.

A quarta camada da alegria é a espiritual. Às vezes a alegria não chega pelo movimento, nem pelo amor, mas de um contato inesperado com algo que parece não ter limites, uma essência pura. A alegria vem com uma sensação de que, como colocado pelo escritor Jerry Root ao citar C. S. Lewis, "toda a realidade é iconoclástica — o mundo é encantado por uma força mística".

Um dia, enquanto ainda vivia em Praga, o poeta Christian Wiman estava trabalhando em sua cozinha quando um falcão pousou no parapeito da janela, a cerca de um metro dele. O pássaro olhou as árvores abaixo e o prédio do outro lado da rua, mas ainda não havia se virado para olhar Wiman. Wiman estava maravilhado. Ele chamou sua namorada, que estava na banheira, para ver o falcão, e ela foi pingando e parou ao seu lado, observando o falcão. "Faça um desejo", ela sussurrou. Então o falcão virou a cabeça e encarou Wiman nos olhos, e Wiman sentiu algo se quebrar dentro dele. Mais tarde ele escreveu um poema sobre esse momento, que inclui esta estrofe:

Por um longo momento estive ali
desejei, pedi, e quis
que o momento não acabasse.
E, sem aviso, ele sumiu.

Esse tipo de alegria espiritual geralmente envolve uma harmonização mística. A mãe de Tolstói morreu quando ele era criança, e antes do funeral ele se viu sozinho em uma sala com o caixão aberto. Ele subiu em uma cadeira para olhá-la e experimentou uma tranquilidade estranha. "De alguma forma, enquanto eu a olhava, um poder irreprimível e incompreensível pareceu me dominar", ele escreveu mais tarde. "Por um tempo, eu perdi todo o sentido da minha existência e experimentei um tipo de vago júbilo, que, apesar de grandioso e agradável, também era triste." Então um homem entrou na sala e Tolstói percebeu que o homem podia achá-lo insensível por estar com uma aparência feliz, então, para manter a convenção social, ele fingiu cair no choro. "Essa consciência egoísta anulou completamente qualquer elemento de sinceridade em meu pesar."

Agora estamos escalando para experiências cada vez mais avançadas de alegria. A quinta camada é a transcendente, sentir-se em uníssono com a natureza, com o Universo ou com Deus. Em *Backpacking with the Saints* ["Mochilando com os Santos", em tradução livre], Belden Lane descreve a experiência de fazer essa trilha:

> Sempre que mergulho na vida selvagem, meu corpo e o ambiente entram e saem um do outro em um padrão íntimo de troca. Eu entro na água e respiro o ar com cheiro de madressilva. Sou envolvido por teias de aranha e me espeto em arbustos espinhosos. Engulo mosquitos atraídos pelo suor do meu corpo e sinto as pedras na trilha através das minhas botas. Nem sempre está claro onde eu "termino" e todo o resto "começa". O que parece ser "eu" não acaba na barreira fixa que é a minha pele.

Momentos sublimes como esse podem durar apenas alguns minutos, mas têm o poder de alterar uma vida. As pessoas sentem que estão observando a realidade oculta das coisas, e depois não conseguem mais voltar a ficar satisfeitas apenas assistindo às sombras fracas dançando na parede da caverna. Ralph Waldo Emerson criou uma filosofia a partir de tais momentos de transcendência. "De pé sobre a terra nua, banhada minha fronte pelo ar leve e erguido ao espaço infinito, todo mesquinho egoísmo se dilui. Converto-me em um globo ocular transparente; nada sou: tudo vejo; as correntes do Ser Universal me circulam."

Esse tipo de alegria é um anseio delicioso, embora doloroso. Ele começa com um gosto de algo eterno e, então, a alegria consiste no anseio por esse sabor novamente. A alegria, como descrita por C. S. Lewis, não é a satisfação do anseio, mas o anseio em si. Santo Agostinho sentia o amor de Deus como uma fome deliciosa e ardente: "Chamaste, clamaste por mim e rompeste a minha surdez. Brilhaste, resplandeceste, e a Tua luz afugentou minha cegueira. Exalaste o Teu perfume e, respirando-o, suspirei por Ti, Te desejei. Eu Te provei, Te saboreei e agora tenho fome e sede de Ti. Tocaste-me e agora ardo em desejos por Tua paz."

Outras pessoas, embora não sejam explicitamente religiosas, também experienciam momentos em que o amor parece brilhar sobre elas. Quando tinha 24 anos, Jules Evans caiu de um penhasco de 9 metros enquanto esquiava e quebrou a perna e as costas. "Enquanto estava lá deitado, senti como se estivesse imerso em amor e luz. Eu vinha sofrendo com problemas emocionais há 6 anos e temia que meu ego estivesse permanentemente danificado. Naquele momento, eu sabia que estava bem, que era amado, que havia algo em mim que não podia ser danificado chamado de 'alma', 'ego', 'consciência pura' ou et cetera."

Em 2016, a organização Gallup perguntou aos norte-americanos se eles já haviam tido uma experiência mística, um momento em que foram além de seus eus normais e se sentiram conectados a algo infinito. Oitenta e quatro por cento dos entrevistados disseram que haviam tido essa experiência pelo menos uma vez, mesmo quando 75% disseram que falar sobre isso em público é um tabu social.

ALEGRIA MORAL

Aqui quero mudar para a camada mais alta da alegria, que chamarei de alegria moral. Digo que essa é a forma mais superior de alegria em parte porque é o tipo que até os céticos não conseguem explicar. Eles poderiam dizer que todos os outros tipos de alegrias passageiras são apenas substâncias químicas cerebrais em alguma combinação esquisita que acabou contribuindo com a produção de sensações estranhas. Mas a alegria moral tem uma característica extra. Ela pode ser permanente. Algumas pessoas vivem alegremente dia após dia. Suas ações diárias estão alinhadas com seus principais compromissos. Elas se entregaram, unidas e de todo o coração. Elas têm luz interna.

O Papa Francisco parece ter essa luz, e também fala-se isso do Bispo Tutu e de Paul Farmer. Geoffrey Canada, fundador do Harlem Children's Zone, e o grande violoncelista Yo-Yo Ma também a têm. Uma vez estava almoçando com o Dalai Lama em Washington. Ele não disse nada particularmente iluminador ou profundo durante o almoço, mas de vez em quando caía na gargalhada por nenhuma razão aparente. Ele ria, e, como eu queria ser educado, ria também. Ele ria. Eu ria. Ele é um homem alegre. O entusiasmo é seu estado normal.

Esse tipo de alegria moral pode começar como um surto do que os psicólogos sociais chamam de "elevação moral". Por exemplo, um pesquisador que trabalha para o psicólogo social Jonathan Haidt entrevistou uma voluntária do Exército da Salvação em uma manhã de inverno com algumas outras pessoas de sua igreja. Um dos voluntários ofereceu carona para casa a vários outros. Havia nevado muito naquela manhã. Em sua passagem por um bairro residencial, eles viram uma senhora parada em sua garagem com uma pá para neve. No cruzamento seguinte, um dos caras no banco de trás pediu para descer do carro. Eles o deixaram descer, achando que estava perto de casa.

Mas, em vez de ir para uma casa próxima, ele caminhou até a senhora, pegou sua pá e começou a tirar a neve da entrada de sua garagem. Uma das mulheres no carro viu isso e recordou: "Eu senti vontade de pular do carro e abraçar esse cara. Senti vontade de cantar e correr ou pular e dar risada. Eu queria me movimentar. Senti vontade de dizer coisas boas sobre as pessoas. De escrever um poema bonito ou uma canção de amor. Brincar na neve como uma criança. Contar para todo mundo sobre seu feito... Eu fiquei mais feliz do que já estava. Fiquei alegre, feliz, sorrindo, energizada. Fui para casa e contei tudo para meus colegas de apartamento, que sentiram o coração explodir de alegria." Como Haidt nota, momentos poderosos de elevação moral parecem apertar um botão de reset mental, erradicando sentimentos de cinismo e substituindo-os por esperança, amor e inspiração moral. Esses momentos são energizantes. As pessoas se sentem mais motivadas a fazer algo bom, a agir, a ousar, a se sacrificar, a ajudar os outros.

Quando as pessoas fazem com que a generosidade seja parte de sua rotina, elas reconstroem quem são. O curioso sobre sua personalidade, sua essência, é que ela não é mais ou menos permanente quanto seus ossos. Sua essência é modificável, assim como suas opiniões. Cada ação, cada pensamento muda você, mesmo que só um pouquinho, tornando-o mais elevado ou mais degradado. Se fizer uma série de boas ações, o hábito centrado nos outros será pouco a pouco incluído em sua vida. Fica mais fácil realizar boas ações com o passar do tempo. Se você mente ou se comporta de modo cruel ou impiedoso em relação a alguém, sua personalidade se degrada e é mais provável que você faça algo ainda pior mais para frente. Como dizem os criminologistas, as pessoas que cometem assassinatos não começam assim. Elas passam por muitas portas antes de chegar ao ponto de tirar uma outra vida humana.

As pessoas que irradiam a alegria permanente se doaram para uma vida de comprometimento profundo e amoroso. A generosidade virou parte de sua essência, e pouco a pouco deixou suas almas brilhantes. Sempre existe algo fluindo do interior de nossos espíritos. Para algumas pessoas é basicamente medo ou insegurança. Para as que chamamos de alegres é principalmente gratidão, contentamento e bondade.

Como você constrói sua personalidade para que ela brilhe dessa forma? Você pode achar que uma personalidade brilhante vem de uma vida sem problemas — uma vida de prazeres e deleites constantes. Mas, se observar atentamente as pessoas alegres, notará que, muitas vezes, as que têm as almas mais brilhantes foram as que tiveram os piores tormentos.

Benjamin Hardy é um escritor que descreveu sua decisão de adotar três crianças na revista *Inc*. "Antes de ter que carregar esse fardo pessoal, eu era, de certa forma, complacente. Eu não tinha anseios. Não tinha um impulso para seguir em frente", ele escreve. "Uma vida de confortos não é o caminho para o crescimento e a felicidade. Pelo contrário, uma vida de confortos é como você acaba empacado e confuso." Adotar aquelas crianças significava saber mais sobre frustração, ansiedade e cansaço, mas também sobre júbilo, delicadeza e, especialmente, amor afetuoso. A felicidade pode ser provada individualmente. Mas a alegria permanente vem de uma vida com envolvimento e integração. A alegria moral permanente parece surgir quando o desejo é voltado aos outros.

Gregory Boyle prega para membros de gangues em Los Angeles e captura a diferença entre a vida vivida para si e a vivida para os outros: "A compaixão, em sua forma mais autêntica, sempre se trata de uma mudança do mundo abarrotado de preocupações consigo mesmo para um lugar mais amplo de companheirismo." É um dos truísmos inevitáveis da vida: é preciso perder-se para encontrar a si mesmo, doar-se para recuperar tudo de volta.

Você pode achar que esse tipo de vida de serviço alegre é raro. Mas na primavera de 2018 comecei um projeto chamado Weave: The Social Fabric Project no Instituto Aspen. A ideia é chamar a atenção para pessoas que fazem os trabalhos de fundação da construção de comunidades e reparos de relacionamentos. Durante esse trabalho, eu me vi cercado por pessoas brilhantes quase todos os dias.

Tem a Stephanie Hruzek em Houston, sentada de pernas cruzadas no chão com as crianças no FamilyPoint, seu programa extracurricular, repetindo alegremente os trava-línguas com elas: "Diga 'Unique New York' dez vezes bem rápido!" Tem Kate Garvin no Colorado, recebida com gritinhos de alegria quando passa por um refugiado somali a quem ela ajuda a se integrar ao sistema educacional local. Tem Don Flow, proprietário de uma rede de concessionárias de automóveis na Carolina do Norte e que irradia satisfação ao exibir o centro comunitário que ele construiu em Winston-Salem. Tem Harlan Crow, um construtor que parece ter cada momento dedicado a ajudar as pessoas à sua volta a ficarem mais confortáveis.

Tem Mack McCarter, fundador do Community Renewal International em Shreveport, Luisiana. Mack já está com mais de 70 anos e é uma daquelas pessoas que aprende o nome de todo mundo ao entrar em uma cafeteria e tem uma piada e uma história para cada um. Na terceira visita já é um grande amigo de todos. Na quinta, todos querem que ele seja o celebrante de seus casamentos. As pessoas só querem estar próximas dele, pois ele irradia alegria.

Perguntei a essas pessoas o que traz alegria às suas vidas cotidianas. A resposta é sempre uma variação do mesmo tema — algum momento em que deram alegria a outra pessoa. "Existe alegria no autoesquecimento", observou Helen Keller. "Então eu tento transformar a luz nos olhos alheios em meu Sol, a música nos ouvidos alheios em minha sinfonia, o sorriso nos lábios alheios em minha felicidade."

Miroslav Volf é o professor de Yale que transformou o estudo da alegria em sua especialidade. A alegria não é uma emoção isolada, ele conclui. Ela é a coroa de uma vida bem vivida. "A alegria não é meramente externa à boa vida, a cereja do bolo. A boa vida é que se expressa e se manifesta na alegria. A alegria é a dimensão emocional da vida que vai bem e é bem direcionada, uma resposta afetiva positiva à vida bem vivida e bem direcionada."

A felicidade é o objetivo adequado das pessoas na primeira montanha. E ela é ótima. Mas temos apenas uma vida, então deveríamos usá-la para correr atrás do melhor: aproveitar a felicidade, mas ir além dela em direção à alegria.

A felicidade tende a ser individual; nós a medimos fazendo a seguinte pergunta: "Você é feliz?" A alegria tende a ser autotranscendente. A felicidade é algo a se buscar; a alegria é algo que surge inesperadamente e toma conta de você. A felicidade vem de realizações; a alegria vem do presentear. A felicidade acaba; nós nos acostumamos com as coisas que costumavam nos deixar felizes. A alegria não. Viver com alegria é viver com encantamento, gratidão e esperança. As pessoas que estão na segunda montanha foram transformadas. Elas estão profundamente comprometidas. A efusão de amor se tornou uma força constante.

PARTE I
As Duas Montanhas

UM

Sistemas Morais

QUANDO EU ERA UM JOVEM ESPECIALISTA EM TV, TRABALHEI COM JIM Lehrer, cofundador de um programa que agora é chamado de *PBS NewsHour*. Quando Jim estava no ar transmitindo as notícias, seu rosto ganhava um ar cordial, mas impassível, porque ele não achava que deveria fazer parte da história; as notícias deveriam ser a história. Mas, quando a câmera não estava nele, seu rosto era incrivelmente expressivo. Quando eu falava algo vulgar ou grosseiro em nosso segmento, via sua boca tensionar para baixo em desaprovação. Mas quando dizia algo útil, gentil ou divertido via seus olhos se apertarem de satisfação. Por dez anos trabalhando com um homem que eu admirava profundamente, tentei me comportar de forma a fazer com que seus olhos se apertassem, e não que sua boca se tensionasse.

Lehrer nunca precisou dizer formalmente como eu deveria me comportar, mas dessa forma sutil e silenciosa ele me treinou a satisfazer os padrões da *NewsHour* sobre o que é certo. E essas suas reações não eram só para mim; eram para todos da equipe, em todas as transmissões, ano após ano. Assim, ele criou o jeito de ser da *NewsHour*, um sistema moral em que certos valores eram priorizados e esperava-se um determinado comportamento. Já faz muitos anos que Lehrer se aposentou, mas a cultura instilada por ele define a *NewsHour* até hoje.

Todos somos criados com um ou outro sistema moral. Todos criamos microculturas em nosso entorno pela forma que levamos nossas vidas e as vibrações que emitimos a quem nos circunda. Um dos grandes legados que uma pessoa pode deixar é um sistema moral — um conjunto de crenças e comportamentos que sobrevivem depois de sua morte.

Alguns sistemas morais são locais, de uma casa ou escritório, mas outros são amplos e definem eras e civilizações inteiras. Os gregos e os romanos clássicos tinham seus códigos de honra com sua visão de fama imortal. No final do século XIX, artistas parisienses inventaram um código boêmio celebrando a liberdade individual e a criatividade indomada, enquanto na Inglaterra a moralidade vitoriana começava a se formar, com seus códigos rigorosos de propriedade e respeitabilidade. Os sistemas morais guiam sutilmente o modo de vestir, falar, o que admirar e desprezar, e como definir seu maior propósito.

Os sistemas morais são respostas coletivas aos grandes problemas de um momento específico. Por exemplo, por volta da metade do século XX, as pessoas residentes no hemisfério Norte enfrentaram a Grande Depressão e uma guerra mundial devastadora. Grandes problemas exigiram grandes respostas institucionais. As pessoas reuniram exércitos, formaram uniões, trabalharam em grandes empresas. Elas se uniram como nações em guerra. Portanto, desenvolveu-se uma cultura que enfatizava o cumprimento das obrigações, a adequação das instituições, a adaptação ao grupo, a obediência à autoridade, sem tentar se destacar ou ser muito convencido. Esse sistema moral centrado no grupo poderia ser resumido pela frase "Estamos Todos no Mesmo Barco".

A essência dessa cultura foi bem descrita em um livro de Alan Ehrenhalt chamado *The Lost City* ["A Cidade Perdida", em tradução livre], sobre algumas das comunidades de Chicago e das redondezas na década de 1950. Não havia muita ênfase na escolha individual naquela época. Se você fosse uma estrela do beisebol como Ernie Banks, não tinha a opção de ser um jogador independente, sem agente. Você passava sua carreira jogando no Chicago Cub. Se tivesse o sotaque, a cor da pele ou o gênero errado, provavelmente não conseguiria um emprego em um dos edifícios chiques do centro da cidade. Mas as pessoas naquela época tendiam a ter ligações e conexões estáveis a um lugar. Elas cumpriam suas obrigações para suas instituições.

Se você fosse um homem morando no sul de Chicago, muito provavelmente seguiria os passos de seu pai e seu avô na fábrica da Nabisco, a maior fabricante de biscoitos do mundo na época, e se filiaria ao sindicato, a União Internacional de Trabalhadores de Panificação e Confeitaria.

As casas eram pequenas, não havia ar-condicionado e a TV ainda não era comum, então, quando o clima estava quente, a vida social era conduzida na frente de casa, nos becos e com crianças correndo de casa em casa o dia todo. Um jovem proprietário de uma casa acabava envolvido em uma série de atividades comuns que, como dito por Ehrenhalt, "apenas a pessoa reclusa mais determinada conseguiria escapar: churrascos, cafezinhos, jogos de vôlei, cuidar de crianças em conjunto e os constantes escambos de artigos domésticos".

Se você fosse ao banco, iria ao banco local, o Talman Federal Savings and Loan. Se comprasse carne, iria ao açougue local, o Bertucci's. Sessenta e dois por cento dos norte-americanos naquela época se diziam membros ativos da igreja, e se você vivesse nesse bairro de Chicago frequentaria a St. Nick's Parish, onde ouviria o amável Padre Fennessy rezar a missa em latim. Você provavelmente colocaria seus filhos na escola paroquial local, onde eles sentariam em fileiras organizadas e estremeceriam sob a disciplina rígida do Padre Lynch.

Se gostasse de política, provavelmente não teria sucesso como freelancer. Mas poderia se juntar à máquina política de Boss Daley e prosperar, desde que você fizesse o que as autoridades mandassem. Por exemplo, John Fary serviu ao governo na legislação do estado de Illinois e quando completou 64 anos foi recompensado com uma cadeira no Congresso dos Estados Unidos. Quando questionado sobre o que faria se fosse eleito para o congresso, disse à imprensa: "Irei a Washington para ajudar a representar o Prefeito Daley. Representei o prefeito na assembleia estadual por 21 anos e ele sempre esteve certo." Ele cumpriu sua obrigação.

O *éthos* nutria o tipo de vida comunitária rica que muitas pessoas anseiam atualmente. Se alguém perguntasse de onde você veio, você não responderia apenas "Chicago", mencionaria o cruzamento específico que é o centro de sua vida: "Da Cinquenta e Nove com a Pulaski." A cidade era uma coleção de vilas.

Esse sistema moral tinha muitas virtudes. Ele enfatizava a humildade, a discrição e a modéstia. A mensagem era que você não é melhor do que ninguém, mas ninguém é melhor do que você. Considerava que a vaidade — egoísmo, narcisismo — é a raiz de muitos males. Se você falasse muito sobre si mesmo, as pessoas poderiam chamá-lo de convencido e virariam a cara.

É claro que essa cultura tinha falhas, que no fim a tornaram intolerável. Esse sistema moral permitia muito racismo e antissemitismo. As donas de casa se sentiam presas e reprimidas, e as mulheres que trabalhavam enfrentavam barreiras assustadoras. Em 1963, Betty Friedan descreveu um problema ainda sem nome, que era o tédio esmagador e devastador das vidas de muitas mulheres. A cultura tinha uma definição emocionalmente fria da masculinidade; os homens tinham problemas em expressar seu amor pelas esposas e pelos filhos. A comida era muito sem graça. As pessoas se sentiam presas pela pressão da adequação ao grupo e eram torturadas pela tirania intolerante da opinião local. Muitas cumpriam os papéis sociais atribuídos a elas, mas estavam mortas por dentro.

Há uma cena no livro *Viajando com Charley* de John Steinbeck, de 1962, que captura como esse código comum prendia muitas pessoas em vidas estagnadas e infelizes. A jornada de Steinbeck pelo país com seu cachorro o levou a Chicago, e ele precisou de um hotel para tomar um banho e descansar. O único quarto que o gerente tinha disponível ainda não estava limpo, mas Steinbeck disse que ficaria nele mesmo assim.

Ao abrir a porta, ele vê a bagunça deixada pelo hóspede anterior. De um recibo de lavanderia largado, Steinbeck deduz que o residente anterior, a quem ele chamou de Harry Solitário, morava em Westport, Connecticut. Na mesa havia uma carta que ele começara a escrever para sua esposa no papel timbrado do hotel. "Queria que ocê [*sic*] estivesse aqui comigo. Essa cidade é solitária. Você se esqueceu de colocar minhas abotoaduras na mala."

Ainda bem que a esposa de Harry não fez uma visita surpresa. Tanto o copo quanto as bitucas de cigarro no cinzeiro tinham marcas de batom. O grampo de cabelo ao lado da cama revelava que a mulher que estivera no quarto era morena; Steinbeck começou a chamá-la de Lucille. Eles beberam uma garrafa inteira de Jack Daniel's juntos. O segundo travesseiro na cama fora usado, mas não para dormir — não tinha traços de batom. A mulher havia deixado Harry se embebedar, mas ela jogava seu uísque secretamente no vaso de rosas vermelhas na mesa.

"Imagino sobre o que Harry e Lucille conversaram", escreve Steinbeck. "Imagino se ela o fez sentir-se menos solitário. De certa forma, eu duvido. Acho que ambos fizeram o que lhes era esperado." Harry não deveria ter bebido tanto. Steinbeck encontrou embalagens de pastilhas antiácidas no lixo e dois pacotes de sal de frutas no banheiro. Não havia sinal de nada inesperado, Steinbeck escreveu, nenhum sinal de diversão real ou de alegria espontânea. Apenas solidão. "Eu me senti triste por Harry", concluiu. Era isso que acontecia quando sua vida era sem graça e você servia a uma organização cruel. Você não só se sentia irrealizado, mas perdia até mesmo a capacidade de sentir alguma coisa.

Havia muitos comentários naquela época sobre o perigo sugador de almas da conformidade, de não ser nada mais do que um homem da organização, o homem no terno cinza, um caçador de status insensível. Havia uma sensação de que o grupo tinha aniquilado o indivíduo, e que as pessoas, reduzidas a um número, não tinham sentido de um eu autêntico.

SOU LIVRE PARA SER EU MESMO

Steinbeck publicou *Viajando com Charley* bem na época em que as pessoas começaram a se rebelar contra o sistema moral "Estamos Todos no Mesmo Barco" dos anos pós-guerra, que foi substituído por outro. O desfile de sistemas morais normalmente é uma história de progresso, uma resposta lógica à obsolescência que veio antes. Contudo, esse progresso é do tipo turbulento.

Muitas vezes acontece no padrão que a geógrafa Ruth DeFries chama de "engrena, ataca, gira; engrena". As pessoas criam um sistema moral que as ajuda a resolver os problemas imediatos. Esse sistema funciona e a sociedade engrena em uma direção. Mas com o tempo ele fica cada vez menos relevante aos novos problemas que surgem. A cultura antiga fica mais rígida e os membros de uma contracultura a atacam. Há um período de tumulto e competição enquanto os defensores de diferentes ordens morais lutam para ver qual nova cultura prevalecerá. Nesses momentos — 1848, 1917, 1968, atualmente — é fácil ficar deprimido ou sentir que a sociedade está desmoronando. Há guerras gigantescas e muitas vezes brutais de consagração, batalhas sobre qual estilo de vida é mais admirado. Por fim, a sociedade gira e se acomoda a um novo sistema moral, um novo conjunto de padrões do que é certo e errado. Uma vez estabelecido, há uma nova engrenagem de progresso, e os tropeços do progresso seguem mais um passo a frente.

Quando a cultura muda, obviamente nem todo mundo muda de uma só vez. A sociedade é grande e diversa. Mas a média do comportamento muda. Alguns desejos e valores são priorizados e outros não. Algumas coisas anteriormente admiradas são desprezadas e coisas que antes eram marginais passam a ser admiradas.

Quero enfatizar quem conduz a mudança nesses momentos, pois é relevante ao momento em que estamos hoje. Não são os políticos que conduzem esse tipo de mudança, mas sim os ativistas morais e os pioneiros culturais. Aqueles que moldam os modos e as convenções morais são os verdadeiros legisladores da humanidade — eles exercem o maior poder e influência. Isso geralmente começa com uma subcultura. Um pequeno grupo de indivíduos criativos considera o sistema moral atual opressivo e alienante. Então voltam na história e atualizam o sistema moral antigo que parece fornecer um estilo de vida melhor. Criam um estilo de vida atraente para outras pessoas. Se você conseguir criar um movimento social do qual as pessoas queiram participar, elas entregarão suas energias e ideias a você.

Como disse Joseph Campbell em uma entrevista com Bill Moyers, há dois tipos de ação. Existe a ação física: o herói que realiza um ato de bravura na guerra e salva uma vila. Mas também existe o herói espiritual, que descobre um jeito novo e melhor de experienciar a vida espiritual e volta para comunicá-lo a todos. Ou, nas palavras de Iris Murdoch: "O homem é uma criatura que imagina a si mesmo e então passa a se parecer com a imagem."

Na década de 1960, pequenos grupos de jovens em comunas e comunidades hippie apropriaram-se da antiga cultura boêmia — sua preferência por cabelos compridos, juventude, rebelião, revolução e liberdade sexual; sua rejeição por tudo o que era burguês. Com o passar do tempo, tornaram-se esquisitões de Woodstock, rebeldes, exploradores New Age e, por fim, boêmios burgueses. Vestiam-se e falavam de modo diferente dos Homens Organizacionais de 1950. Conduziam seus relacionamentos e organizavam suas vidas de maneiras diferentes.

O que um dia havia sido respeito pela autoridade se tornou rejeição. A discrição fora admirada, mas agora era a expressividade. A experiência fora venerada, agora a juventude era celebrada. A vida fora vista como um ciclo de gerações enraizadas em um só lugar, mas passou a ser vista como uma jornada estrada afora. Antigamente o *éthos* dominante era uma questão de cumprir com suas obrigações, mas agora a vida se tratava de cuidar de seus próprios problemas. Onde um dia o grupo tinha prioridade, agora ela era do indivíduo. Antes o dever era mais admirado, agora era a liberdade pessoal.

Nesse mesmo ano em que *Viajando com Charley* fora publicado, 1962, um grupo de estudantes radicais se encontrou em Port Huron, Michigan. Seu objetivo imediato era lutar contra o racismo no norte, mas acabaram tendo um impacto muito maior. Eles haviam formado recentemente a Students for a Democratic Society [Estudantes por uma Sociedade Democrática, em tradução livre] e escreveram a Declaração de Port Huron, que acabou sendo um ótimo indicador do sistema moral que estava por vir.

"O objetivo do homem e da sociedade deve ser a independência humana", escreveram, "uma preocupação não apenas com a imagem da popularidade, mas com a descoberta do sentido pessoalmente autêntico para a vida... Esse tipo de independência não significa egoísmo individualista — o objetivo não é simplesmente fazer as coisas do seu jeito, mas sim ter um jeito de fazer as coisas que é só seu".

Basicamente, a contracultura dos anos 1960 se apropriou do individualismo que perambulou em contraculturas românticas por séculos e o transformou no modo convencional da vida moderna.

Se "Estamos Todos no Mesmo Barco" se tratava do grupo, esse novo sistema moral tratava da liberdade, da autonomia, da autenticidade. Você pode resumi-lo na frase "Sou Livre para Ser Eu Mesmo". Esse *éthos* individualista, que também foi chamado de "egoísmo", foi passado para os baby boomers direto do leite materno, e será drenado de cada parte de seus corpos pelo agente funerário. É uma narrativa de emancipação. A ideia era se libertar do dogma, da opressão política, do preconceito social e da obediência do grupo. Esse movimento tinha uma variante de direita — o indivíduo não deveria ser regulado economicamente — e uma variante de esquerda — o estilo de vida escolhido individualmente não deve ser regulado socialmente. Mas a questão era inteiramente sobre a emancipação individual.

Não quero passar muito tempo descrevendo essa cultura de individualismo, autenticidade, autonomia e isolamento, pois ela já foi brilhantemente descrita por muitos outros: Philip Rieff em *The Triumph of the Therapeutic* ["O Triunfo da Terapêutica", em tradução livre]; Christopher Lasch em *A Cultura do Narcisismo*; Gail Sheehy em *Passagens*; Alasdair MacIntyre em *Depois da Virtude*; Tom Wolfe em "The 'Me' Decade" [A Década do 'Eu', em tradução livre]; Erica Jong em *Medo de Voar*; Charles Taylor em *A Ética da Autenticidade*; Robert Bellah em *Habits of the Heart* ["Hábitos do Coração", em tradução livre]; e Robert Putnam em *Bowling Alone* ["Jogando Boliche Sozinho", em tradução livre].

Só quero enfatizar que a marcha em direção à liberdade produziu vários resultados excelentes. A cultura individualista que emergiu nos anos 1960 quebrou muitas das correntes que reprimiam mulheres e minorias oprimidas. Afrouxou as amarras do racismo, do sexismo, do antissemitismo e da homofobia. Não teríamos o Vale do Silício ou toda a economia da era da informação sem o individualismo rebelde e as explosões de criatividade que foram libertadas por essa cultura. Foi uma revolução cultural absolutamente necessária.

Mas muitas ideias se tornaram falsas quando foram levadas ao extremo. Os Estados Unidos sempre tiveram uma cultura mais individualista do que outros lugares, e isso foi notado por Tocqueville na década de 1830. Mas quando o individualismo é o *éthos* completamente dominante de uma civilização — quando não é equilibrado com qualquer outro *éthos* concorrente —, os indivíduos dentro dele têm liberdade máxima, mas as ligações entre eles se desfazem lentamente. A principal narrativa de "Sou Livre para Ser Eu Mesmo" tem se desenrolado por cerca de 50 anos. Ela evoluiu para uma cultura do hiperindividualismo. Esse sistema moral é baseado em uma série de ideias ou suposições. Listarei apenas algumas:

O eu protegido. O indivíduo autônomo é a unidade fundamental da sociedade. Uma comunidade é uma coleção de indivíduos que fazem suas próprias escolhas sobre como viver. A melhor organização social garante a maior liberdade de escolha individual possível. O princípio social central é "Tudo É Permitido, Desde que Não Prejudique Ninguém". Cada indivíduo tem o direito de viver como quiser, desde que isso não interfira no direito das outras pessoas de viver como elas quiserem. A sociedade ideal é aquela em que as pessoas vivem desimpedidas, mas juntas, cada uma fazendo suas próprias coisas.

O Deus interno. O objetivo da vida é subir na hierarquia das necessidades de Maslow e alcançar a autorrealização e a autossatisfação. Ao fazer sua própria jornada pessoal, você aprende a expressar melhor seu eu único. Aprende a entrar em contato consigo mesmo, encontrar-se e viver de modo autêntico com quem realmente é. A principal fonte de autoridade está dentro de nós, basta ouvir a voz autêntica do Oráculo Oculto, permanecer fiel aos seus sentimentos e não se conformar com os padrões da sociedade corrupta externa.

A privatização do significado. É um erro simplesmente aceitar as ideias recebidas do mundo à sua volta. Você precisa criar seus próprios valores, sua própria visão de mundo. Como o juiz Anthony Kennedy colocou em uma famosa decisão da Suprema Corte: "No coração da liberdade está o direito de definir o próprio conceito de existência, de significado, de Universo e do mistério da vida humana."

Não é trabalho das escolas, das comunidades ou mesmo dos pais criar uma ordem moral compartilhada. É algo que você deve fazer sozinho, e quem é você para julgar se a moral de outra pessoa é melhor ou pior do que a de qualquer outra?

O sonho da liberdade total. Em outras culturas, as pessoas são formadas e prosperam dentro de instituições que precedem a escolha individual — família, herança étnica, fé, nação. Mas elas são exatamente os tipos de instituições que a cultura do individualismo devora, pois não são escolhidas e, portanto, não parecem tão legítimas. Em uma cultura individualista, a melhor vida é a mais livre. A formação espiritual acontece em liberdade, não de maneira obrigatória.

A centralidade da realização. Em uma sociedade hiperindividualista, as pessoas não são avaliadas por como obedecem a um código moral compartilhado. Não são avaliadas pelo quanto imergiram em relacionamentos substanciais. Elas são avaliadas pelo que realizaram individualmente. O status, a admiração e ser amado vem depois da realização pessoal. O egoísmo é aceito, porque cuidar e promover a si mesmo é a missão principal. Não tem problema ser centrado em si mesmo, pois, em uma sociedade estruturada adequadamente, o egoísmo privado pode ser aproveitado para produzir bens públicos, como o crescimento da economia. Pesquisadores da Harvard Graduate School of Education perguntaram recentemente a 10 mil alunos de ensino fundamental e médio se seus pais se preocupavam mais com realizações pessoais ou se eram bondosos. Oitenta por cento disseram que seus pais se preocupavam mais com realizações pessoais — o sucesso individual antes dos relacionamentos.

Poderíamos acrescentar outras ideias à minha lista de características de uma cultura de sociedade hiperindividualista: o consumismo, uma mentalidade terapêutica, a preferência pela tecnologia à intimidade. O fato é que essas ideias, difundidas por meio século, dificultaram a vida conectada em comunidade.

O hiperindividualismo não é um problema novo. Ele vai e volta. Alguns anos atrás, li *Tribe* ["Tribo", em tradução livre], de Sebastian Junger e me deparei com um fenômeno que me assombra desde então. Nos Estados Unidos do século XVIII, a sociedade colonial e a sociedade nativa norte-americana estavam lado a lado, infelizes. Com o passar do tempo, colonizadores europeus começaram a fugir para viver com os nativos. Nenhum nativo desertou para viver com os colonos. Isso incomodou os europeus, que supunham ter uma civilização superior, mas mesmo assim as pessoas expressavam claramente que preferiam o outro estilo de vida. Por fim, os colonos persuadiram os nativos a viver com eles, ensinaram inglês aos nativos, mas eles voltaram rapidamente para casa. Durante as guerras com os índios, muitos colonos europeus viraram prisioneiros e foram mantidos em tribos indígenas. Eles tiveram muitas oportunidades de fugir e retornar, mas não o fizeram. Quando os europeus chegavam para "resgatá-los", eles fugiam para a floresta e se escondiam de seus "salvadores".

A diferença era que as pessoas nas tribos indígenas tinham uma cultura comunal e ligações próximas. Viviam em uma cultura espiritual que via toda a criação como uma unidade única. Os europeus tinham uma cultura individualista e eram mais separáveis. Quando receberam a oportunidade de escolha, muitas pessoas preferiram a comunidade ao individualismo. A história me fez pensar que é possível que toda uma sociedade se coloque em uma situação fundamentalmente desordenada.

Sempre há uma tensão entre o eu e a sociedade. Se as coisas estão muito ligadas, então o desejo de se rebelar é forte. Mas temos o problema oposto. Em uma cultura "Sou Livre para Ser Eu Mesmo", os indivíduos são solitários e têm conexões fracas. A comunidade é atenuada, as ligações são dissolvidas e a solidão se espalha. Essa situação dificulta ser uma pessoa boa — satisfazer os desejos humanos profundos de amor e conexão. É difícil para pessoas de todas as idades, mas é especialmente difícil para jovens adultos. Eles são jogados em um mundo desestruturado e incerto, com poucas autoridades ou seguranças, exceto pelas que se espera que construam sozinhos. Entre outras coisas, fica fenomenalmente difícil se lançar para a vida.

DOIS

A Vida no Instagram

Toda sociedade tem um modo de transmitir seus valores aos jovens. Algumas fazem isso por meio de festivais religiosos ou desfiles militares. Uma das maneiras que fazemos isso é por intermédio de um sermão secular chamado discurso de formatura.

Normalmente, as universidades pedem que uma pessoa eminente por sua fantástica carreira de sucesso faça um discurso em que afirme que o sucesso na carreira não é tão importante. Então, esses indivíduos fenomenalmente realizados dizem aos seus públicos que não tenham medo de fracassar. A partir disso, os jovens aprendem que o fracasso pode ser maravilhoso — desde que você seja J. K. Rowling, Denzel Washington ou Steve Jobs.

Mas essa lição não é o único conselho que oradores de meia-idade dão a jovens adultos. Usamos esses discursos para transmitir os valores dominantes de nosso tempo, que são entregues como se fossem presentes sensacionais. Mas acontece que esses presentes são grandes caixas vazias.

Muitos jovens estão se formando no limbo. Flutuando atormentados pela incerteza, querem saber exatamente o que precisam fazer com suas vidas. Então entregamos a eles uma grande caixa vazia de liberdade! O propósito da vida é ser livre. A liberdade leva à felicidade! Não vamos impor nada nem vamos dizer o que você deve fazer. Damos seu eu liberto para que você o explore. Aproveite sua liberdade!

Os alunos na plateia deixam a caixa vazia de lado porque estão afogando-se em liberdade. O que eles querem é uma orientação. De que serve a liberdade? Como sei qual é o meu caminho?

Então entregamos a eles outra grande caixa vazia — a grande caixa de possibilidades! Seu futuro é ilimitado! Você pode fazer tudo o que desejar! A jornada é o destino! Arrisque-se! Seja ousado! Sonhe alto!

Mas o mantra também não os ajuda. Se você não sabe para que serve a sua vida, como saber que seu futuro é ilimitado pode ser útil? Isso só aumenta a pressão. Então eles deixam essa caixa de lado. Eles buscam uma fonte de sabedoria. Onde posso encontrar as respostas para minhas grandes perguntas?

Então entregamos a eles a caixa vazia da autenticidade: procure dentro de si! Encontre sua paixão verdadeira. Você é incrível! Acorde o gigante dentro de si! Viva de acordo com suas próprias verdades! Cuide de você mesmo!

Isso também é inútil. O "você" que falamos para consultar e obter as respostas da vida é exatamente o que não está formado ainda. Então eles deixam essa caixa de lado e perguntam: "A que posso me dedicar? Qual causa me inspirará e dará sentido e direção à minha vida?"

A essa altura damos a eles a caixa mais vazia de todas — a caixa da autonomia. Você está por conta própria, dizemos a eles. Você é quem define seus próprios valores. Ninguém mais pode lhe dizer o que é certo ou errado. Sua verdade deve ser encontrada do seu jeito no decorrer de sua história que você mesmo deve contar. Faça o que ama!

Você notará que nossas respostas pegam todas as dificuldades de viver em seus 20 anos e as torna piores. Os formandos estão no limbo e damos a eles a incerteza. E não temos nada a dizer exceto por: descubra sozinho com base em nenhum critério externo a você mesmo. Eles estão perdidos em um deserto sem forma. Nós não só não damos uma bússola para eles, mas também pegamos um balde de areia e despejamos em suas cabeças!

Kierkegaard resumiu a pergunta que esses formandos realmente estão fazendo: "O que eu realmente preciso é ter certeza *do que devo fazer*, não do que devo saber... É uma questão de encontrar uma verdade que seja válida *para mim*, de encontrar *a ideia pela qual estou disposto a viver e morrer*... É disso que minha alma tem sede, assim como os desertos africanos têm sede de água."

Como é que não temos nada a dizer sobre a maior pergunta de todas?

A GRANDE TRAVESSIA PARA LUGAR NENHUM

Quando você é um aluno, a vida vai de parada em parada. Existe sempre a próxima tarefa, a próxima prova, as próximas inscrições para estruturar o cronograma e as energias do aluno. A vida social tem seus dramas, mas pelo menos está lá, bem na sua frente, no refeitório ou no dormitório.

Então, a partir da infância mais estruturada e supervisionada da história da humanidade, você é cuspido, depois da graduação, no início da idade adulta menos estruturada da história da humanidade. Os pais, professores, treinadores e conselheiros de ontem estavam todos acompanhando o seu progresso e torcendo por você. Hoje o banho de aprovações acaba. O mundo não sabe o seu nome nem se preocupa com quem você é. A pessoa do outro lado da mesa em cada entrevista de emprego tem uma atitude distante digna de Kanye West — existe um milhão de pessoas iguais a você, mas há apenas um de mim.

Nos séculos passados, os adultos emergentes assumiam os empregos, as fés, as cidades e as identidades de seus pais. Mas na era do "Sou Livre para Ser Eu Mesmo" espera-se que você encontre seu próprio plano de carreira, sua própria tribo social, suas próprias crenças, valores, parceiros de vida, papéis de gênero, pontos de vista políticos e identidades sociais. Como estudante, seu foco era primeiramente no curto prazo, mas agora você precisa de um conjunto de habilidades de orientação diferente, para os objetivos mais distantes aos quais passará a conduzir a sua vida.

O norte-americano médio tem 7 empregos dos 20 aos 30 anos. Um terço dos recém-formados está desempregado, em um subemprego ou ganhando menos de US$30 mil por ano em qualquer momento determinado. Metade acha que não tem planos para a vida, e quase metade das pessoas na faixa dos 20 anos não teve parceiro sexual no ano passado.

Esses são os anos auge do alcoolismo e do vício em drogas. Pessoas nesse estágio da vida se mudam a cada 3 anos. Quarenta por cento voltam para a casa dos pais pelo menos uma vez. São muito menos propensos a frequentarem celebrações religiosas ou se filiar a um partido político.

Pessoas em seus anos de odisseia tendem a ser insanamente otimistas sobre o futuro distante. Noventa e seis por cento dos jovens entre 18 e 24 anos concordam com a afirmação "tenho certeza de que um dia alcançarei meus objetivos de vida". Mas o presente é marcado por divagações, solidão, desapego, dúvidas, subempregos, corações partidos e chefes ruins, enquanto seus pais enlouquecem lentamente.

O ESTILO DE VIDA ESTÉTICO

Algumas pessoas se formam na universidade com a mentalidade de aventureiros audaciosos. Essa é a hora de se divertir antes que a vida real seja estabelecida. Casar e ter um emprego de verdade serão coisas que só baterão à porta quando tiverem 35 anos. Enquanto isso, elas terão experiências.

Essas são as pessoas que, aos 23 anos, vão dar aulas de inglês na Mongólia ou fazem viagens de rafting no Colorado. Esse curso audacioso tem suas vantagens. Seu primeiro emprego depois da universidade provavelmente será ruim de qualquer forma, então, como aconselha a investidora de impacto Blair Miller, você pode muito bem usar esse período para ampliar seus horizontes de risco. Se fizer algo completamente maluco, depois disso saberá para sempre que pode lidar com certa quantidade de loucura, e sua abordagem da vida para todas as décadas a partir de então será mais corajosa. Além do mais, você construirá o que a psicóloga clínica Meg Jay chama de "capital de identidade". Em toda entrevista de emprego e em todo jantar nas próximas três décadas, alguém perguntará como foi dar aulas de inglês na Mongólia e isso o destacará.

Essa é uma maneira excelente de começar seus 20 anos. O problema com esse tipo de vida só fica evidente alguns anos mais tarde se você não se decidir por uma coisa só. Se você concordar com tudo ano após ano, acabará levando o que Kierkegaard lamentou como um estilo de vida estético. A pessoa com esse estilo de vida a conduz como se fosse uma obra de arte, julgando-a por critérios estéticos — ela é interessante ou enfadonha, bonita ou feia, prazerosa ou dolorosa?

Tal pessoa agenda um retiro de meditação aqui, uma ida ao Burning Man ali, uma bolsa de estudos em um ano e outra no ano seguinte. Faz dança de salão um dia, spinning duas vezes por semana, Krav Magá durante alguns anos, Bikram Yoga por mais alguns meses, e de vez em quando visita uma galeria de arte descolada no domingo à tarde. Seu feed do Instagram será incrível e todo mundo achará que você é a pessoa mais legal do mundo. Você diz a si mesmo que realmente se importa com os relacionamentos — marcando encontros para tomar uns drinques e almoçar —, mas, depois de 20 encontros em uma semana, esquece a que todos eles deveriam se resumir. Você tem milhares de conversas e não se lembra de nenhuma.

O problema é que a pessoa na fase do estilo estético vê a vida como possibilidades a serem experienciadas e não projetos a serem realizados ou ideais a serem vividos. Ela analisará tudo, mas nunca escolherá nada. No modo estético de vida, cada dia isolado é divertido, mas não parece acrescentar nada.

A teoria por trás dessa vida é que você deve acumular experiências. Mas, se viver a vida como uma série de aventuras sequenciais, andará sem rumo na indeterminação de seus próprios sentimentos passageiros e de seu próprio coração instável. A vida será uma série de momentos temporários, não um fluxo de acumulação de realizações. Você exaurirá suas forças, espalhando-as em todas as direções. Será atormentado pelo medo de perder alguma coisa. Suas possibilidades são ilimitadas, mas seu cenário de tomada de decisão é extremamente insosso.

Como disse Annie Dillard, você passa seus dias como passa sua vida. Se passa seus dias meramente consumindo experiências aleatórias, começará a se sentir como um consumidor disperso. Se quiser experimentar tudo o que existe no corredor do mercado da vida, você se transforma em um selecionador, o tipo de pessoa obcecada que está sempre pensando em si mesma e em suas escolhas e acaba paralisada pela autoconsciência.

Nosso entusiasmo natural nos treina a agradar outras pessoas, a lhes dizer sim. Mas se você não nega nada permanentemente, não desiste de nada, então provavelmente não está mergulhando completamente em nada também. Uma vida de comprometimentos significa milhares de "não" pelo bem de poucos e preciosos "sim".

Quando várias pessoas passam por essa mesma fase ao mesmo tempo, acabamos com uma sociedade em que tudo flui. No que o filósofo polonês Zygmunt Bauman chama de "modernidade líquida". Na era do smartphone, os custos do atrito envolvido em realizar ou perder qualquer transação ou relacionamento se aproxima de zero. A internet ordena que você clique e experimente uma coisa em seguida da outra. Viver online geralmente significa viver em um estado de distração. Quando vivemos distraídos não estamos profundamente interessados nas coisas; só estamos entediados em um ritmo mais frenético. A vida online é saturada com dispositivos de descomprometimento. Se você não consegue concentrar sua atenção por 30 segundos, como diabos conseguirá se comprometer pela vida toda?

Essa é a vida na vertigem da liberdade. Ninguém sabe em que pé está um com o outro. Todo mundo tem certeza de que a vida das outras pessoas é melhor. A comparação é a ladra da alegria.

Depois de vários anos buscando alternativas abertas, não é que você perca o fio da meada do significado da sua vida; você tem problemas até em se concentrar na pergunta. O romance épico *Graça Infinita*, de David Foster Wallace, é uma descrição dessa atitude mental distraída. É sobre um filme tão "fatalmente interessante" que todos se transformam em zumbis hipnotizados. As grandes questões da vida foram substituídas pelo entretenimento. O próprio romance incorpora a mente da pessoa terminalmente distraída, com frases se enrolando e amontoando umas sobre as outras, pensamentos surgindo aqui e ali. Neste mundo, todo mundo está tão animado e entretido, mas isso não significa que está progredindo.

Wallace pensou que o jeito de lutar contra tudo isso era focar sua atenção individual — por meio de um tipo de uma determinação ferrenha. "Aprender a pensar realmente significa aprender a exercer certo controle sobre como você pensa", Wallace disse aos formandos de Kenyon College em seu famoso discurso. "Significa estar consciente e atento o bastante para escolher a que prestar atenção e como construir um significado a partir da experiência. Porque, se você não puder exercer esse tipo de escolha na vida adulta, estará totalmente acabado."

Mas a solução de Wallace não é realista. Quando você está distraído, liberto de comprometimentos reais, focar sua atenção é exatamente o que não consegue fazer. Sua mente está dispersa e à mercê de outros estímulos. Não se iluda em pensar que é corajoso o bastante ou capaz o suficiente para enxergar as partes mais profundas e importantes de si mesmo. Uma das razões de estar com pressa é porque está correndo de si mesmo.

Você sabe que em algum momento deverá sentar e encontrar uma direção geral para sua vida. Mas a mente quer vagar das grandes questões substanciais, que são completamente assustadoras e irrespondíveis, para os docinhos divertidos que estão no seu celular — a pequena dose de dopamina.

Tudo isso indica uma direção: a valeta. A pessoa que se forma e busca um padrão de vida estético normalmente sai dos trilhos. Só então percebe a verdade que ninguém nunca lhe contou: a liberdade é uma droga.

A liberdade política é ótima. Mas a liberdade pessoal, social e emocional — quando se transforma no principal fim — é uma droga completa. Ela leva a uma vida aleatória e conturbada sem uma direção discernível, sem base sólida e na qual, como Marx diz, tudo o que é sólido se desmancha no ar. Acontece que a liberdade não é um oceano no qual você quer passar sua vida toda. A liberdade é um rio que você quer atravessar para se enraizar do outro lado — e se comprometer completamente a alguma coisa.

TRÊS

A Estrela Insegura

ENQUANTO UM GRUPO DE JOVENS ENCARA A VIDA ADULTA COMO UMA experiência estética, outro grupo tenta o máximo possível tratar a idade adulta como uma continuação da escola. Esses alunos normalmente frequentaram escolas competitivas e tendem a vir de uma camada social superior. Nunca tiveram problemas em ser aceitos onde queriam, então se candidatam a empresas com procedimentos de contratação competitivos. Como alunos, aproveitavam o prestígio que vinha com o nome das universidades de renome; como adultos, aproveitam o prestígio que vem com o nome das empresas e organizações de renome. Como alunos, eram bons em ganhar estrelas douradas, então seguem um estilo de vida "colecionador de estrelas" quando se juntam à força de trabalho, e seus pais podem se vangloriar de que seus filhos trabalham no Google, ou na Williams & Connolly, ou que foram para a Harvard Business School.

Esse grupo de adultos emergentes é pragmático. Eles são bons em resolver problemas. O problema para um calouro e um formando é a ambiguidade prevista. A formatura está chegando e você não sabe o que vem a seguir. Os pragmáticos resolvem esse problema refugiando-se em empresas e similares que possam dizer a eles, mesmo como calouros na faculdade, o que farão pelo menos durante os próximos anos a partir dali. A incerteza acabou. Além disso, agora eles terão uma boa resposta para quando os adultos perguntarem, como são propensos a fazer, o que eles farão depois da formatura. Para manter a ansiedade existencial sobre o que fazer com suas vidas cuidadosamente reprimida abaixo do limiar da consciência, eles agarram o primeiro emprego que aparece.

Infelizmente, essa rota pragmática também não os livra da valeta. Nunca subestime o poder do ambiente em que você trabalha de mudar quem você é. Ao escolher trabalhar em uma determinada empresa, você se transforma no tipo de pessoa que trabalha naquela empresa. Isso é ótimo se a cultura de McKinsey ou do General Mills sacia sua alma. Se não, haverá uma pequena parte de você que não será alimentada e ficará cada vez mais faminta.

Além do mais, viver uma vida de modo utilitarista pragmático o transforma em um utilitarista pragmático. As perguntas do tipo "Como faço para ter sucesso?" são rapidamente encobertas por perguntas como "Por que estou fazendo isso?"

De repente, sua conversa consiste basicamente de descrições sobre o quanto você está ocupado. De repente, você é um mortal frio que passa para o modo hiperbajulador sempre que seu chefe está por perto. Passa a maior parte do seu tempo procurando por um mentor, tentando encontrar uma pessoa mais velha que responderá todas as suas perguntas e resolverá todos os seus problemas. Acontece que as pessoas do seu trabalho não querem que você tenha uma vida intensa e gratificante. Eles lhe dão estrelas douradas de confirmação sempre que se encaixa no papel de animal sagaz que a empresa precisa que você seja. Você já leu aquelas análises marxistas dos chefes explorando os funcionários. De repente se dá conta de que se tornou seu próprio chefe e explorador. Começa a se ver não como uma alma a ser elevada, mas um conjunto de habilidades a ser maximizado.

É fascinante o quanto é fácil simplesmente deixar de lado essas questões espirituais que costumavam atormentá-lo, esquecer os livros profundos que costumavam defini-lo, e aperfeiçoar-se em uma pessoa profissional.

Além disso, o vício no trabalho é uma distração eficaz dos problemas emocionais e espirituais. É surpreendentemente fácil se afastar emocionalmente e ser moralmente desconectado, ser menos próximo e vulnerável em relação às pessoas ao seu redor, murar a floresta escura dentro de você, reduzir os altos e baixos pouco a pouco e simplesmente viver no neutro. Já notou quantas pessoas estão mais entediadas e desanimadas aos 35 anos do que quando tinham 20?

A meritocracia é o sistema moral mais autoconfiante do mundo atual. É tão atraente e parece tão natural que nem nos damos conta de como ela encoraja um certo vocabulário econômico sobre coisas não relacionadas à economia. As palavras mudam de significado. "Caráter" não é mais uma qualidade moral orientada acerca do amor, da ajuda e do cuidado, mas um conjunto de traços do ambiente de trabalho organizados acerca da determinação, da produtividade e da autodisciplina. A meritocracia define "comunidade" como uma massa de indivíduos talentosos que competem uns com os outros. Ela organiza a sociedade em um conjunto sem fim de grupos internos e externos, com as estrelas no centro e todo o restante espalhado pelos anéis cada vez maiores em direção às bordas. Enquanto finge não fazê-lo, ela envia mensagens subliminares de que os mais inteligentes e mais realizados realmente valem mais do que os que não são.

É possível sobreviver à influência esmagadora da meritocracia se você tiver seu próprio sistema moral concorrente estabelecido lado a lado, mas, se não tiver um sistema de valores concorrente, a meritocracia o engole por completo. Você perde seu sentido de ação, pois os degraus profissionais determinam seu cronograma e o curso da sua vida. A meritocracia lhe dá marcas às quais se apegar — sua escola de prestígio, seu belo cargo de trabalho — que funcionam bem como marcadores de status e parecem substituir a necessidade urgente de descobrir quem você é. O trabalho, escreve o poeta David Whyte, "é um lugar em que você provavelmente pode se perder com mais facilidade do que pode se encontrar".

A jornalista Lisa Miller descreve uma "colisão de ambições" que viu em seus colegas, principalmente jovens mulheres do campo profissional. São mulheres que aproveitam oportunidades, ela escreve, que fazem listas, as mulheres autossuficientes em ascensão do livro *Faça Acontecer* de Sheryl Sandberg, que adiam se casar e ter filhos porque foram motivadas a realizar e liderar grandes feitos.

Mas em uma certa idade, Miller escreve, elas "perdem o ânimo, como uma criança quando perde seu balão de hélio. Consumidas pela angústia, elas também ficam desnorteadas". Como uma mulher disse a Miller: "Não há visão." Ou, como disse outra, não há "nada sólido". Elas fantasiam em pedir demissão de seus empregos e se mudar para Michigan, ou em ter filhos como mera desculpa para fugir da correria. "Elas murmuram sobre propósitos, sobre satisfações concretas de assar um pão ou observar o jardim crescer." Elas ficam imóveis, trabalhando diligentemente, "esperando que algo — qualquer coisa — as faça recomeçar, convença-as de que seu desejo não as abandonou de vez".

Miller retrata isso como um problema feminino que surge das atitudes perturbadas da sociedade sobre mulheres e trabalho. Mas eu noto que muitos homens também têm a sensação de que não estão vivendo suas vidas o suficiente. Séculos atrás havia uma palavra comum para o que essas pessoas passam: acédia.

Essa palavra é usada com muito menos frequência hoje em dia, o que é estranho já que o estado que ela descreve é tão comum. Acédia é o silenciamento da paixão. É uma falta de interesse. É viver uma vida que não desperta suas paixões e, portanto, estabelece pouco a pouco a letargia da alma, como um forno em temperatura média. A pessoa que vive em acédia pode ter um emprego e uma família, mas não é totalmente comprometida com a própria vida. Seu coração está de um lado e sua vida está do outro.

O desejo gera adesão. Ele o faz se aproximar — da pessoa, do emprego ou da cidade que você ama. Mas a falta de desejo o torna desinteressado e, com o tempo, faz com que você tenha uma atitude de evitação emocional, uma falsa indiferença. Resumindo: a meritocracia o encoraja a deixar-se levar por uma vida que a sociedade ama, mas você não. É impossível sentir-se completo.

Uma pessoa que tenta tratar a vida como se fosse uma extensão da escola geralmente se transforma no que o romancista dinamarquês Matias Dalsgaard chama de "estrela insegura": "Tal pessoa não deve ter uma base estável ou sólida sobre a qual se desenvolver, e ainda assim tenta encontrar a saída para o seu problema. É uma situação impossível. Você não pode compensar uma fundação feita de areia movediça construindo um novo andar sobre ela. Mas essa pessoa não liga para isso e espera que o problema nessa fundação não seja descoberto, contanto que o trabalho de construção acima dela tenha prosseguimento."

O problema com o pragmatismo, como dizem, é que ele não funciona. A estrela insegura nunca deseja nada completamente e, assim, nunca está totalmente satisfeita. Seu cérebro está se movendo e seu status, aumentando, mas seu coração e sua alma nunca estão totalmente envolvidos.

Quando você só pode contar com sua identidade e o nome do seu cargo, verá que se compara constantemente a outras pessoas. Você é assombrado por sua concepção de si mesmo. As pessoas que vivem assim imaginam que há outras pessoas se deleitando do esplendor da carreira e da alegria privada. Aquele perdedor do colégio que não fazia nada além de assistir à TV agora é um grande produtor de cinema; o cara quieto no programa de treinamento hoje é um gestor de fundo hedge bilionário. Quanto um homem ganha vendendo sua própria alma se outros estão vendendo as deles e ganhando mais?

QUATRO

O Vale

Leon Tolstói teve uma das primeiras montanhas de mais sucesso da história da humanidade. Quando jovem, serviu o exército e viveu de forma imprudente. Teve suas aventuras, seus romances; desafiou homens a duelos. Depois tentou fazer seu nome como um grande intelectual. Ele se reuniu com um grupo de colegas e, juntos, lançaram revistas radicais, escreveram ensaios e tentaram difundir o Iluminismo. Tornou-se um romancista e teve mais sucesso do que qualquer um podia imaginar. Os resultados foram *Guerra e Paz* e *Anna Karenina*, e muito mais.

Ele também não era indiferente à moral. Tolstói sempre desistia de alguma coisa para se tornar uma pessoa melhor: tabaco, caça, álcool, carne. Ele escreveu suas próprias regras para que pudesse amar mais as pessoas e tratar a todos com igualdade e coisas assim.

Sua fé naqueles anos, relembrou mais tarde, estava em aperfeiçoar-se:

> Eu tentei alcançar a perfeição intelectual; estudei tudo o que podia, tudo o que a vida me deu a oportunidade de estudar. Tentei aperfeiçoar minha determinação e estabeleci regras para mim mesmo que me esforcei para seguir. Lutei pela perfeição física fazendo todos os exercícios que desenvolviam força e agilidade e me submetendo a todas as adversidades que nos disciplinam na

resistência e perseverança. Suportei tudo isso pela perfeição. O ponto inicial de tudo foi, é claro, a perfeição moral, mas isso logo foi substituído por uma crença na perfeição geral, isto é, um desejo de ser melhor não para mim ou aos olhos de Deus, mas sim um desejo de ser melhor aos olhos de outras pessoas.

Então a vida o atingiu. Seu irmão Nicholas morreu aos 37 anos. Ele era um homem bom e sério que nunca entendeu por que viveu ou por que morreu. Nenhuma das teorias de Tolstói seria capaz de explicar a morte de seu irmão.

Então Tolstói teve uma experiência que o persuadiu de que existe um bem muito maior do que seu prestígio e perfeição. Era a verdade absoluta, algo que não é construído pelo raciocínio humano, mas simplesmente existe. Tolstói estava em Paris quando testemunhou uma execução.

> Quando vi como a cabeça fora separada do corpo e ouvi o baque de cada parte que caía na caixa, entendi não com meu intelecto, mas com todo o meu ser, que nenhuma teoria de racionalidade da existência ou do progresso poderia justificar tal ato; percebi que até mesmo se todas as pessoas do mundo desde o dia da criação achassem que isso era necessário de acordo com qualquer teoria, eu sabia que não era e que era errado. Portanto, meus julgamentos devem ser baseados no que é certo e necessário e não no que as pessoas dizem e fazem.

Tolstói tinha até então apostado sua vida no projeto do Iluminismo, sobre razão, progresso, intelectuais, aprovação pública e progresso. E agora perdera a fé nesse projeto. Qual era o objetivo da vida?

> Minha vida parou. Eu conseguia respirar, comer, beber e dormir; de fato, não conseguia evitar respirar, comer, beber e dormir. Mas não havia vida em mim, pois eu não tinha desejos cuja satisfação achasse razoável. Se quisesse alguma coisa, sabia de antemão que não importava se eu a conseguisse ou não.

A vida começou a parecer absurda e inútil. Ele removeu todas as cordas de seu quarto para não se enforcar. Manteve-se longe de seus rifles de caça para não se matar. Começou a se referir à sua antiga vida de escritor intelectual como uma forma de loucura. Quem poderia realmente se importar se ele recebesse uma boa crítica neste ou naquele jornal? Agora parecia que ele e seus camaradas não estiveram melhorando o mundo, estiveram apenas escrevendo para tornarem-se ricos e famosos. Tolstói estava farto da vida e não via sentido nela. Ele estava no vale.

Se essa sensação de perdição pode acontecer com Tolstói, pode acontecer com qualquer um. Afinal de contas, o restante de nós pode ser assombrado pela ideia de que não realizamos quase nada do que podíamos ter feito. Mas Tolstói foi um dos grandes escritores que já viveu e sabia disso. A riqueza, a fama e a realização não poupam ninguém do vale.

O RESTO DE NÓS

Existem pessoas que passam por essa vida sem chegar perto do vale, que bom para elas. Mas a maioria de nós teve que suportar alguma época de sofrimento, em que tivemos que fazer as perguntas fundamentais a nós mesmos.

O sofrimento tem muitas formas. Algumas pessoas estão ocupadas com o trabalho, mas percebem que perderam o rumo de suas vidas. Algumas têm seus corações partidos. Algumas perdem uma pessoa querida, o que as faz pensar que um futuro brilhante longínquo foi perdido para sempre. Outras são surpreendidas por um infarto, câncer ou derrame. Outras experienciam o fracasso ou um escândalo; elas construíram suas identidades sobre uma performance externa, e isso não existe mais.

Para algumas pessoas, essa sensação não é uma crise dramática. É apenas uma indisposição, uma perda gradual do entusiasmo sobre o que estão fazendo. O analista junguiano James Hollis teve um paciente que explicou isso da seguinte forma: "Eu sempre busco vencer, não importa qual seja o jogo, e só agora percebo o quanto tenho sido manipulado pelo jogo." Uma pessoa pode lutar ferozmente para conseguir sucesso, para ser melhor do que todo mundo, e um dia descobrir que tudo parece vazio e sem sentido. "Incapaz de valorizar, de aproveitar", disse um dos personagens de Tolstói.

Em um ensaio para o Oprah.com, a escritora Ada Calhoun descreveu como muitas mulheres, mesmo em seus 30 e 40 anos, se sentem sem rumo, como se estivessem vivendo do jeito errado. Uma de suas amigas, com 41 anos, contou: "Às vezes, tenho esses momentos de clareza, normalmente durante longas teleconferências. Essa voz em minha cabeça começa a gritar de repente: *O que você está fazendo? Isso não tem sentido e é chato! Por que você não está no mundo fazendo o que ama?*"

Em seu livro *Excellent Sheep* ["Ovelhas Excelentes", em tradução livre], William Deresiewicz descreve sua própria experiência com a perda da esperança quando jovem. Ele foi criado em uma família de engenheiros e cientistas e supôs que o que queria da vida era fazer ciência. Antes de ter uma única aula na faculdade, antes de se permitir viver com um único momento de incerteza, ele decidiu se formar em biologia e psicologia. Antes de colocar o pé no campus, ele se matriculou em três quartos das aulas que faria. Quando percebeu que, na verdade, deveria estar cursando letras, era tarde demais para mudar, então formou-se em duas disciplinas que não desejava seguir profissionalmente.

Sem um objetivo claro na vida, ele se estabeleceu em um lugar que lhe permitisse manter as opções abertas. Matriculou-se em direito e, quando ficou claro que não tinha interesse algum nisso, matriculou-se em jornalismo, que também não era do seu interesse; então começou a trabalhar em uma organização sem fins lucrativos. "Lá estava eu, alguns anos depois da faculdade, amargurado pelo fato de ter jogado fora a oportunidade de estudar, trabalhando em um emprego que não significava nada para mim, minha carreira basicamente morta, minha autoconfiança em ruínas, sem ideia do que eu queria fazer ou para onde deveria ir."

As pessoas geralmente passam por um processo familiar antes de conseguir reconhecer o quanto seu problema é abrangente. Primeiro, elas negam que há algo de errado em suas vidas. Depois intensificam seus esforços para seguir o velho plano fracassado. Então tentam agradar a si mesmas com alguma nova emoção: um novo caso, beber mais ou começar a usar drogas. Só quando tudo isso falha é que admitem que precisam mudar como pensam sobre a vida.

A CRISE TELEOLÓGICA

Essa é uma crise teleológica, definida pelo fato de que as pessoas em crise não conhecem seu propósito. Quando isso acontece, elas ficam frágeis. Nietzsche diz que aquele com um "porquê" para viver pode suportar qualquer "como". Se você conhece seu propósito, pode lidar com qualquer contratempo. Mas, quando não conhece, todo revés pode levar a um colapso total. Como dito por Seamus Heaney: "Você não está nem aqui, nem lá, / uma pressa pela qual coisas conhecidas e estranhas passam."

Em minha experiência, há dois tipos de crise teleológica: a ambulante e a adormecida. Na forma ambulante, o sofredor só continua se arrastando. Ele foi atingido por algum golpe, ou sofre com algum tédio profundo, mas não sabe o que quer e como poderia mudar sua vida, então apenas segue fazendo o que sempre fez — o mesmo emprego, o mesmo lugar, a mesma vida. Ele convive com a ciência psicológica de que está se acomodando. Eu tinha uma amiga chamada Casey Gerald que foi a uma entrevista de emprego. No final da entrevista ela reverteu a situação com a entrevistadora e perguntou: "O que você faria se não tivesse medo?" A entrevistadora caiu no choro. Se ela não tivesse medo, não estaria no RH daquela empresa. Essa é uma crise teleológica ambulante.

O segundo tipo de crise teleológica é a adormecida. Nessa versão, o sofredor só fica deitado, rastejando até a cama e assistindo à Netflix. Sua confiança está arruinada. Ele está paralisado por focar a si mesmo. Tem essa convicção estranha e injustificável de que é tarde demais para ele; a vida passou despercebida. As realizações de outras pessoas começam a machucar de verdade à medida que a distância entre a rápida ascendência (aparente) delas e a inércia patética dele começa a parecer extremamente ampla.

David Foster Wallace notou isso em muitos de seus amigos: "Algo que não tem muito a ver com circunstâncias físicas, ou com a economia, ou com qualquer coisa falada no jornal. É mais como uma tristeza no estômago. Vejo muito isso em mim e nos meus amigos de diferentes formas. Ela se manifesta como um tipo de perda." Por trás das manifestações psicológicas, Wallace notou que a causa fundamental era a falta de direcionamento moral. "Esta é uma geração que não tem herança alguma, nem valores morais significativos."

E é difícil saber quantas pessoas estão sofrendo com esse tipo de crise, pois elas ficaram boas em mascará-la. Como dito pela jovem escritora Veronica Rae Saron: "Conversa atrás de conversa, está cada vez mais claro: aqueles dentre nós com as contas mais exuberantes no Instagram, perfis de LinkedIn perfeitamente montados e exteriores confiantes (eu mesma) são provavelmente os que se sentem mais confusos, ansiosos e empacados quando se trata do futuro. A sensação de empacamento do millennial de 20 e poucos anos está por toda parte, e há uma correlação direta entre aqueles que a sentem e aqueles que passam uma sensação de segurança extrema." No fim não há como escapar das grandes questões. Qual é a minha melhor vida? No que eu acredito? A que eu pertenço?

O VALE SOCIAL

Os indivíduos podem cair no vale, e sociedades inteiras também. No início da década de 1960, nossa cultura começou a adotar um modo de vida hiperindividualista para ajudar a lidar com os problemas do momento. Mas depois de algumas décadas essa cultura, levada ao extremo, produziu sua própria crise.

A grande narrativa da emancipação individual nos deixou com o que alguns chamaram de "o grande desmonte". Enquanto antes as pessoas tendiam a se enredar em comunidades unidas com normas sociais prescritas que às vezes pareciam sufocantes, agora elas estão separadas. Enquanto já serviram em instituições hierárquicas, agora têm problemas em pensar institucionalmente — como viver, administrar e reformar uma instituição —, então a qualidade das organizações sociais que formam nossa vida comum deteriora.

Acima de tudo, o hiperindividualismo levou a uma sociedade em que as pessoas vivem cada vez mais separadas umas das outras — social, emocional e fisicamente. O filósofo inglês Simon May disse que o amor é um "enraizamento ontológico". O amor nos dá uma sensação de estar centrado. Muitas pessoas, mesmo com famílias, não têm isso. Muitas pessoas em relacionamentos amorosos não têm isso. As pessoas costumavam reclamar que os jovens adultos faziam sexo sem amor; agora, cada vez mais, eles não estão fazendo sexo de modo algum. Meio século de emancipação transformou o individualismo, que era o paraíso para nossos avós, em nosso inferno. Ele produziu quatro crises sociais inter-relacionadas.

1. A CRISE DA SOLIDÃO

Trinta e cinco por cento dos norte-americanos com mais de 45 anos são cronicamente solitários. Apenas 8% relatam ter conversas importantes com seus vizinhos durante o ano. Em 1950, menos de 10% das casas tinham apenas um morador; agora são quase 30%. A maioria das crianças nascidas de mães com menos de 30 anos tem em casa apenas um dos pais. Esses são sintomas de um desapego geral. O grupo político que cresce com mais rapidez não tem filiação. O grupo religioso que cresce com mais rapidez não tem filiação. Pesquisadores britânicos pediram aos pastores que descrevessem o problema mais comum que precisam abordar com seus paroquianos. Setenta e seis por cento responderam solidão e saúde mental. O ex-cirurgião geral Vivek Murthy escreveu na *Harvard Business Review*: "Durante meus anos cuidando de pacientes, a patologia mais comum que vi não era do coração ou diabetes; era a solidão."

O estrago psicológico, social e moral causado por esse desapego é horrendo.

Desde 1999, a taxa de suicídio nos EUA cresceu 30%. A epidemia atingiu forte os jovens. Entre 2006 e 2016, as taxas de suicídio para aqueles entre 10 e 17 anos aumentou 70%. Praticamente 45 mil norte-americanos se suicidam todos os anos, que representa amplamente a solidão. Os opioides matam outros 72 mil norte-americanos por ano. Em 2018, os Centros de Controle e Prevenção de Doenças anunciaram que a expectativa de vida do norte-americano médio tinha caído pelo terceiro ano consecutivo. Essa é uma tendência absolutamente chocante. Em sociedades abastadas e coesas, a expectativa de vida fica cada vez maior, como é de se esperar. A última vez que a expectativa de vida norte-americana diminuiu tanto assim foi de 1915 a 1918, quando o país passou por uma guerra mundial e uma pandemia de gripe que matou 675 mil pessoas. A razão de a expectativa de vida norte-americana estar tão curta atualmente é o aumento das chamadas mortes por desespero — suicídio, overdose de drogas, problemas no fígado e assim por diante. E elas, por sua vez, são causadas pelo isolamento social que nos circunda.

2. DESCONFIANÇA

A segunda crise é a de alienação. O grande sociólogo Robert Nisbet define alienação como "o estado de espírito que pode considerar uma ordem social remota, incompreensível ou fraudulenta". Essa é basicamente a situação nos Estados Unidos hoje. As pessoas daquela geração antiga normalmente supunham que o autossacrifício fazia sentido, porque, se você servisse à sua organização, ela também lhe serviria. Mas, como apontado décadas atrás pelo pesquisador de opinião pública David Yankelovich, a fé no acordo de dar e receber foi quebrada. Agora supõe-se que, se você der, eles receberão. Se você se sacrificar, outros se aproveitarão. A reciprocidade não existe e as pessoas se sentem isoladas de seus vizinhos e enojadas pelas instituições da vida pública.

Nas décadas de 1940 e 1950, quando o *éthos* era mais para "Estamos Todos no Mesmo Barco", praticamente 75% dos norte-americanos disse confiar que o governo faria a coisa certa na maior parte do tempo. Agora são menos de 25%. Naquela época, de acordo com o General Social Survey, aproximadamente 60% dos norte-americanos diziam que seus vizinhos eram confiáveis; agora são apenas 32% e somente 18% dos millennials. Cada grupo etário nos Estados Unidos está menos confiante que o anterior, e como Robert Putnam, de Harvard, aponta, eles têm uma boa razão para isso: as pessoas estão menos confiáveis. Não é a percepção que está piorando, é o comportamento. A qualidade dos nossos relacionamentos está pior. Desconfiança gera desconfiança. Quando as pessoas se sentem desconfiadas, concluem que a única pessoa em quem podem confiar é nelas mesmas. "Que solidão é pior do que a desconfiança?", escreveu George Eliot em *Middlemarch*.

3. A CRISE DO SIGNIFICADO

A terceira crise é a do significado. É um fato impressionante de nossa era que, apesar de tudo o que aprendemos sobre o cérebro, os problemas de saúde mental, incluindo a depressão, estão aumentando e não diminuindo. E as coisas parecem estar se agravando rapidamente. Em 2012, 5,9% dos jovens sofriam de depressão grave. Em 2015, foram 8,2%.

Isso ocorre, em parte, por causa do smartphone, mas também pela quantidade de pessoas que perdeu o sentido de propósito em suas vidas. Quando retiramos uma ordem moral comum e dizemos a todos que encontrem sua própria definição do mistério da vida, a maioria das pessoas fica vazia. Elas não terão uma história atraente que explique o significado de suas vidas naqueles momentos em que as coisas complicam. Em um estudo para seu livro *The Path to Purpose* ["O Caminho para o Propósito", em tradução livre], William Damon descobriu que apenas 20% dos jovens adultos estão completamente cientes de seu senso de propósito.

Muitas pessoas perderam a fé nas grandes causas e instituições que gerações anteriores confiavam para dar um sentido de propósito e significado à vida. Elas perderam a fé na fé. O próprio comparecimento em igrejas caiu pela metade desde o início de 1960. Elas perderam a fé no país. Em 2003, de acordo com a organização Gallup, 70% dos norte-americanos disseram ser "extremamente orgulhosos" de ser cidadão norte-americano. Em 2016, apenas 52% deles disseram isso, e somente 34% dos millennials concordaram com essa afirmação. E isso foi antes da eleição de Donald Trump. Todos esses números sugerem que as pessoas não se sentem parte de uma história maior na qual podem acreditar e à qual podem dedicar suas vidas.

"O homem tem horror à solidão", escreve Balzac. "E de todos os tipos de solidão, a moral é a mais terrível."

4. TRIBALISMO

Essas três crises fizeram surgir uma quarta, que não é uma faceta do individualismo extremo em si, mas nossa reação a ele. Os psicólogos dizem que a coisa mais difícil de curar é a tentativa de autocura do paciente. As pessoas que ficam nuas e sozinhas por causa do individualismo radical fazem o que seus genes e a história antiga de sua espécie lhe dizem para fazer: retornam à tribo. O individualismo levado ao extremo leva ao tribalismo.

Hannah Arendt notou esse fenômeno décadas atrás. Quando observou as vidas de pessoas que se tornaram fanáticas políticas, descobriu duas coisas: solidão e vazio espiritual. "A solidão é a área comum do terror", ela escreveu em *Origens do Totalitarismo*.

A verdadeira solidão, escreve Nabeelah Jaffer, não é apenas estar sozinho; é todo o tipo de vazio espiritual, a perda da fé em si mesmo em conseguir respostas, "a perda do seu próprio eu". É um sentimento de "desenraizamento e superfluidade". Jaffer sugere que muitos militantes se juntam ao Estado Islâmico porque não têm onde experimentar uma sensação de pertencimento, e pelo menos o EI dá isso para eles; um modo de virarem mártires, heróis.

As pessoas que experienciam o medo existencial entram no modo de crise: "Estou em perigo! Fui ameaçado; devo revidar!" Sua resposta evolucionária é a autoproteção, então elas voltam aos instintos primitivos de como responder a uma ameaça: nós contra eles. Os tribalistas buscam categorias fáceis nas quais algumas pessoas são boas e outras são ruins. Elas buscam segurança para dominar seus sentimentos de dúvidas insuportáveis. Elas buscam a guerra — política ou real — como meio de dar significado à vida. Elas retornam à tribo.

O tribalismo parece um modo de restaurar os laços da comunidade. Ele certamente une as pessoas, mas é, na verdade, o gêmeo malvado da comunidade. A comunidade é uma conexão baseada em afeição mútua. O tribalismo, no sentido usado aqui, é uma conexão baseada no ódio mútuo. A comunidade é baseada na humanidade comum; o tribalismo, no inimigo comum. O tribalismo sempre impõe limites e cria distinções entre amigo/inimigo. A mentalidade tribal é uma mentalidade do guerreiro com base na escassez: a vida é uma luta por recursos escassos e somos sempre nós contra eles, ganhar ou perder. Os fins justificam os meios. Política é guerra. Ideias são combates. É matar ou morrer. A desconfiança é a visão de mundo dos tribalistas. O tribalismo é uma comunidade para narcisistas solitários.

Hoje, para muitas pessoas, o partidarismo não se trata de qual partido político tem políticas melhores. É um conflito entre os redimidos e os condenados. As pessoas usam a identidade do partido para preencher o vazio deixado quando suas outras ligações definham — étnicas, vizinhanças, religiosas, públicas e familiares.

Isso é pedir mais da política do que ela pode dar. Uma vez que ela se torna uma identidade étnica ou moral, fica impossível se comprometer, pois o comprometimento é uma desonra. Uma vez que ela se torna a sua identidade, então toda disputa eleitoral é uma luta pela sobrevivência existencial, e tudo é permitido. O tribalismo ameaça pegar o indivíduo isolado e transformá-lo em um monstro.

SOFRIMENTO

Independentemente de o vale ser pessoal, social ou ambos, há muito sofrimento. Você passa por uma época de dor, sentindo-se perdido. Isso pode ser um período de angústia esmagadora, mas também pode ser uma das épocas mais preciosas da sua vida.

John Keats disse que vivemos em uma mansão com muitos quartos. Quando estamos na primeira montanha, vivemos o que Keats chamou de "aposento da irreflexão". Esse é o aposento-padrão; apenas absorvemos os valores e modos de vida que acontecem à nossa volta sem pensar.

Queremos ficar nesse aposento. É confortável e todo mundo assente em sinal de aprovação. Em *The Age of Anxiety* ["A Era da Ansiedade", em tradução livre], W. H. Auden escreveu:

Preferimos ser arruinados do que mudados
Preferimos morrer em nosso temor
Do que escalar a cruz do momento
E deixar nossas ilusões morrerem.

As épocas de sofrimento acabam conosco. Elas são as sirenes que nos acordam da complacência e nos avisam de que estamos indo na direção errada da vida.

Não há nada intrinsecamente nobre no sofrimento. Às vezes o pesar é só pesar e deve ser superado. Muitas coisas ruins acontecem na vida, e é um erro tentar sentimentalizar esses momentos dizendo que devem acontecer por um bem maior. Mas às vezes, quando o sofrimento pode ser conectado a uma narrativa maior de mudança e redenção, podemos sofrer seguindo em direção à sabedoria. Esse é o tipo de sabedoria que não aprendemos nos livros; precisamos experimentá-la sozinhos. Às vezes provamos um pouquinho de nobreza no modo como respondemos ao sofrimento.

O teólogo Paul Tillich escreveu que sofrer abala os padrões normais da vida e nos lembra de que não somos quem pensávamos ser. Ele destrói a base do que você pensava ser o porão da sua alma e revela o cômodo abaixo, e então arrebenta esse chão e revela o cômodo abaixo dele também.

O sofrimento pode nos ensinar a gratidão. Normalmente menosprezamos o amor e a amizade. Mas, em épocas de sofrimento, importunamos os outros e valorizamos os presentes que pessoas queridas nos oferecem. O sofrimento o torna solidário a outros que sofrem. O torna mais compreensivo com aqueles que compartilham este ou aquele tipo de dor. Assim ele amolece o coração.

O sofrimento pede uma resposta. Nenhum de nós pode evitá-lo, mas todos podemos escolher como reagimos a ele. E, curiosamente, poucas pessoas reagem ao sofrimento buscando prazer. Ninguém diz "perdi meu filho, portanto devo sair para dançar". Dizem "perdi meu filho, portanto tenho o necessário para ajudar outros que perderam seus filhos". As pessoas percebem que o alimento frívolo não satisfará a fome gigantesca nem preencherá o vazio profundo que o sofrimento revela. Apenas o alimento espiritual consegue isso. Muitas pessoas respondem à dor praticando a generosidade.

Finalmente, o sofrimento destrói a ilusão da autossuficiência, que precisa ser desconstruída para o início de uma vida interdependente. As épocas de dor expõem a falsidade e a vaidade da maioria de nossas ambições e ilumina a realidade maior de viver e morrer, cuidar e ser cuidado. A dor nos ajuda a ver o verdadeiro tamanho de nossos desejos egoístas. Antes eles pareciam gigantescos e dominavam toda a tela. Depois de épocas de sofrimento, vemos que os desejos do ego são bem pequenos, e certamente não é em torno deles que devemos organizar nossas vidas. Sair do vale não é como se recuperar de uma doença. Muitas pessoas não saem dele curadas; apenas diferentes. O poeta Ted Hughes observou que as piores coisas pelas quais passamos são, frequentemente, as melhores de lembrar, pois naqueles momentos terríveis as armaduras protetoras são retiradas, a humildade é alcançada, um problema é claramente apresentado e uma chamada para servir é claramente recebida.

CINCO

O Deserto

A reação normal para uma época de sofrimento é tentar sair dela. Lidar com os sintomas. Beber alguma coisa. Ouvir alguns discos tristes. Seguir em frente.

A coisa certa a se fazer quando estamos em momentos de sofrimento é manter a cabeça erguida. Esperar. Ver o que ele tem a ensinar. Entender que o sofrimento é uma tarefa que, se abordada corretamente, com a ajuda de outras pessoas, levará a um crescimento e não ao enfraquecimento.

O vale é onde nos livramos de nossos velhos eus para que nossos novos eus possam surgir. Não há atalhos. Existe apenas o mesmo processo eterno de três passos que os poetas descrevem desde sempre: do sofrimento para a sabedoria para o servir. Deixar morrer o velho eu, purificar-se no vazio, ressuscitar no novo. Da agonia do vale ao purgatório no deserto até a compreensão no cume da montanha.

E como começar essa jornada de três partes? Felizmente, as pessoas têm pensado nisso há mil anos e nos deram alguns modelos de como seguir em frente.

Moisés, por exemplo, tinha uma ideia rudimentar sobre qual era o sentido de sua vida. Ele cresceu no palácio do faraó (muito bom!), mas tinha uma consciência moral. Odiava a opressão aos judeus e matou um guarda egípcio que maltratou um escravo. Mas sua minirrebelião saiu pela culatra, pois foi aleatória e egoísta. Ele teve que fugir do Egito como um fracassado, mesmo aos olhos de seus colegas judeus. Moisés partiu para ficar sozinho. Levou seu rebanho de ovelhas "para longe no deserto".

Enquanto estava lá, de acordo com a tradição rabínica, um cordeirinho fugiu do rebanho e Moisés o perseguiu. Normalmente é fácil pegar um cordeiro perdido, eles não são as criaturas mais rápidas do mundo e geralmente não vão muito longe. Mas dessa vez algo estranho aconteceu. O cordeiro corria como uma gazela. Moisés correu para dentro do deserto, mas não conseguiu manter o ritmo. O cordeiro correu muito mais longe. Finalmente, ele parou em uma nascente para beber água e Moisés o pegou.

O cordeiro, claro, é o próprio Moisés. Ele estava escondido e incógnito até para si mesmo. Como diz o ditado sufi: "Eu era um tesouro escondido." Ele teve que ir deserto adentro e depois ainda mais longe até o lugar vazio em busca de um cordeiro perdido para finalmente se encontrar.

No momento em que você está mais confuso sobre o que deve fazer com a sua vida, a melhor aposta é fazer o que milhões de homens e mulheres fizeram no decorrer da história. Levante-se e vá sozinho para o deserto.

Muito pode ser conquistado simplesmente ao se deslocar para um local físico diferente. Você precisa experimentar, tocar e sentir seu caminho em direção a um novo jeito de ser. E há muitos benefícios em sair do centro das coisas e ir em direção às margens. "Você está passando por uma época estranha", escreve Henri Nouwen.

> Você vê que é chamado para seguir em direção à solidão, à oração, ao ocultamento e a uma simplicidade maior. Vê que, por ora, precisa ter movimentos limitados, ser econômico nas ligações e cuidadoso ao escrever cartas... O pensamento de que você pode ter de viver longe dos amigos, do trabalho corrido, dos jornais e de livros interessantes não o assusta mais... Está claro que algo em você está morrendo e alguma coisa nascerá. Você deve permanecer atento, calmo e obediente às suas melhores intuições.

No deserto, a vida não tem distrações. Ela é silenciosa. A topografia exige disciplina, simplicidade e atenção ferrenha. A solidão no deserto torna irrelevantes todos os hábitos de agradar pessoas que se entrelaçaram à sua personalidade. "O que acontece quando uma 'criança superdotada' se vê no deserto, onde fica desprovida de qualquer maneira de provar seu valor?", pergunta Belden Lane em *Backpacking with the Saints*. "O que ela faz quando não há nada que *possa* fazer, quando não há plateia para aplaudir sua performance, quando ela encara uma indiferença fria e silenciosa, se não uma hostilidade? Seu mundo fica em pedaços. A alma faminta por aprovação morre de fome em um deserto como esse. Ele reduz a estrela compulsiva a algo pequeno, completamente medíocre. Só então ela será capaz de ser amada."

A solidão no deserto muda sua percepção de tempo. A vida normal acontece no tempo normal — a noção de tempo de ir ao trabalho/lavar a louça. Mas o deserto marca o tempo em eras; nada muda rapidamente. O deserto vive em um ritmo que os gregos chamavam de *kairós*, que pode ser mais lento, mas é sempre mais rico. O tempo síncrono é um momento após o outro, mas o kairós é qualitativo, oportuno ou não perfeito ainda, rico ou simples, inspirado ou normal — a hora do rush ou o momento vazio. Quando se está no deserto há semanas, você começa a se mover no tempo kairós. A alma em comunhão consigo mesma no deserto também está em kairós — lenta e serena, mas densa e forte como uma sequoia em crescimento.

A escassez da vida no deserto o prepara para ser mais íntimo de si mesmo. Às vezes isso traz a dor à tona. Há memórias intensas de falhas e pesares antigos. Todas as feridas infligidas por pais e avós. Suas próprias ações ruins que fluem por essas feridas — sua tendência de atacar, ou de ter medo extremo do abandono, ou de não ser comunicativo e se afastar ao primeiro sinal de estresse.

"Sua dor é profunda e não sumirá simplesmente", Nouwen continua. "Ela também é unicamente sua, pois está ligada a algumas de suas primeiras experiências de vida. Sua tarefa é levar essa dor para casa. Enquanto sua parte ferida permanecer estranha ao seu eu adulto, sua dor machucará você e os outros." Como diz o dito, o sofrimento que não é transformado é transmitido.

OUVINDO SUA VIDA

Quando as pessoas estão no deserto, elas aprendem a receber e a rever suas vidas. "Se me fosse pedido que dissesse em poucas palavras a essência de tudo o que tentei falar como romancista e como pregador, seria algo assim: Escute sua vida", escreveu Frederick Buechner. "Veja-a como o mistério insondável que ela é. No tédio e na dor não menos que na animação e na alegria: toque, prove, cheire seu caminho até o coração sagrado e oculto dela, pois em última análise todos os momentos são principais e a vida em si é uma dádiva."

O professor Parker Palmer ecoa o tema: "À medida que a escuridão começou a cair sobre mim no início de meus 20 anos, pensei que havia desenvolvido um caso único e terminal de fracasso. Não percebi que tinha meramente embarcado em uma jornada em direção à união com a raça humana."

A essência disso, para Palmer, foi escutar. "Tentar viver a vida de outra pessoa, ou viver de acordo com uma regra abstrata, será invariavelmente um fracasso — e até causará um dano enorme." Você não encontra sua vocação por meio de um ato de assumir o controle. "A vocação não vem da teimosia. Ela vem da escuta. Devo escutar minha vida e tentar entender do que realmente se trata — o que é bem diferente do que eu gostaria que ela tratasse."

Eu tenho um amigo chamado Pete Wehner que é um ouvinte incrível. Eu descrevo um problema para ele e ele me faz algumas perguntas. Chega um momento na conversa, depois de ele ter feito quatro ou cinco perguntas, em que espero que comece a dar suas opiniões e recomendações. Mas, então, ele me surpreende e me faz outras seis ou oito perguntas, antes de finalmente oferecer um conselho. A escuta real, seja dos outros ou de si mesmo, envolve essa rodada extra inesperada de perguntas, levando os questionamentos além do que parece natural.

Ouvir sua vida significa ter paciência. Muitos de nós encaram a maior parte da vida com uma atitude prematura de avaliação. Temos uma tendência natural a tomar decisões instantaneamente, no momento em que encontramos algo. O problema é que uma vez que registramos algo com um determinado julgamento — até mesmo nossos próprios eus — paramos de vê-lo em toda a sua complexidade. O deserto ensina o potencial negativo, a habilidade de ficar tranquilo na incerteza, de não tirar conclusões precipitadas.

Escutar a vida significa perguntar: O que eu fiz bem? O que eu fiz mal? O que eu faço quando não estou sendo pago ou recompensado? Houve vezes em que usei máscaras que as pessoas queriam ou que achei que queriam que eu usasse?

Quando você está no deserto, uma melhor versão de si mesmo tende a surgir. "Quando me aventuro no deserto, fico surpreso com o quanto gosto de minha própria companhia", escreve Belden Lane. "A pessoa com quem viajo não está preocupada com sua performance. Ela se despe da persona refinada que muitas vezes tenta projetar aos outros. Fico nas nuvens quando estou rabiscando em meu diário sob a sombra de um carvalho no topo da Bell Mountain. Quero *ser* a pessoa que sou quando estou sozinho no deserto." Esse é o começo de uma revelação importante.

"Nas profundezas há a violência e o terror dos quais a psicologia nos avisou", escreve Annie Dillard em *Teaching a Stone to Talk* ["Ensinando uma Pedra a Falar", em tradução livre]. "Mas se cavalgar esses monstros até as profundezas, se for com eles muito além da borda do mundo, você descobrirá o que nossas ciências não conseguem localizar ou nomear, o substrato, o oceano, a matriz ou o éter em que o restante flutua, que dá à bondade seu poder para o bem e à maldade seu poder para o mal, o campo unificado: nosso cuidado complexo e inexplicável uns com os outros."

Este é o ponto crucial, talvez do livro inteiro. Na superfície de nossas vidas, a maioria de nós veste uma armadura. Ela é feita para esconder o medo e a insegurança, e obter aprovação e sucesso. Quando vamos ao nosso âmago, encontramos um mundo diferente, mais primordial, e nele o anseio profundo por cuidado e conexão. Poderíamos chamar isso de pleroma ou substrato. É onde moram nossos corações e almas.

Depois do nascimento de sua primeira filha, uma amiga minha, Catherine Bly Cox, me disse: "Descobri que eu a amava mais do que a evolução exige." Eu sempre gostei dessa observação, pois ela indica essa camada mais profunda. Existem as coisas que nos levam em direção ao prazer material e existem as forças evolucionárias que nos levam a reproduzir e transmitir nossos genes. Essas são as camadas da vida tratadas pelas ciências econômica, política e psicologia evolucionista. Mas essas camadas não explicam a Catedral de Notre-Dame ou "Ode à Alegria"; elas não explicam Nelson Mandela na prisão, Abraham Lincoln na sala de guerra ou uma mãe segurando seu bebê. Elas não explicam o furor e a abundância de amor como todos nós experienciamos.

Essa é a camada que tentamos alcançar no deserto. Essas são as nascentes que nos impulsionarão à nossa segunda montanha.

Quando tiver tocado essas fontes mais profundas, você começará a fazer do ego o seu servo e não o seu mestre. Ao longo dos anos, seu ego descobriu um modo específico de ser para ganhar o máximo de aprovação — o que Henri Nouwen chama de "ego ideal". O ego quer que você aponte sua vida para o papel que o fará parecer inteligente, bonito e admirável. É provável que você tenha passado muito tempo até hoje obedecendo ao ideal do ego.

Como diz o psicólogo James Hollis: "Seu ego prefere a certeza à incerteza, a previsibilidade à surpresa, a clareza à ambiguidade. Seu ego sempre quer encobrir os sussurros quase audíveis do coração." O ego, diz Lee Hardy, quer que você escolha um emprego e uma vida que possa usar como uma varinha mágica para impressionar os outros.

É nesse nível profundo que você percebe uma vida diferente, que seu ego não consegue entender. Há algo em você que sente, como escreveu C. S. Lewis: "O perfume de uma flor não encontrada, o eco de uma música não escutada, as notícias de um país que ainda não visitamos."

Estamos no primeiro estágio da renúncia — despir o eu antigo para que o novo possa aparecer. É nesse ponto que percebemos que somos uma pessoa muito melhor que o ideal do ego. É nesse ponto que realmente descobrimos o coração e a alma.

SEIS

Coração e Alma

HÁ POUCO TEMPO LI UMA PASSAGEM EM UM LIVRO SOBRE UM CARA QUE comprou uma casa com um pé de bambu crescendo próximo da entrada da garagem. Decidiu se livrar dele, então derrubou-o e cortou suas raízes em pedacinhos com um machado. Ele cavou e tirou o máximo do sistema de raízes que conseguiu, depois derramou um veneno para plantas no que restou. Encheu o buraco com muito cascalho e, para não correr riscos, cimentou tudo. Dois anos mais tarde ele notou algo: um pequeno broto de bambu rompendo o cimento. Esse bambu era indestrutível. Não parava de crescer.

Temos algo parecido dentro de nós. É nosso desejo. Somos frequentemente ensinados por nossa cultura que somos, primariamente, seres pensantes — *Homo sapiens*. Às vezes nossas escolas e empresas nos tratam como nada além de cérebros analíticos. Mas, quando estamos no vale, obtemos uma visão mais verdadeira e profunda de quem realmente somos e do que realmente precisamos. Quando estamos no vale, nossa visão do que é importante na vida se transforma. Começamos a perceber que o cérebro pensante é, na verdade, a terceira parte mais importante de nossa consciência. A primeira, e a mais importante, é o coração ávido.

Como o estudioso agostiniano James K. A. Smith escreve: "Ser humano é estar em movimento, buscando alguma coisa, *correndo atrás* de algo. Somos como tubarões existenciais: precisamos nos mover para viver." Há uma parte profunda em nós mesmos de onde flui o desejo. Somos definidos pelo que queremos e não pelo que sabemos.

Veja as crianças em uma peça escolar — cantando com toda a força, dançando o melhor possível, concentrando-se intensamente para fazer tudo certo. Há algo nelas que as anima, o sonho de ser uma estrela, o impulso de agradar a professora, de fazer a diferença no mundo ou simplesmente de ser excelente. O mundo pode se sair bem em cimentar seus desejos, mas aqueles brotos de bambu crescem teimosamente. Adultos cruéis e relacionamentos desfeitos farão o melhor para destruir os brotinhos; escolas chatas tentarão entediá-los; a pobreza tenta fazê-los passar fome; mas se observá-los mesmo nas circunstâncias mais difíceis nove em dez vezes o brotinho ainda está lá, desejando, sonhando, crescendo.

Nossas emoções nos guiam. Elas atribuem valor às coisas e nos dizem o que vale a pena querer. As paixões não são o oposto da razão; são a base e geralmente contêm uma sabedoria que o cérebro analítico não consegue alcançar. O maior desejo do coração — o amor por trás de todos os outros amores — é o desejo de se perder em algo ou alguém. Pense: quase todo filme que você já viu é sobre alguém experienciando essa sensação intensa de fusão a alguma coisa, de se doar para alguma coisa — uma missão, uma causa, uma família, uma nação ou um amado. No filme *Casablanca*, por exemplo, o herói, Rick, teve seu coração cimentado. Mas o amor o faz despertar de novo. No final ele é novamente uma pessoa inteira, comprometida, cheia de objetivo e desejo.

O principal desejo é o da fusão a alguém amado, um laço Eu-Tu, a rendição absoluta do ser completo, a união pura, a intimidade além do medo. Em seu romance *O Bandolim de Corelli*, Louis de Bernières descreveu o melhor destino na jornada do coração. Um homem velho está falando com sua filha sobre seu amor pela esposa falecida. Ele diz a ela: "O amor em si é o que sobra quando a paixão acaba, e isso é uma arte e um feliz acidente. Sua mãe e eu tínhamos isso, tínhamos raízes que cresceram em direção um ao outro até o subterrâneo, e, quando todas as flores bonitas caíram de nossos galhos, descobrimos que éramos uma só árvore e não duas."

Esse é o coração realizado.

A ALMA

A outra parte mais importante da consciência é a alma. Não estou pedindo para que você acredite ou não em Deus. Sou um escritor, não um missionário. Esse não é o meu departamento. Mas peço para que acredite que tem uma alma. Existe uma parte da sua consciência que não tem forma, tamanho, peso ou cor. Essa é sua parte que tem valor e dignidade infinitos. A dignidade dessa parte não aumenta ou diminui com o tempo; não fica maior ou menor dependendo do seu tamanho e força. Pessoas ricas e bem-sucedidas não têm mais ou menos dela do que pessoas mais pobres ou de menor sucesso.

A alma é a parte da sua consciência que tem valor moral e carrega a responsabilidade moral. Um rio não é moralmente responsável por como flui, e um tigre não é moralmente responsável pelo que come. Mas como você tem uma alma é moralmente responsável pelo que faz ou deixa de fazer. Por ter essa essência dentro de si, como diz o filósofo Gerald K. Harrison, suas ações são louváveis ou censuráveis. Por ter essa parte moral em si, você é julgado por ser o tipo de pessoa que é, pelos pensamentos que tem e pelas ações que realiza.

Como cada pessoa tem uma alma, cada uma merece um grau de respeito e boa vontade vindo dos outros. Como cada pessoa tem uma alma, ficamos justamente indignados quando essa dignidade é insultada, ignorada ou destruída. A escravidão é errada porque insulta a dignidade fundamental da alma humana. O estupro não é apenas uma agressão de uma coleção de moléculas físicas; é um insulto à alma humana. É uma obscenidade. Como ensina o filósofo Roger Scruton, a obscenidade é qualquer coisa que encubra a alma de outra pessoa.

A alma é o canteiro da sua consciência moral e de seu senso ético. Como observado por C. S. Lewis, nunca houve um país em que as pessoas fossem admiradas por fugir em uma batalha ou por trair pessoas que a trataram com bondade. Aparentemente somos orientados por esses sentimentos morais como os outros animais são orientados pelo campo magnético. Eles estão embutidos em nossas naturezas. "Duas coisas preenchem a mente com admiração e fascínio sempre novos e crescentes, quanto mais frequente e continuamente refletimos sobre elas: o paraíso estrelado acima de nós e a lei moral interior", escreveu Immanuel Kant.

Sobretudo, o que a alma faz é ansiar. Se o coração anseia por fusão com outra pessoa ou causa, a alma anseia por justiça, pela fusão com o bem. Sócrates disse que o propósito da vida é a perfeição de nossas almas — perceber o bem que a alma anseia. Todo mundo que conheço quer levar uma vida boa e significativa. As pessoas se sentem desprovidas quando não experienciam um propósito e um significado em suas vidas. Até mesmo criminosos e sociopatas tentam explicar por que as coisas ruins que fizeram na verdade eram boas ou pelo menos perdoáveis, pois ninguém consegue viver com a ideia de ser completamente mau.

Como todos nós temos almas, estamos envolvidos em um drama moral, do qual podemos ter uma consciência maior ou menor em um dado momento. Quando fazemos algo bom nos sentimos elevados, e quando fazemos algo ruim começamos a criar justificativas morais. John Steinbeck retrata isso de forma estupenda em *A Leste do Éden*:

> Os humanos são capturados — em suas vidas, pensamentos, fomes e ambições, em suas cobiças e crueldades, e também em suas bondades e generosidades — em uma rede do bem e do mal. Eu acho que essa é a única história que temos e ela acontece em todos os níveis de intuição e inteligência. A virtude e o vício são as bases de nossa primeira consciência e serão a estrutura da última... Um homem, depois de ter limpado a poeira e os entulhos de sua vida, terá apenas as questões limpas e claras: foi bom ou foi mau? Eu me saí bem — ou mal?

Se observar a história mundial ou os eventos atuais, verá o quanto eles são movidos por nossa necessidade de nos sentirmos moralmente justificados, íntegros e de oferecer cuidado, e, infelizmente, por nossa necessidade de atribuir culpa e de nos sentirmos moralmente superiores. O impulso moral explica grande parte do que existe de bom no mundo e, quando é distorcido pelo desejo de superioridade, grande parte do que existe de mau.

O estranho sobre a alma é que, apesar de poderosa e resiliente, ela é também reclusa. Você pode passar anos sem realmente sentir a força de seu anseio. Está aproveitando os prazeres da vida, construindo sua carreira. É incrível o quanto você pode continuar imperturbável, ano após ano, enquanto sua alma está em algum lugar bem distante.

Mas ela finalmente o persegue. Desse modo, a alma é como um leopardo recluso que vive no alto de uma montanha de alguma floresta qualquer. Você pode se esquecer dele por muito tempo. Quando está ocupado com as atividades mundanas normais da vida, o leopardo está lá em cima nas montanhas. Mas de tempos em tempos, do canto do olho, você vislumbra o leopardo a distância, seguindo-o dos troncos de árvores.

Há momentos em que você sente vagamente, ou mesmo insistentemente, sua presença. Isso pode acontecer de maneira angustiante, no meio de uma daquelas noites insones, quando seus pensamentos chegam como uma gaveta cheia de facas, já dizia o poeta. Há confusão em sua alma, e ela o mantém acordado.

O leopardo pode visitar durante um daqueles momentos fantásticos com os amigos e a família — quando você observa os rostos sorrindo de seus filhos do outro lado da mesa de piquenique em um dia perfeito de verão e sente a gratidão tomar conta de você. Nesses momentos, você sente o chamado para ser digno de tal felicidade desmerecida, e a alma parece inchar de alegria.

E há momentos, talvez mais próximos da meia-idade ou da velhice, em que o leopardo desce as montanhas e fica sentado no batente da sua porta. Ele o encara de maneira inevitável. Exige uma justificativa. Que bem você fez? Para que veio? Que tipo de pessoa se tornou? Não existem desculpas nesse momento. Todos temos que tirar as máscaras.

UMA QUEDA AFORTUNADA

No vale, se você tiver sorte, aprenderá a se ver como uma pessoa completa. Aprenderá que não é apenas um cérebro e um conjunto de talentos para impressionar o mundo, mas um coração e uma alma — principalmente coração e alma. Tudo o que fizer pelo resto da vida provavelmente será um testemunho dessa realidade.

Quando perguntamos às pessoas que experiência as transformou em quem elas são, ninguém nunca diz: "Eu realmente era um idiota superficial e egoísta até que tirei umas férias maravilhosas no Havaí." Não, as pessoas geralmente contam sobre momentos de luta e dificuldade. O jornalista britânico Malcolm Muggeridge diz com franqueza, talvez um pouco direto demais: "Posso dizer com total honestidade que tudo o que aprendi em meus 75 anos neste mundo, tudo o que realmente melhorou e esclareceu minha existência, foi por meio do sofrimento, tanto buscado quanto obtido, e não da felicidade."

O motivo de a transformação ocorrer no vale é porque algo que até então foi útil e agradável precisa morrer. Essa coisa é o ego, o impressionante modo racional de ser que construímos para nós mesmos na primeira montanha. As pessoas desenvolvem esse ego para que possam realizar as tarefas da primeira montanha: abrir seu caminho pelo mundo, conseguir um emprego, deixar sua marca, construir uma identidade. Mas há um eu mais profundo por trás disso que não pode ser visto a não ser que o ego seja derrubado.

Para Nathaniel Hawthorne, sair do ideal do ego exigiu que passasse por uma doença séria e confrontasse a morte. "O surgimento da minha doença foi uma aventura entre duas existências", ele escreveu, "a passagem arqueada e sombria pela qual me arrastei de quatro, por assim dizer, para sair de uma vida de velhos convencionalismos e ser admitido em uma região mais livre além dela. Nesse aspecto, foi como a morte. E também, como a morte, foi bom passar por isso. Caso contrário, eu não teria conseguido me livrar de milhares de tolices, besteiras, preconceitos, hábitos e outras porcarias mundanas que inevitavelmente atingem a multidão ao longo da ampla estrada".

Depois da renúncia do velho eu, o coração e a alma têm espaço para assumir o controle. Desejos antigos são perdidos e desejos maiores são formados. O movimento, escreve a psicóloga clínica Daphne de Marneffe, é "internamente aprofundado e externamente expansivo". Quando você se aprofunda em si mesmo, descobre que existem anseios que só se completam quando você ama e serve aos outros. "E então", diz o poeta Rilke, "vem a mim o conhecimento de que tenho espaço interno para uma segunda vida, maior e eterna".

Quando essa renúncia do ego e a emergência do coração e da alma acontecem, as pessoas estão prontas para começar a segunda montanha. Mas elas não a descrevem como outra escalada, a descrevem, com muita frequência, como uma queda. Elas abriram mão de alguma coisa, e estão caindo através de si mesmas. A maioria de nós precisa de um terremoto que nos empurre para essa queda afortunada. Nosso trabalho agora é ser derrotado por coisas grandiosas. É confiar na vida e nos render aos chamados que nos pegarão e mostrarão o caminho.

Você não precisa ter controle. Não precisa impressionar o mundo. Tem a habilidade obtida na primeira montanha e a sabedoria obtida no vale, e agora é hora de assumir o grande risco. "O semear ficou para trás; agora é hora de colher", escreve o teólogo Karl Barth. "A corrida foi feita; agora é hora de pular. A preparação foi feita; agora é hora da aventura do trabalho em si."

Em 1849, um jovem Fiódor Dostoiévski experimentou seu vale e o começo de sua recuperação em um único momento. Ele foi preso em São Petersburgo com um grupo de outros revolucionários e condenado à morte. Os homens marcharam até uma praça em suas mortalhas. O pelotão de fuzilamento se reuniu e os tambores soaram. A morte estava próxima. Então, em um instante, por um plano combinado de antemão, chegou um mensageiro em um cavalo. A execução fora suspensa por piedade do czar. As penas originais seriam aplicadas — trabalho forçado.

Um homem caiu no choro, clamando: "Vida longa ao czar!" Outro homem ficou enlouquecido. Dostoiévski foi levado de volta à sua cela e, de repente, foi tomado pela alegria. "Não consigo recordar se algum dia fui tão feliz quanto naquele dia", lembrou mais tarde. "Perambulei em minha cela... e cantei o tempo todo, cantei a plenos pulmões, de tão feliz que estava por ter recebido minha vida de volta!"

Escreveu imediatamente uma carta para seu irmão: "E somente então soube o quanto o amo, querido irmão!" Todas as pequenas questões que o preocupavam sumiram. "Quando observo meu passado e penso em quanto tempo perdi com insignificâncias, quanto tempo foi perdido em futilidades, erros, preguiça, incapacidade de viver; o quanto eu menosprezei tudo, quantas vezes pequei contra meu coração e minha alma — meu coração sangra."

Ele sentiu que sua vida começaria novamente. "Nunca fervera em mim um tipo tão abundante e saudável de vida espiritual quanto agora... Agora minha vida mudará, eu renascerei em uma nova forma... A vida é um presente. A vida é felicidade, cada minuto pode ser uma eternidade de felicidade... A vida está em todos os lugares, está dentro de nós, não em nosso exterior."

A maioria de nós não marcha perante um pelotão de fuzilamento e é perdoada. A maioria de nós aprende a lição aprendida por Dostoiévski gradualmente, ao longo de épocas de sofrimento, muitas vezes no deserto. A lição é que as coisas que pensávamos ser as mais importantes — realização, confirmação, inteligência — são, na verdade, as menos importantes, e as coisas que subestimamos — o coração e a alma — são, na verdade, as mais importantes.

Talvez alguns de nós aprendam essas lições enquanto acumulam sucesso após sucesso, ou apenas sendo completamente amados, mas para a maioria o processo é diferente: temos uma época em que buscamos as coisas superficiais da vida. Não estamos realizados. Depois vêm as dificuldades, que expõem o coração e a alma, que nos ensinam que não podemos dar a nós mesmos o que mais desejamos. A realização e a alegria estão no lado mais distante do servir. Só então somos realmente capazes de amar. Só então somos realmente capazes de começar a segunda jornada.

SETE

A Vida Comprometida

A PESSOA QUE COMEÇA A ESCALAR A SEGUNDA MONTANHA CONDUZ UMA rebelião silenciosa contra a cultura "Sou Livre para Ser Eu Mesmo" que ainda é nossa característica definidora. Essa cultura individualista, você deve lembrar, foi também uma rebelião contra a conformidade sufocante da década de 1950. O *éthos* da segunda montanha é uma rebelião contra essa rebelião.

O individualismo diz "busque a felicidade pessoal", mas a pessoa na segunda montanha diz "não, eu busco significado e alegria moral". Esse individualismo diz "celebre a independência", mas o herói da segunda montanha diz "celebrarei a interdependência. Exaltarei a oportunidade de me tornar dependente daqueles com quem me preocupo e para que eles dependam de mim". O individualismo celebra a autonomia; a segunda montanha celebra a relação. O individualismo fala com voz ativa — dando sermões e assumindo o controle — e nunca com voz passiva. Mas a rebelião da segunda montanha busca escutar e responder, comunicando-se na voz da troca íntima.

O individualismo prospera no mundo prosaico, o mundo das escolhas de carreira e realizações mundanas. O *éthos* da segunda montanha diz "não, esse é um mundo encantado, um drama moral e emocional". O individualismo aceita e supõe o interesse próprio. O *éthos* da segunda montanha diz que a visão de mundo que foca o interesse próprio não leva em consideração a amplitude total do ser humano. Somos capazes de grandes atos de amor que o interesse próprio não compreende, e atos homicidas de crueldade que ele não consegue explicar. O individualismo diz "as principais atividades da vida são comprar e vender". Mas você diz "não, a principal atividade da vida é doar". Os seres humanos, quando estão em seu melhor estado, são generosos.

O individualismo diz "você precisa amar a si mesmo antes de conseguir amar aos outros". Mas o *éthos* da segunda montanha diz "você precisa ser amado primeiro para poder entender o amor, e precisa se ver amando ativamente os outros para que saiba ser digno do amor". Na primeira montanha, uma pessoa faz escolhas individuais e mantém suas opções em aberto. A segunda montanha é um vale de promessas. É uma questão de comprometimento, de se conter e se doar. É uma questão de submeter-se e assumir o tipo de compromisso que, na Bíblia, Rute fez a Noemi: "Aonde quer que tu fores irei eu, e onde quer que pousares, ali pousarei eu; o teu povo é o meu povo, o teu Deus é o meu Deus; onde quer que morreres morrerei eu, e ali serei sepultada."

Como mencionei na introdução, a maioria de nós faz quatro grandes compromissos no decorrer de nossas vidas: com uma vocação; com um companheiro e a família; com uma filosofia ou fé; e com uma comunidade. Pensamos nesses compromissos como coisas diferentes. Escolher um casamento parece diferente de escolher uma filosofia ou uma comunidade. Apenas um deles, o casamento em si, envolve uma cerimônia formal e uma troca explícita de votos. Mas o processo de comprometimento é similar em todas as quatro áreas. Todas requerem um voto de dedicação, um investimento de tempo e esforço, uma disposição para bloquear outras opções, e a ousadia de lançar-se impetuosamente por uma pista de esqui mais inclinada e acidentada do que parece.

Como o comprometimento acontece? Ele começa com certo movimento do coração e da alma. Você se apaixona por alguma coisa — uma pessoa, uma causa ou uma ideia e, se esse amor for forte o bastante, você decide dedicar uma parte significativa da sua vida a isso.

Para a maioria de nós, esse amor chega de mansinho. Leva algum tempo para descobrir se a pessoa ou a causa é digna de toda fidelidade, todo cuidado e toda paixão que um compromisso exige. Nós construímos portões ao redor de nossos corações e deixamos as pessoas ou as causas entrarem por um portão de cada vez. Se você sente um amor eterno por sua faculdade, seu acampamento de verão ou sua cidade natal, provavelmente teve que viver lá por um tempo antes que suas raízes inevitavelmente o envolvessem e o amor se tornasse profundo e permanente.

As poucas vezes que me apaixonei por uma pessoa foram depois de um longo período de amizade não romântica. Talvez por isso eu fique fascinado com casos em que as pessoas são fisgadas de primeira. Em 1274, em Florença, um jovem Dante viu uma jovem chamada Beatriz e, em um piscar de olhos, ficou fascinado. Ele dá uma descrição impressionante, quase anatômica, de uma pessoa que se rende ao amor:

> Aquele espírito que reside na câmara mais secreta do coração começara a tremer impetuosamente para que eu sentisse sua agonia na menor pulsação, e então, tremendo, disse a mim: "Contemple um deus mais poderoso que eu que, vindouro, governará acima de mim." Naquele momento, meu espírito natural, aquele que reside na câmara superior à qual todos os espíritos dos sentidos carregam suas percepções, começou a admirar-se profundamente, e, falando especialmente ao espírito da visão, proferiu tais palavras: "Agora sua bem-aventurança aparece." Naquele momento, o espírito natural, que reside no local ao qual todo sustento é levado, começou a lamentar, e chorando proferiu estas palavras: "Ó, desgraça, com que frequência serei atormentado de agora em diante!"

Dante viu e foi conquistado, e soube instantaneamente quais problemas essa nova paixão soberana lhe causaria. Mas ele amou mesmo assim. E isso pode acontecer com o amor a uma pessoa, mas também com o amor a uma causa política, uma ideia ou a Deus. O amor mudará tudo de modos inesperados e inconvenientes.

Uma vez que o coração tenha se apaixonado e esteja ciente desse amor, então a alma alimenta um anseio poderoso de se comprometer a ele. Uma vez que o amor nos atinge, há um desejo de dizer "sempre o amarei". Isso porque a essência do amor é a dedicação. Como Dietrich e Alice von Hildebrand escreveram: "Um homem que diz: 'Amo-te agora, mas por quanto tempo não sei dizer', não ama realmente; ele nem suspeita da natureza do amor. A fidelidade é tão essencialmente inerente ao amor que todos, pelo menos enquanto amam, devem considerar sua devoção como imortal. Isso vale para todo amor, o parental e o filial, para a amizade e para o amor matrimonial. Quanto mais profundo o amor, mais ele é permeado pela fidelidade."

Um compromisso é uma promessa feita a partir do amor. É fazer uma promessa a algo sem esperar um retorno — por puro amor. Pode haver um retorno psicológico em um bom casamento, ou em um compromisso a uma causa política, ou na composição musical, mas não é por isso que se faz as coisas. Se um casal está realmente apaixonado, e você os leva cada um para um lado e diz a eles que esse amor provavelmente não faz sentido, e que deveriam abandoná-lo, é bem provável que não consiga persuadi-los. Eles preferem estar em conflito um com o outro do que sozinhos na tranquilidade.

Há algo quase involuntário em um compromisso intenso. Ele acontece quando alguém ou alguma causa ou campo de pesquisa se torna parte de sua própria identidade. Você alcançou o ponto da negativa dupla. "Eu não posso não fazer isso." Em alguma altura do caminho você percebeu, sou um músico. Sou judeu. Sou um cientista. Sou da infantaria naval. Sou brasileiro. Eu a amo. Sou o amor dela.

Assim, um compromisso é diferente de um contrato. Uma pessoa que faz um contrato está pesando prós e contras. Uma pessoa que entra em um contrato não muda de verdade. Apenas encontra algum acordo que se adéque aos seus interesses atuais. Um compromisso, por outro lado, muda quem você é, ou melhor, se incorpora a quem você é em um novo relacionamento. Vocês não são apenas um homem ou uma mulher. São marido e esposa. Você não é apenas um adulto; é professor ou enfermeiro. O rabino Jonathan Sacks esclarece a diferença: "Um contrato é uma *transação*. Um comprometimento é um *relacionamento*. Ou em outras palavras: um contrato é uma questão de interesses. Um compromisso é uma questão de identidade. É sobre eu e você nos juntando para formar um 'nós'. É por isso que os contratos *beneficiam*, mas os compromissos *transformam*."

Uma pessoa comprometida dá sua palavra e coloca uma parte de si aos cuidados de outra pessoa. A palavra "compromisso" deriva do latim *mittere*, que significa "enviar". Ela envia a si mesma e dá à outra pessoa uma reivindicação. Cria uma entidade superior. Ao começar um casamento, sua propriedade ainda é sua, mas não é mais somente sua. Ela pertence ao seu cônjuge também ou, mais propriamente, pertence à união que ambos criaram — essa coisa superior.

Essa definição ardente, encharcada de amor e transformadora do comprometimento é verdadeira, mas não é a verdade toda. É claro que um compromisso não é apenas amor e promessa. É amor e promessa de acordo com a lei. Ao viver um compromisso, cada parte entende a inconstância dos sentimentos, então vincula seu eu futuro a obrigações específicas. Os cônjuges se amam, mas se ligam por meio de um compromisso de casamento legal, público e muitas vezes religioso para limitar suas futuras escolhas nos momentos em que irritarem um ao outro. Pessoas curiosas podem ler livros, mas também se matriculam em universidades para garantir que sigam um curso de estudo supervisionado por pelo menos alguns anos no futuro. Pessoas espirituais podem experimentar a transcendência, mas entendem que para a maioria das pessoas a espiritualidade só sobrevive e se aprofunda se for vivida dentro da comunidade enlouquecedora chamada religião institucionalizada. As religiões incorporam o amor de Deus nos feriados, em histórias, práticas e rituais para o tornarem sólido e duradouro. Como escreveu o rabino David Wolpe: "A espiritualidade é uma emoção. A religião é uma obrigação. A espiritualidade acalma. A religião mobiliza. A espiritualidade se satisfaz consigo mesma. A religião está insatisfeita com o mundo."

Assim, a definição mais completa de um compromisso é a seguinte: apaixonar-se por alguma coisa e, então, construir uma estrutura de comportamento acerca dela para os momentos em que falta amor. Os judeus ortodoxos amam seu Deus, mas se mantêm kosher só para garantir. Mas não sejamos muito severos quanto a isso. A carga que as pessoas comprometidas colocam sobre si mesmas não é pesada. Na maior parte do tempo é uma carga deliciosa. Quando meu primeiro filho nasceu, um amigo me mandou um e-mail: "Seja bem-vindo ao mundo da realidade inevitável." Você pode atrasar um compromisso de trabalho e pode postergar uma ocasião social, mas, se seu filho precisar se alimentar ou você precisar encontrá-lo no ponto de ônibus, você estará em uma realidade inevitável. Os pais suspiram sob os fardos que assumiram com o compromisso da paternidade, mas com que frequência você conhece um pai que desejou não ter tido filhos? Uma vida densa é definida por comprometimentos e obrigações. A vida bem vivida é uma jornada de opções abertas para compulsões doces.

O QUE O COMPROMETIMENTO NOS DÁ

Embora os comprometimentos sejam feitos com o objetivo da doação, eles produzem muitos benefícios. Deixe-me citar alguns:

Nossos compromissos nos dão identidade. São como nos apresentamos a desconhecidos. São os assuntos que fazem nossos olhos brilharem em conversas. São o que dá constância e coerência às nossas vidas. Como disse Hannah Arendt: "Sem sermos ligados ao cumprimento de promessas, nunca seríamos capazes de alcançar a quantidade de identidade e continuidade que juntos produzem uma 'pessoa' sobre quem uma história pode ser contada; cada um de nós estaria condenado a vagar sem parar e sem direção na escuridão de seu próprio coração solitário, preso em seus humores em constante mudança, contradições e equívocos." A identidade não se forma sozinha. Ela é sempre formada pela junção de uma díade à outra coisa.

Nossos compromissos nos dão um sentido de propósito. Em 2007, a organização Gallup perguntou a pessoas do mundo todo se achavam suas vidas significativas. No fim das contas, a Libéria foi o país em que a maior parte das pessoas tinha um sentido de significância e propósito, enquanto nos Países Baixos havia a menor porcentagem de pessoas com essa sensação. Isso não quer dizer que a vida era necessariamente mais doce na Libéria. Muito pelo contrário. Mas os liberianos tinham o que Paul Froese chama de "urgência existencial". No tumulto de suas vidas, eles são obrigados a assumir compromissos intensos uns com os outros meramente para sobreviver. Estavam dispostos a arriscar suas vidas uns pelos outros. E esse intenso comprometimento dava uma sensação de significado para suas vidas. Esse é o paradoxo do privilégio. Quando estamos bem, buscamos os prazeres temporários que, na verdade, nos distanciam. Usamos nossa riqueza para comprar casas grandes com enormes quintais que nos separam e nos tornam solitários. Mas na crise somos obrigados a nos manter próximos de maneiras que realmente satisfaçam nossas necessidades mais profundas.

O comprometimento permite que tenhamos um novo nível de liberdade. Em nossa cultura, pensamos na liberdade como a ausência de restrições. Isso é liberdade *negativa*. Mas existe um outro tipo superior de liberdade. É a liberdade *positiva*. Esta é a que detém capacidade total, e normalmente envolve restrição e comedimento. Você precisa se acorrentar ao piano e praticar ano após ano se quiser ter liberdade para tocar de verdade. Você precisa se acorrentar a um certo conjunto de hábitos virtuosos para não se tornar um escravo de seus próprios desejos destrutivos — o desejo pelo álcool, por aprovação, por ficar na cama o dia todo.

Como o teólogo Tim Keller diz, a liberdade real "não é a ausência de restrições, mas sim encontrar as corretas". Muito de nossas vidas é determinado pela definição de liberdade que carregamos inconscientemente em nossas mentes. Na segunda montanha são as suas correntes que o libertam.

Nossos compromissos constroem nosso caráter moral. Quando meu filho mais velho nasceu, o parto foi difícil e ele chegou ao mundo machucado e azul, com um índice de Apgar baixo. Foi levado às pressas para o tratamento intensivo. Foi angustiante. No meio daquela primeira noite, lembro-me de pensar: "Se ele viver por apenas 30 minutos, valeria toda uma vida de luto para sua mãe e eu?" Antes de ter um filho eu teria pensado "é claro que não". Como 30 minutos de vida para um ser que não está nem consciente de si mesmo valeria uma vida inteira de luto de dois adultos? Onde está o custo-benefício? Mas todo pai saberá que isso faz todo o sentido. Depois do nascimento, a lógica é diferente.

Instantaneamente fica claro que a vida de uma criança tem dignidade infinita. É claro que vale o luto, mesmo que a chama só brilhe por um período tão curto. Quando uma criança nasce, você é acometido por um comprometimento cuja força nem imaginava de antemão. Ele o leva para o serviço disciplinado.

Quando um pai se apaixona por uma criança, o amor desperta níveis incríveis de energia; perdemos o sono cuidando dela. O amor nos incita a fazer juras ao que amamos; os pais juram sempre estar lá para seus filhos. Cumprir essas juras exige que realizemos práticas específicas de autossacrifício; empurramos o bebê em um carrinho quando talvez preferíssemos sair para correr. Com o tempo, essas práticas se tornam hábitos, e eles criam uma certa disposição; quando a criança chega aos três anos, o hábito de colocar suas necessidades primeiro já é algo automático para a maioria dos pais.

Muito lentamente, com dedicação contínua, você transformou uma parte central de si mesmo em algo um pouco mais generoso, mais harmônico com os outros e com o que é bom, do que era antes. Gradualmente, os grandes amores ofuscam os pequenos: por que eu passaria meus finais de semana jogando golfe quando posso passá-los jogando bola com meus filhos? Na minha experiência, as pessoas reprimem desejos ruins apenas quando são capazes de prestar atenção em um desejo melhor. Quando você está completamente comprometido, a distinção entre altruísmo e egoísmo começa a desaparecer. Quando você serve a seu filho parece que está servindo a uma parte de si mesmo. Essa disposição de fazer o bem é o que define ter um bom caráter.

Assim, a formação moral não é individual; é relacional. O caráter não é algo que você constrói sentado em uma sala pensando sobre a diferença entre o certo e o errado e sobre sua própria força de vontade. O caráter emerge de nossos comprometimentos. Se você quiser inculcar o caráter em alguém, ensine-o a se comprometer — temporariamente durante a infância, provisoriamente na juventude e permanentemente na maturidade. Os comprometimentos são a escola da formação moral.

Quando sua vida é definida por comprometimentos fervorosos, você está na segunda montanha.

OITO

A Segunda Montanha

Kathy Fletcher e David Simpson têm um filho chamado Santi que estudou em um colégio público em Washington, D.C. Santi tinha um amigo chamado James que às vezes ia dormir com fome, então Santi o convidava para dormir em sua casa de vez em quando. James tinha um amigo e esse amigo tinha outro amigo e assim por diante. Agora, se você for à casa de Kathy e David em qualquer quinta-feira à noite, haverá cerca de 26 crianças sentadas em volta da mesa de jantar. Normalmente há 4 ou 5 que moram com Kathy e David ou com outras famílias próximas. Todo verão, Kathy e David organizam uma caravana e levam mais ou menos 40 crianças para tirar férias em Cape Cod. Simplesmente por responderem às necessidades à sua volta, Kathy e David agora são o centro de uma grande família.

Comecei a jantar na casa de Kathy e David em algum momento de 2014, convidado por um amigo em comum. Entrei e fui cumprimentado por um homem alto e carismático chamado Edd, que tinha dreads no cabelo caindo sobre seus olhos expressivos. Estiquei a mão para apertar a de Edd e ele disse: "Aqui nós não apertamos as mãos. Nós nos abraçamos." Eu não sou naturalmente um cara de abraços, mas então comecei o que até hoje foram cinco anos de abraços.

Teoricamente, nos reunimos em volta da mesa nas quintas à noite para comer, mas, na verdade, nos reunimos para saciar uma fome maior. A refeição é sempre a mesma: frango apimentado com arroz negro. Os celulares são proibidos ("Esteja no agora", diz Kathy.) Passado cerca de um terço da refeição, damos a cada um à mesa a chance de dizer algo pelo qual é grato, algo que ninguém saiba delas, ou outro tipo de informação sobre sua vida naquele momento. Há celebrações frequentes — alguém passou no exame final do ensino médio, conseguiu um emprego, formou-se na escola de cabeleireiros. As pessoas também revelam algumas coisas mais complicadas na mesa. Uma menina de 17 anos está grávida. Outra jovem enfrenta a falência de um dos rins e o Medicaid [plano de saúde governamental norte-americano] se recusa a pagar pelos custos do transplante de um novo. Um jovem anuncia que é bissexual e outro admite estar com depressão. Um dia, uma pessoa nova se sentou à mesa e nos contou que embora tivesse 21 anos, não se sentava à mesa para jantar desde os 11.

A maior parte de nossas conversas são afirmações puras; as pessoas já tiveram muitas coisas ruins na vida e precisam ouvir o quanto são valiosas, amadas e necessárias. Muitas vezes apenas contamos piadas e damos risada. As crianças cantam de suas cadeiras. Um dia levei minha filha e, ao sair, ela me disse: "Esse é o lugar mais acolhedor em que já estive na vida."

Depois da refeição vamos ao piano, alguém toca uma música da Adele e as pessoas começam a cantar. Mas a mesa de jantar é a tecnologia principal da intimidade social aqui. É a ferramenta que usamos para criar laços, nos conectar e nos comprometer uns com os outros. Aprendi a nunca subestimar o poder de uma mesa de jantar. É o estágio em que nos voltamos uns para os outros pelo amor, como flores que buscam o sol. "Obrigado por ver a luz em mim", disse uma jovem para Kathy uma noite. Os adultos vêm do mundo emocionalmente evasivo de Washington, D.C., e podem tirar a armadura. As crianças vêm das ruas e chamam Kathy e David de "Mãe" e "Pai", seus pais por escolha.

As crianças em volta da mesa passaram pelos traumas normais da pobreza nos Estados Unidos — algumas moraram nas ruas, outras passaram pelo sistema de adoção temporária. O tema da crueldade masculina percorre suas histórias — um pai ou outra figura masculina abusou, abandonou ou as enganou. Mas agora estão envolvidas. Bill Millikan, fundador da organização Communities in Schools, sentou-se à mesa uma noite. Ele tem mais de 70 anos agora. "Tenho trabalhado nessa área há 50 anos", ele diz, "e nunca vi um programa transformar uma vida. Apenas relacionamentos transformam vidas".

Era isso o que acontecia ao redor da mesa. Você não saberia se fosse branco e tivesse mais de 35 anos, mas Washington, D.C., é um lugar fantástico para viver se você for um artista negro com menos de 35 anos. As crianças que vêm jantar estão conectadas a esse cenário artístico underground — como poetas, pintores, DJs, cantores ou outra coisa. Nós, adultos no grupo, somos uma plateia para a qual podem exibir seus talentos. Seu presente para nós é uma intolerância completa de distância social.

A combustão emocional acontece dos jeitos mais misteriosos. Ninguém pode realmente rastrear os processos químicos pelos quais o amor explode em uma comunidade e não em outra. Mas ele existe nesta comunidade e todos nós fomos transformados de formas surpreendentes. David saiu de seu emprego e agora trabalha com as crianças em período integral. Kathy organiza programas artísticos por todos os Estados Unidos, mas vem para casa e tem uma outra vocação de tempo integral esperando por ela.

Por anos, os adultos disseram às crianças que elas poderiam ir à faculdade; então, quando começaram a chegar na idade de ir, aceitaram a oferta de Kathy e David e agora todos temos que dar um jeito de pagar sua educação. Kathy e David montaram uma ONG chamada AOK, que significa All Our Kids. Todos nós estamos profundamente envolvidos agora, ajudando uns aos outros. E tudo porque Kathy e David responderam à necessidade de forma simples. Kathy cresceu em uma grande família católica, então está acostumada a ter uma grande bagunça amorosa de pessoas ao seu redor. Quando perguntam como era possível receber tantos jovens, ela fica com um olhar confuso. "Como é que você não faz isso?"

Kathy e David muitas vezes estão exaustos, como você deve imaginar. Talvez você seja um pai tentando cuidar de 2 ou 3 filhos; imagina como seria um dia com 40. Uma das crianças acabou de perder um celular ou estragou a bicicleta. Às vezes surge uma crise real. Em 2018, Kathy e David tiveram que correr contra o tempo depois que o Medicaid se recusou a pagar pelo transplante de rim de uma jovem. Todos se mobilizaram para que o Medicaid revertesse a decisão, e foi o que aconteceu. Felizmente, tínhamos um doador. David doou um de seus rins a Madeline.

A exaustão tem suas compensações. Kathy e David agora estão enredados em dezenas de relacionamentos amorosos. Às vezes eles se perguntam se há um jeito melhor de realizar o trabalho que fazem, mas não precisam se perguntar se estão fazendo algo de valioso com suas vidas. Eles já sabem. Depois de se apaixonar por Kesari, James ou Koleco, Taruq e Thalya, isso não é mais uma dúvida. Estes são jovens de profundidade e possibilidades infinitas. A oportunidade de estar com eles é apenas uma coisa que você aproveita.

Para mim, a AOK é a aparência da segunda montanha. É uma vida de amor, cuidado e comprometimento. É o antídoto para muito do que existe de errado em nossa cultura.

OS TECELÕES

Agora passo muito tempo com pessoas como Kathy e David, graças ao meu programa do Aspen Institute, Weave: The Social Fabric Project. A primeira ideia por trás disso era que o isolamento social é um problema central que permeia muitos outros problemas sociais. A segunda ideia era que, por toda a nação, há pessoas construindo comunidades saudáveis. Temos muito a aprender com essas pessoas.

Viajamos por todos os Estados Unidos e conhecemos pessoas que estão restaurando o capital social e curando vidas. Elas estão por toda a parte. Somos uma nação de curandeiros. Quando nós [tecelões] do Weave chegamos a uma cidade pequena, não temos problema algum em encontrar 35 pessoas que se encaixam perfeitamente nessa descrição.

Tem a Jade Bock em Albuquerque, que perdeu seu pai quando era jovem e agora ajuda crianças a lidar com o luto. Tem a Stephanie Hruzek em Houston, que dirige um programa extracurricular para crianças e brinca com elas horas e horas — uma crente fervorosa de que uma hora que se passa brincando com uma criança é a hora inútil mais importante que você terá. "Eu já estou com defeito", diz Stephanie. "Preciso ajudar outras pessoas a sobreviver." Tem Sam Jones, que dirige um ringue de boxe amador no sudeste de Ohio, onde, sem cobrar nada, ensina jovens teoricamente sobre boxe, mas na realidade sobre a vida.

Ao longo de 2018, eu provavelmente conheci entre 500 e 1.000 pessoas assim. Quase sem exceção, elas têm o mesmo que Kathy e David: certeza vocacional. Elas são mal remuneradas e muitas vezes se sentem ignoradas; seus pequenos atos de cuidado não são reconhecidos com frequência pelos sistemas de maior status da nossa sociedade. Mas elas se alegram com a luz que levam aos outros e sabem por que vieram a este mundo. "Eu não vou me aposentar desse trabalho", diz Sharon Murphy, que dirige a Mary House, uma organização de alojamento para refugiados em Washington. "Eu amo o que faço. Esse tipo de trabalho é um modo de vida."

Elas podem parecer muito altruístas. Mas vale a pena lembrar, como apontou Alasdair MacIntyre, que o conceito de altruísmo foi inventado apenas no século XVIII. Uma vez que as pessoas decidiram que a natureza humana é basicamente egoísta, então era necessário inventar uma palavra para quando as pessoas não fossem impulsionadas por desejos egoístas. Mas, antes disso, o que chamamos de altruísmo — viver pelos relacionamentos — era apenas o modo como as pessoas viviam. Não era algo heroico ou especial.

Há muitos tipos de pessoas na segunda montanha — homens e mulheres cujas vidas são definidas por intensos comprometimentos. Há pessoas assim nos negócios, no ensino, nas artes, nas forças armadas. Mas, por causa do meu trabalho no Weave, passei a conhecer melhor as pessoas envolvidas no mundo sem fins lucrativos. Elas estão posicionadas transversalmente à cultura do individualismo e do isolamento. Suas atividades diárias estão em contato com seus principais objetivos.

Estar próximo a essas pessoas tem sido educativo. Eu gostaria de descrevê-las um pouco para dar uma ideia de como se parece a vida na segunda montanha e quais valores as pessoas que estão nela tendem a ter em comum. Colocarei esses traços-chave em itálico.

SEUS VALES

A maioria das pessoas que conheci pelo Weave teve algum tipo de vale em suas vidas, às vezes na forma de uma infância difícil. Ou o vale tinha a forma de uma *experiência de retirada*. Elas tiveram um local de trabalho normal, mas que ia de encontro à sua natureza moral, e elas se retiraram. Um homem na Carolina do Norte tinha um bom emprego na IBM, mas sentiu o chamado para manter viva a cultura de sua pequena cidade apalache, então ele abriu uma destilaria ilegal e uma loja onde as pessoas poderiam se reunir. "Eu trabalhei em uma agência que era claramente racista", disse uma funcionária pública da Carolina do Sul. "Mas eu chamei sua atenção sobre [suas] práticas." Então ela se retirou de sua vida antiga para uma nova que parecesse correta.

Alguns dos vales que essas pessoas sofreram são chocantes. Cara Brook, de Ohio, terminou a universidade em três anos e foi imediatamente diagnosticada com uma forma rara de câncer — menos de dez pessoas a tem por ano nos Estados Unidos. Ela passou um ano fazendo quimioterapia e quando terminou era como se tivesse levado um tiro de canhão. Estava determinada a fazer a diferença com o restante de tempo que tinha, e agora angaria dinheiro para revitalizar a Ohio apalache. Quando Darius Baxter, de Washington, tinha nove anos, seu pai teve um caso com uma stripper que planejou seu assassinato. Agora, por ter jogado futebol americano em Georgetown, Darius dirige acampamentos do esporte para meninos em sua vizinhança, para que eles tenham figuras paternas em suas vidas.

Sarah Adkins é farmacêutica em Ohio. Ela criava dois meninos, Samson e Solomon, com seu marido, Troy. Mas ao longo dos anos, Troy sofreu crises cada vez maiores de depressão e ansiedade. Ele parou de trabalhar e se tornou irritado e obsessivo. Sarah e Troy lutaram para lidar com isso e buscaram a terapia. Por um tempo, parecia funcionar.

Então, em um final de semana de outono de 2010, quando os meninos tinham oito e seis anos, Sarah fez uma viagem muito planejada para procurar antiguidades com sua mãe e irmã. Troy disse que levaria os meninos à casa do lago de um amigo. Ela ligou algumas vezes no sábado, mas não teve resposta, então achou que tinham saído para passear de barco ou algo parecido. Ela voltou para casa no domingo por volta das cinco horas da tarde e ficou surpresa de a correspondência ainda estar do lado de fora da porta da frente, junto a alguns brinquedos que havia encomendado para seus filhos. Ela entrou e avisou "Mamãe chegou!", mas não teve resposta. Então notou que um colchão havia sido colocado contra a porta que descia ao porão. Ela achou que os meninos deviam estar brincando de esconde-esconde com ela, então desceu as escadas sorrindo. No final da escada, ela viu Troy caído contra um armário. Então viu um dos meninos, Samson, no sofá, que parecia estar coberto de chocolate. Ela não conseguia processar o que estava vendo. Então ela tocou a testa de Samson e percebeu que ele estava gelado. Um flash passou por sua cabeça, como um raio de sol, e ela teve uma visão de Samson ao lado de Deus. A visão durou apenas um segundo. Ela correu escada acima para encontrar Solomon. Ele estava em sua cama. Quando moveu as cobertas se deparou com algo que até hoje não consegue descrever. Ele também havia levado um tiro e estava gelado.

Ela chamou a polícia. "Ele matou meus bebês! Meus lindos bebês. Eles estão mortos!", ela chorou ao telefone. O operador pediu que ela realizasse uma reanimação cardiopulmonar, mas Sarah explicou que eles já estavam gelados. Troy havia deixado um bilhete: "Vou proteger S&S de uma vida cheia de confusão, lealdades questionadas, culpa, desespero, codependência e insegurança. Esse ciclo de desgraças acaba comigo."

Milhares de pessoas se reuniram em torno de Sarah. Ela ficou com seus pais durante os três meses seguintes e dormiu na cama deles. As refeições eram levadas para ela diariamente durante seis meses. Precisou de anos para se recuperar. Ela brinca que ainda vive na corda bamba. Sua mente vagueia. Quando passamos um tempo com ela é possível notar humores radicalmente diferentes passando por seu rosto. Ela tem um leve traço maníaco, como se tudo fosse frenético, um pouco fora de controle.

Sua casa foi considerada uma zona de risco biológico e custou US$35.000 para limpá-la. Sarah percebeu que mulheres pobres não conseguem arcar com os custos de funerais quando seus próprios filhos levam tiros ou quando há violência em suas casas. Elas precisam tirar o sangue de seus próprios carpetes. Começou, então, uma fundação para ajudar a pagar por funerais e limpeza. Ela leciona na Universidade de Ohio e na Universidade Estadual de Ohio. Trabalha em uma clínica de saúde gratuita e está trabalhando para abrir outra. Ela é um exemplo de pessoa que sofreu o pior que a vida tem a oferecer e foi permanentemente afetada por isso. Mas emergiu com um desejo intenso de servir.

"Eu cresci com essa experiência porque fiquei furiosa", ela diz. "Eu tinha que lutar contra o que ele tentou fazer comigo fazendo a diferença no mundo. Viu, ele não me matou. Minha resposta para ele é: 'O que quer que você tenha tentado fazer comigo, foda-se, você não vai conseguir.'" Sua motivação é em parte uma oposição ao seu marido, parte amor pelas pessoas à sua frente.

MOTIVAÇÃO MORAL

É isso que você nota nas pessoas da segunda montanha. Há uma *mudança motivacional*. Seus desejos foram transformados. Se quiser generalizar um pouco, poderia dizer que há seis camadas de desejo:

1. O prazer material. Ter comida boa, um carro bom e uma casa confortável.
2. O prazer do ego. Ficar bem conhecido ou ser rico e bem-sucedido. Ser vitorioso e reconhecido.
3. O prazer intelectual. Aprender sobre as coisas. Entender o mundo à nossa volta.
4. A geratividade. O prazer que obtemos ao dar algo aos outros e servir às nossas comunidades.
5. O amor satisfeito. Receber e dar amor. A entusiástica união de almas.
6. A transcendência. O sentimento que temos quando vivemos de acordo com algum ideal.

A ciência social e muito de nosso pensamento moderno tende a enfatizar os dois primeiros desejos. Muitas vezes supomos que o interesse próprio — definido pelo ganho material e reconhecimento de status — é o principal desejo da vida e que o serviço aos outros é a cereja do bolo. E isso porque, por muitos séculos, a maior parte do nosso raciocínio social foi moldado por homens, que saíam pelo mundo para competir, enquanto as mulheres ficavam principalmente em casa cuidando de tudo. Esses homens nem viram a atividade que reforçava os sistemas político e econômico que passaram a vida estudando. Mas se realmente observarmos o mundo — pais cuidando de seus filhos, vizinhos formando associações, colegas ajudando uns aos outros, pessoas se reunindo e se encontrando em cafeterias — podemos ver que o cuidado afetuoso não está nas margens da sociedade. Ele é a sua base.

Esses construtores de comunidades são principalmente impulsionados pelos desejos quatro e seis — pelas *motivações emocional, espiritual e moral*: um desejo de viver em relações íntimas com os outros, fazer a diferença no mundo, de sentir-se bem consigo mesmo. São impulsionados por um desejo de pertencimento e generosidade.

Eles exibem uma *tristeza inteligente*. Essa frase vem do frei franciscano Richard Rohr e seu ótimo livro *Falling Upward* ["Queda Ascendente", em tradução livre], que fala sobre encontrar o significado na meia-idade e além. Quando servimos àqueles que precisam e vemos a dor e a injustiça de perto. Quanto mais próximo chegar da sabedoria, continua Rohr, mais de sua própria sombra você vê, e mais das sombras das outras pessoas, e você passa a perceber mais o quanto precisamos uns dos outros. A esperança é infundida por uma consciência realista. "Existe um peso na segunda metade da vida", escreve Rohr, "mas ele agora é contido por uma leveza, ou 'tolerância', muito maior. Nossos anos maduros são caracterizados por uma tristeza inteligente e uma felicidade sóbria, se é que isso faz sentido".

Um dia perguntei aos meus leitores do *New York Times* se eles haviam encontrado um propósito em suas vidas. Milhares responderam descrevendo suas experiências. Um em particular se destaca e ilustra o conceito de Rohr de tristeza inteligente e tolerância. Greg Sunter de Brisbane, Austrália, escreveu:

Quatro anos atrás, minha esposa de 21 anos faleceu devido a um tumor cerebral. Sua passagem do diagnóstico à morte durou menos de 6 meses. Por mais chocante que essa época tenha sido, o choque foi quase o mesmo com a sensação de crescimento pessoal e compreensão despertada que veio dessa experiência por meio da reflexão e do trabalho interior — a um ponto em que eu me senti quase culpado com o quanto meu crescimento foi significativo como resultado da morte da minha esposa.

Em seu livro *A Hidden Wholeness* ["Uma Totalidade Oculta", em tradução livre], Parker Palmer escreve sobre as maneiras que nossos corações podem ser partidos: a primeira é imaginar o coração em pedaços espalhados; a segunda é imaginar o coração aberto como uma nova capacidade, contendo mais sofrimento e alegria, desespero e esperança, nossos e do mundo. A imagem do coração aberto se tornou a força impulsionadora da minha vida nos anos desde a morte de minha esposa. Tornou-se o propósito da minha vida.

Meu amigo Kennedy Odede cresceu no Quênia. Quando tinha três anos, sua querida avó morreu depois de ser mordida por um cão raivoso. Seu padrasto bêbado batia nele. Seu melhor amigo morreu de malária com oito anos. Ele se juntou a uma gangue de rua, cheirou cola e gasolina, cometeu crimes e quase foi morto diversas vezes. Foi resgatado por um padre católico que abusou sexualmente dele. Ainda assim, é uma das pessoas mais alegres que eu conheço.

Um dia perguntei a ele como conseguiu ficar tão alegre com tantas lutas. Bem, ele respondeu, quando podia, sua mãe lhe dava amor incondicional. Kennedy também dava amor incondicional aos outros. Ele fundou a SHOFCO (Shining Hope for Communities), uma organização que combate a pobreza urbana e fornece uma escola para meninas em Kibera, uma favela de Nairóbi. "A SHOFCO salvou minha vida", ele me contou, "e me ajudou a continuar positivo mesmo quando acontecia o pior. Fez com que eu me sentisse não uma vítima passiva, mas como se eu tivesse poder de ação e de mudança sobre o que acontecia em minha comunidade. Eu acho que começar a SHOFCO também me deu uma sensação de poder de 'ubuntu', de me sentir conectado à humanidade universal". Na crueldade da vida na favela, ainda há luz no fim do túnel.

Essas pessoas estão *em algum lugar, não em qualquer lugar*, localistas e não cosmopolitas. Estão ligadas a um lugar específico, um local no mundo. Sarah Hemminger fundou um programa de mentoria em Baltimore. Todos os dias, ela usa um colar com um pingente que retrata a cidade de Baltimore para ir ao trabalho, pois é lá que está sua devoção. Phil Good de Youngstown, Ohio, começou sua carreira em pé na praça da cidade segurando uma placa que dizia DEFENDA YOUNGSTOWN, e passou sua vida ajudando essa cidade a se recuperar da desindustrialização. Um educador em Houston nos contou: "Quando voltei a Houston me comprometi a este lugar que conheci quando criança, mas que acabei me desconectando por causa da globalização."

Elas tendem a ser *porcos-espinhos, não raposas*. Na famosa formulação, a raposa conhece muitas coisas e pode ver o mundo com uma mente oponível, de muitos pontos de vista. Mas o porco-espinho conhece somente uma coisa, tem uma grande ideia em torno da qual sua vida gira. Essa é a mentalidade que os tecelões comprometidos com a comunidade tendem a ter.

Elas *assumem a responsabilidade*. Alguém em seu passado plantou um ideal do que é uma vida responsável, do que elas precisam fazer. Algumas pessoas andam pelas ruas e veem formas passageiras. Mas esses construtores de comunidades veem pessoas e suas necessidades. A reação é algo natural para elas. Essas pessoas não se reconheceriam se não agissem dessa forma. Como uma mulher que trabalha com mulheres que foram agredidas em D.C. nos contou: "Eu faço esse trabalho porque não o considero um trabalho. Faço porque minha mãe e minha avó me ensinaram que é uma responsabilidade reagir." Elas fazem seus trabalhos da maneira prática com que outras pessoas lavam a louça. Se existe louça na pia, é claro que precisa ser lavada. "O que eu faço é tão simples e comum quanto a risada de uma criança", disse Madre Teresa.

Elas usam a expressão *"hospitalidade radical"* com frequência para descrever sua filosofia de vida, pois seu objetivo é que ninguém seja excluído de sua recepção. Como um jovem que trabalha em um centro de jovens em Washington nos contou: "Uma vez que percebemos que estamos lidando com vidas, devemos arriscar nossas vidas, dar um braço por uma vida. Não se pode rejeitar uma vida."

E, assim, são fisgadas. Como Kathy e David, raramente saíram à procura das pessoas a quem servem e do problema que passam a vida toda dando atenção. Essas coisas simplesmente apareceram em seus caminhos. "Eu não escolhi este trabalho. Ele me escolheu", disse Franklin Peralta, que trabalha no Latin American Youth Center, ecoando um refrão que ouvimos constantemente.

É um paradoxo que quando as pessoas estão se encontrando geralmente sintam que estão deixando-se para trás ou se rendendo. Você conhece uma pessoa com uma necessidade. Primeiro, apenas se compromete a ajudá-la um pouco. Uma hora por semana. Não é muita coisa. Mas então acaba conhecendo e se preocupando com a pessoa, e os anzóis do comprometimento se prendem. Agora você fará o que precisa ser feito. A essa altura você só *desiste de ter o controle*. Para de perguntar "o que eu quero?" e começa a perguntar "o que a vida quer de mim?". Você reage.

"A vida de uma pessoa pode ser significativa apenas se ela se preocupar muito profundamente com algumas coisas, apenas se for fisgada, se ficar animada, interessada, envolvida", escreve a filósofa Susan Wolf. Note os verbos que ela usa: "fisgada", "animada", "envolvida". Eles descrevem reações em um nível profundo, não uma escolha consciente autoiniciada. São verbos usados por nossos construtores de comunidades.

Anne Colby e William Damon de Stanford estudaram esses tipos de tecelões de comunidades para seu livro *Some Do Care* ["Alguns Se Importam", em tradução livre]. Eles descobriram que *não há muita reflexão moral* na escolha de se doar. Não há muitas batalhas internas ou comparação de custos e benefícios. "Em vez disso, vimos uma vontade resoluta de agir, uma rejeição do medo e da dúvida, e uma simplicidade na resposta moral. Os riscos foram ignorados e as consequências não foram pesadas."

Alguns anos atrás, Barbara Goodson, de Houston, começou a cortar o cabelo de pessoas desabrigadas gratuitamente. Primeiro eram apenas alguns cortes por mês. Mas, então, começou a cortar os cabelos de pessoas recém-saídas da prisão e de mulheres agredidas. O que começou com alguns cortes de cabelo por mês se transformou em centenas. "O que me motivou?", ela pergunta. "A melhoria da dignidade de cada cliente."

Recentemente um amigo me contou sobre uma guarda de trânsito que conheceu na Flórida. Em pé na esquina, ele lhe perguntou se ela fazia algum trabalho voluntário na comunidade. Ela disse que não, que não tinha tempo. Mas então ele ficou sabendo que, na verdade, ela se voluntariava naquele instante como guarda de trânsito do lado de fora da escola primária para que as crianças ficassem seguras. Então, alguns minutos mais tarde, ele ficou sabendo que ela levaria algumas refeições para vizinhos doentes mais tarde naquele mesmo dia. Quanto mais ela falava, mais ele descobria como ela era generosa com os outros. Mas ela não considerava nada como trabalho voluntário. Era só uma coisa que se faz.

Pensamos em doar como algo que fazemos em raras ocasiões, no Natal e em aniversários. Mas o teólogo alemão Dietrich Bonhoeffer argumentou que a *doação é o relacionamento primário entre uma pessoa e outra*, e não o secundário. É de familiar para familiar. De amigo para amigo. De colega para colega. Das pessoas para a comunidade. É o desejo elementar de transformar o isolamento e o autocentrismo em conexão e preocupação. Uma personalidade se desperta pelo modo como ela doa.

Eu escuto muito a palavra "tolerar" quando estou com construtores de comunidades. Eles a utilizam para sugerir um tipo de doação que não é heroica ou cinematográfica. É apenas estar presente com outras pessoas ano após ano, servindo tanto em coisas rotineiras quanto em outras maiores. Esse tipo de doação cria uma estabilidade na vida, uma continuidade do eu com a flutuação das circunstâncias da vida. Em *Some Do Care*, Ann Colby e William Damon citam um ativista antipobreza que expressa isso perfeitamente: "Eu também sei que faço parte de uma luta. Eu não sou a luta. Não a lidero. Estou aqui. E estive aqui por muito tempo, e ficarei aqui pelo resto da vida. Então não tenho expectativas irreais. Portanto, não me cansarei."

RELACIONALIDADE PROFUNDA

Os tecelões que conheci são *extremamente relacionais*. São impulsionados a buscar relações profundas uns com os outros, tanto para alimentar sua fome por conexão quanto porque acreditam que a mudança acontece por meio do aprofundamento das relações.

Quando trabalham com pessoas desabrigadas, pobres ou traumatizadas, trabalham junto a grandes sistemas de auxílio que oferecem serviços, mas não cuidados. Esses sistemas tratam as pessoas como "casos" ou "clientes". São necessários para dar estabilidade financeira e suporte à população, mas não conseguem fazer uma mudança transformacional. Como diz Peter Block, um dos principais especialistas em comunidades: "Fale com qualquer pessoa pobre ou vulnerável e ela lhe pode dar uma lista dos serviços que receberam. Elas são bem servidas, mas muitas vezes é preciso perguntar o que fundamentalmente mudou em suas vidas."

O relacionamento é o impulsionador da mudança. Pense em quem o transformou em quem você é. Provavelmente foi um pai, um professor ou um mentor. Não foi uma organização que buscava um resultado específico e mensurável que possa ser reduzido a métricas. Não foi uma pessoa que buscava criar um sistema de mudança que poderia ser ampliado. Era apenas uma pessoa fazendo algo intrinsecamente bom — fazendo-o se sentir reconhecido, cuidado, confiado, amado incondicionalmente — sem supor como esse relacionamento alteraria a trajetória da sua vida.

Em seu livro, *The Fabric of Character* ["A Matéria-prima do Caráter", em tradução livre], minha esposa, Anne Snyder, escreve sobre a Other Side Academy em Salt Lake City. A organização dá a criminosos reincidentes uma chance de sair da cadeia e mudar de vida passando a viver em uma moradia comunitária provisória e trabalhar em uma empresa de mudanças. O grupo inteiro se encontra em sessões — chamadas de "jogos" — em que homens e mulheres chamam a atenção uns dos outros por qualquer infração moral, por menor que seja. A conexão acontece na junção entre a verdade e o amor, dizem os fundadores. A verdade sem amor é rispidez. O amor sem verdade é sentimentalismo. Mas, se você puder ser completamente honesto com alguém no contexto do apoio amoroso, então você terá um relacionamento confiável. As regras são aplicadas à medida que as pessoas responsabilizam umas às outras por violá-las. A comunidade é tecida por meio da *responsabilidade embebida de amor*.

Os tecelões falam muito sobre o quanto é importante agir e não apenas falar sobre as coisas. Muitas vezes descrevem a si mesmos como tipos GSD — do inglês Get Shit Done [Pessoas que Fazem Acontecer]. Publicam livros de suas vidas com suas ações. Mas também colocam uma *ênfase tremenda na escuta* e na conversa. Muito do que fazem é criar espaços em que conversas profundas podem acontecer. Um dia, no programa extracurricular de Stephanie Hruzek em Houston, o FamilyPoint, um menino de dez anos foi até ela com um bilhete e disse que o havia achado no chão. Era uma bronca cheia de obscenidades. Palavras como "puta", "cuzão" e "vai se foder" saltavam da página. Stephanie perguntou a ele quem havia escrito um bilhete tão raivoso. Ele disse que não sabia.

Naquela noite, os funcionários assistiram às gravações de segurança e descobriram que o menino que encontrou o bilhete também o havia escrito. No dia seguinte, confrontaram-no com a evidência. Em um primeiro momento ele negou, e o impulso natural teria sido puni-lo pelo bilhete cheio de ódio. Mas, em vez de agir precipitadamente, sentaram e conversaram com ele por um tempo. Finalmente, ele começou a chorar e disse: "Eu escrevi aquele bilhete para um homem que me machucou."

No fim das contas, souberam que dois homens armados haviam invadido a casa do menino e ameaçado matá-lo. Seus vizinhos atenderam aos chamados frenéticos de sua mãe e interromperam o arrombamento batendo na porta até que a polícia chegasse e acabasse com tudo, mas o menino e sua mãe ficaram traumatizados. O bilhete era só uma tentativa desorganizada de lidar com o que ele estava sentindo. Stephanie imagina o que teria acontecido se eles apenas o tivessem punido — para todos os efeitos, punido por ter pedido ajuda. Que lições ele teria aprendido e que trajetória isso o teria feito tomar? A lição é que você precisa manter uma conversa o tempo suficiente; é preciso escutar pacientemente por tempo suficiente.

Os construtores de comunidades acreditam na *mutualidade radical*. Eles rejeitam completamente a noção de que algumas pessoas têm tudo em ordem e outras pisam na bola. Na visão delas, todos somos incompetentes. Como disse W. H. Auden, a tarefa da vida é "amar seu vizinho imperfeito com todo o seu coração imperfeito".

A "caridade" é o pior palavrão. Somos todos iguais, e todos precisamos uns dos outros. Sarah Hemminger até baniu a palavra "mentor" de sua organização porque ela implica que os adultos são superiores e ajudam os jovens. Isso sempre reflete na dignidade da pessoa à sua frente.

A expressão que mais ouvi de suas bocas foi *"a pessoa completa"*. No decorrer das últimas décadas, nossas instituições tenderam a dividir os seres humanos em fatias. As escolas tratam as crianças como cérebros em um espeto e as inundam de informações. Os hospitais tratam os pacientes como uma coleção de órgãos a serem reparados; os médicos nem conhecem as pessoas a quem operam. Mas os construtores de comunidades falam sobre a necessidade de tomar a abordagem da pessoa completa. Quando uma criança entra na escola, ela não deixa para trás seus problemas de saúde, de segurança, seus traumas emocionais, sua necessidade de ter um propósito e um significado. Independentemente do setor que você trabalhe, é preciso estar ciente e conectado à pessoa completa de uma vez só.

E acima de tudo isso está o espírito da ternura. Falando com os tecelões, fui lembrado com frequência de uma citação que alguém me passou do livro *Healing of Purpose* ["A Cura do Propósito", em tradução livre], de John E. Biersdorf:

> A compaixão é expressada na gentileza. Quando penso em pessoas que conheço que são modelos para mim das profundezas da vida espiritual, sou atingido por sua gentileza. Seus olhos comunicam o resíduo das batalhas solitárias com anjos, o preço de cuidar dos outros, as mortes da ambição e do ego, e a paz que vem de ter muito pouco a perder nesta vida. Elas são gentis porque enfrentaram honestamente as lutas dadas a elas e aprenderam de maneira difícil que a sobrevivência pessoal não é a questão. Seu cuidado é gentil porque sua autoexaltação não está mais em jogo. Não há nada que possam ganhar. Sua vulnerabilidade foi estendida de modo sensivelmente claro aos olhos dos outros e do amor verdadeiramente altruísta.

ETTY HILLESUM

Eu gostaria de concluir esse vislumbre das pessoas da segunda montanha com mais uma retratação curta. É de uma mulher que, devido a circunstâncias muito peculiares de sua vida, foi da primeira para a segunda montanha em uma velocidade espantosa. E como ela manteve um diário, temos uma ideia do que a mudança da imaturidade egocêntrica para a maturidade altruísta se parece do ponto de vista interno.

Seu nome era Etty Hillesum. Ela nasceu em 15 de janeiro de 1914 e passou sua adolescência em Deventer, uma cidade mediana no leste da Holanda. Seu pai era um homem estudioso e tímido que trabalhava como diretor de uma escola local, mas geralmente se abstraía do mundo e existia no reino de ideias elevadas, mas vagas. Sua mãe, escreve o biógrafo Patrick Woodhouse, era carente: "Caótica, extrovertida e barulhenta, ela era dada a explosões emocionais repentinas."

Etty e seus dois irmãos brilhantes, mas instáveis, cresceram em uma casa melodramática, desorganizada e emocionalmente cansativa. Em seu diário, ela descreve sua criação como uma mistura de alta cultura e barbarismo emocional:

> Eu acho que meus pais sempre se sentiam despreparados e, à medida que a vida ficava cada vez mais difícil, eles se tornaram incapazes de decidir qualquer coisa. Eles nos deram muita liberdade de ação quando crianças e não nos ofereceram nada para nos basear. Isso porque eles nunca estabeleceram um ponto de apoio para si mesmos. E o motivo para terem feito tão pouco para proteger nossos passos foi porque eles mesmos haviam se perdido.

Hillesum se tornou uma jovem insegura e sem direção. No final de seus 20 anos, descrevia-se em seu diário como "uma fracote insignificante à deriva jogada pelas ondas". Ela se sentia "fragmentada... deprimida... uma massa de incertezas... Falta de autoconfiança. Aversão. Pânico".

Ela não tinha estrutura para estabilizar sua vida. Teoricamente era judia, mas não praticava a religião. Nem tinha qualquer senso intelectual de verdade fixa ou convicções sólidas. "Meu cérebro habilidoso me diz que não há nada absoluto, tudo é relativo, infinitamente diverso e em movimento eterno." Ela sonhava que um homem chegaria e daria uma direção à sua vida. Como colocou em seu diário: "O que eu realmente quero é um homem para a vida toda. E construir algo junto a ele. E todas essas aventuras e relacionamentos passageiros que tive me tornaram totalmente infeliz, me destruíram."

Quando Hillesum tinha 26 anos, os nazistas invadiram a Holanda. Em suas primeiras notações no diário, a ocupação apareceu como o pano de fundo, algo que nunca atravessou a parede de seu narcisismo. Ela escreveu quase exclusivamente sobre seus próprios dramas internos. Nessa época, Hillesum começou a ir a um terapeuta chamado Julius Spier. Ele era uma combinação de sábio e repulsivo. Havia estudado com Carl Jung. Mas também se especializou em leituras de mão e acreditava que não era o bastante que um terapeuta falasse com um paciente; já que a mente e o corpo são um só, ele também insistia em lutar fisicamente com seus pacientes. A maioria deles eram mulheres jovens.

Da primeira vez em que lutaram, Hillesum o derrubou de costas. "Todas as minhas tensões internas, as forças guardadas, se libertaram", ela escreveu, "e lá ele ficou, física e mentalmente também, como ele me contou mais tarde, jogado. Ninguém nunca havia sido capaz de fazer aquilo com ele antes."

Hillesum se apaixonou por ele, e um relacionamento estranho se desenvolveu, um relacionamento intelectual, sexual e terapêutico. "Você é meu amado... universidade psicológica particular e inestimável", ela escreveu para ele. "Eu tenho tanto a discutir com você novamente e tanto a aprender contigo."

Apesar de todas as suas falhas e perversidades, Spier pelo menos ofereceu a ela uma visão de mundo coerente e uma introdução à psicologia contemporânea. Ela podia aceitar suas ideias ou rejeitá-las, mas pelo menos tinha apoios nos quais se segurar ou dos quais poderia se soltar. Spier a encorajou a manter um diário e a cultivar sua natureza espiritual. Quando ele morreu de câncer no outono de 1942, Hillesum o lembrou como o homem "que realizou o nascimento da minha alma".

Por volta da morte de Spier, o tom no diário de Hillesum muda. Há menos autoanálise obsessiva. Ela está mais disposta a olhar externamente e experienciar o mundo de um jeito mais direto. "Pensar não leva a lugar algum", escreveu em seu diário. "Pode ser um ótimo e nobre auxílio para estudos acadêmicos, mas não é possível pensar para se livrar de dificuldades emocionais. Isso exige algo totalmente diferente. É preciso tornar-se passivo e apenas escutar. Restabelecer o contato com uma fatia da eternidade."

Um dia, ela estava sentada ao sol no terraço pedregoso de sua família observando uma castanheira enquanto ouvia os pássaros. Seu primeiro instinto foi capturar a cena em palavras, para explicar as sensações de prazer que estava experimentando.

> Em outras palavras, eu queria subjugar a natureza, tudo para mim mesma. Eu me senti obrigada a interpretá-la. E o simples fato é que agora acabei de deixar que isso acontecesse comigo... Sentada daquela forma ao sol, baixei minha cabeça inconscientemente, como para absorver ainda mais daquela nova sensação para minha vida. De repente bem no fundo eu soube o quanto alguém pode ajoelhar impetuosamente e encontrar a paz, com o rosto escondido por detrás das mãos postas.

Ela escreveu que, pela maior parte de sua vida, viveu na expectativa, como se não estivesse vivendo sua vida real, mas alguma preparação para ela. Mas algo mudou dentro de si. Agora ela sentia um anseio de ser tomada por um grande ideal ao qual pudesse se dedicar. "Ó, Deus", ela orou, "leve-me com Tuas grandes mãos e me transforme em Teu instrumento".

Ela não era religiosa em qualquer sentido formal, mas começou a rezar. Primeiro, chamou-se de "oradora em treinamento", porque o ato de rezar parecia muito vulnerável e desconfortável. Mas depois de um tempo parecia que seu corpo havia sido criado para isso. "Às vezes, em momentos de gratidão profunda, ajoelhar se torna um desejo imenso... Quando escrevo essas coisas ainda me sinto envergonhada, como se estivesse escrevendo a mais íntima de todas as questões íntimas."

Em oração, ela escreveu:

Não é mais: eu quero isto ou aquilo, mas: a vida é grande e boa, e fascinante, e eterna, e se você pensar tanto em si mesmo, e se debater e interpretar isso mal, perderá a poderosa corrente eterna que é a vida. É nesses momentos — e eu sou muito grata por eles — que toda a ambição pessoal desaparece de mim, e que minha sede por conhecimento e compreensão se acalma, e um pequeno pedaço da eternidade recai sobre mim em um piscar de olhos.

Em abril de 1942, os nazistas começaram seu primeiro grande arrebatamento de judeus forçando-os a usar uma Estrela de Davi amarela. Toda manhã chegavam mais notícias de prisões, de famílias judias sendo arrebatadas e despachadas, de homens sendo expulsos de seus trabalhos e vidas sendo terminadas, de rumores sobre campos de concentração e câmaras de gás. Por um tempo, Hillesum simplesmente buscou abrigo da tempestade.

Ela andava pela vizinhança e contava as baixas. Desta casa, um pai havia sido levado. Da outra, dois filhos. As pessoas estavam sendo enviadas para o leste, mas nenhuma retornava. "A ameaça está cada vez maior, e o terror aumenta dia a dia", ela escreveu. "Suscito a oração à minha volta como um muro escuro e protetor, retiro-me para dentro dela como faria em uma cela de convento."

Mas pouco a pouco ela começou a sentir o chamado para agir ativamente e salvar seu povo. "O que está em jogo é nossa destruição e aniquilação iminente", ela reconheceu em 3 de julho de 1942. "Não podemos mais nos iludir sobre isso. Eles querem nos destruir completamente, devemos aceitar isso e partir daí."

A brutalidade do nazismo pareceu exigir uma resposta brutal, e muitos de nós observam isso e desejam que tivesse havido mais resistência judia, mais determinação voraz de cair lutando, se necessário. Mas, à medida que o genocídio se espalhava, Hillesum não teve essa reação. "Eu não acredito mais que possamos mudar algo no mundo até que tenhamos primeiro mudado a nós mesmos. E isso me parece a única lição a ser aprendida com esta guerra."

Se os nazistas estivessem tentando extinguir o amor do mundo, ela resistiria como uma força. Enquanto o mundo ficava desalmado, ela sentiu o chamado para aumentar seu próprio coração.

Isso significou que poderia cuidar de seu próprio povo, ajudar meninas adolescentes que estavam sendo arrebatadas agora. Ela estava determinada não a odiar seus opressores, não a aliviar seu medo por meio do ódio. Ela ensinou a si mesma a nunca odiar a perversidade alheia, mas a odiar o mal dentro de si mesma.

Para os mortos, não há prazeres triviais. Enquanto os nazistas apertavam o cerco em sua vizinhança, Hillesum começou a valorizar cada blusa bonita, cada sabonete perfumado. Ela confrontou a morte de frente e supôs que sua própria destruição era iminente, e descobriu que ao deixar de lado sua atitude evasiva em relação à morte, ao admiti-la em sua vida, ela podia ampliar e enriquecer sua vida.

Hillesum podia ter levado sua família para um esconderijo. Dos 25 mil judeus alemães que o fizeram, aproximadamente 18 mil sobreviveram à guerra. (Anne Frank foi uma exceção óbvia.) Mas ela resistiu aos apelos. Seu biógrafo, Patrick Woodhouse, argumenta que houve três razões para isso. Primeiro, foi seu sentimento de solidariedade. Ela pertencia a todo o povo judeu e sentia que podia viver uma vida de conexão com seu povo. Se os outros tiveram que ir para os campos, ela não estava interessada em se salvar. Segundo, ela associou o ato de se esconder com o medo e não queria viver uma vida amedrontada. Terceiro, ela começou a sentir uma sensação de comprometimento, de vocação. Passou a entender seus dons e a sentir que eles poderiam ser usados a serviço dos judeus de seu país enquanto aguardavam a deportação.

Ela começou a trabalhar no Conselho Judeu, uma organização estabelecida sob o governo nazista para cuidar da população judia. Os nazistas davam ordens e o conselho, com uma equipe de judeus, decidia como cumpri-las. Os judeus que o fundaram trabalharam com uma compreensão errônea de que poderiam mitigar o pior do genocídio.

Em junho de 1943, Etty se voluntariou para trabalhar em Westerbork, um campo de concentração temporário onde 100 mil judeus alemães eram mantidos antes de serem enviados a Auschwitz e outros centros de extermínio. O que temos escrito por ela dessa época está em forma de cartas que escreveu para casa, não em diários, então o tom é menos pessoal. Mas isso também porque ela havia começado a se transcender. "É como se tudo o que acontece aqui e ainda está para acontecer fosse de certa forma minimizado dentro de mim. Como se eu já tivesse passado por isso e agora estivesse ajudando a criar uma sociedade nova e diferente."

A maior parte de sua carta consiste em descrições de pessoas de quem ela cuidou no campo de concentração, os velhos que ficaram confusos e perdidos, e as crianças que não entendiam nada. Ela ficou especialmente triste por aqueles que antes eram ricos e famosos: "Suas armaduras de status, respeito e propriedade caíram e agora usam os últimos farrapos de sua humanidade."

Às vezes ela trabalhava nos quartéis de punição servindo como mensageira daqueles que haviam sido sentenciados ao trabalho pesado e seus familiares no restante do campo de concentração. Caso contrário, seu trabalho era caminhar pelo campo de concentração e fazer o que precisava ser feito, cuidar dos doentes, ajudar pessoas a enviar telegramas para casa. Ela tinha acesso livre aos quatro quartéis hospitalares e passava os dias indo de cama em cama. Os outros prisioneiros do campo de concentração a descrevem, em suas próprias cartas para casa, como radiante e cheia de acolhimento. A essa altura, havia uma calma e uma solidez em sua escrita que eram totalmente ausentes antes de ela assumir sua grande tarefa moral. Alguns se despedaçam ao enfrentar a calamidade, ou ficam desesperados, mas Hillesum ficou mais madura e intensa. "Há muitos milagres na vida humana", ela escreveu para um amigo. "O meu é uma grande sequência de milagres internos."

O ritmo da vida no campo de concentração era governado pelo cronograma do trem. Toda semana um trem chegava para levar um certo número de prisioneiros para suas mortes, e logo antes de sua chegada uma lista era publicada com o nome dos condenados. As cartas de Hillesum são repletas de descrições daqueles que eram sentenciados a entrar no trem. Ela escreve sobre "o rosto sardento cheio de fuligem de uma colega. Ela está agachada ao lado da cama de uma moribunda que engoliu um pouco de veneno e que, na verdade, era sua mãe".

Suas cartas a essa altura geralmente contêm explosões de esperanças internas.

O sofrimento aqui é muito terrível; e ainda assim, tarde da noite, quando o dia se esgueirou para as profundezas atrás de mim, muitas vezes caminho saltitando ao longo do arame farpado... não consigo me conter, simplesmente acontece, como alguma força elementar — o sentimento de que a vida é gloriosa e magnífica e que um dia deveremos construir um mundo todo novo.

Em 6 de setembro de 1943, Hillesum ficou chocada em ver seu próprio nome na lista de transporte, junto a seus pais e seu irmão Mischa. Sua mãe havia escrito ao chefe das tropas SS alemãs pedindo que seu filho fosse poupado. A carta parece ter sido um tiro pela culatra, e todos foram sentenciados à morte.

Uma amiga, Jopie Vleeschhouwer, relatou mais tarde que Hillesum primeiro ficou arrasada com a notícia. Mas depois de uma hora recuperou seu humor. Começou a mendigar suprimentos que poderia levar na viagem. Vleeschhouwer descreveu, então, sua partida. "Falava alegremente, sorrindo, uma palavra gentil para todo mundo que encontrou no caminho, cheia de bom humor, talvez apenas com um toque de tristeza, mas cada pedacinho da Etty que todos conhecem tão bem."

Quando estava no trem, escreveu um cartão-postal para uma amiga, que ela jogou por uma rachadura no vagão. Ele foi encontrado por alguns fazendeiros e enviado de volta a Amsterdã. "Christine", ele começa, "abrindo a Bíblia aleatoriamente encontrei o seguinte: 'O Senhor é minha fortaleza.' Estou sentada em minha mochila no meio de um vagão de carga cheio. Papai, mamãe e Mischa estão a alguns vagões de distância... Saímos do campo de concentração cantando, papai e mamãe firme e calmamente, Mischa também."

Ela morreu em Auschwitz no dia 30 de novembro de 1943.

INTEGRAÇÃO

Poucos de nós experienciarão uma transformação pessoal tão completa quanto a de Hillesum. Poucos viverão tão altruistamente quanto os tecelões de comunidades. Mas suas vidas servem como modelos, e o são por muitas razões, mas em parte porque ilustram um ponto central: uma tarefa da vida é a síntese. É coletar todas as peças fragmentadas do eu e levá-las ao estado de unidade, para que você possa mover-se coerentemente em direção a uma única visão.

Algumas pessoas nunca juntam seus pedaços; elas vivem vidas esfaceladas. Algumas o fazem em um nível baixo. Suas vidas são orientadas acerca dos desejos menores. Hillesum se juntou em um nível muito alto. À medida que as condições externas de sua vida ficavam cada vez mais sofridas, seu estado interno ficou cada vez mais tranquilo.

E não alcançou a unidade por meio de um processo eterno de autoescavação interna. Foi por um processo externo de doar-se por completo. "A felicidade", escreveu o Dr. William H. Sheldon, "é basicamente um estado de ir a algum lugar, de todo o coração, unidirecionalmente, sem reservas ou arrependimentos".

O modo prático pelo qual fazemos isso é por meio dos comprometimentos — fazendo grandes comprometimentos a coisas que realmente nos importam e então servindo-as de todo coração. Os principais desafios da vida da segunda montanha são encontrados nas perguntas: Como escolho meus comprometimentos? Como decido qual é o comprometimento certo para mim? Como sirvo aos meus comprometimentos uma vez que forem escolhidos? Como reúno meus comprometimentos para que se fundam em uma vida coerente, focada e alegre?

Esses são os tipos de perguntas que a próxima seção do livro aborda. O objetivo é que ela seja um guia prático (e ainda assim espiritual!) para uma vida comprometida, para uma vida vivida a serviço de uma vocação, um casamento, uma crença, e uma comunidade. A vida da segunda montanha é uma aventura espiritual, mas é vivida de maneira prática dia após dia.

Os Quatro
Compromissos

PARTE II
Vocação

NOVE
O que É Vocação

Em 1946, George Orwell publicou um ensaio brilhante chamado "Por que Escrevo", sobre sua vocação como romancista e ensaísta. Nele, tenta rebater obras que retratam escrever como um ato devotado e soberbo. Com o sentimento de culpa que nunca está longe da superfície em seu trabalho, Orwell quer expor e talvez chocá-lo com seus próprios motivos banais e egoístas.

Diz que escreve por quatro razões básicas. Primeiro, egoísmo puro. O desejo de parecer inteligente e de ser comentado. Segundo, entusiasmo estético. O prazer que tem de brincar com frases e palavras. Mas Orwell não é nada além de honesto. E ele tem que admitir que há motivos maiores também. Terceiro, então, é o "impulso histórico", o desejo de compreensão. O desejo de ver as coisas como são e descobrir a verdade dos fatos. Quarto, seu propósito político. O desejo de levar o mundo em uma determinada direção e de alterar as ideias das pessoas sobre por qual tipo de sociedade devem lutar.

Orwell foi uma daquelas pessoas que tinham um pressentimento, desde sempre, do que deveria fazer da vida, mas se distanciou desse caminho. Desde cedo quis ser escritor. Mas depois da escola mudou-se para a Índia e trabalhou para o Império Britânico como policial. Depois voltou para casa e não quis saber de trabalhar. Mas, ao evitar escrever, segundo ele: "Fiz com a consciência de que estava afrontando minha verdadeira natureza e que, mais cedo ou mais tarde, teria que parar e escrever livros."

Finalmente, aos 25 anos, sucumbiu ao seu destino. Decidiu que, já que seria um escritor, precisaria fazer 3 coisas. Primeiro, precisava viver em meio aos pobres. Era um homem de esquerda, mas acreditava que o problema com seus companheiros socialistas era a falta de contato direto com as pessoas pobres a quem teoricamente estavam libertando. Então, no início de sua carreira como escritor, virou um andarilho. As pessoas desabrigadas daquela época eram proibidas pelo Vagrancy Act [lei contra a vadiagem] de mendigar ou erguer acampamentos permanentes. Muitos andavam de uma vila a outra, por toda a Inglaterra, ficando em um hotel beneficente uma noite e em outro na cidade mais próxima na noite seguinte. Depois dessa experiência, Orwell trabalhou como lavador de pratos em um hotel e restaurante francês 13 horas por dia. Essas experiências lhe deram um conhecimento em primeira mão da classe trabalhadora e aumentaram seu ódio natural pela autoridade.

Em seguida, precisou inventar um novo jeito de escrever. Ele transformava não ficção em formato literário. Tornou-se um mestre em usar parábolas para demonstrar um ponto de vista político — como matar um elefante simbolizava tudo o que havia de errado no imperialismo britânico. Ele não obtinha alegria intrínseca do processo de escrita. "Escrever um livro é uma luta terrível e exaustiva, como um longo ataque de uma doença dolorosa", escreveu. "Não se deve executar tal coisa se não fores impelido por algum demônio que não se consegue resistir nem entender." Mas a dor era purificadora. Como T. S. Eliot, Orwell acreditava que a boa escrita envolvia uma extinção contínua da personalidade. Luta-se, escreveu Orwell, "para obliterar a própria personalidade. A boa prosa é como uma vidraça". O ato de escrever bem envolvia a autossupressão, colocando o leitor em contato direto com a coisa descrita.

Finalmente, Orwell decidiu que, para satisfazer seu chamado, deveria ser completamente honesto, mesmo sobre as pessoas a quem pretendia defender. Na década de 1930, com a luta dos fascistas contra os comunistas na Guerra Civil Espanhola, ele passou a lutar ao lado dos anarquistas, escolhendo o lado mais fraco do conflito. Aprendeu a ver a realidade sem a ilusão. Aprendeu, como disse Albert Camus: "Que é possível estar certo e ainda ser derrotado, que a força pode vencer o espírito, que às vezes a coragem não é sua própria recompensa."

Mas não virou um cínico. O totalitarismo, na Espanha, na Alemanha e na União Soviética, apresentou a Orwell o desafio moral que governou o restante de sua vida. A partir de então, escreveu porque queria expor uma mentira ou chamar atenção a algum fato. "Cada linha de trabalho sério que escrevi desde 1936 foi escrita, direta ou indiretamente, *contra* o totalitarismo e *a favor* do socialismo democrático."

Quando Orwell retornou da Espanha, estava transformado. Havia experimentado seu chamado dentro de outro chamado, aquele momento purificador de quando você sabe por que veio ao mundo e está determinado a cumprir essa missão. Um amigo observou: "Era quase como se houvesse algum tipo de brasa queimando dentro dele por toda a vida que, repentinamente, incendiou." Ele ficava irritado com qualquer injustiça e era friamente fervoroso. Ficava indignado com mentiras, mas era gentil em relação às pessoas. Estava totalmente envolvido em lutar contra o fascismo, mas sempre imparcial o bastante para ser capaz de encarar as verdades desagradáveis de seu próprio lado.

Ele nem sempre era um homem agradável de se ter por perto. Era frio, sombrio, irritadiço, independente, violento, ao mesmo tempo tímido e assertivo. Mas no fim de sua vida, quando estava mortalmente doente e escrevendo *1984*, sua vocação lhe havia dado uma pureza de desejo e unidade de propósito. Como um dia escreveu George Bernard Shaw em outro contexto, a vocação de Orwell pegou "um bando de gostos diferentes e os organizou em um exército de propósitos e princípios". As pessoas começaram a reconhecê-lo como um tipo de santo de seu tempo.

Menciono a experiência de Orwell porque acho que ilustra algumas características comuns do processo de encontrar uma vocação.

O que todo mundo sabe sobre encontrar uma vocação é que é bem diferente de encontrar uma carreira. Quando temos uma mentalidade de carreira, o córtex frontal está no comando. Pegamos um inventário de nossos talentos. No que somos bons? Quais talentos têm valor no mercado de trabalho? Então investimos em nossas habilidades com uma boa educação. Aperfeiçoamos nossas habilidades profissionais. Depois pesquisamos o mercado de trabalho para ver quais são as oportunidades existentes. Seguimos o incentivo de obter o retorno mais alto sobre nosso investimento de tempo e esforço. Criamos estratégias sobre a rota certa a seguir em direção ao sucesso. Colhemos as recompensas do sucesso: respeito, autoestima e segurança financeira.

Na mentalidade da vocação, não estamos vivendo no nível do ego da nossa consciência — trabalhando porque recebemos bem ou porque torna a vida conveniente. Estamos na fundação. Alguma atividade ou injustiça chamou o nível mais profundo de nossa natureza e exigiu uma resposta ativa. Carl Jung chamou uma vocação de "um fator irracional que destina um homem a emancipar-se do rebanho e de seus caminhos batidos... Qualquer um com uma vocação ouve a voz do homem interior: ele é *chamado*".

No começo, o chamado muitas vezes é estético. Annie Dillard perguntou certa vez a um amigo como ele sabia que deveria se tornar pintor. "Eu gosto do cheiro de tinta", respondeu. Não era um sentido grandioso de destino. Era o aroma que exalava ao colocar tinta na tela. Algumas pessoas simplesmente gostam de trabalhar com carros, brincar com números, fazer massas ou falar para multidões.

Para outras, ainda, o chamado pode vir de nossas circunstâncias históricas. Todos nós estamos posicionados em um certo local em um determinado momento, e as circunstâncias jogam em nosso caminho problemas concretos que exigem respostas. Václav Havel viu-se vivendo sob a tirania do comunismo. Gloria Steinem viu-se vivendo sob o peso da sociedade dominada pelo homem. Esses são apenas alguns dos famosos exemplos, mas milhões de pessoas encontraram sua vocação ao lutar contra o coletivismo, o racismo, o sexismo e outras injustiças.

Quando o psicanalista Viktor Frankl tinha 13 anos, um professor declarou que toda a vida não passa de um processo de combustão material. Frankl declarou de supetão: "Senhor, se é assim, qual é então o significado da vida?" Intensamente preocupado com sua pergunta sendo tão jovem, começou a se corresponder com Sigmund Freud. Já um jovem terapeuta, criou centros de prevenção ao suicídio por toda Viena e inventou métodos para dar a pessoas prestes a se autodestruírem um modo de encontrar um significado para suas vidas.

Então veio a Segunda Guerra Mundial e a ocupação nazista. Frankl viu-se jogado em um campo de concentração. Percebeu que as perguntas sobre carreira — O que quero da vida? O que posso fazer para me fazer feliz? — não são as perguntas adequadas. A pergunta certa é: o que a vida quer de mim? Frankl percebeu que um psiquiatra em um campo de concentração tinha a responsabilidade de estudar o sofrimento e reduzi-lo. "Não importava o que esperávamos da vida, mas sim o que a vida esperava de nós", deu-se conta. "Precisávamos parar de perguntar o sentido da vida e, em vez disso, pensar em nós mesmos como aqueles que estavam sendo questionados pela vida — diariamente e a cada hora. Nossa resposta deve consistir não em fala e meditação, mas em agir corretamente e na conduta correta. O principal significado da vida é assumir a responsabilidade para encontrar a resposta certa para seus problemas e cumprir as tarefas que ela estipula constantemente para cada indivíduo." O sentido do chamado vem da pergunta "qual é minha responsabilidade aqui?". Frankl passou a trabalhar como psicoterapeuta no campo de concentração, lembrando aos prisioneiros desesperados de que o mundo ainda esperava algo deles. Eles ainda tinham responsabilidades e propósitos a serem buscados.

Invariavelmente, as vocações têm períodos de teste — períodos em que os custos são maiores que os benefícios — pelos quais uma pessoa deve passar para alcançar outro nível de intensidade. Nesses momentos, se você for impulsionado por uma mentalidade de carreira, desistirá. Estará investindo mais do que recebendo. Mas uma pessoa que encontrou sua vocação não sente que tem uma escolha. Seria uma violação de sua própria natureza. Então ela avança quando nada parece fazer sentido. Como os professores de Stanford Anne Colby e William Damon escrevem: "Quando uma questão é menos central à identidade de uma pessoa, é possível sentir, por exemplo, 'eu realmente deveria fazer mais para ajudar aqueles que precisam, mas é difícil demais' ou 'eu simplesmente não tenho tempo'. Mas, quando a questão é o centro de quem a pessoa é, afastar-se é algo fora de questão."

A segunda coisa que notamos na história de Orwell é que ele tinha um pressentimento de sua vocação quando era jovem. Mas, então, afastou-se dela. Talvez tenha até a esquecido. Talvez não tenha conseguido descobrir como se sustentar. Precisou passar por um período errante antes de se acomodar na vocação que o chamava o tempo todo. Isso também não é incomum. Muitas vezes as pessoas sentem um chamado, mas não o entendem ou se esquecem dele, ou apenas se perdem. Somente mais tarde traçam uma narrativa clara e linear de suas vidas para descrever como tomaram o caminho menos percorrido.

Pessoas que escrevem sobre vocação citam com frequência um poema de William Wordsworth que faz com que a busca pela vocação soe direta e agradável. Em uma manhã bem cedo, quando estava na faculdade, Wordsworth voltava para sua casa em Hawkshead, Inglaterra, depois de uma noite de baile de verão. Depois de três quilômetros de caminhada, amanheceu. Ele se viu saudado por uma manhã "mais gloriosa do que jamais vira". O mar, ele escreveu, parecia rir à distância. As montanhas estavam claras como nuvens. Toda a criação era puro deleite: "Orvalhos, vapores e a melodia dos pássaros, / E Trabalhadores avançando nos campos." Ele ficou maravilhado pela beleza. Tocou-o no coração e na alma. De repente, algo se acendeu dentro dele:

> *Meu coração estava completo; não fiz juras, mas juras*
> *Foram então feitas para mim; um vínculo desconhecido*
> *Me fora dado, que eu deveria ser, caso contrário pecaria demais,*
> *Um Espírito dedicado. Em frente caminhei*
> *Em grata bênção, que mesmo agora permanece.*

Seu coração estava pleno. Ele mesmo não havia feito uma promessa, mas de certa forma "juras foram feitas para mim". Naquele momento ele percebeu que estava destinado a ser um poeta, um espírito dedicado a passar sua vida capturando o que sentia. Se não cumprisse essas juras, percebeu que "pecaria demais". Estaria negando sua própria natureza e seu próprio destino.

Quem conta essa história normalmente não menciona que esse relato é semifictício. Wordsworth recontou esse momento claro quando estava mais velho e relembrando a vida, mas não estava tão claro assim na época. À deriva por volta de seus 25 anos, Wordsworth tentava encontrar algo para fazer com sua vida. Passou pela universidade, desprezando boa parte dela, escrevendo pouquíssimas poesias. Tentou entrar para o clero enquanto bebia e dançava bastante. Pensou na advocacia e passou meses vadiando por Londres fazendo quase nada. Teve um filho enquanto passava pela França, observou a Revolução Francesa, abandonou a mãe de seu filho, imaginou lançar uma revista, pensou em se tornar um repórter político, tentou conseguir um emprego como tutor na Irlanda. Ou seja, Wordsworth precisou passar por um período sem rumo enquanto esperava resolver seu ritmo de vida, como a maioria de nós faz.

Sua vida entrou em foco apenas depois de dois golpes de sorte inesperados. Um conhecido seu chamado Raisley Calvert viu um brilho de genialidade nele, quando quase ninguém mais viu. Calvert reajustou seu testamento para que Wordsworth recebesse £900 no caso de sua morte. Calvert serve de patrono de um tipo social raro: a pessoa que vê um dom nos outros, os empurra em direção à sua vocação e fornece assistência prática para que ela aconteça.

Calvert realizou mais um serviço. Aos 21 anos, ele morreu, dando a Wordsworth um conforto financeiro. Pouco depois, outro amigo ofereceu a Wordsworth e sua irmã o uso de sua casa de campo em troca de que fosse tutor de seus filhos. Em duas tacadas, Wordsworth tinha dinheiro e uma casa em uma grande propriedade pela qual não precisava pagar aluguel. O resto é história.

O chamado para a vocação é algo muito sagrado. Parece místico, como um chamado de um abismo para o outro. Mas então o modo como ele acontece na vida não parece nada sagrado; somente confuso e estranho. Nos próximos capítulos tento descrever como as vocações são encontradas e como se desenvolvem.

DEZ

O Momento da Anunciação

QUANDO E. O. WILSON TINHA SETE ANOS, SEUS PAIS ANUNCIARAM QUE se divorciariam. Enviaram-no para ficar com uma família que ele não conhecia em Paradise Beach, no norte da Flórida, durante o verão. Toda manhã, Wilson tomava café com a família e depois vagava sozinho em busca de tesouros na praia até a hora do almoço. Depois do almoço, voltava para a água e lá ficava até a hora do jantar.

As criaturas que ele encontrou o enfeitiçaram. Ele via caranguejos e peixes-agulhas na água, peixes-sapos e toninhas. Um dia viu sua primeira água-viva. "A criatura é extraordinária. Ela sequer existia em minha imaginação antes", escreveria décadas mais tarde. Outro dia estava sentado em uma doca com seus pés balançando na água quando uma arraia gigantesca, muito maior do que qualquer coisa que já tinha visto, deslizou silenciosamente por debaixo dos seus pés. "Eu fiquei estupefato. E fui imediatamente tomado por uma necessidade de ver essa gigante novamente, capturá-la se pudesse e examiná-la de perto."

Para uma criança, tudo parecia maior. "Estimo que, quando era criança, via os animais com cerca do dobro do tamanho que vejo agora", Wilson escreveu mais tarde. Ele ficou maravilhado por essas criaturas silenciosas, mas vislumbrou algo mais — um novo mundo sob a superfície das águas para se aventurar e explorar. A vida da sua família estava desmoronando a alguns quilômetros de distância, mas ali ele sentia uma curiosidade e um senso de pertencimento que durariam sua vida toda. Naquele verão nasceu um naturalista.

"Uma criança chega à beira de águas profundas com uma mente preparada para o fascínio", Wilson observou décadas mais tarde em *Naturalista*, seu livro de memórias. "A experiência prática na época crucial, não o conhecimento sistemático, é o que conta na formação de um naturalista... Melhor passar longos períodos de tempo apenas buscando e sonhando."

É assim que podemos chamar o momento de anunciação de Wilson. É o momento em que algo chama a atenção ou enfeitiça, e desperta um desejo que prevê de certa forma muito do que virá depois em uma vida, tanto de prazeres quanto de desafios. A maioria dos dias passa em um fluxo imemorável, mas, de vez em quando, uma nova paixão é silenciosamente concebida. Algo o agrada e você fica arrebatado para sempre por essa coisa fascinante. Wilson descobriu a natureza aos sete anos e passou as sete décadas seguintes estudando-a, tornando-se um dos cientistas mais proeminentes do mundo.

Quando ouvimos adultos falando sobre seus momentos de anunciação, geralmente são histórias de algo perdido e algo encontrado. Wilson estava perdendo a casa dos seus pais e encontrou na natureza um lar em que sempre seria acolhido. Conheço um homem cujo pai bebia demais e a família estava sempre com uma falta de dinheiro desesperadora. Esse homem se apaixonou por comércio e negócios e isso o tornou multibilionário. O escritor Andrew Solomon ouviu sobre o Holocausto quando era menino e pensou sobre o quanto deveria ter sido horrível os judeus europeus não terem para onde ir quando o problema chegou. "Decidi que sempre teria um lugar para ir", ele declarou na apresentação de um livro, e assim nasceu uma vida de viagens e escrita sobre viagens. Como minha amiga April Lawson diz, todos sentimos falta de alguma coisa quando crianças, e quando adultos estamos dispostos a suportar muito para obtê-la.

A outra coisa interessante sobre momentos de anunciação é o quanto eles são estéticos. Com frequência, acontecem quando uma criança encontra algo que parece sublime. Ela está seguindo sua vida normalmente e, de repente, a beleza a atinge. Alguma visão ou experiência a deixa embasbacada — como uma arraia deslizando por debaixo dos pés.

Sentir admiração face à beleza é ficar extremamente estupefato. Uma pessoa arrebatada pela admiração é retirada do egocentrismo das vozes na própria cabeça e se vê fascinada por algo maior que si mesma. Há uma sensação de abertura radical, curiosidade e reverência. Há uma novidade de percepção instantânea, um desejo de aproximação e afiliação.

O oceano para Wilson era todo um mundo cativante a ser explorado. "Uma coisa bela, embora simples em sua presença imediata", observa Frederick Turner, "sempre nos dá uma sensação de abismo abaixo do abismo, quase uma inocente vertigem selvagem enquanto caímos por seus níveis".

Eu tenho um filho que aos cinco anos vislumbrou a beleza de um campo de beisebol e dos jogadores nele; logo ficou obcecado e fora arrebatado pelo beisebol. O esporte era o modo como ele processava o mundo. O modo pelo qual organizava a geografia e aprendia matemática. O beisebol se tornou a linguagem que usávamos para falar um com o outro, pai e filho. Minha filha, com quase a mesma idade, encontrou seu lugar em meio a ringues de hóquei, e ensina o esporte até hoje. Meu outro filho encontrou a beleza na filosofia muito cedo na vida. Enquanto o resto do mundo é uma confusão vasta e barulhenta, esse é o campo que eles conseguem dominar e entender. "Algumas de nossas memórias mais maravilhosas são de lugares bonitos em que nos sentimos em casa imediatamente", escreve John O'Donohue.

A palavra grega para "beleza" era *kalon*, que é relacionada à palavra "chamado". A beleza incita um desejo de explorar algo e viver naquilo. As crianças colocam pôsteres de suas obsessões nas paredes. Desenham suas imagens na aula de artes e nas capas de seus cadernos. "Estou buscando. Estou lutando. Estou nisso de corpo e alma", escreveu Vincent van Gogh em meio a uma vida obcecada pela beleza.

Um dia, quando tinha quatro ou cinco anos, Albert Einstein teve que ficar em casa doente. Seu pai comprou uma bússola para ele. Ao vê-la com a agulha magnética balançando sob a influência de um campo de força oculto, ele tremeu. "Ainda consigo lembrar — pelo menos acredito que consigo — que essa experiência deixou uma marca profunda e duradoura em mim. Deveria haver algo profundamente escondido por trás das coisas", escreveu mais tarde.

Ele ficou obcecado pelas forças ocultas, pelos campos magnéticos, pela gravidade, inércia, aceleração. Como dito por um biógrafo: "A Música, a Natureza e Deus se misturaram nele em um complexo de sentimentos, uma unidade moral, cujo rastro nunca desapareceu."

A curiosidade metafísica o impulsionou a vida toda. "Apenas aqueles que percebem o esforço imenso e, acima de tudo, a devoção sem a qual o trabalho pioneiro na ciência teórica não pode ser alcançado são capazes de compreender a força da emoção da qual sozinho tal trabalho, remoto como é das realidades imediatas da vida, é capaz de emitir", escreveu Einstein. "O sentimento religioso do cientista assume a forma de um espanto arrebatador com a harmonia da lei natural."

Obviamente não sou nenhum Wilson, van Gogh ou Einstein, mas também tive meu momento de anunciação aos sete anos. Estava lendo um livro sobre o Urso Paddington e percebi (ou pelo menos acho que percebi) que queria ser um escritor. É fácil agora em retrospecto ver como todas as peças se encaixam. Meus pais eram estudiosos, então os livros e a escrita eram valorizados em casa. Meu avô era um belo escritor de cartas que sonhava com a publicação de suas cartas no *New York Times*. No início da história de Paddington, o pequeno urso viaja do Peru para Londres. Ele está sozinho e ilhado em uma estação de trem até que uma família carinhosa o acolhe e cuida dele. Acho que, quando criança, todos nós, em algum nível, nos sentimos sozinhos e sabemos que precisamos de uma família que nos acolha.

Nos 50 anos desde que li a cena de abertura de *Um Urso Chamado Paddington*, provavelmente não houve 200 dias em que não escrevesse algo ou pelo menos não me preparasse para escrever alguma coisa. Recentemente comprei um Fitbit. Ele me dizia continuamente que eu estava dormindo entre as 8 e as 11 horas da manhã. Mas eu não estava dormindo; estava escrevendo. Aparentemente, o momento em que escrevo é quando meu coração realmente está em repouso; quando me sinto bem comigo mesmo.

A LEI DO SEU PRÓPRIO EU

Neste capítulo, descrevi momentos de anunciação da infância, mas é claro que eles não aparecem somente na infância. Todos nós já conhecemos pessoas que os tiveram, ou os tiveram de novo, aos 30, 50 ou 80 anos. Mas muitas vezes, quando acontecem na vida adulta, ainda podem remontar a algum avô, alguma semente antiga que floresceu pela primeira vez quando éramos muito jovens. Em seu ensaio "Schopenhauer como Educador", Nietzsche escreveu que o modo de descobrir para que você veio ao mundo é relembrar o seu passado, listar as vezes que se sentiu mais completo, e então ver se consegue ligar todas elas.

Ele escreve: "Deixa a jovem alma sobreviver sua própria vida com uma visão da seguinte pergunta: 'O que realmente amaste até agora? O que elevara sua alma, o que a dominou e deleitou ao mesmo tempo?' Reúna esses objetos venerados em uma fila diante de si e talvez eles revelem uma lei por sua natureza e sua ordem: a lei fundamental do seu próprio eu."

Na verdade, a parte complicada de um momento de anunciação não é tê-lo, mas *percebê-lo*. O mundo está cheio de coisas belas e momentos de fascinação. Mas às vezes eles passam sem que percebamos sua importância. Muitas vezes não estamos cientes dos nossos momentos de anunciação exceto quando os vemos em retrospecto. Relembramos o passado e percebemos: "Certo, foi aí que tudo começou... Essa foi a circunstância mais estranhamente improvável que fez tudo se encaminhar para essa rota maravilhosa."

A melhor coisa de um momento de anunciação é que ele lhe dá uma dica antecipada de qual é o seu propósito. A segunda, é que ele descarta várias outras coisas. "Sortudo é o homem que não acredita secretamente que tem todas as possibilidades abertas para si", observa Walker Percy.

O momento de anunciação de Ed Wilson envolveu um passo a mais, que também foi, no longo prazo, um golpe de sorte. Um dia ele saiu para pescar naquele verão em Paradise Beach. Pegou um pinfish, uma espécie de peixe que tem espinhos na nadadeira, mas foi descuidado ao tirá-lo da água. Ele escorregou e se debateu em seu rosto, com um dos espinhos perfurando a pupila do olho direito de Wilson. A dor foi lancinante, mas Wilson não queria parar de pescar, então suportou aquela dor o dia inteiro. À noite ele contou à família que o recebera o que havia acontecido, mas até esse momento a dor já havia diminuído e eles não o levaram ao médico. Sua visão obscureceu vários meses mais tarde e, então, depois de um procedimento mal feito, ele a perdeu totalmente.

Wilson seria um naturalista, mas nunca estudaria algo como pássaros, o que exigia visão tridimensional. Ele teria que estudar algo pequeno, que pudesse pegar com os dedos e levar próximo ao olho esquerdo saudável para analisar. Felizmente, naquele mesmo ano ele estava caminhando pela Palafox Street em Pensacola, na Flórida, quando passou por algumas formigas-leão enxameando em seu ninho. Ele ficou parado com a mesma sensação que teve no oceano. Lá estava outro mundo escondido e fascinante. Estudou formigas e atingiu a excelência científica.

Quarenta anos mais tarde, Wilson estava na mesma rua em Pensacola. Ele viu as descendentes daquelas primeiras formigas movendo-se apressadas. Fascinado, apoiou-se nos joelhos e mãos, observando mais uma vez as formigas-leão. Um homem mais velho que estava passando ficou alarmado ao ver um homem adulto se arrastando de quatro na calçada e perguntou se ele precisava de ajuda. Mas é claro que Wilson só estava retornando ao seu amor de infância e dando continuidade ao seu velho chamado.

ONZE

O que os Mentores Fazem

WILSON NÃO CONSTRUIU SUA CARREIRA SOZINHO. ELE TEVE MENTORES. O primeiro foi um professor da Universidade do Alabama chamado Bert Williams, que o levou a pesquisas de campo, emprestou a ele um microscópio de dissecação, o acolheu em sua casa e, no geral, forneceu a Wilson o senso prático de como seria a vida de um cientista natural.

Williams parece ter feito tudo que bons mentores fazem. Os bons mentores o instruem em várias decisões de vida, como qual universidade frequentar ou que empregos aceitar. Eles o ensinam a sabedoria tácita incorporada a qualquer ofício.

Qualquer livro ou palestra pode lhe dizer como fazer alguma coisa. Mas em qualquer ofício, seja cozinhar, carpintaria, ciência ou liderança, há certas formas de conhecimento que não podem ser colocadas em regras ou receitas — formas práticas de conhecimento que apenas os mentores conseguem ensinar. O filósofo Michael Oakeshott tentou capturar a qualidade inexprimível de seu conhecimento prático contando a história de um fabricante de carroças chinês que estava fazendo uma roda na extremidade inferior de uma grande câmara enquanto seu duque, o Duque Huan de Qi, lia um livro na extremidade superior. Deixando de lado seu martelo e formão, o fabricante de carroças chamou o duque e perguntou o que ele estava lendo.

"Um livro que registra as palavras dos sábios", respondeu o duque.

"Esses sábios estão vivos?", perguntou o fabricante de carroças.

"Estão mortos", disse o duque.

"Nesse caso, o que você lê não deve passar de conjecturas e especulações de homens do passado."

O duque ficou ultrajado. Como o fabricante de carroças se atrevia a desprezar um livro desse e sábios como esses? "Se for capaz de explicar sua afirmação, a deixarei passar. Se não, você morrerá!", vociferou o duque.

"Falando como um construtor de carroças", começou o artesão, "eu vejo o assunto da seguinte forma: quando estou fazendo uma roda, se minha batida for lenta demais, o entalhe é profundo, mas não é firme; se for rápida demais, então é firme, mas não é profundo. O ritmo certo, nem lento nem rápido, não chega à mão a não ser que venha do coração. É algo que não pode ser colocado em palavras".

O conhecimento técnico vindo de livros, escreve Oakeshott, consiste em "regras formuladas que são, ou podem ser, aprendidas deliberadamente". O conhecimento prático, por outro lado, não pode ser ensinado ou aprendido, apenas transmitido e adquirido. Ele existe apenas na prática. Quando falamos de conhecimento prático, tendemos a usar metáforas corporais. Dizemos que alguém tem um *jeito* para fazer alguma atividade — uma habilidade para apertar a tecla certa do piano com força suficiente e ritmo adequado. Dizemos que alguém tem um *sexto sentido*, uma intuição de como os eventos se desdobrarão, uma ciência de quando se deve seguir em frente com um problema e quando o deve deixar de lado por um tempo antes de voltar a ele. Dizemos que alguém tem *bom gosto*, um senso estético de qual produto ou apresentação é excelente e quais não são.

Quando o especialista usa seu conhecimento prático, ele não pensa mais do que o normal; pensa menos. Desenvolveu um repertório de habilidades por meio do hábito e, assim, ampliou o número de tarefas que pode realizar sem uma atenção consciente. Esse tipo de conhecimento é criado por meio da experiência e é transmitido pela experiência compartilhada. É transmitido por um mentor que o deixa caminhar ao seu lado e participar de milhares de situações. Esse tipo de pedagogia é pessoal, amigável, compartilhada e conversacional — mais apreendida do que ensinada. Um livro teórico pode ensiná-lo os princípios da biologia, mas um mentor mostra como pensar como um biólogo. Esse tipo de prática habitual refaz as conexões de quem você é por dentro. "A melhor coisa em toda a educação", escreveu William James, "é *transformar nosso sistema nervoso em nosso aliado em vez de nosso inimigo*".

Isso é o que bons mentores fazem. Mas E. O. Wilson foi sortudo em ter um mentor extraordinário, um homem que levou seu ofício e, portanto, sua mentoria a outro nível.

Depois da Universidade do Alabama, Wilson fez pós-graduação em Harvard, onde conheceu Philip Darlington, que estudava besouros e se dedicava à distribuição geográfica dos animais. Darlington deu conselhos práticos a Wilson sobre como coletar suas amostras: "Não fique nas trilhas ao coletar insetos", disse a ele. "Você deve andar em linha reta pela floresta. Tente ultrapassar qualquer barreira que encontrar. É difícil, mas é o melhor modo de coletá-los."

Mais fundamentalmente, Darlington mostrou a Wilson como era uma vocação de verdade. Quando jovem, Darlington havia escalado a Serra Nevada de Santa Marta, coletando insetos pelo caminho. No Haiti, percorreu 1.000 metros de floresta virgem para alcançar o topo do pico mais alto daquela nação. Aos 39 anos, Darlington flutuou em um tronco até uma lagoa estagnada na selva da América do Sul para coletar uma amostra da água que ajudaria em sua pesquisa. Um crocodilo gigante saiu da água e o pegou com as mandíbulas, o girou várias vezes e o arrastou para o fundo da lagoa. Darlington chutou e lutou até conseguir nadar em liberdade. Saiu correndo para a margem da lagoa, e o crocodilo atacou novamente. Darlington foi arrastado de volta para a água e conseguiu se libertar outra vez. Os dentes do crocodilo haviam perfurado suas duas mãos. Os músculos em seu braço direito foram destruídos. Enquanto se arrastava de volta para a civilização, ficou ciente do quanto estava fraco pela perda de sangue.

Escapar da morte por um crocodilo não é uma prova de caráter, Wilson observaria ironicamente mais tarde. Mas o que aconteceu em seguida sim, e foi o que marcou Wilson. Darlington ficou imobilizado por muitos meses. Então criou um método para coletar suas amostras com sua mão esquerda funcional, amarrando seus potes de espécime em varas que ele fixava no chão e depois colocando os insetos neles com uma mão só.

"O professor, aquele amador profissional", escreveu o crítico Leslie Fiedler, "não ensina tanto o assunto em si". Por meio de seu comportamento, Darlington ensinou Wilson que a vida do naturalista não era fácil, mas sim árdua. Ensinou que a busca pelo conhecimento sobre o mundo é uma missão importante, que aqueles que a fazem são parte de uma longa procissão que remonta ao passado. Ensinou a ele como é amar a ciência intensamente. Como Wordsworth escreve em *O Prelúdio*: "O que amamos, outros amarão, e nós os ensinaremos como."

E isso é algo que a maioria dos jovens — e talvez todos nós — querem aprender. O que a maioria das pessoas busca na vida, especialmente quando jovem, não é a felicidade, mas uma intensidade que chega ao âmago. Queremos estar envolvidos em uma busca importante que envolva adversidades e que valha a pena enfrentá-las. Os mentores que realmente se alojam em nossas mentes são aqueles que foram duros conosco — ou pelo menos foram duros com si mesmos e deram o exemplo certo —, não aqueles que pegaram leve. Foram aqueles que equilibraram o amor generoso com padrões altos e exigências implacáveis em nome de algo que levavam a sério. Achamos que queremos tranquilidade e conforto, e é claro que os queremos de vez em quando, mas há algo dentro de nós que anseia por um chamado que exija dedicação e sacrifício.

Assim, muito do que os mentores fazem é nos ensinar como é a excelência dia após dia. Como escreveu Alfred North Whitehead: "A educação moral é impossível sem a visão habitual da grandeza." Ou, como dito por Sir Richard Livingstone: "As provisões mais indispensáveis para a jornada da vida são um estoque de ideais adequados que são adquiridos de modo bem simples, vivendo com as melhores coisas do mundo — as melhores imagens, os melhores edifícios, as melhores ordens sociais ou políticas, os melhores seres humanos. O modo de adquirir um bom gosto em qualquer aspecto, de imagens à arquitetura, da literatura ao caráter, do vinho aos charutos, é sempre o mesmo — familiarizar-se com os melhores espécimes de cada."

Ao nos colocar frente a frente com a excelência, os mentores também provocam uma certa humildade. Eles nos ensinam como nos submeter humildemente à tarefa. A tendência natural é se colocar no centro de qualquer atividade. Perguntar "como estou me saindo?". Não há problema em fazer essa pergunta uma vez. Mas perguntá-la o tempo todo pode ser paralisante. Um lançador pensando sobre como está seu lançamento não consegue lançar bem. Seu foco está em si mesmo e não na tarefa. "Em qualquer disciplina difícil, seja jardinagem, engenharia estrutural ou russo", escreve o filósofo e mecânico de motocicletas Matthew Crawford, "nos submetemos a coisas que têm seus próprios modos intratáveis".

Ele ilustra seu ponto citando Iris Murdoch: "Se eu estiver aprendendo russo, por exemplo, sou confrontado por uma estrutura autoritária que exige meu respeito. A tarefa é difícil e o objetivo está distante e talvez nunca seja completamente alcançado. Meu trabalho é uma revelação progressiva de algo que existe independentemente de mim. A atenção é recompensada por um conhecimento da realidade. O amor pelo russo me leva para longe de mim mesmo em direção a algo alheio a mim, algo que minha consciência não consegue assumir, absorver, negar ou tornar irreal."

Os mentores também nos ensinam a lidar com o erro. Ao obter mais experiência, você melhora muito seu reconhecimento de erros e compreende, com a experiência, como corrigi-los. Os mentores nos dão o conhecimento de como fazer o segundo, o quarto e o décimo esboço e, no processo, nos dão a liberdade de não temer nossos fracassos, mas sim seguir com uma confiança que os aceita, sabendo que podem ser retificados mais tarde. Uma das coisas boas que mentores de escrita fazem, por exemplo, é ensiná-lo a não ter medo de escrever mal. Escreva o primeiro esboço, mesmo que seja horrível. Seu ego não está em jogo.

Finalmente, os mentores ensinam a aceitar a dificuldade — ela é a parte boa.

Um dia William James visitou Chautauqua, que, como agora, era uma bela vila no norte do estado de Nova York criada em torno da cultura de verão e festivais de música. Ela passa um tipo de tranquilidade, uma atmosfera elevada que foi descrita como a de um público voltado a conteúdos educativos, culturais e religião. Em um primeiro momento, ele ficou totalmente encantado. "Fui passar um dia por curiosidade. Fiquei por uma semana", relembrou James, "enfeitiçado pelo charme e pela facilidade de tudo, pelo paraíso de classe média, sem um pecado, sem uma vítima, sem uma mácula, sem uma lágrima". E ainda assim, quando deixou a vila e retornou para o mundo real, ele se sentiu muito aliviado. A ordem dentro de Chautauqua, escreveu, era "mansa demais, a cultura era muito medíocre, a bondade, muito tediosa".

James concluiu que existe algo em nós mesmos que parece exigir dificuldade e sua superação, a presença de luz e escuridão, de perigo e libertação. "Mas o que nossas emoções humanas parecem exigir", escreveu, "é a visão da luta acontecendo. No momento em que as frutas são meramente comidas, as coisas se tornam ignóbeis. O suor e o esforço, a natureza humana exaurida ao máximo e em sofrimento, mas ainda assim sobrevivendo, e então deixando seu sucesso de lado para buscar outro [desafio] mais raro e ainda mais árduo — esse é o tipo de coisa que nos inspira com sua presença".

No seu melhor, argumenta James, os seres humanos são animais em formação ideal. E suas vidas ficam melhores quando são a serviço de um ideal. Como diz de maneira culminante: "O significado sólido da vida é sempre a mesma coisa eterna, ou seja, o casamento de algum ideal incomum, por mais especial que seja, com alguma fidelidade, coragem e resistência; com algumas dores de um homem ou de uma mulher."

A última coisa que um mentor faz, claro, é enviá-lo para o mundo e, de certa forma, abandoná-lo. Meu mentor, bem no início de minha carreira, foi William F. Buckley Jr. Trabalhei para ele em sua revista por 18 meses, e durante esse período ele me ensinou o que era a excelência. Depois me abandonou, e eu nunca mais fui tão próximo dele. Algumas pessoas que tiveram o mesmo emprego que eu e passaram por esse processo ficaram magoadas. Senti falta dele nos anos seguintes, mas ainda acho que Buckley fez a coisa certa. Em algum momento você precisa deixar que seus protegidos adultos, e seus filhos, saiam para o mundo.

No fim, todos são abandonados; você é confrontado por suas próprias decisões. Talvez tenha tido o momento de anunciação mais claro. Talvez tenha tido o melhor mentor. Mas ainda existirão decisões grandes e confusas a serem tomadas. Aceito este ou aquele emprego? Uso meus talentos desta ou daquela forma? Mudo para esta ou aquela cidade?

Como tomar as decisões grandes e transformativas da vida? É nesse problema que vamos nos concentrar agora.

DOZE

Problemas de Vampiros

Digamos que você tenha a oportunidade de virar um vampiro. Com uma mordida mágica você ganharia imortalidade, força sobre-humana e uma vida de intensidade glamourosa. Você teria várias habilidades novas. Poderia voar à noite. Não teria nem que beber sangue humano; poderia conseguir um pouco de sangue de vaca doado. Amigos que passaram por essa experiência dizem que é incrível. Afirmam que como vampiros experienciam o mundo de formas inimagináveis enquanto humanos.

Você faria isso? Concordaria em receber essa mordida transformadora, sabendo que uma vez transformado não poderia voltar atrás?

A dificuldade da escolha é que você precisa usar seu eu humano para tentar adivinhar se gostaria de ser um vampiro. Transformar-se em um vampiro é o que o filósofo L. A. Paul chama de "escolha transformativa". É o tipo de escolha que muda quem você é.

A vida é cheia de problemas de vampiros. O casamento o transforma em uma pessoa diferente. Ter filhos muda quem você é e o que quer. Bem como emigrar para outro país, converter-se para uma religião diferente, estudar medicina, entrar na infantaria naval, mudar de carreira e decidir onde morar. Sempre que você se compromete com algo grande, faz uma escolha transformacional.

Todas as decisões envolvem uma grande quantidade de incertezas sobre o futuro. O mais difícil das escolhas transformacionais é que você não sabe como será seu eu transformado e o que ele desejará depois que os caprichos da vida começarem a ter seus efeitos. As coisas que parecem doces agora podem parecer repulsivas para seu novo eu. Novos tipos de mistérios e alegrias, nada do que você tenha experimentado até agora, podem ser as partes mais importantes da sua futura existência. É muito difícil conhecer seu eu atual, mas é quase impossível saber como será seu futuro eu transformado. Não há como pensar logicamente nesse problema, pois você não tem dados sobre os desejos do seu eu transformado.

Além do mais, você está ciente de que esse é o tipo de escolha que traz consequências duradouras. Cada escolha é uma renúncia — ou uma infinidade de renúncias. Você ficará ciente para sempre do caminho não tomado, do que poderia ter acontecido se tivesse tomado outro rumo. Poderá se abrir para uma vida inteira de arrependimentos.

Você olha à sua volta e vê pessoas enfrentando esses tipos de decisões transformacionais e errando feio. Mais de um terço de todos os casamentos acabam em divórcio. Todos conhecemos pessoas que desperdiçam anos seguindo carreiras que não as satisfazem. Oitenta e três por cento de todas as fusões de empresas não conseguem criar qualquer valor para os acionistas, e elas só acontecem depois de meses e anos de análises. Ao fazer grandes escolhas na vida, como diz L. A. Paul: "Não se engane — *você não tem ideia em que está se metendo.*"

Não é de se admirar que muitas pessoas têm fobia de compromissos. Não é de se admirar que algumas pessoas fiquem tão paralisadas pelas grandes escolhas, que apenas passam por elas, como zumbis. O paradoxo da vida é que as pessoas parecem deliberar com mais cuidado as pequenas escolhas em vez das grandes. Antes de comprar um carro, elas leem todas as classificações, conferem valores de carros usados na internet e assim por diante. Mas, quando se trata de escolher uma vocação, simplesmente se deixam levar em vez de decidir. Deixam-se levar cada vez mais em uma carreira porque alguém lhes deu um emprego. Casam com a pessoa apenas por já morarem juntos. Para muitos, as grandes escolhas da vida normalmente não são realmente escolhas; são areia movediça. Você simplesmente afunda no local em que está.

"É notável a minha falta de clareza sobre os motivos de minhas decisões", admitiu o teólogo alemão Dietrich Bonhoeffer. Daniel Kahneman e Amos Tversky, dois dos maiores psicólogos de todos os tempos, passaram suas carreiras inteiras estudando a tomada de decisão. Mas, se perguntassem a eles sobre a decisão que os fez começar a estudar psicologia, mal conseguiam justificar. "É difícil saber como as pessoas escolhem um curso de vida", disse Tversky. "As grandes escolhas que fazemos são praticamente aleatórias."

Então, como tomamos essas grandes decisões? Como decidir qual carreira seguir, com quem se casar, onde morar, o que fazer depois de se aposentar?

Algumas pessoas utilizam o modelo "Você Acaba Descobrindo". Quando a coisa certa aparece, você sente e acaba descobrindo. T. D. Jakes diz que a vida é como ter um chaveiro cheio de chaves, e há um único cadeado que é a sua melhor vida. Você experimenta algumas chaves e acaba pegando uma que traz uma sensação diferente. Assim que a coloca no buraco da fechadura, antes de girá-la, você sente um *arrepio* e acaba descobrindo que é a certa.

Há certa sabedoria nesse método. Existem algumas situações em que as pessoas tomam decisões melhores quando têm menos tempo para pensar. Mas não há sabedoria *suficiente* aqui. Você realmente apostará a sua vida em um sentimento momentâneo? Ou em uma intuição?

Para começar, intuições são instáveis. Sentimentos normalmente são transitórios e às vezes inexplicáveis dias ou mesmo minutos depois que são sentidos. Recentemente tentei conseguir um emprego, e durante a competição do processo de seleção inventei todos os tipos de razões para eu gostar de um emprego, que era basicamente arrecadação de fundos e administração. Então, quando não fui selecionado, senti um grande alívio: o que eu estava pensando? Sou um homem de meia-idade e aparentemente não tenho ideia de quem eu sou.

Em segundo lugar, nossas intuições muitas vezes fazem com que nos percamos. Kahneman e Tversky, junto a muitos outros economistas comportamentais, escreveram vários livros com todas as maneiras que nossas intuições podem nos trair — aversão à perda, efeito priming, efeito halo, viés do otimismo e assim por diante. Tenho amigos que passaram seis meses pensando que determinada pessoa era o amor de suas vidas e, então, as quatro décadas seguintes pensando que essa mesma pessoa era um desastre completo. Como disse George Eliot: "Homens e mulheres cometem erros lamentáveis sobre seus próprios sintomas, [confundindo] seus anseios vagos e inquietantes às vezes com inteligência, às vezes com religião e muito mais frequentemente com um amor poderoso."

Por fim, a intuição só é confiável em certos tipos de decisões. "Intuição" é uma palavra sofisticada para reconhecimento de padrão. Ela só pode ser confiada nos campos em que temos muita experiência, em que a mente tem tempo para dominar os vários padrões. Mas, quando fazemos uma escolha transformacional, entramos em um território desconhecido. Não conhecemos seus padrões. A intuição não pode nos dizer quais são. Ela só conjectura.

A FÁBULA RACIONAL

O método aparentemente melhor, especialmente em nossa cultura, é afastar-se e tomar uma decisão "racionalmente". Colocar as emoções de lado e adotar um ponto de vista científico e desprendido. Encontre um método de engenharia, um modelo de design ou alguma técnica que o permita se autodistanciar. Pegue um bloco de notas. Faça uma lista dos custos e benefícios.

Ao abordar a decisão de forma racional e científica, você pode dividir a tomada de decisão em etapas claras. Os especialistas em tomada de decisão escrevem livros com estágios claros de decisão: preparação (identificar o problema; determinar seus objetivos); pesquisa (reunir uma lista de empregos ou pessoas que possivelmente o ajudarão a cumprir com seus objetivos); avaliação (fazer uma tabela e avaliar as opções em uma escala de dez pontos de acordo com várias características); confrontação (fazer perguntas desconfirmadoras; criar desacordos construtivos para desafiar premissas existentes); seleção (registrar as pontuações; criar uma tabela de consequências que o ajudarão a visualizar o futuro resultado de cada escolha).

Se você seguir esse tipo de metodologia formal, certamente será capaz de aplicar algumas estruturas úteis. Por exemplo, quando estiver considerando pedir demissão, aplique a regra 10-10-10. Como você se sentirá com essa decisão daqui a 10 minutos, 10 meses e 10 anos? Isso o ajudará a deixar a dor emocional de curto prazo de lado em qualquer decisão no contexto de consequências de longo prazo.

Ao comprar uma casa, observe 18 casas no mercado sem tomar uma decisão sobre elas. Então faça uma oferta na próxima melhor casa que aparecer depois dessas 18. Isso garantirá que você tenha uma amostra razoável do que existe por aí antes de fazer qualquer escolha.

As técnicas racionais são todas projetadas para contrapor nossos vieses cognitivos. Por exemplo, as pessoas tendem a "limitar a visão". Como argumentam os especialistas em administração Chip e Dan Heath, elas tentam transformar todas as perguntas abertas em perguntas de "sim ou não" ou "isso ou aquilo". As pessoas pensam inconscientemente nas decisões como uma escolha entre duas opções. Devo aceitar este emprego ou não? Devo terminar com Sue ou não? Na verdade, na maioria dos momentos de decisões-chave existem muito mais opções que são filtradas por esse ponto de vista. Sempre que você se vê dizendo "sim ou não", os Heaths argumentam: é uma boa ideia se afastar e encontrar mais opções. Talvez a pergunta não seja terminar ou não com Sue; seja encontrar um novo jeito de melhorar seu relacionamento.

SEU DEMÔNIO

O processo racional parece muito seguro. Infelizmente, quando se trata de tomar grandes decisões de comprometimentos na vida ele também é insuficiente. O primeiro problema é o descrito no início deste capítulo. Você pode não ter dados sobre o que seu eu transformado desejará, então não consegue pensar racionalmente apenas reunindo evidências.

O segundo problema é que, quando você toma uma decisão sobre um grande comprometimento, está tomando uma decisão sobre o principal propósito moral e sobre o significado da sua vida.

A lógica não ajuda muito com essas grandes questões. Ela é muito boa quando o fim de uma decisão é claro, quando o jogo tem regras definidas. Ao comprar uma torradeira, você quer uma máquina que aqueça o pão. Mas as decisões de comprometimento não são assim. Ao se comprometer, definir o propósito da sua vida é a maior parte do problema. Isso é uma questão do horizonte final. A pergunta "Qual é o meu bem supremo?" é diferente de "Como posso vencer no Banco Imobiliário?".

Se você procurar gurus conselheiros de carreira para encontrar sua vocação, a pergunta que muitos colocarão no centro de sua busca é "Qual é o meu talento?" Uma das principais preocupações no mundo do aconselhamento profissional é ajudar as pessoas a identificar seus pontos fortes e descobrir como explorá-los. Uma das implicações aqui é que, ao selecionar uma carreira, o talento deve ser o interesse principal. Se você já estiver muito interessado em artes, mas não for realmente bom nisso, acabará em algum emprego chato de design para uma empresa que não importa para você e no pior cargo da sua profissão. Ao fazer uma escolha vocacional, pergunte: "Qual é o meu talento?"

Tudo bem se você estiver disposto a aceitar algo insuficiente como uma carreira. Mas, se estiver tentando descobrir sua vocação, a pergunta certa não é: "No que eu sou bom?" São as mais difíceis: "O que estou motivado a fazer? Que atividade amo tanto que continuarei melhorando pelas próximas décadas? O que desejo tanto que é capaz de capturar as partes mais profundas do meu ser?" Ao escolher uma vocação, é extremamente errado dizer que o talento deve ser o principal interesse. O interesse multiplica o talento e, na maioria dos casos, é mais importante do que o talento. O terreno crucial a ser explorado em qualquer busca por vocação é o de sua alma e do seu coração, sua motivação em longo prazo. O conhecimento é abundante; a motivação é escassa.

Robert Greene aborda a verdade central em seu livro *Maestria*: "Seu comprometimento emocional ao que faz será traduzido diretamente em seu trabalho. Se você trabalhar com metade do seu coração, isso aparecerá nos resultados medíocres e no modo lento com que alcança o final."

Os gregos tinham um conceito, mais tarde empregado por Goethe, chamado demônio. Um demônio é um chamado, uma obsessão, uma fonte de energia duradoura e, às vezes, maníaca. Os demônios são aglomerados misteriosos de energia nas profundezas do inconsciente que foram carregadas por algum evento misterioso da infância que não compreendemos perfeitamente — ou por alguma outra experiência de trauma, um grande amor, alegria ou anseio que passamos o resto da vida tentando recuperar. O demônio se identifica como um interesse obsessivo, um sentimento de estar em casa em um tipo de lugar, de fazer uma certa atividade — de ficar na frente de uma sala de aula, ajudar uma pessoa doente a sair da cama, oferecer hospitalidade em um hotel.

Quando vemos um indivíduo no auge de seu poder, é porque ele entrou em contato com seu demônio, aquela ferida, aquele anseio, aquela tensão central insolúvel. Isso é muito óbvio em escritores e estudiosos. Geralmente há alguma questão central que os deixa obcecados e eles passam a vida toda pesquisando sobre ela. Por exemplo, W. Thomas Boyce é um estudioso eminente da psiquiatria infantil. É muito famoso por sua teoria da orquídea e do dente-de-leão. Algumas crianças são altamente reativas (orquídeas) e disparam a alturas extraordinárias ou afundam em profundezas, dependendo de seus contextos. Outras são menos reativas (dentes-de-leão); mesmo circunstâncias ruins não as derrubam.

Esse interesse acadêmico não foi um acidente, escreve ele em seu livro *The Orchid and the Dandelion* ["A Orquídea e o Dente-de-leão", em tradução livre]. Ele tinha uma irmã chamada Mary; ela era brilhante, linda e carismática. Quando criança, sempre fazia coisas audaciosas. Uma vez, na hora do cochilo, ela conseguiu, de maneira hilária, enfiar uma caixinha inteira de passas uma a uma no nariz. (Isso resultou em uma visita ao médico.) Mas enquanto crescia os efeitos de sua infância conturbada começaram a ficar mais óbvios. Ela conseguiu se formar em Stanford e fez pós-graduação em Harvard, mas seus problemas de saúde mental ficaram cada vez mais graves e ela acabou tirando a própria vida um pouco antes de seu 53° aniversário. Boyce passou a vida preocupado com a irmã, obcecado por esse contraste: dois filhos, mesma família, mesmo contexto. Um alta e tragicamente reativo e o outro não. É esse centro emocional intenso que motiva boa parte de seu trabalho.

Quando vemos uma cidade em meio a uma renascença artística, como na Florença dos séculos XV e XVI, é porque as pessoas estão assombradas por algum conflito intenso de valores nas profundezas de sua cultura, e elas lutam — muitas vezes inutilmente — para resolver a tensão. No caso do Renascimento italiano, o conflito entre o sistema moral clássico e o cristão provocou uma energia intensa. De milhares de formas diferentes, os florentinos tentaram nivelar aquele desnível.

Quando uma pessoa ou uma comunidade entra em contato com seu demônio particular, quando enfrenta uma tensão insolúvel, a criatividade pode ser incrível, como um tipo de explosão nuclear. Quando uma pessoa ou cultura está fora de seu demônio, então tudo se torna banal e sentimental. Uma pessoa ou cultura que perdeu o contato com seu demônio perdeu o contato com a vida. Basta observar a arte florentina apenas um século mais tarde.

O GRANDE MATAGAL

Quando procuramos uma vocação, procuramos um demônio. Tentamos encenar a mesma queda que é o tema central deste livro — a queda pelos desejos egocêntricos e o mergulho no substrato em que nossos desejos são misteriosamente formados. Tentamos encontrar aquela tensão ou problema que desperta grandes ondas de energia moral, espiritual e relacional. Isso significa que procuramos em regiões inconscientes do coração e da alma que a razão não consegue penetrar. Tentamos tocar algo no Grande Matagal, aquela floresta bagunçada que fica além da consciência.

Por um cálculo, a mente consegue receber 11 milhões de informações por segundo, das quais a mente fica consciente de 40. O restante fica no Grande Matagal. Como diz Timothy Wilson, da Universidade da Virgínia, a consciência é como uma bola de neve em cima de um iceberg. Ou seja, grande parte do que nos guia não é um raciocínio consciente, mas nosso reino inconsciente. Matthew Arnold, sem a vantagem da ciência cognitiva moderna, exemplifica de uma forma melhor:

> *Abaixo do fluxo superficial, raso e leve*
> *Do que dizemos sentir — abaixo do fluxo,*
> *Tão leve, do que* achamos *que sentimos — lá flui*
> *Com uma corrente silenciosa e forte, obscura e profunda,*
> *O fluxo central do que realmente sentimos.*

Quando criamos um filho, notamos que seus demônios estão acordados boa parte do tempo. Eles têm acesso direto a esses reinos profundos. A consciência moral é nossa primeira consciência. Mas como adultos temos uma tendência a encobrir o substrato, perder o contato com o demônio e deixá-lo adormecer. Às vezes fazemos isso ao sermos excessivamente analíticos em relação a tudo. Eu cresci adorando filmes. No segundo ano da faculdade, assistia a um filme clássico quase todas as noites. Depois, como adulto, me tornei crítico. Sentava no cinema com meu notebook em mãos. Eu não estava mais assistindo a um filme, eu o analisava. O notebook passou a ser um muro entre mim e a história que eu deveria experienciar. Havia perdido a habilidade de diferenciar o que eu gostava do que não gostava. Por ser tão crítico, perdi a habilidade de ter uma resposta autêntica.

Às vezes perdemos o contato com o demônio adotando uma visão excessivamente econômica da vida. É um fenômeno interessante quando vemos a vida de modo exclusivamente econômico, que tende a substituir a visão moral. Por exemplo, alguns anos atrás, as creches em Haifa, Israel, perceberam que tinham um problema. Os pais chegavam tarde para buscar os filhos, então os professores tinham que ficar uma hora a mais até que as crianças tivessem ido embora. Para lidar com o problema, elas começaram a impor multas para pais que chegavam atrasados. O plano saiu pela culatra. A quantidade de pais que chegavam atrasados dobrou. Antes, pegar os filhos na hora certa era um ato de consideração pelos professores — uma responsabilidade moral. Depois se tornou uma transação econômica; você realiza o serviço de cuidar do meu filho e eu pago por isso. Antes as pessoas pensavam em termos de certo e errado, sendo atenciosas ou não. Depois entrou em jogo um cálculo de custo-benefício. O que é melhor para mim? As pessoas que passam a vida pensando exclusivamente em termos econômicos tendem a encobrir seu acesso ao Grande Matagal e aos demônios que lá estão. Tudo o que for materialístico é considerado real e tudo o que não for, não existe.

Às vezes é a totalidade da vida burguesa que oculta as regiões mais profundas. Vivemos, fazendo coisas banais como compras e nos deslocando até o trabalho, e uma película de pensamentos mortos e emoções clichês encobre tudo. Finalmente, você se acostuma com a proteção que construiu em torno de si e se sente mais seguro levando uma vida insossa do que uma vida ardente. O resultado não é bonito, e é melhor descrito pela famosa passagem de C. S. Lewis:

> Não existe um investimento seguro. Amar é ser vulnerável. Ame qualquer coisa e seu coração irá certamente ser espremido e possivelmente partido. Se quiser ter a certeza de mantê-lo intacto, não deve dá-lo a ninguém, nem mesmo a um animal. Envolva-o cuidadosamente em passatempos e pequenos confortos, evite todos os envolvimentos, feche-o com segurança no esquife ou no caixão do seu egoísmo. Mas nesse esquife — seguro, sombrio, imóvel, sufocante — ele irá mudar. Não será quebrado, mas vai tornar-se inquebrável, impenetrável, irredimível. A alternativa para a tragédia, ou pelo menos para o risco da tragédia, é a danação. O único lugar fora do céu onde você pode manter-se perfeitamente seguro contra todos os perigos e perturbações do amor é o inferno.

Ninguém toma uma decisão consciente de sepultar o coração e anestesiar o demônio; isso apenas acontece depois de algumas décadas de uma vida prudente e profissional. Por fim, as pessoas se tornam estranhas de seus próprios desejos. José Ortega y Gasset acreditava que a maioria das pessoas se dedicava a evitar esse eu genuíno, a silenciar o demônio e a se recusar a ouvi-lo. Enterramos os fracos estalidos de nosso fogo interno sob outros barulhos mais seguros e nos acomodamos a uma vida falsa.

REDESPERTANDO A ALMA

Se você realmente quiser tomar uma decisão sábia sobre vocação, precisa levar um tipo de vida que mantenha seu coração e sua alma acordados todos os dias. Há algumas atividades que encobrem o coração e a alma — aquelas analíticas e econômicas demais, prudentemente profissionais e confortavelmente burguesas. Há algumas que despertam o coração e envolvem a alma — música, teatro, arte, amizade, estar próximo de crianças, da beleza e, paradoxalmente, da injustiça. As pessoas que tomam as decisões mais sábias sobre vocação são aquelas que vivem suas vidas todos os dias com seus desejos despertos e vivos. Elas saem de escritórios chatos e aceitam empregos onde há problemas. São aquelas que veem seus desejos, os confrontam e entendem o que realmente anseiam.

Às vezes um artista pode despertar o coração e a alma. James Mill criou seu filho John Stuart para ser uma máquina pensante. Aos 2 anos de idade lhe ensinou grego. Entre os 8 e os 12 anos, leu tudo o que havia de Heródoto, Homero e Xenofonte; 6 diálogos de Platão; e Virgílio e Ovídio (em latim), enquanto aprendia física, química, astronomia e matemática. Ele não teve férias. Tudo funcionou maravilhosamente bem — John Stuart Mill era um prodígio surpreendente — até fazer 20 anos e entrar em uma depressão profunda.

Mill percebeu o que o estudo constante de dados e não ficção fizera a ele. Percebeu que "o hábito da análise tem uma tendência a desgastar os sentimentos". Mas então algo o tirou disso. Não era uma epifania, alguma nova explosão de compreensão. Era poesia. A poesia de William Wordsworth: "O que transformou os poemas de Wordsworth em remédio para minha mente foi que expressavam não a mera beleza exterior, mas estados de sentimentos, e do pensamento colorido por sentimentos, sob a agitação da beleza... Deles eu parecia extrair uma fonte de alegria interna, de prazer solidário e criativo que poderia ser compartilhado por todos os seres humanos; que não tinha conexão com a luta ou com a imperfeição, mas que enriqueceria por toda melhoria da condição física ou social da humanidade."

Mill ficou deprimido quando sentiu seus desejos ficarem tépidos. Saiu da depressão quando descobriu a existência de desejos infinitos, que são espirituais e morais, e não desejos mundanos. Dali em diante, ele escreveu, "o cultivo de sentimentos se tornou um dos pontos centrais em minha crença ética e filosófica".

Às vezes é uma simples satisfação que desperta a alma e nos ajuda a encontrar nosso demônio. Pouco depois de Tom Clancy publicar *A Caçada ao Outubro Vermelho*, fui convidado para jantar com ele. Clancy tinha acabado de voltar de um período em um encouraçado, cortesia da Marinha dos EUA, onde viu um tipo de sistema de armamento novo. Seu rosto estava radiante; seus olhos brilhavam. Ele passou a primeira metade do jantar descrevendo alegremente o novo sistema, praticamente pulando de alegria em sua cadeira como uma criança, falando de cada detalhe de sua tecnologia, o que para mim era algo monótono. Eu me lembro de pensar: Ah, então é isso que precisa ser feito. Não se pode escrever best-sellers militares a não ser que sinta genuinamente que o que você escreve é a coisa mais legal do mundo. Não funciona a não ser que o entusiasmo infantil flua genuinamente do seu coração. Não dá para fingir.

Às vezes vemos alguém que realmente admiramos e isso desperta um intenso desejo de ser exatamente do mesmo jeito. No livro *Composing a Life* ["Compondo uma Vida", em tradução livre], Mary Catherine Bateson descreve uma mulher chamada Joan que estudava para ser professora de ginástica. Ela gostava de dançar, mas nunca se viu como dançarina por ser robusta, enquanto dançarinas eram miúdas. Então uma professora de dança chegou em sua escola, tão robusta e alta quanto Joan, mas leve em seus passos. "Eu a observei se mover e pensei, bem, você não é maior do que ela, talvez tenha tudo de que precisa", Joan lembrou. "Então comecei a realmente levar a sério a minha dança, e depois de um tempo comecei a ser elogiada, o que significava que estava indo bem. Acho que foi mais para o fim do ano quando realmente entendi e disse: Nossa! É isso. É isso que eu sou. Sou uma dançarina. Eu simplesmente soube. E, depois disso, tudo o que eu tinha que fazer era pura felicidade."

Às vezes é a tragédia que nos choca e faz sair dos desejos falsos, ajudando-nos a ver os verdadeiros. Em seu livro, *O Poder do Sentido*, Emily

Esfahani Smith descreve uma mulher chamada Christine que foi criada muito próxima de sua mãe. Um dia, quando era caloura de engenharia da Universidade de Michigan e estava planejando uma carreira, sua mãe morreu atropelada por um caminhão ao atravessar a rua. "Ela foi morta por um idiota. Alguém irresponsável e estúpido", disse Christine. "Eu me senti sem esperanças; nada fazia sentido. Ela não estava mais aqui. Como? E eu estou dividida entre essa raiva e essa parte de mim que quer deixar isso para trás e viver a vida. Seguir em frente... eu odeio tanto as pessoas. Ao mesmo tempo, é preciso viver a vida."

Finalmente, Christine abandonou a engenharia e se tornou chef confeiteira. "Depois de um evento como aquele, você pensa na vida, em quem você é e no que quer fazer. Noventa e cinco por cento das decisões que tomo agora são influenciados pelo fato de ela ter morrido. Então, sim, confeitaria."

Às vezes é um problema que queima na sua consciência. Se você trabalha em um escritório normal com algum tipo de trabalho organizacional, provavelmente não terá que encarar gigantescos problemas sociais. Mas, se tiver um emprego como professor em uma escola em uma reserva indígena, verá a injustiça cara a cara. Sua alma queimará com um anseio de fazer o que é certo. O curso da sua vida ficará claro.

Eu conheço um homem chamado Fred Wertheimer que passou a vida tentando reformular o modo como as campanhas políticas são financiadas. Fred odeia como o dinheiro corrompe a política, mas ama seu problema. Todos os dias recebo e-mails em massa dele, ligados a alguma notícia sobre a reforma de financiamento de campanha. Eu quero cancelar minha inscrição de sua lista de e-mails, porque eles estão entupindo minha caixa de entrada, mas não quero que ele fique chateado, pois dizer a ele que não me preocupo tanto assim com esse problema seria o mesmo que dizer que não me preocupo tanto assim com seu filho.

"Nossa mente deve ser uma mente investigadora", escreve Thomas Bernhard sobre uma pessoa que procura um chamado. "Uma mente que procure erros, os erros da humanidade, uma mente que procure falhas."

Com o tempo, um comprometimento com a abordagem de um problema normalmente encobre o amor pela atividade que levou alguém a atacar o problema em primeiro lugar. Por exemplo, chega um tempo em muitas carreiras em que a pessoa encara uma escolha entre ajudar muito um pequeno número de pessoas ou ajudar um pouco um grande número de pessoas. Uma mulher pode ter seguido o caminho da educação porque ama ensinar. Mas no meio do caminho de sua carreira perguntam a ela se está disposta a ser diretora ou administradora, um cargo que a tiraria de sua querida sala de aula e envolveria muitas tarefas administrativas e de pessoal chatas e difíceis que ela não ama.

Algumas pessoas recusam essa "promoção". Decidem que preferem ser trabalhadores de linha a gerentes, professores a diretores, escritores a editores. O que outras pessoas chamam de "impacto" ou trabalhar "em escala" é superestimado. Mas na maioria dos casos que presenciei as pessoas aceitam a promoção. Seu novo emprego como diretor (ou editor, ou gerente, ou o que quer que seja) será muito menos divertido, mas muito mais recompensador. Elas entram em sua vocação pelo prazer estético imediato de alguma atividade, mas com o tempo percebem que são mais realizadas quando são um instrumento para servir a uma instituição que ajuda a abordar um problema. Elas encontram sua vocação.

Nesse ponto, surge uma sensação de certeza. Quando isso acontece, você não pergunta: "O que eu deveria fazer com a minha vida?" Um dia você acorda e percebe que a pergunta desapareceu.

MOMENTOS DE OBRIGAÇÃO

O melhor conselho que ouvi para pessoas em busca de uma vocação é dizer sim a tudo. Diga sim a toda oportunidade que aparecer, porque você nunca sabe para onde ela o levará. Tenha propensão para a ação. Pense em si mesmo como um peixe querendo ser fisgado. Saia à caça de anzóis.

Perguntas simples o ajudam a identificar seu contentamento. Sobre o que você gosta de falar? Se for sobre motocicletas, talvez você se dê bem com mecânica. Quando se sentiu mais necessário? Se foi protegendo seu país como um soldado, talvez sua vocação seja como policial. Que problemas você está disposto a tolerar? Se estiver disposto a tolerar o sofrimento da rejeição, você deve amar teatro o suficiente para seguir carreira de ator. Ou tem a pergunta de Casey Gerald: o que você faria se não tivesse medo? O medo é um ótimo sistema de GPS; ele diz onde estão seus verdadeiros desejos, mesmo que estejam do outro lado da desaprovação social.

Eu tenho um amigo chamado Fred Swaniker que nasceu em Gana em 1976, filho de um advogado e magistrado, e que viveu em quatro países africanos quando criança. Seu pai morreu quando ele era adolescente, e sua mãe abriu uma escola em Botsuana, começando com apenas cinco alunos. Ela nomeou seu filho como diretor.

Depois do ensino médio, Swaniker ganhou uma bolsa de estudos para frequentar a Macalester College em Minnesota. Então conseguiu um emprego na McKinsey e formou-se pela Stanford Business School. Durante todo esse tempo, foi assombrado pelo fato de que recebera essas oportunidades enquanto centenas de milhares de jovens africanos como ele nunca as teriam.

Ele pensou em voltar à África e abrir uma rede de clínicas de saúde. Mas em um momento crucial de sua vida chegou à conclusão de que o maior impedimento do progresso na África era a falta de uma classe de líderes bem-formados. Então angariou fundos com amigos no Vale do Silício e voltou à África do Sul para lançar a African Leadership Academy, com o objetivo de treinar 6 mil líderes em um período de 50 anos. Agora, a ALA pega a maioria dos alunos talentosos de todo o continente, oferece a eles educação gratuita e os envia para universidades estrangeiras sob a condição de que prometam voltar à África para seguirem suas vidas.

Em 2006, Swaniker foi indicado para receber uma bolsa da Echoing Green, que na época era dada anualmente a 16 dos empreendedores sociais mais promissores do mundo. Durante o processo de entrevistas, pediram a Swaniker que descrevesse seu "momento de obrigação", o momento em que percebeu que deveria pedir demissão de seu emprego e ir atrás de seu chamado. Como escreveu mais tarde para a Medium: "Essa pergunta me ajudou a concretizar a razão de eu ter vindo ao mundo."

Swaniker acredita que somos definidos por esses momentos de obrigação, que "geralmente são causados por uma sensação de revolta sobre alguma injustiça, transgressão ou parcialidade vista na sociedade". Mas ele segue argumentando que "você deve ignorar 99% desses momentos de obrigação", não importa o quanto isso o faça se sentir culpado. O mundo é cheio de problemas, mas são pouquíssimos os problemas que você é destinado a abordar.

Ao sentir a atração de um momento como esse, Swaniker aconselha fazer três perguntas:

Primeira: "Esse problema é grande o bastante?" Pessoas que tiveram a sorte de receber uma boa educação, que são saudáveis e tiveram ótimas experiências de trabalho não devem resolver problemas pequenos. Se você nasceu com sorte, deve resolver grandes problemas.

Segunda: "Minha posição é única... para que isso aconteça?" Observe as experiências que teve. Elas o prepararam para essa missão específica?

Terceira: "Eu tenho uma paixão verdadeira por isso?" O problema gera um pensamento obsessivo? Ela o mantém acordado?

Se sua resposta a cada uma dessas perguntas não for um ressonante sim, Swaniker aconselha ignorar a ideia. A vida dele segue sua própria fórmula. Ele foi criado em várias cidades da África, então teve uma perspectiva pan-africana. Foi criado por uma professora e viu sua própria vida ser transformada por uma bolsa de estudos, então estava apto a focar a educação. Ele escolheu um problema audaciosamente grande — educar a nata dos alunos por todo o continente — algo que poderia ocupar uma vida inteira.

Mas o momento realmente impressionante de Swaniker veio mais tarde em sua vida. Ele já havia lançado o ALA, a escola. Havia lançado algo chamado African Leadership Network, uma associação de cerca de 2 mil jovens profissionais promissores de todo o continente. Mas aos 30 anos viu um novo grande problema: a África carecia de universidades. Alguém precisava criar uma Universidade Africana de Liderança, ele pensou, com o objetivo de construir uma rede de 25 novas universidades por todo o continente. Cada campus teria 10 mil alunos. No decorrer de 50 anos elas produziriam 3 milhões de líderes.

Ele encorajou seus amigos a começar a construção de universidades. Nenhum deles quis. Mas ele não desistiu da ideia. Era um grande problema, era algo com o que ele se preocupava muito e que estava unicamente preparado para fazer. Quantas pessoas tinham sido diretoras aos 18 anos e desenvolveram um sistema de alimentação de 5 mil escolas de ensino médio e uma rede de liderança de jovens empreendedores pelo continente? "Ao ligar os pontos, percebi que os últimos 15 anos haviam me preparado com conhecimento especializado, know-how e relacionamentos para realizar uma proeza muito maior. Angariar US$100 milhões foi apenas um 'treino'. Eu precisava angariar US$5 bilhões."

A ALU abriu sua primeira faculdade nas Ilhas Maurício e sua segunda em Ruanda; a terceira abrirá em breve na Nigéria. A ALU recebeu 6 mil candidaturas em seu primeiro dia para 180 vagas. Levará de 25 a 30 anos para construir todas as universidades que Swaniker pensa serem necessárias.

A história de Swaniker é épica, e as instituições que tem construído estão em uma escala muito mais vasta do que a maioria de nós fará. Mas ele ainda é um bom exemplo de alguém que ouviu sua vida, que canalizou seus desejos, que perguntou: "Quais são os problemas à minha volta? Para o que a vida me preparou? Como posso combinar essas duas coisas?"

Sua história ilustra duas características finais da decisão de vocação. Primeiro, não é uma questão de criar um plano de carreira. É perguntar: "O que tocará meu desejo mais profundo? Qual atividade me satisfaz mais completamente?" Segundo, é uma questão de aptidão. Uma decisão de vocação não quer dizer encontrar o maior problema do mundo ou o mais glamouroso. É uma questão de encontrar uma combinação entre uma atividade deliciosa e uma necessidade social. É a mesma jornada interior que vimos antes: o mergulho interior e depois a expansão exterior. Encontre no seu eu esse lugar que é motivado a conectar-se com os outros, aquele ponto em que, como disse notoriamente o romancista Frederick Buechner, sua alegria profunda encontra a fome mais profunda do mundo.

TREZE

Maestria

Depois que William Least Heat-Moon perdeu seu emprego como professor na Universidade de Missouri, ele decidiu tirar uma folga e viajar pelos Estados Unidos usando as pequenas estradas secundárias marcadas em azul nos mapas da Rand McNally. Próximo da cidade de Hat Creek, na Califórnia, ele conheceu um senhor que passeava com seu cachorro.

"Um homem nunca fica sem trabalho se tiver algum valor", refletiu o senhor. "O problema é que às vezes ele não recebe. Eu já tive minha quota de trabalho não remunerado e minha quota de trabalho remunerado. Mas isso não tem nada a ver com trabalho. O trabalho de um homem é fazer o que deve ser feito, e é por isso que ele precisa de uma catástrofe de vez em quando para ver que uma reviravolta não é o fim do mundo, porque um golpe de azar nunca interrompe o trabalho de um bom homem."

Essa é uma distinção útil. Um emprego é um jeito de ganhar a vida, mas o trabalho é um modo específico de ser necessário, de cumprir a responsabilidade que a vida coloca à sua frente. Martin Luther King Jr. aconselhou que seu trabalho deve ter duração — algo no qual você melhora no decorrer da vida. Ele deve ter amplitude — deve tocar muitas outras pessoas. E deve ter altura — deve colocá-lo a serviço de algum ideal e satisfazer o anseio da alma por justiça.

Todos conhecemos pessoas cujo verdadeiro trabalho é a hospitalidade, mas que a praticam em vários tipos diferentes de emprego. O trabalho de Belden Lane é tentar descrever em palavras a transcendência espiritual que às vezes experiencia na natureza. Mas não pode simplesmente dizer às pessoas em jantares que ele é um cara que caminha sem rumo pelas florestas buscando a transcendência. "Meu disfarce pessoal é o de professor universitário", escreve. "É um jeito de parecer responsável enquanto faço coisas muito mais importantes." Como professor, ele parece estar "envolvido com empreendimentos respeitáveis, ligado a categorias aceitáveis. Consigo satisfazer meu empregador, as expectativas da sociedade, assinar cheques". Mas seu verdadeiro trabalho é nas montanhas, perseguido a eternidade que só é vista quando não somos vistos.

CAVANDO A MALDITA COVA

Uma pessoa que encontrou sua vocação foi libertada da ansiedade da incerteza, mas ainda existe a dificuldade do trabalho em si. Todo trabalho vocacional, não importa o quanto ele toque sua alma, envolve aqueles momentos em que você é confrontado pela tarefa trabalhosa. Às vezes, se você quer ser profissional, terá que cavar a maldita cova.

Todo trabalho real tem fases de teste, momentos em que o mundo e o destino jogam pedras no seu caminho. Todo trabalho real exige disciplina. "A menos que um homem tenha o espírito dos ritos, ao ser respeitoso ele vai exaurir a si mesmo, ao ser cuidadoso ele vai se tornar tímido, ao ter coragem ele vai se tornar indisciplinado e, ao ser íntegro, ele vai se tornar intolerante", escreveu Confúcio.

Todo trabalho real requer uma dedicação para envolver-se em uma prática deliberada, a disposição de fazer coisas chatas repetidamente, apenas para dominar uma habilidade. Para aprender a escrever sozinho, Benjamin Franklin pegou os ensaios da principal revista de sua época, *The Spectator*, e os traduziu em poesia. Depois pegou seus poemas e os traduziu de volta à prosa. Então analisou o quanto seu trabalho final era inferior aos ensaios originais da *Spectator*.

Quando estava aprendendo a jogar basquete sozinho, Bill Bradley estabeleceu um cronograma. Três horas e meia de prática todos os dias depois da escola e aos domingos. Oito horas aos sábados. Ele usava caneleiras de 4,5kg para fortalecer os tornozelos. Seu maior ponto fraco era o drible, então colou pedaços de papelão na parte inferior de seus óculos para que não pudesse ver a bola ao driblar. Quando sua família viajou de navio para a Europa, Bradley encontrou dois corredores estreitos embaixo do convés onde podia driblar sua bola com velocidade, hora após hora, todos os dias.

A prática deliberada desacelera o processo de automatização. Ao aprendermos uma habilidade, o cérebro armazena o novo conhecimento nas camadas inconscientes (pense em aprender a andar de bicicleta). Mas ele fica satisfeito com o bom. Se você quiser alcançar o nível de maestria, precisa aprender a habilidade com tanto cuidado para que quando o conhecimento for armazenado ele seja perfeito.

Algumas academias de música ensinam os pianistas a praticar suas peças tão devagar de modo que a melodia não possa ser reconhecida, ou estarão tocando-a rápido demais. Algumas academias de golfe desaceleram seus pupilos para que levem 90 segundos para finalizar uma única tacada (tente algum dia). Martha Graham cobriu os espelhos de seus estúdios de dança com panos. Se os dançarinos quisessem conferir como estavam se saindo, teriam que sentir concentrando-se no movimento de seus próprios corpos.

Quanto mais criativa é a atividade, mais estruturada provavelmente deverá ser a rotina de trabalho. Quando escrevia, Maya Angelou acordava todos os dias às 5h30 e tomava café. Às 6h30 ia a um quarto de hotel que mantinha pago — um quarto modesto com nada além de uma cama, uma mesa, uma bíblia, um dicionário, um baralho e uma garrafa de xerez. Ela chegava às 7h e escrevia todos os dias até 12h30.

John Cheever acordava, colocava seu único terno e descia de elevador até um depósito no porão do seu prédio. Lá ele tirava o terno e sentava apenas de cueca e escrevia até o meio-dia. Depois colocava novamente o terno e subia de escada rolante para almoçar.

Anthony Trollope, um caso extremo, sentava à sua mesa para escrever às 5h30 todas as manhãs. Um empregado levava uma xícara de café a ele no mesmo horário. Ele escrevia 250 palavras a cada 15 minutos durante 2 horas e meia todos os dias. Seu total diário era de exatamente 2.500 palavras, e, se terminasse um romance sem escrever um lote desses, começava imediatamente outro para atingir a marca.

H. A. Dorfman é um dos maiores psicólogos do beisebol. Em sua obra-prima, *The Mental ABC's of Pitching* ["O Bê-a-bá Mental do Arremesso", em tradução livre], Dorfman diz que esse tipo de disciplina estruturada é necessária se você quiser escapar da tirania da mente dispersa. "A autodisciplina é uma forma de liberdade", escreve. "Liberdade da preguiça e da letargia, liberdade das expectativas e das demandas dos outros, liberdade da fraqueza e do medo — e da dúvida."

Dorfman aconselha os arremessadores a adotarem os mesmos rituais pré-jogo em todos os jogos. Andar do vestiário ao mesmo lugar no banco, colocar a garrafa de água no mesmo lugar, alongar-se da mesma maneira. Ele diz aos arremessadores para estruturarem a geografia de seu espaço de trabalho. Há duas localizações no universo de um arremessador — no montinho e fora dele. Quando ele está no montinho, deve pensar apenas em duas coisas: na escolha e na localização do arremesso. Se estiver pensando em outra coisa, deve sair do montinho.

Ele argumenta que a mente está focada quando segue em linha reta. A disciplina é colocar a tarefa em evidência. A personalidade do arremessador não está em evidência. Seu talento e sua ansiedade não estão em evidência. A tarefa está em evidência. O mestre tem a habilidade de se distanciar do que está fazendo. É capaz de ficar tranquilo em relação ao que mais ama.

Se fizer isso por tempo suficiente, começará a entender suas próprias forças e limitações e desenvolverá seu próprio método individual. Depois de alguns anos escrevendo, passei a ver o quanto minha memória é ruim e o quanto é difícil organizar meus pensamentos de maneira sequencial. As ideias me ocorrem em uma ordem aleatória, quando menos espero. Então comecei a carregar comigo pequenos cadernos em meu bolso, nos quais posso fazer anotações. Quando pesquiso uma informação, coleto centenas de páginas de documentos impressos. Se leio um livro, tiro cópias de todas as páginas importantes.

Parece que penso geograficamente. Preciso ver todas as minhas notas e páginas fisicamente dispostas à minha frente se quiser entender o que tenho em mãos. Então inventei um sistema que funciona para mim. Separo todos os meus artigos relevantes em pilhas no carpete do meu escritório ou da minha sala. Cada pilha representa um parágrafo da minha coluna ou do meu livro. A minha coluna no jornal tem apenas 850 palavras, mas pode exigir 14 pilhas no chão. O processo de escrita não é sentar na frente do computador e começar a digitar. É engatinhar pelo carpete posicionando minhas pilhas. Quando acabo, pego cada pilha no chão e coloco na grande mesa em que escrevo e separo as pilhas de parágrafos em pilhas de frases. E, depois de digitar as ideias no computador, jogo a pilha fora e sigo para a próxima. Escrever é realmente uma questão de estrutura e gestão de tráfego. Se você não tem uma boa estrutura, nada mais acontecerá. Para mim, engatinhar pelo chão trabalhando em minhas pilhas é o melhor momento do meu trabalho.

A VOCAÇÃO FAZ A PESSOA

É por meio do trabalho que nos fazemos úteis para nossos colegas. "Não deve haver jeito melhor de amar ao próximo, esteja você escrevendo multas de estacionamento, softwares ou livros, do que simplesmente fazer o seu trabalho. Mas apenas o trabalho habilidoso e competente servirá", disse Tim Keller.

A vocação pode ser uma cura para o egoísmo, pois para fazer bem o seu trabalho você precisa prestar atenção na tarefa em si.

Ela pode ser uma cura para a inquietação. Dominar uma vocação é como cavar um poço. Você faz a mesma coisa todos os dias e gradualmente, pouco a pouco, se aprofunda e melhora. "Em silêncio, com constância, em abstração extrema, deixe que ela se sustente", escreveu Emerson, "acrescente observação à observação, paciente frente à indiferença e à reprovação; e siga seu ritmo, considerando-se feliz o bastante se puder realmente se convencer de que naquele dia pôde observar algo verdadeiramente".

Emerson enfatiza um dos elementos-chave da decisão de comprometimento. No começo ela envolve uma escolha — escolher esta ou aquela vocação. Mas 99,9% das vezes significa escolher algo que já foi escolhido. Assim como tudo o que é escrito é, na verdade, reescrito, todo comprometimento é, na verdade, um recomprometimento. É dizer sim para algo a que você já disse sim.

Mike Beebe cresceu em um barraco de piche, filho de uma mãe adolescente. Formou-se no ensino médio no Arkansas, graduou-se na Arkansas State University e estudou direito na Universidade do Arkansas. Em 1982 foi eleito deputado estadual e em 2007 tornou-se governador. Foi um dos governadores mais populares na história do estado e da nação. Em 2010, os republicanos estavam vencendo os democratas em todo os EUA, mas no Arkansas Beebe ganhou em todos os 75 municípios a caminho da reeleição.

Qual foi seu segredo? Um fator-chave foi ele não ter ambições nacionais. O Arkansas era sua casa e foi onde focou toda sua energia. Um pastor da igreja unitária em Nova York, Galen Guengerich, leu sobre Beebe e tirou conclusões adequadas. Às vezes é certo seguir em frente e tentar algo novo, observou Guengerich,

> mas também precisamos aprender a virtude de ficarmos quietos e permanecermos fiéis, de escolher novamente o que já escolhemos. Em meu ponto de vista, essa é uma das principais razões de irmos à igreja.
>
> Não vamos para fazer um progresso espiritual todas as semanas, embora seja ótimo quando isso acontece. Vamos mais pela consistência — pelo que permanece igual semana a semana: o conforto da liturgia, o consolo da música, a visão tranquilizadora de rostos familiares, a presença duradoura de antigos ritos e símbolos eternos. Vamos para nos lembrar dos valores que nos unem e dos comprometimentos que nos fazem seguir na direção certa. Vamos para escolher novamente o que já escolhemos antes.

Se observarmos pessoas no decorrer de longas carreiras, notamos que elas melhoram em algumas tarefas mentais e pioram em outras. Dizem que o cérebro atinge seu máximo desempenho bem cedo na vida, por volta dos 20 anos. Depois disso, os neurônios morrem, a memória se deteriora. Mas as lições da experiência compensam. Melhoramos muito em reconhecer padrões e podemos tomar decisões com muito menos esforço. O neuropsicólogo Elkhonon Goldberg estuda os padrões do cérebro. Tardiamente em sua carreira, ele escreveu isto sobre suas próprias habilidades: "Algo muito intrigante aconteceu em minha mente que não acontecera no passado. Frequentemente, quando sou confrontado pelo que de fora pareceria ser um problema desafiador, o raciocínio mental extenuante é de certa forma contornado, considerado, como que por mágica, desnecessário. A solução vem sem esforço algum, de maneira ininterrupta, aparentemente sozinha. O que perdi de minha capacidade para trabalho mental pesado com a idade pareço ter ganhado em capacidade de discernimento instantâneo, quase fácil demais."

As pessoas que alcançaram a maestria não veem mais as peças de xadrez individuais; elas veem o todo. Percebem os campos de forças que realmente estão impulsionando a partida. Os músicos falam de ver toda a arquitetura de uma peça musical, não apenas as notas.

TORNANDO-SE O CHEFE

A vida de Bruce Springsteen traça organizadamente o caminho da inexperiência à maestria e ilustra o que acontece com uma pessoa que se entrega à sua vocação. Springsteen teve seu momento de anunciação quando tinha sete anos. Ele assistia ao *The Ed Sullivan Show* quando, de repente, Elvis Presley apareceu. Foi impressionante, como diz Springsteen em suas memórias: "Um novo tipo de homem, um humano moderno, atenuando as fronteiras raciais e de gênero e ... SE DIVERTINDO!... SE DIVERTINDO!... de verdade. O êxtase abençoado, destruidor, transformador e receptivo de uma existência mais livre e solta."

O pequeno Bruce Springsteen olhou Elvis e teve uma sensação visceral de que era aquilo que ele queria ser. "Todos os relacionamentos começam com uma projeção", observa James Hollis. Springsteen arrastou sua mãe até uma loja de instrumentos musicais e, quase sem dinheiro para gastar, alugou uma guitarra. Levou-a para casa, praticou por algumas semanas e rapidamente desistiu. Era difícil demais.

Springsteen cresceu no tipo de casa que parece produzir regularmente sofrimento na infância, uma vida inteira de análise e um sucesso fenomenal. Isto é, ele teve uma mãe amorosa e devotada e um pai frio e distante. Eles eram tão pobres que sua casa estava literalmente desabando. Tinham que carregar água quente da cozinha para a banheira. Quando criança seu apelido era "Blinky" porque tinha um tique nervoso em que piscava centenas de vezes por minuto. Ele foi um adolescente tímido e desajeitado.

Mas então o raio caiu no mesmo lugar. Em 1964, os Beatles apareceram em *The Ed Sullivan Show*. Springsteen sentiu o mesmo chamado que sentira com Elvis, a mesma curiosidade voraz. Foi à loja local de variedades em que tudo era vendido por cinco e dez centavos, seguiu até a pequena seção de discos nos fundos e encontrou o que chamou mais tarde de "o melhor álbum cover de todos os tempos". Tudo o que havia escrito era *Meet the Beatles!* [Conheça os Beatles!] e mostrava apenas quatro rostos com metade deles obscurecidos por uma sombra. "Era exatamente aquilo que eu queria fazer."

Quando falamos sobre esses momentos mais tarde, tendemos a enfatizar as ambições menores e ficamos tímidos ao falar das maiores, pois não queremos parecer pretensiosos. Quando perguntamos aos músicos por que escolheram a música, eles dizem invariavelmente que o fizeram para conquistar mulheres, para serem adorados ou para ganhar dinheiro, mas essas motivações menores geralmente são histórias criadas para ocultar seu fervor pela busca de um ideal superior e poderoso — a necessidade de expressar alguma emoção em si mesmos, explorar alguma experiência.

Um dos melhores conselhos para os jovens é: encontre-se rapidamente. Se você já sabe o que quer fazer, comece. Não adie porque acha que um trabalho ou formação seria uma boa preparação para o que você quer fazer no fim das contas. Simplesmente comece. Springsteen, sem opção de plano B e sem distrações, se encontrou rapidamente.

Ele comprou uma velha guitarra surrada e tentou aprender a tocar sozinho. Cinco meses mais tarde, seus dedos estavam rígidos e cheios de calos. Entrou para uma banda, fez um show em sua própria escola de ensino médio, que foi terrível, e ele foi expulso da banda.

Nessa mesma noite, ele pegou um álbum dos Rolling Stones, ouviu um solo de guitarra do Keith Richards e passou a noite acordado tentando copiá-lo. Springsteen ia todos os finais de semana ao YMCA ou a bailes escolares. Ele não dançava. Só ficava em pé parado em um canto estudando o guitarrista principal. Depois corria para casa sozinho até o quarto e tocava tudo o que tinha ouvido. Como observou Oswald Chambers: "A labuta é o ponto de referência do caráter."

Springsteen entrou em outras bandas, e quando fez 20 anos já havia tocado em todos os locais pequenos possíveis — YMCAs, pizzarias, inaugurações de postos de gasolina, casamentos, bar mitzvás, convenções de bombeiros e no Marlboro Psychiatric Hospital. Lentamente, começou a melhorar. Ele não conhecia ninguém em Asbury Park, Nova Jersey, mas lá havia um bar com algumas caixas. Os músicos podiam se inscrever para ligar seus instrumentos e tocar por meia hora. Springsteen entrou no salão onde ninguém o conhecia e deixou rolar. Como escreveu em sua autobiografia, *Born to Run*: "Eu vi pessoas se sentarem, se aproximarem e começarem a prestar atenção de verdade." O que veio em seguida, recordou, foram "trinta minutos incandescentes de Armagedom de guitarra, e então fui embora". Havia um novo mestre da guitarra na cidade.

Springsteen reuniu os melhores músicos que conseguiu encontrar — outros que também tinham se fechado para outras opções. Eles fizeram uma turnê implacável por Jersey. Foram a Greenwich Village em Nova York, 90 minutos e um mundo inteiro de distância, e foram atingidos pela dura verdade de que a maioria das bandas de lá era melhor do que eles. Há (pelo menos) dois tipos de fracassos. No primeiro você é bom, mas outras pessoas não conseguem compreender o quanto. O livro *Moby Dick*, de Melville, vendeu apenas 2.300 cópias em seus primeiros 18 meses e apenas 5.500 cópias nos primeiros 50 anos. Ele foi atacado brutalmente pelos críticos. Alguns artistas precisam criar o gosto pelo qual serão julgados. No segundo tipo, você fracassa porque não é tão bom quanto pensava que fosse, e as outras pessoas veem isso.

Todos queremos imaginar que nossos fracassos são do primeiro tipo, mas suspeitamos que cerca de 95% sejam do segundo tipo. Um dos testes de caráter no caminho para a maestria envolve o reconhecimento desse fato.

Você pode ser versado sobre o conhecimento de outro homem, mas não pode ser sábio com a sabedoria do outro. As primeiras lutas de Springsteen o ensinaram a prestar atenção às partes chatas do trabalho, pois são as coisas que devem ser feitas para que tudo funcione. Ele passou muito tempo pensando em como montar uma banda. Despediu um empresário. Dispensou um baterista que às vezes era brilhante, mas muito inconsistente. Ele pensou em estruturas de gestão. A banda não seria uma democracia. Era ele quem a comandaria.

Gostamos de pensar que, de todas as pessoas, as estrelas do rock trabalham muito e festejam bastante. Mas o chefe quase nunca vive no mesmo corpo que o festeiro. A maestria exige muita disciplina e geralmente envolve algum tipo de asceticismo. Bruce Springsteen trabalhou em bares durante o início de sua carreira, mas nunca bebeu nada. Cantou a vida inteira sobre fábricas, mas nunca realmente pisou em uma. Suas canções falam de carros, mas quando jovem não sabia dirigir. O rock and roll fala de selvageria e prazer, mas depois de seus shows Springsteen tem um ritual. Ele fica sozinho em seu quarto de hotel — comendo frango frito, batata frita, com um livro, uma TV e uma cama.

Como Springsteen diz: a arte é como um golpe. É projetar uma imagem de estrela do rock, mesmo que você não a viva.

Algumas pessoas alcançam o fluxo socialmente. Elas saem com os amigos para jantar, para uma festa ou para dançar e o constrangimento desaparece. Mas muitos artistas têm problemas em retomar naturalmente suas vidas fora do palco. Eles se sentem isolados dos outros e querem estar conectados de alguma forma. É precisamente a falta de fluxo social e emocional que pode impulsionar a criatividade. Como diz o poeta Christian Wiman: "Um artista está consciente de sempre se destacar na vida, e um dos resultados disso pode ser você começar a sentir mais intensamente o que deixou de sentir: uma certa reserva emocional na sua vida se torna uma fonte de grande poder em seu trabalho."

Em 1972, aos 22 anos, Springsteen finalmente foi descoberto. Seus dois primeiros discos não foram um sucesso comercial, então o destino de sua carreira dependia do terceiro, que acabou sendo *Born to Run*. Springsteen apareceu na capa da revista *Time* e da *Newsweek* na mesma semana quando isso ainda era algo importante.

De repente, ele virou uma estrela. O próximo passo, obviamente, era ir um pouco além, ampliar ainda mais seu interesse. É claro que era isso que a gravadora e todos à sua volta queriam. É a progressão natural. Se você é iniciante, se transforma em uma estrela. Se é uma estrela, se transforma em uma superestrela.

O que veio em seguida foi o momento crucial na ascensão de Springsteen para a maestria. Em vez de ampliar seu alcance para o âmbito nacional, ele o diminuiu para o local. Seu próximo álbum foi um mergulho mais profundo em seu próprio povo, as pessoas nas margens de pequenas cidades da região central de Nova Jersey. Ele reduziu a música para fazê-la refletir os personagens solitários sobre os quais escrevia. Há um momento em muitas carreiras de sucesso em que a perspectiva do sucesso tenta tirá-lo de sua fonte, afastá-lo do demônio que incitou seu trabalho em primeiro lugar. É um ato de pura coragem moral rejeitar as vozes à sua volta e escolher o que já escolheu antes. Parece que você está jogando fora a oportunidade do estrelato, mas na verdade está apenas mantendo o contato com o que o fez chegar lá.

"Era aqui que eu queria me manifestar musicalmente e buscar minhas próprias perguntas e respostas", escreve Springsteen. "Eu não queria sair daqui. Queria ficar. Não queria apagar, escapar, esquecer ou rejeitar. Eu queria entender. Quais eram as forças sociais que mantiveram o controle sobre as vidas dos meus pais? Por que foi tão difícil?"

O paradoxo era o seguinte: Springsteen cresceu na era "Sou Livre para Ser Eu Mesmo". O rock era a expressão clássica desse *éthos*. O próprio Springsteen cantou sobre escapar e fugir em total liberdade. Mas pessoalmente ele nunca caiu nesse conto do vigário. Ele se aprofundou em suas raízes, em suas responsabilidades não escolhidas, e até hoje vive há dez minutos de distância de onde cresceu.

"Senti que havia uma grande diferença entre a liberdade pessoal irrestrita e a liberdade verdadeira. Muitos dos grupos que vieram antes de nós, muitos dos meus heróis, confundiram uma com a outra e isso não acabou bem. Senti que a liberdade pessoal é para a liberdade o mesmo que a masturbação é para o sexo. Não é algo ruim, mas não é a mesma coisa." Springsteen se sentiu responsável pelas pessoas com quem cresceu, das quais poucas foram à faculdade; a maioria ainda enfrentava dificuldades, então ele voltou e fixou-se naquele local.

Algumas décadas mais tarde, eu lhe assisti se apresentar para 65 mil fãs jovens enlouquecidos em Madri. Suas camisetas celebravam todos os locais do centro de Jersey que apareciam nas tradições e músicas de Springsteen — Highway 9, Stone Pony, Greasy Lake. Acabou que ele não precisou sair de lá e ir ao encontro de seus fãs. Se ele construísse um cenário de sua própria casa particular, eles iriam até ele. Isso nos faz apreciar o tremendo poder do particular. Se sua identidade é formada por limites rígidos, se você vem de um local específico, se incorpora uma tradição distinta, se suas preocupações são expressadas por meio de uma paisagem imaginativa específica, terá mais profundidade e definição do que teria se crescesse nas distantes redes do ecletismo, indo de um ponto a outro, provando um estilo e depois outro; sua identidade era formada por comprometimentos leves ou por comprometimento nenhum.

Um dos meus alunos, Jon Endean, me contou sobre um professor universitário que teve na Rice University chamado Michael Emerson. Emerson, de etnia branca, é um sociólogo que lecionava sobre justiça racial. Para demonstrar o poder da identidade, inventou um rótulo para cada aluno na sala: "O Cara de Kentucky", "A Moça dos Picles Fritos" etc. Ele se autointitulou "Um Cara Comum" ou apenas "Comum". Guiou-os por uma série de exercícios para mostrar como os rótulos moldam vidas. Por exemplo, eles criaram perfis de relacionamento online brancos e negros para que pudessem observar as diferenças nas reações das pessoas.

Endean me contou que Comum foi um dos melhores professores que já teve, e que seu trabalho sobre o papel da raça, da religião e da vida urbana é notável em seu campo.

Comum não ensinava apenas sobre justiça racial; toda casa que ele e sua esposa, Joni, compraram era em um bairro negro. Como resultado, cada uma daquelas casas perdeu o valor ao longo do tempo de sua estadia. Comum e Joni também matricularam os filhos em escolas com alunos quase exclusivamente negros. Quando estavam com cinco ou seis anos, eles se identificavam como negros. Para eles a identidade racial não era um tom de pele; era quem todos os seus amigos eram.

O departamento de sociologia da Rice tem um financiamento para pesquisas que é dividido igualmente entre o corpo docente todos os anos. Comum, que já tinha um cargo vitalício, doou seu dinheiro para os pesquisadores juniores, achando que eles precisariam de mais para conseguirem o cargo vitalício. Por fim, deixou seu cargo na Rice e foi trabalhar na North Park University em Chicago. Ele trocou um emprego de prestígio em uma instituição de renome por um emprego em uma instituição obscura porque achou que os alunos da North Park poderiam ser atendidos de maneiras diferentes dos alunos da Rice.

Endean me contou sobre Comum há muitos anos, mas isso ficou em minha cabeça, uma visão de uma pessoa que encontrou um comprometimento total e um exemplo do modo como a vocação, quando vivida ao máximo, conecta tudo, reúne tudo em um pacote coerente, encobre o eu e serve a um bem central.

PARTE III
Casamento

QUATORZE

O Casamento Supremo

JACK GILBERT NASCEU EM PITTSBURGH EM 1925. ELE FOI REPROVADO NO ensino médio, teve empregos de trabalho braçal e vagabundeou pela Europa antes de se estabelecer como poeta e professor. Muito do que escreveu foi sobre amor, e especialmente sobre seu amor por sua esposa Michiko Nogami, 21 anos mais nova que ele. Michiko morreu de câncer aos 36 anos. Logo depois de sua morte ele escreveu um poema chamado "Casados":

> *Eu voltei do funeral e fiquei revirando*
> *o apartamento todo, chorando alto,*
> *procurando por fios de cabelo da minha mulher.*
> *Por dois meses eu os tirei do ralo,*
> *do aspirador de pó, do chão sob a geladeira,*
> *e de roupas guardadas no armário.*
> *Mas depois que outras japonesas vieram,*
> *não havia mais como eu ter certeza de quais eram*
> *os dela, e eu parei. Um ano mais tarde,*
> *replantando o abacate de Michiko, eu encontrei*
> *um longo fio de cabelo negro misturado à terra.*

Eu começo um capítulo sobre casamento com um poema sobre morte porque o casamento contraria a narrativa corrente e às vezes é sentido com mais força depois que acaba. Um casamento bonito não é dramático. É difícil de retratar em romances e canções porque os atos que o definem são muito pequenos, constantes e particulares. Casamento é saber que ela gosta de chegar cedo no aeroporto. É tirar um tempo para arrumar a cama mesmo sabendo que, se não o fizesse, ela provavelmente o faria. No geral, casamento significa oferecer amor, respeito e segurança, mas no dia a dia existem infinitos pequenos gestos de tato e consideração em que você mostra que compreende os humores dela, valoriza sua presença e que essa outra pessoa é o centro do seu mundo. No fim do dia há o esforço brutal e angustiante de entregar o ego ao altar do casamento, desistir de parte de si mesmo, dos desejos que você tem, pelo bem da união maior.

O casamento tem altos e baixos. Tem piadas internas, o recontar das histórias sobre os lugares sagrados em que o amor nasceu, escutar relatos familiares em jantares e, inevitavelmente, o planejamento sem fim.

Aquela passagem de Coríntios que todos leem em casamentos realmente define o amor marital: "O amor é paciente, o amor é bondoso. Não inveja, não se vangloria, não se orgulha. Não maltrata, não procura seus interesses, não se ira facilmente, não guarda rancor. O amor não se alegra com a injustiça, mas se alegra com a verdade. Tudo sofre, tudo crê, tudo espera, tudo suporta."

A decisão mais importante que você tomará na vida é com quem casar. O casamento dá cor à vida e a tudo que há nela. George Washington teve uma vida muito interessante, mas ainda assim concluiu: "Sempre considerei o casamento como o evento mais interessante da vida de uma pessoa, a base da felicidade ou do sofrimento."

Eu tenho um amigo que se casou com uma mulher linda e talentosa quase com a mesma idade dele. Sete anos mais tarde, depois de uma época de problemas de infertilidade, tiveram uma filha, mas algo deu errado na sala de parto. Sua esposa teve uma embolia amniótica e perdeu uma quantidade enorme de sangue. No auge da crise, os médicos disseram que ela poderia morrer — é o que ocorre com 50% a 80% das mães com essa condição. Se ela sobrevivesse, seria extremamente provável que tivesse danos cerebrais graves e permanentes. Meu amigo ficou sentado na sala de espera tentando aceitar o fato de que poderia passar o resto de sua vida cuidando de uma mulher que não mais o reconheceria. "É aí que você percebe com o que se comprometeu na hora dos votos de casamento", disse ele alguns anos após o ocorrido, sentado ao lado da esposa e da filha depois de se recuperarem milagrosamente.

O casamento chega como uma revolução. Ter vivido como um e de repente virar dois — isso é uma invasão. Mas ainda assim existe um prêmio. Pessoas em casamentos longos e felizes ganharam na loteria da vida. São pessoas felizes, abençoadas. E esse é o sonho da união marital que nos atrai. "O que de melhor existe para duas almas humanas", escreveu George Eliot em *O Triste Noivado de Adam Bede*, "do que sentirem-se unidas pelo resto da vida — fortalecer uma à outra em todo o trabalho, confortar uma à outra em todo pesar, pregar uma à outra em toda a dor, estar uma com a outra em memórias silenciosas inexprimíveis no momento do último adeus?"

A paixão tem seu ápice entre os jovens, mas o casamento tem seu auge na velhice. O que realmente define um casamento feliz é a integralidade de um casal que está junto há décadas. Gabriel García Márquez capturou isso ao descrever um casal idoso em *O Amor nos Tempos do Cólera*:

> Acabaram por se conhecer tanto que antes dos trinta anos de casados eram como um mesmo ser dividido, e se sentiam pouco à vontade com a frequência com que adivinhavam sem querer o pensamento um do outro... Era o tempo em que eles se amavam melhor, sem pressa ou excesso, quando ambos estavam mais conscientes e gratos pelas suas incríveis vitórias sobre a adversidade. A vida iria apresentar-lhes outros desafios mortais, com certeza, mas isso já não importava: eles estavam na outra margem.

Todos já conhecemos casais assim, que acabaram com uma aparência igual e a sorrir da mesma forma. Eu conheço um casal, Jim e Deb Fallows, que é famoso em nosso círculo por ter o casamento mais feliz. Eles irradiam uma única sabedoria e uma bondade sincera. Um dia um outro escritor almoçou com eles, viu como era um casamento alegre e imediatamente decidiu pedir sua namorada em casamento.

Em seu livro *The Good Marriage* ["O Bom Casamento", em tradução livre], Judith Wallerstein e Sandra Blakeslee estimam que em cerca de 15% dos casamentos a paixão nunca diminui. Elas dizem que as mulheres nesses casamentos tendem a vir de famílias em que o pai era mais cuidadoso e a mãe era, de certa forma, fria. As mulheres transferiram sua idealização do pai ao marido. Os homens nesses casamentos muitas vezes tiveram infâncias solitárias e sofreram perdas. "Esses homens chegam à vida adulta com necessidades intensas e muito adiadas de amor e proximidade."

Um dos casais que elas estudaram foi Matt e Sara Turner. "Sempre pareceu mágico e continua parecendo 32 anos depois", disse Sara. "Ambos sentimos a magia na primeira hora em que nos conhecemos. Falamos sobre isso na época e continuamos falando sobre isso hoje."

Outro casal foi Fred e Marie Fellini. "Eu estava tentando pensar na pior briga que já tivemos", disse Fred, "e não consigo me lembrar dela. Mas nós brigamos. Só não consigo me lembrar sobre o quê. Um de nós se irritava com o outro e depois esquecia. Nada disso importa agora."

Esse é o casamento supremo. O casamento é um compromisso de muitas décadas. São duas pessoas que se transformaram em apenas uma.

O ATAQUE AO CASAMENTO SUPREMO

Quando vemos escritos contemporâneos sobre o casamento, vemos um esforço geral de fazê-lo voltar ao tamanho reduzido manejável (e supostamente mais realista). A paixão é temporária, reza o pensamento atual, então não confie nela. Uma alma gêmea é uma ilusão; não pense que encontrará seu Verdadeiro Amor. Alain de Botton escreveu um ensaio eloquente e popular para o *New York Times* chamado "Why You Will Marry the Wrong Person" [Por que Você Se Casará com a Pessoa Errada, em tradução livre], em que subestima a ideia de que devemos encontrar a pessoa que nos levará em uma viagem de tapete mágico. "Precisamos trocar a visão romântica por uma consciência trágica (com toques de comédia) de que todo ser humano nos deixará frustrado, com raiva, incomodado, irado e desapontado... Não existe um fim para nossa sensação de vazio e incompletude."

Muitos livros modernos adotam o tema realista/antirromântico. Laura Kipnis escreveu *Contra o Amor: Uma polêmica*. Em 2013, Pascal Bruckner escreveu o provocador *Fracassou o Casamento por Amor?* Em 2008, Lori Gottlieb escreveu uma peça muito discutida para a revista *The Atlantic* que se transformou no livro *Marry Him!: The case for settling for Mr. Good Enough* ["Case-se com Ele!: O Motivo para Se Contentar com o Sr. Bom o Bastante", em tradução livre]. Não se preocupe com a paixão e a conexão profunda, aconselha. "Com base em minhas observações, de fato, contentar-se provavelmente a fará mais feliz no longo prazo, já que muitas daquelas que casam com grandes expectativas ficam mais desiludidas com o passar dos anos."

O ataque ao casamento supremo vem de três direções. Primeiro, em uma cultura na qual o divórcio é comum e os efeitos muitas vezes são severos, muitas pessoas adotam uma atitude de proteção em primeiro lugar. Não apostar todas as fichas no casamento. Não tentar conquistar o impossível; apenas construir algo adequado que não desmorone. Muitas pessoas que já sofreram por causa do divórcio priorizam a autoproteção em detrimento da total vulnerabilidade.

Em segundo lugar, muitas pessoas se veem em casamentos que não são ideais e acolhem uma definição de casamento que as permite aceitá-lo. Nas palavras de Wallerstein e Blakeslee, elas estão em um "casamento companheiro". O casal se dá bem. Cria os filhos junto. Mas a paixão desapareceu. Eles podem ou não fazer sexo, e se fizerem é raramente. Trabalhar e criar os filhos se transformam nas partes mais importantes das vidas do casal, e o casamento fica em terceiro, quarto ou quinto lugar. Um dos meus amigos estudiosos observou em um almoço recentemente: "Eu não conheço muitos casamentos felizes. Conheço muitos casamentos em que os pais amam seus filhos." Nesses casamentos, você aprende a viver em um acordo que realmente não ocupa seu interesse nem gasta sua energia.

Algumas pessoas preferem esse tipo de casamento com pouco drama. Wallerstein e Blakeslee citam uma mulher que relatou: "Eu acho que o bom era que o relacionamento não precisava sugar toda a energia da minha vida — o que ocorreu em todos os meus relacionamentos anteriores. Eu tinha mais tempo livre com meus amigos e me divertia mais."

Terceiro, a cultura do individualismo subestima a definição máxima de casamento. O sociólogo da Northwestern University Eli Finkel observa que vivemos na cultura em que as necessidades do eu têm prioridade sobre todas as outras. O propósito da vida é a autorrealização, expressar sua própria autonomia e individualidade, escalar a hierarquia de necessidades de Maslow. Como escreve Finkel: "O individualismo expressivo é caracterizado por uma forte crença no quanto o indivíduo é especial; as viagens de autodescoberta são vistas como enobrecedoras." Em uma cultura individualista, o casamento não é uma fusão; é uma aliança. O psicólogo Otto Rank redefiniu o relacionamento como uma conexão social em que *um indivíduo ajuda o outro a se desenvolver e crescer, sem invadir demais a personalidade do outro*".

Desde 1965 mais ou menos, Finkel escreve: "Temos vivido na era do casamento autoexpressivo. Os norte-americanos buscam cada vez mais se casar pela autodescoberta, pela autoestima e pelo crescimento pessoal." Um cônjuge se transforma, nas palavras do famoso psicólogo Carl Roger, em "meu companheiro em nossos caminhos separados, mas interligados de crescimento".

Se a definição máxima de casamento é ser carne da minha carne, então a definição individualista de amor é autonomia com suporte. Se uma visão pactual de casamento é colocar as necessidades do relacionamento acima das necessidades de cada indivíduo, então a visão individualista de casamento coloca as necessidades do indivíduo acima do relacionamento.

Quando era jovem, Polina Aronson se mudou da Rússia para os Estados Unidos e descobriu que havia entrado em um regime romântico baseado na escolha individual. Ela leu as revistas norte-americanas e descobriu que elas celebravam "o escolhedor experiente e soberano que está bem consciente de suas necessidades e atos com base no interesse próprio". Talvez o maior problema desse regime de escolha, ela diz, "venha de sua concepção errônea de maturidade como a autossuficiência absoluta. O apego é infantilizado. O desejo de reconhecimento é tratado como 'carência'. A intimidade nunca deve desafiar os 'limites pessoais'".

As pessoas, em sua maioria, ainda querem se casar. Mas os sociólogos observam que o casamento é visto muito mais comumente como um toque final e não como a fundação. Antigamente as pessoas se casavam e o casamento as moldava em pessoas organizadas e autodisciplinadas que eram capazes de construir uma boa carreira. Agora mais pessoas buscam primeiro se estabilizar e depois se casar. O roteiro social mudou.

EM LOUVOR AO CASAMENTO SUPREMO

Um problema com a visão individualista, como sempre, é que ela prende as pessoas na cela do eu. Se você se casar em busca da autorrealização, sempre se sentirá frustrado, porque o casamento e especialmente a criação dos filhos o afastarão constantemente dos objetivos do eu.

Outro problema com a visão individualista é que ela não nos dá um roteiro para satisfazer os anseios mais profundos. O coração deseja se fundir com outros. Isso só pode ser feito por meio de um ato de rendição conjunta, não pela autonomia conjunta. A alma quer buscar um ideal, correr atrás da alegria. Isso só pode ocorrer pela transcendência do eu a fim de servir o casamento.

Na vida comprometida, um casamento supremo é visto da maneira que o estudioso do mito Joseph Campbell o via, como uma jornada heroica em que o ego é sacrificado pelo bem de um relacionamento. No *éthos* do comprometimento, o casamento é um microcosmo moral da vida, em que cada pessoa escolhe livremente assumir a responsabilidade por outra e tornar-se dependente de outra pessoa para realizar algo maior. Nessa compreensão do casamento, as pessoas não se tornam amorosas por amarem a si mesmas; elas se tornam amorosas por amarem as outras, por fazer votos às outras, por assumir o fardo de outras e cumprir esses votos carregando esse fardo. Toda a dignidade e a gravidade da vida estão nessa rendição.

O casamento supremo é algo no qual você se joga, queimando tudo o que ficar para trás. "Devemos retornar a uma atitude de abandono total", escreve Mike Mason em *O Mistério do Casamento*, "de jogar todo nosso cuidado e defesa natural aos ventos e nos colocar inteiramente nas mãos do amor por um ato de vontade. Em vez de cair de amores, devemos agora marchar até o amor".

As pessoas falam sobre "se acomodar". Mas, na verdade, o casamento é uma revolução esperançosa que duas pessoas executam juntas, sem qualquer ideia do que existe do outro lado. Envolve um conjunto de reformas pessoais extensas, para que você possa se transformar no tipo de pessoa com quem seja possível conviver. É perigoso não estar ciente da natureza de crise do casamento, continua Mason. "Seja ela uma crise saudável, desafiadora e construtiva ou um pesadelo desastroso, isso depende muito do quanto os parceiros estão dispostos a serem mudados."

O CASAMENTO É A EDUCAÇÃO MORAL SUPREMA

Como disse Lord Shaftesbury, o casamento é como um polidor de pedras. Ele coloca duas pessoas juntas e as faz bater uma contra a outra dia após dia para que se desgastem constantemente, em uma série de "colisões amigáveis", até que fiquem brilhantes. Ele cria todas as situações em que você fica mais ou menos compelido a ser uma pessoa menos egoísta do que era antes.

Em *O Significado do Casamento*, Tim e Kathy Keller descrevem como ocorre o processo de melhoria e elevação. Primeiro, você se casa com uma pessoa que parece completamente maravilhosa e praticamente perfeita. Então, depois de um tempo — talvez um ou dois meses, talvez um ou dois anos —, você percebe que a pessoa que você achou tão maravilhosa é, na verdade, imperfeita, egoísta e cheia de falhas. Ao descobrir isso sobre seu companheiro, ele faz a mesma descoberta sobre você.

A tendência natural nessa situação é reconhecer que é claro que você é um pouco egoísta e tem falhas, mas que, na verdade, o principal problema aqui é o egoísmo do seu companheiro. Ambos também chegarão a essa conclusão mais ou menos ao mesmo tempo.

Então chega a bifurcação na estrada. Alguns casais decidirão que não querem todo estresse e conflito que virão, de lidar com as verdades que descobriram um sobre o outro e sobre si mesmos. Eles farão uma trégua, dizem os Kellers. Alguns assuntos não serão comentados. Você concorda em não mencionar alguns defeitos do seu companheiro contanto que ele concorde em não mencionar alguns dos seus. O resultado é um casamento-trégua, que fica em equilíbrio, pelo menos no curto prazo, mas que deteriora gradualmente no longo prazo.

"A alternativa a esse casamento-trégua é estar determinado a ver seu próprio egoísmo como um problema fundamental e tratá-lo mais seriamente do que o do seu companheiro. Por quê? Só você tem acesso total ao seu próprio egoísmo, e só você tem responsabilidade total por ele", escrevem os Kellers. "Se *cada* um dos dois companheiros diz: 'Vou tratar meu egoísmo como o principal problema no casamento', você tem a perspectiva de um casamento realmente ótimo."

Como observa Alain de Botton, antes de se casar você pode viver a ilusão de que é uma pessoa fácil de se conviver. Mas ser casado é se voluntariar para o programa de vigilância mais completo conhecido na humanidade. A pessoa casada é vigiada, mais ou menos, o tempo todo. E pior, a consciência de ser observado o força a se observar. Essa nova autoconsciência o apresenta a si mesmo, a todas as coisas idiotas que você faz, desde deixar os armários abertos até o modo como você é quieto e mal-humorado pela manhã, o modo como evita qualquer conversa difícil ou é passivo-agressivo quando se sente magoado, como se a vida fosse algum jogo elaborado de vitimismo no qual, se você conseguir fazer seu companheiro se sentir culpado por magoá-lo, receberá uma fatia de bolo de cereja no final.

O casamento envolve luta e recuperação, pequenos e grandes atos de traição, e desculpas. "E há o grande problema do casamento", escrevem os Kellers. "A única pessoa do mundo todo que tem seu coração nas mãos, cuja aprovação e confirmação você mais deseja e necessita, é aquela que fica mais magoada pelos seus pecados do que qualquer outra no planeta."

As coisas ficam ainda mais difíceis quando seu companheiro, que o ama tanto, quer ajudá-lo a ser uma pessoa melhor. Ele quer servi-lo. Mas nós não queremos ser servidos! Queremos ser independentes e cuidar de nossas próprias vidas. Quando éramos solteiros ninguém nos dava presentes, pelo menos não o tipo que exigia um reconhecimento humilhante de nossa dependência por outra pessoa. Mas no casamento a grande humilhação é que você precisa da ajuda de outra pessoa.

Dar e receber presentes é o negócio diário do casamento. Para que ele funcione, você precisa conhecer seu companheiro bem o bastante para amá-lo de modo que isso realce a gentileza dele. Um casamento bem-sucedido exige e extrai tipos de amor que não eram nem imaginados pelas pessoas antes do casamento. "Podemos romper as barreiras do casamento para dentro do casamento", escreve o poeta Jack Gilbert. "Só descobrimos o coração desmontando o que ele conhece."

Ótimos casamentos são medidos por quanto os companheiros são capazes de se alegrar com as vitórias um do outro. Também são medidos pela gentileza com que corrigem os vícios um do outro. "Eu não deveria gostar de repreender alguém tão bem; e esse é um ponto a ser considerado em um marido", escreveu George Eliot. Há essa constante luta interna durante uma briga, observa um amigo meu. O ego quer que você diga uma coisa ruim que piore a briga. O coração quer que você diga "eu amo você, meu amor". O ego responde: "Dane-se. Estou com raiva. Diga!" Você precisa decidir.

E é por isso que o casamento funciona melhor quando está em seu máximo. Ele exige quase tudo e oferece quase tudo. Kierkegaard escreveu sobre lutar sob o vitorioso estandarte do amor. "Uso secretamente em meu peito a fita de minha ordem, o colar de rosas do amor. Acredite, suas rosas nunca secam. Mesmo que mudem com os anos, ainda assim não desaparecem; mesmo que a rosa não seja tão vermelha, é porque se transformou em uma rosa branca — ela não desaparece... O que sou através dela, ela é através de mim, e nenhum de nós é nada além de si, mas somos o que somos em união."

O casamento é o tipo de coisa em que é seguro entrar de cabeça e perigoso ficar com o pé atrás. No fim, se bem feito, vemos pessoas aproveitando a alegria contínua mais profunda que se pode encontrar no mundo.

QUINZE

Os Estágios da Intimidade I

O VISLUMBRE

Como dois estranhos chegam ao ponto de querer casar? Bem, eles seguem os estágios da intimidade. Nunca é a mesma coisa em dois casos diferentes, mas podemos observar alguns padrões gerais. Nos próximos capítulos descrevo como os casais passam pelos vários estágios da intimidade. Quero fazer isso não apenas para explicar como o casamento acontece, mas para mostrar como a intimidade se desenvolve.

Tudo começa com um vislumbre. Você olha para uma pessoa — como qualquer outras milhões de olhadelas do dia a dia — mas, dessa vez, inesperadamente, surge uma faísca, uma chama se acende, um interesse é despertado. Um graveto que já estava dentro de você é queimado de modo surpreendente. A pessoa que você observa parece empolgantemente nova, mas ao mesmo tempo familiar. O amor começa pela visão. O amor é uma qualidade da atenção. Em alguns casos, talvez quando o observador é um pouco mais velho, também haja uma premonição em um vislumbre que seja uma mistura de "Pasme! Minha alegria apareceu!" e "Eita. Lá vem problema".

Na maioria das vezes, essa primeira olhada não leva a nada. Mas às vezes leva a muita coisa. Todos conhecemos casais que se conheceram em um bar ou em uma festa. Uma pessoa ouviu uma risada do outro lado do salão. Uma pessoa atrai a outra com um olhar de três segundos, o gesto social mais poderoso de todos. Você encontra o olhar de um estranho, e então o mantém, simplesmente encarando, por três segundos. Depois um sorrisinho. Algum pequeno movimento de reconhecimento mútuo é enviado e recebido.

Nunca sabemos quando o coração se abrirá. Duas décadas atrás, havia uma pianista de concerto vivendo em Houston que estava prestes a ir morar com o noivo em São Francisco. Pouco antes de sua partida, ela pensou que deveria ir ao cabeleireiro. Foi a um salão ao qual nunca tinha ido chamado Études de Paris, entrou e viu um homem cortando o cabelo de alguém. Uma certeza se formou dentro dela.

Ela voltou para o vestiário, fechou a cortina e ligou para sua mãe. "Acabei de ver o homem com quem realmente vou me casar", ela disse. Saiu, teve seu cabelo lavado e acabou sentada diante do homem que notara, cujo nome era David — pronunciado com sotaque francês: *Davide*. Eles conversaram sobre diversos assuntos, e finalmente David perguntou sobre a história dela. Ela mencionou que era pianista e estava prestes a se mudar para morar com seu noivo em São Francisco. "Mas", acrescentou, "não irei se você se casar comigo".

Houve um silêncio.

David olhou para sua tesoura e, como recordou mais tarde: "Nunca me senti mais livre em toda a minha vida." Ele respondeu: "Negócio fechado."

Eles ficaram noivos naquele momento e então passaram a se conhecer, e, finalmente, se casaram.

"É sempre surpreendente como o amor pode surgir", escreve John O'Donohue em seu livro *Beauty* ["Beleza", em tradução livre]. "Nenhum contexto é à prova de amor, nenhuma convenção ou compromisso é impermeável. Até mesmo um estilo de vida perfeitamente isolado, em que a personalidade é controlada, todos os dias são organizados e todas as ações são sequenciais, pode descobrir, para seu próprio desânimo, que uma chama inesperada apareceu; ela começa a arder lentamente até que finalmente fica insaciável. A força de Eros sempre traz tumulto; no terreno escondido do coração humano, Eros dorme um sono leve."

Eu não sei você, mas para mim o vislumbre significativo nunca vem à primeira vista. Normalmente é algo como à milionésima vista. Por alguma razão, eu preciso conhecer alguém bem em circunstâncias não românticas antes que qualquer chama significativa ocorra. Eu conheci uma menina no oitavo ano e nós às vezes saíamos como parte de um mesmo círculo de amigos nos cinco anos seguintes. Então, uma noite, logo antes da formatura de ensino médio, vários de nós estávamos sentados ao redor de uma fogueira. Nós dois trocamos um novo tipo de olhar, a mão dela deslizou pela minha, um pequeno fogo se acendeu. Dentro de três meses ele virou uma tempestade de fogo de um amor adolescente completamente desenvolvido.

O amor começa como um foco de atenção. O oposto do amor não é o ódio; é a indiferença.

CURIOSIDADE

O segundo estágio da intimidade é a curiosidade, o desejo de conhecer. Sua energia está a toda. Sua mente se move em direção a algo. Você espera que essa pessoa seja tão maravilhosa quanto parece ser.

Pense nas facetas da curiosidade: elas são todas comparáveis aos estágios do início da intimidade e do início do amor. Há a *alegria em explorar*, o desejo de aprender mais sobre a pessoa. A *absorção*, ver apenas essa pessoa e mais ninguém que estiver em volta. A *distensão*, a disposição de estar em novas situações se houver oportunidade de estar com essa pessoa. Existe o que os psicólogos chamam de *sensibilidade à privação*, a sensação de vazio de quando você não está com a pessoa.

Há o que os especialistas chamam de *pensamento intrusivo*: você não consegue tirar a pessoa da cabeça. Quando olha uma multidão em uma estação de trem você a vê, quando na verdade é alguém que parece vagamente com ela. Você tem conversas imaginárias com ela enquanto corre — conversas audaciosas, assim como os pensamentos que você tem enquanto se exercita são sempre audaciosos.

Quando está na escola, vocês estudam juntos. Podem até não conversar muito. Você só quer a outra pessoa por perto. Como observa C.

S. Lewis, nesse estágio vocês podem nem estar sexualmente atraídos um pelo outro, estão apenas sobrepujados pela curiosidade: "Um homem nesse estado realmente não tem tempo livre para pensar em sexo. Ele está ocupado demais pensando em uma pessoa. O fato de ela ser uma mulher é muito menos importante do que o fato de ser ela mesma. Ele está cheio de desejo, mas o desejo pode não ter um teor sexual. Se fosse questionado sobre o que quer, a verdadeira resposta provavelmente seria: 'Continuar pensando nela.'"

DIÁLOGO

Você fala. O diálogo é o terceiro estado da intimidade. É a dança da revelação mútua. Quando casais se juntam para um jantar ou um encontro, se comportam da melhor forma, esperando ganhar algo com isso. Enquanto conversam, suas respirações começam a sincronizar, as palavras saem em velocidade similar. Eles estão inconscientemente absorvendo os feromônios um do outro. (O cheiro é um modo surpreendentemente poderoso de conhecimento.) Logo estão sorrindo. As pessoas ficam inconscientemente boas em discernir sorrisos sinceros de sorrisos falsos do tipo "só estou sendo educado". O chamado sorriso de Duchenne envolve a elevação de um músculo da sobrancelha que não podemos controlar conscientemente. Por isso, quando uma pessoa lhe dá um sorriso de Duchenne, você se sente no paraíso. Então estão rindo juntos. Nós pensamos na risada como a maneira de responder a piadas, mas apenas 15% dos comentários que disparam uma risada são engraçados de alguma forma. Em vez disso, a risada é uma linguagem que as pessoas usam para se conectar. É o que borbulha quando alguma incongruência social é resolvida ou quando as pessoas se veem reagindo da mesma forma a uma circunstância emocionalmente positiva. A risada é a recompensa pela compreensão compartilhada.

Nos primeiros estágios do diálogo, os casais buscam similaridade. Quando a intimidade acontece, eles encontram associações que parecem destino. Você não gosta de foie gras? Nem eu! É um milagre! Você acha esses cupcakes de 20 reais ridículos? Eu também! Somos almas gêmeas! Seu refrão delicioso e constante é: você também? Achei que eu era o único! Somos iguais! IGUAIZINHOS!

Uma base essencial para a similaridade está em seu senso de humor; é bom que vocês riam das mesmas coisas. Com o tempo, o diálogo se aprofunda. O casal começa a flertar, fazer piadinhas internas e trocar olhares maliciosos. Então as pessoas começam a compartilhar seus objetivos de vida. Começam a analisar sutilmente a concepção de casamento da outra pessoa e qual é sua opinião sobre filhos. As pessoas começam a procurar vulnerabilidade, o processo de revelação lento e passo a passo. Essa é a parte do esforço inevitável para conseguir conhecer as fragilidades do outro. Mas também é a fase do teste moral. Você quer saber: se eu me revelar, você me protegerá? Se eu proceder com cuidado, você me entenderá e se colocará no meu lugar? Se eu parar, você respeitará minha pausa e esperará por mim? Se eu revelar meus monstros mais assustadores e tenebrosos, você me abraçará? Você revelará os seus? A delicadeza está no centro da moralidade.

Todos já estivemos em restaurantes em que na mesa logo ao lado há um encontro cruel acontecendo. Na maior parte do tempo a mulher está fazendo voleios conversacionais para estabelecer intimidade e similaridade, mas o homem está intencionado a estabelecer dominância. Ele segue em frente com todo seu suposto conhecimento, com as histórias que ele conta em que é seu próprio herói. Os olhos dela perdem o brilho, mas a enxurrada não acaba. Você quer pegar seu garfo e enfiar no pescoço do cara enquanto grita: "Pelo amor de Deus! Faça uma pergunta para ela!"

O maior problema na fase de diálogo é o medo. A intimidade acontece quando alguém compartilha algo emocionalmente significativo, e a outra pessoa a recebe e também compartilha algo. Um medo óbvio é o de que você exponha seu ponto fraco e a outra pessoa o pisoteie e vá embora. Outro medo óbvio é o de você descobrir que não consegue prover o que a outra pessoa busca para o futuro. O medo mais profundo e mais potente é o de que, ao se expor para os outros, você acabará entendendo a si mesmo.

"Aqueles de nós que desejam se orgulhar da autonomia, da vida independente, da liberdade de escolha, geralmente são modestos pelo reconhecimento de que padrões arcaicos ainda agem sobre nós. Quem estará no controle de nossas vidas se nós não estivermos?", escreve James Hollis. Nas camadas mais profundas do nosso inconsciente existem complexos e feridas que nos levam a agir dos mesmos modos autodestrutivos repetidamente. Sua personalidade é a história oculta dos lugares em que o amor entrou na sua vida ou foi retirado dela. É moldado pelo modo como seus pais o amaram e não amaram. Todos nós temos certos padrões de apego armazenados no fundo de nossas mentes. Algumas pessoas provocam uma crise pois têm medo de intimidade. Outras se retiram exatamente no momento em que as coisas estão ficando mais próximas.

Na maior parte do tempo, a dança da revelação mútua é interrompida em um certo nível superficial. Algumas pessoas sentem uma tendência a passar por centenas de relacionamentos que não envolvam intimidade. Elas ainda não se encontraram e não querem. Estão afastadas de suas vidas interiores. "Meus amigos me dizem que tenho problemas de intimidade, mas não me conhecem de verdade", costumava brincar Garry Shandling.

Cerca de um quinto dos adultos em culturas ocidentais têm medo de intimidade, medo de compromisso. Eles esperam que o abandono se efetive e agem de modo a garantir que o que é familiar realmente aconteça. É possível identificar pessoas com medo de intimidade, porque elas desaparecem de repente por algum tempo, bem quando você achava que estavam ficando mais próximos. Elas não gostam das palavras "namorado" ou "namorada", ou qualquer termo que sugira um relacionamento oficial. Tendem a se esconder atrás de um muro de perguntas; voltam a conversa a você para evitar expor qualquer coisa sobre si mesmas. Tendem a expressar opiniões fortes ou piadas obscenas como tática para afastar as pessoas. Elas são sempre positivas, sempre a pessoa alegre a quem todos procuram, mas nunca são vulneráveis.

Mas de vez em quando, para surpresa de todos, o diálogo continua, cada vez mais profundamente. Você continua esperando que ele pare onde todas as outras conversas costumavam parar, mas não, ela ainda está contigo, ele ainda está contigo. Os portões continuam se abrindo, então você segue em frente. A única cura para o medo é a ação direta. E você abre o próximo portão.

ABRINDO PORTÕES

Um diálogo entre duas pessoas toma a forma de uma longa troca de bolas em um jogo de tênis. Um parceiro respira fundo e fornece uma pequena exibição de "gosto disso aqui". Ela compartilha seus filmes favoritos. Ele responde com seus próprios filmes. Ela compartilha as playlists no celular e ele devolve as dele. Ele envia um de seus vídeos preferidos tarde da noite e ela envia outro.

Então começa "esses são os momentos mais importantes da minha vida": as histórias, cada vez mais intensas, da infância à vida adulta, e gradualmente, bravamente, relacionamentos passados e perdas.

Fase a fase, os riscos ficam maiores e mais ousados. O amor é possível apenas se duas pessoas acabarem por revelar o centro de suas existências. Se é para o amor desabrochar, elas precisam chegar em "eu sou louco a esse ponto". Como observa Alain de Botton, todos somos loucos de alguma forma. A questão crucial no fundo de qualquer relacionamento não é: "Será que ele é louco?" É: "Como ele é louco? Quais partes de sua vida foram bloqueadas pelo medo? Como exatamente você se autodestrói? De que modos você nunca foi amado?"

Minha esposa e eu realmente nos conhecemos por e-mail. Os passos da autorrevelação foram tão graduais, o progresso para um observador externo poderia parecer como ver um lago evaporar. Mas cada e-mail sucessivo era cuidadosamente considerado para não levar as coisas longe demais. Eu apertava ENVIAR e esperava apavorado que tivesse ultrapassado a linha proibida. Uma vez enviei um e-mail a ela sobre algum tópico completamente inocente, um pequeno passo em direção ao conhecimento mútuo, e então peguei um voo que atravessava o país sem serviço de Wi-Fi. Eu passei o voo inteiro ansioso pela incerteza, imaginando se o tom tinha sido familiar demais. Eu ainda consigo me lembrar do grande alívio que senti quando aterrissei e descobri que meu voleio fora retornado. Em qualquer namoro, você mostra sua confiabilidade por meio da constância segura do seu avanço.

E com a sensibilidade do seu ouvido. As pessoas são julgadas tanto por sua escuta quanto pelo que dizem, porque quando você pensa que está escutando os outros passivamente, na verdade, está ensinando-os sobre você mesmo.

"Pessoas boas espelharão a bondade em nós, e é por isso que as amamos tanto", escreve Richard Rohr. "Pessoas não tão maduras espelharão sua própria vida não vivida e confusa para nós." Assim, um encontro de mentes nem sempre é gentil. Quando o poeta Ted Hughes conheceu Syvia Plath pela primeira vez, avançou ousadamente para beijá-la no pescoço. Ela se virou e mordeu sua bochecha com tanta força que acabou atravessando a pele. Com isso ela disse: "Eu o entendo. Somos iguais."

Quando você escolher se casar com alguém, é melhor escolher alguém com quem gostará de conversar pelo resto da vida. Nada funciona a não ser que as duas pessoas consigam entrar em um estado de fluxo conversacional fluido. As ligações telefônicas podem durar horas. Podem passar 14 horas juntos e as palavras não param. Tudo pode acabar sendo dito, e todo tópico pode ser discutido. Isso é o que Martin Buber chamou de "relação pura", quando Eu-Isso se transforma em Eu-Tu. É assim que nos sentimos quando somos conhecidos.

DEZESSEIS

Os Estágios da Intimidade II

OLHANDO DE FORA, GEORGE WASHINGTON NÃO ERA UM HOMEM romântico, mas em 1795 escreveu uma carta para a filha de sua enteada observando: "Na composição da estrutura humana há uma boa quantia de matéria inflamável, independentemente do quanto possa estar dormente por um tempo, e... quando a tocha é encostada nela, aquilo que existe internamente de ti deve explodir em chamas."

Isso é combustão. É como quando refratamos a luz em um lenço de papel através de uma lupa. O lenço vai esquentando cada vez mais. Começa a ficar marrom e, de repente, pega fogo. Fica em um estado alterado.

E nesse estado há um beijo. Incrustado nesse beijo há a primeira promessa: eu o protegerei. O próximo estágio da intimidade começou: a combustão. Não estamos com o amor a todo vapor ainda. Estamos no estágio mais radiante e despreocupado da intimidade, a primavera brilhante em que o prazer está no auge sem qualquer uma das apostas urgentes que virão mais tarde.

Agora eles fazem atividades juntos, pedalam, caminham, talvez joguem basquete. As pessoas vão ao cinema em encontros porque a empolgação é piegas e contagiosa. Se o coração começa a palpitar durante um filme de ação ou no romance de *Moulin Rouge*, a energia é transferida para o seu encontro no momento em que vocês saem da sala de projeção. Vocês fazem canoagem juntos e inexplicavelmente se sentem mais próximos.

A essa altura, o casal começa uma vida de questionamentos. Depois de uma festa, um filme ou um jantar, eles se refugiam em um bar ou uma cafeteria e comparam suas reações ao que acabaram de experienciar. Conhecem os pensamentos um do outro de maneira simples e ingênua, como uma criança conhecendo a realidade. Um faz uma observação e o outro concorda e a aprofunda. Há uma sensação de puro alívio em ser capaz de falar tão livremente sem medo de ser mal compreendido. J. B. Priestley observou certa vez que provavelmente não exista uma conversa tão agradável quanto a que ocorre entre duas pessoas que ainda não estão apaixonadas, mas que podem se apaixonar, e estão cientes de que cada uma delas tem certas reservas esperando para serem exploradas.

As pessoas se comportam da melhor forma possível nessa fase. Os parceiros procuram ver como o outro cuida, como pode ser quando tiver filhos. Em *Emílio* de Rousseau, o herói é encantado por uma jovem chamada Sofia. Em um primeiro momento, eles não conversam, apenas se observam um de cada lado da mesa de jantar da família. Seu flerte, escreve Allan Bloom, "é dividido em uma série de estágios em que Emílio, cada vez mais ávido, alterna entre o êxtase da aceitação aparente de Sofia e a agonia de uma aparente rejeição".

Emílio e um amigo visitam a casa de Sofia e sua família de vez em quando. Uma noite são convidados e esperados, mas não aparecem. Primeiro, Sofia fica desolada. Por que Emílio não veio? Talvez esteja morto. Na manhã seguinte, Emílio e seu amigo chegam. Sua angústia se transforma em ira. Não há nada de errado com ele. Ele deu um bolo nela. "Ela preferia não ser amada a ser amada moderadamente. Ela tem esse orgulho nobre baseado no mérito que é consciente de si, estima a si mesmo e quer ser honrado como honra a si mesmo."

Então o jovem conta a ela o que aconteceu. No caminho para visitá-la, encontraram um camponês que havia caído de seu cavalo e quebrado a perna. Em vez de deixá-lo no chão, carregaram-no de volta para casa. A feição de Sofia muda. Ela quer visitar a família para ver o que pode fazer por eles. Quando chegam à casa maltrapilha, ela entra em ação. "Pode-se dizer que ela adivinha tudo o que os incomoda. Essa jovem extremamente delicada não sente repulsa nem pela sujeira, nem pelo cheiro ruim e sabe como fazer ambos desaparecerem sem ordenar a ninguém e sem que o doente seja incomodado." Ela vira o homem e troca suas roupas e curativos sem escrúpulos. "Esposa e marido juntos abençoam a amável jovem que lhes serve, que se compadece deles, que os consola."

A combustão também é a fase da idealização máxima. Em seu grande livro *Do Amor*, Stendhal descreveu uma mina de sal próxima a Salzburgo, na Áustria. Os mineiros enfiavam pequenos galhos sem folhas nas minas de sal e os deixavam lá por um tempo. Quando voltavam para buscá-los, estavam cobertos por uma pequena camada de cristais parecidos com diamantes que brilhavam na luz. Stendhal disse que os amantes encantados cristalizam um ao outro dessa forma, seus olhos idolatrantes espalhando diamantes em cada virtude do ser amado.

Quanto mais idealizam um ao outro nesta fase, mais duradouro seu casamento tende a ser nas décadas vindouras. O amor depende um pouco das idealizações generosas. Judith Wallerstein, a conselheira matrimonial, observa: "Muitos dos casais divorciados que vi parecem nunca ter idealizado um ao outro. Eu aprendi a me perguntar sobre um casal em processo de divórcio (obviamente não posso perguntar a eles diretamente): alguma vez existiu um casamento aqui? Existiu amor, alegria, esperança ou idealização nesse relacionamento? Com frequência tenho dificuldades em encontrar. O divórcio nem sempre representa uma erosão do amor ou altas expectativas; em muitos casos as expectativas não foram altas o bastante. A idealização do outro faz parte de todo casamento feliz."

A combustão acaba reorientando tudo.

"Há uma desordem adorável que vem com a atração", escreve John O'Donohue.

> Quando você se vê profundamente atraído por alguém, começa gradualmente a perder o controle das estruturas que ordenam sua vida. De fato, boa parte da sua vida fica anuviada à medida que esse semblante entra em foco mais claro. Um ímã implacável atrai todos os seus pensamentos nessa direção. Onde quer que esteja, você se vê pensando naquela pessoa que se tornou o horizonte do seu desejo. Quando estão juntos, o tempo passa impiedosamente

rápido. Tudo acaba rápido demais. Pouco depois de terem se separado, você já imagina seu próximo encontro, contando as horas. A atração magnética dessa presença o deixa agradavelmente indefeso. Uma pessoa estranha que você não conhecia até recentemente invadiu sua mente; cada fibra do seu ser anseia por proximidade.

A combustão é a fase em que você finalmente vê a outra pessoa em total profundidade. Não do modo que os outros a veem, mas como apenas você consegue ver. Ela está sentada à mesa, pagando as contas da casa, e você para com seus olhos amáveis e a vê carinhosamente, com toda a bondade que ela possui. Ela está entrando na sala, chegando em casa do trabalho, seu cabelo está um pouco bagunçado, ela tenta equilibrar várias sacolas e coisas, olha para a porta, contornada pela luz atrás dela, com a boca semiaberta de ansiosidade, e você pensa: "*Eu vi você. Eu vi você por inteiro.*"

O SALTO

Em algum ponto em qualquer jornada em direção à intimidade, alguém precisa dar o salto. O ato de fé foi belamente capturado por W. H. Auden:

> *A sensação de perigo não deve desaparecer:*
> *O caminho é certamente curto e íngreme*
> *Por mais gradual que pareça daqui;*
> *Olhe se quiser, mas você precisará saltar.*
> *...*
> *Uma solidão com dez mil braçadas de profundidade*
> *Sustenta a cama em que deitamos, meu amor:*
> *Embora te ame, você terá que saltar;*
> *Nosso sonho de segurança precisa sumir.*

No fim você olha para a outra pessoa à sua frente, considera a possibilidade de ficar sem ela e salta. Você declara seu amor. Tem uma conversa que define o relacionamento. Ambos agora estão em águas profundas.

Muitas grandes e pequenas decisões que foram um dia decisões individuais se transformam em decisões de ambos — por menores que sejam — qual filme ver, como passar seus finais de semana. A independência é substituída pela dependência.

Você também adota um papel — namorado, namorada, parceiro, como quiser chamar — que vem com responsabilidades. A principal delas é cuidar do outro mais do que de si mesmo. Essa camada da intimidade não é uma questão de sentimentos calorosos; é uma questão de ações altruístas. Quando o norte-americano Sheldon Vanauken se apaixonou por Davy, a mulher que seria sua esposa, eles adotaram um código mútuo de cortesia. "Cortesia" é uma palavra que perdeu seu significado, especialmente como a moeda vigente do amor, mas para os Vanaukens significava que independentemente do que uma pessoa pedisse para a outra esta o faria. "Assim uma poderia acordar a outra durante a noite e pedir um copo de água, e a outra tranquilamente (e sonolentamente) o buscaria. Nós, de fato, definimos cortesia como 'um copo de água durante a noite'. E consideramos uma cortesia enorme tanto pedi-lo quanto buscá-lo."

CRISE

Obviamente, chegou a hora da briga.

Esta fase da intimidade é o momento perfeito para uma crise gigantesca. Vocês estão próximos um do outro há tempo o bastante para revelar seus eus verdadeiros. As primeiras projeções começaram a sumir.

Acima de tudo, um desejo intenso nasceu. Você quer algo mais do que já quis qualquer outra coisa antes — o amor da outra pessoa —, e a mínima perturbação pode provocar a reação emocional mais extrema. Você não só abriu seu coração para a alegria e a intimidade; abriu-o para o ciúme, a insegurança, o medo da perda e a traição. Você não é um sistema estável a essa altura.

"Todas as histórias de amor são histórias de frustração", escreve Adam Phillips em *Missing Out* ["Em Falta", em tradução livre]. "Apaixonar-se é ser lembrado de uma frustração que você não sabia que tinha."

Você seguia a sua vida alegremente inconsciente de que algo lhe faltava, e de repente essa outra pessoa aparece e agora o pensamento de viver sem ela parece um inferno completo.

Às vezes a crise vem de um ato de puro egoísmo. Às vezes vem da confusão de quem assume o papel de poder e quando. Em cada esfera da vida, um membro do casal assumirá a liderança e o outro será o parceiro. Mas leva um tempo para descobrir e negociar quem liderará em qual esfera.

Às vezes a briga vem com a emersão do desentendimento central. Todo relacionamento tem um desentendimento central que nunca será resolvido e com o qual ambos simplesmente terão que aprender a conviver. Mas os casais não percebem qual é o desentendimento central até que entrem nele. Às vezes os desentendimentos são profundos e morais ou filosóficos. Mas alguns dos mais complicados podem ser superficiais e devastadores. Às vezes é o tempo (ele é pontual e ela atrasada), ou dinheiro (ela é frugal e ele esbanjador), ou limpeza (ela é asseada e ele desleixado), ou sexo (ele gosta todos os dias e ela toda semana), ou comunicação (ele é reservado e ela extravasa), mas ele surge, e quando isso acontece o sangue sobe.

É interessante, quando estamos em crise, o quanto a dor romântica se parece com a dor física. Quando brigamos com a pessoa amada, quando falta o que mais queremos, parece uma dor ou uma queimação no peito. Queremos correr ou fazer algo que exija muita energia para acalmar o tormento físico. Há uma poderosa descrição dessa dor em um poema anônimo do povo indiano Kwakiutl, transcrito da língua nativa em 1896: "Chamas correm pelo meu corpo — a dor de amar você. Dores correm pelo meu corpo com as chamas do meu amor por você. A doença vagueia pelo meu corpo com meu amor por você. A dor como uma bolha prestes a se romper com meu amor por você. Consumido pelo fogo com meu amor por você. Eu me lembro do que você me disse. Estou pensando em seu amor por mim. Sou rasgado pelo seu amor por mim. Dor e mais dor."

Existem pessoas tão estúpidas que você precisa terminar com elas antes de elas perceberem o quanto precisam de você. Existem pessoas com tanta aversão ao apego que precisam sentir o abandono para superar o medo do envolvimento.

PERDÃO

Depois da briga vem o perdão. Geralmente falamos sobre o perdão em termos sentimentais — uma absolvição emocional. Mas o perdão real é rigoroso. Ele equilibra a responsabilidade com piedade e compaixão.

O processo do perdão rigoroso começa com um gesto da pessoa injustiçada. Martin Luther King Jr. argumentou que o perdão não é um ato; é uma atitude. Somos todos pecadores. Então a pessoa com uma atitude piedosa aguarda o pecado, é empática com o pecado e não pensa em si mesma como superior àquela que pecou.

A pessoa piedosa é forte o bastante para demonstrar raiva e ressentimento em relação a quem foi injusto com ela, mas também é forte o bastante para deixar esses sentimentos de lado. Ela é forte o bastante para dar o primeiro passo, mesmo antes do pedido do ofensor. Ela resiste ao desejo natural de vingança e oferece um contexto acolhedor para que o ofensor possa confessar. "Aquele que é desprovido do poder de perdoar é desprovido do poder de amar", escreveu King.

Uma vez que a vítima tenha criado o contexto de perdão, o ofensor é forçado a assumir a frente do processo. Confessar. Mostrar penitência. Nesse estágio, a honestidade total é o curso mais difícil; todos queremos racionalizar nossos erros. Minha tendência é deixar que meus pecados gotejem de forma gradual, para que não pareçam tão errados e não assustem a outra pessoa. Mas o ato envolve chegar à raiz do erro, oferecer uma confissão mais completa do que a esperada. Envolve um ato de submissão pura.

Então chega a hora do julgamento. Um erro é uma ocasião de reavaliação. Qual é o caráter da pessoa em questão? Um momento de estupidez deveria encobrir um registro geral de decência? Ou esse é um traço permanente de caráter? Ambos os parceiros fazem essas perguntas juntos — e então se curvam um para o outro.

Como disse King, a confiança não retorna imediatamente. O pecado não precisa ser ignorado. Mas o ato de injustiça não é mais uma barreira para o relacionamento. O ofensor passa por sua época de vergonha e se torna uma pessoa melhor por isso. O ofendido, quando oferece graça, é liberado de emoções como a vingança e se sente animado. O relacionamento é fortalecido pela reunião.

"O sofrimento faz o amor imaturo amadurecer", escreve Walter Trobisch. "O amor imaturo, que não foi aprendido, é egoísta. É o tipo de amor que as crianças sentem, exigindo e querendo — querendo instantaneamente." Mas o amor que vem depois do perdão é marcado pela empatia, pela compaixão, pela compreensão e pelo cuidado inexplicável. Como disse Thornton Wilder: "Apenas soldados feridos podem servir ao amor."

FUSÃO

Agora chegamos ao principal. O "amar" a todo vapor, a fase apoteótica no caminho para a intimidade. Vimos muitos filmes sobre amor e ouvimos muitas canções, às vezes esquecemos o quanto esse fenômeno é estranho. É ao mesmo tempo um desejo egoísta e um presente altruísta. Ele nos preenche e nos lembra de nosso vazio. O amor abre a casca dura da nossa personalidade e expõe o solo fértil abaixo dela. O amor descentraliza o eu. Ele nos ensina que nossas riquezas estão em outro. Ensina que não podemos nos dar o que realmente precisamos, que é o amor de outra pessoa. Ele quebra os muros do ego e deixa uma pilha de pedras irregulares.

No fim de seu livro *Amor & Amizade*, Allan Bloom tem um lindo parágrafo sobre a natureza paradoxal do amor — ele é tudo e é o oposto. O amor, escreve Bloom, é um autoesquecimento que deixa o homem consciente de si, uma irracionalidade que é a condição de seu raciocínio sobre si mesmo. A dor que produz está ligada ao mais estático dos prazeres, e fornece as experiências primárias da beleza e das doçuras da vida. Ele contém elementos poderosos de ilusão, pode ser considerado uma ilusão completa, mas seus efeitos não são ilusórios. O amor pode produzir os feitos mais prodigiosos da forma mais imediata, sem ser guiado pelo princípio ou pelo comando do dever. O amante sabe o valor da beleza e também sabe que não pode viver bem, ou de qualquer forma, sozinho. Ele sabe que não é autossuficiente. O amante é a expressão mais clara da imperfeição natural do homem e sua busca por perfeição.

Quando o amor chega, fica claro que sob a influência de nossos próprios egos estivemos vivendo a vida como sonâmbulos. O amor nos acorda. Ele expõe o fato de que o abismo dentro de nós não pode ser preenchido pelo alimento que o ego anseia. "O ser humano desconectado é desprovido de integralidade", escreveu Carl Jung, "pois só pode alcançar a totalidade por meio da alma, e a alma não pode existir sem seu outro lado, que é sempre encontrado em um 'você'". Todo amante em meio ao amor sabe disso.

O amor apaixonado é a única força potente o bastante para superar o ego. As pessoas o descrevem como uma loucura, uma febre, uma enchente, um incêndio ou uma forte emoção. Na verdade, não é a única emoção, embora contenha muitas emoções. É um impulso, um estado motivacional extremo. É um anseio fervilhante por união eterna com outra pessoa. Ele incita as pessoas a fazerem coisas ridículas, dirigir 800km para jantar com o outro, lavar o carro sempre antes de ir buscá-la porque quer que ela se sinta especial, trocar sua rota de corrida para passar pelo prédio dela e espiá-la pela janela.

Certa vez, quando eu ainda estava noivo, estava em uma mesa de conferência com cerca de 15 pessoas, incluindo minha noiva. Havíamos passado por muitas das fases de intimidade a essa altura, a rápida parte de se conhecer, as crises e o perdão. Sentei à mesa admirando o fato de que, de todas as pessoas ali, apenas ela era especial para mim. Por que isso? Todo mundo que estava ali também parecia inteligente e bondoso. Todos tinham cabeça e tronco, braços e pernas. E ainda assim eu estava conectado por cordas mágicas e transformadoras a apenas uma — cordas mágicas que ninguém mais na sala podia ver, mas que moldavam a sala inteira e a faziam girar em torno dela.

Dizem que o amor é cego, mas, como observou G. K. Chesterton, o amor definitivamente não é cego. Ele é o oposto disso. Ele é supremamente atento. Provavelmente você não é capaz de conhecer uma pessoa até o âmago de sua alma se não amá-la.

Todos esses olhares apaixonados por cima de seus respectivos notebooks na cafeteria em que vocês inconvenientemente trabalham juntos porque não conseguem ficar separados, toda aquela vertigem interna e as surpresas do caminho. Os amantes passam boa parte do tempo rindo um do outro, observa C. S. Lewis, até que têm um filho, o que dá a eles algo novo para rir. "Pessoas sensíveis ao amor são incapazes de amar", escreve o poeta Donald Yates. A dignidade não faz parte da equação do amor; na verdade, ela provavelmente é o que pode matar o amor.

As pessoas que chegam a esse estágio sentem como se estivessem voando. Em primeiro lugar, o amor está sempre em mutação. Sheldon Vanauken se apaixonou por Davy no inverno. "Dissemos: 'Se não estivermos mais apaixonados na primavera, terminaremos.' Mas estávamos ainda mais apaixonados: porque o amor deve crescer ou morrer. Todo ano em nosso aniversário dizíamos: 'Se não estivermos ainda mais apaixonados no ano que vem, teremos falhado.' Mas estávamos: um amor mais profundo, mais próximo, mais querido."

O amor caça presas maiores do que a felicidade. O amor é uma união de almas. Quando um membro de um casal sofre de Alzheimer, o outro não desaparece. Em vez disso, como afirma Lewis, o amor diz: "Melhor isso do que o adeus. Melhor sofrer com ela do que ser feliz sem ela. Deixe que nossos corações se partam, contanto que se partam juntos."

O Morro dos Ventos Uivantes é provavelmente a interpretação mais famosa do que acontece quando alguém suprime tal amor. É um tipo de homicídio. Quando se separam, Heathcliff grita: "Beija-me de novo; e não me deixe ver seus olhos! Eu perdoo o que fizestes a mim. Eu amo *meu* assassino — mas o *seu*! Como poderia?" Eles se abraçam forte, como se prestes a morrer, "seus rostos se escondem um contra o outro e são lavados pelas lágrimas um do outro".

A tragédia dessa cena não está apenas na dor, mas no esconder, na inabilidade de duas pessoas destruídas pelo amor olharem uma nos olhos da outra.

Montaigne capturou essa fusão na descrição de sua amizade com La Boétie, uma amizade tão profunda que só poderia ser chamada de amor: "Nossas almas se misturam e se combinam uma com a outra tão completamente que obscurecem a costura que as uniu e não conseguem encontrá-la novamente. Se me pressionares a dizer por que o amo, sinto que isso não pode ser expressado, exceto pela resposta: porque era ele, porque era eu."

O ego foi derrotado. Você se vê com mais dor quando seu parceiro sofre do que quando você mesmo sofre, com mais raiva quando o seu amor é insultado do que quando você é insultado. Podemos notar isso em amantes que estão morrendo lentamente de câncer ou outra doença persistente. Os moribundos são fortes enquanto seus parceiros perdem o controle. Parece ser estranhamente fácil ser a vítima de uma doença do que aquele que assiste ao seu amado sofrer.

Os poetas se deleitaram com essa condição. Adão e Eva de Milton em *Paraíso Perdido*: "Ambos possuímos nós uma só carne; / Se te perdesse a ti... era eu perder-me!" Iain Thomas: "Esta é a minha pele e ela é grossa. Esta não é a sua pele, e mesmo assim você está sob ela." O poeta romano Paulo Silenciário, 1.500 anos atrás: "Vi uns apaixonados por frenesim imparável, com os lábios colados um no outro largo tempo, não havendo saciedade para o seu louco amor. Desejando, se possível, penetrar no coração um do outro." Mallarmé: "Na onda, você se transforma / Em seu êxtase nu."

DEZESSETE

A Decisão do Casamento

O amor quer ser eterno, é claro. Portanto, devemos nos casar. Assim o coração exige determinação. Você tem voado em círculos há tempo suficiente. O porta-aviões está posicionado. É hora de aterrissar.

Mas esse é o momento de se afastar novamente para fazer uma avaliação. É a hora de dar à razão o que lhe é devido. Eu coloco muita ênfase no coração e na alma neste livro, mas em qualquer decisão de comprometimento o cérebro racional é um parceiro à altura. Chegou a hora de falar, como disse um conhecido meu: vou tomar uma boa decisão. Podemos nos casar ou podemos dizer adeus, mas esta é a minha vida. Sou responsável pelas minhas escolhas. Sou perfeitamente capaz de decidir bem.

A razão mais óbvia de se afastar para avaliar, mesmo a essa altura do campeonato, é que você não é a primeira pessoa do mundo a se sentir assim. Presumivelmente, a maioria dos casais que decidiu se casar passou por mais ou menos os mesmos estágios da intimidade que você; sentiram a mesma paixão, o mesmo senso de fusão e destino — e então se casaram e se divorciaram. O amor e a paixão não bastam. Você tem expectativas mais altas.

Fazemos essa avaliação mais profunda ao tomar uma decisão de casamento porque damos um salto contra a corrente. Nos Estados Unidos, quase 40% dos casamentos acabam em divórcio. Outros 10% ou 15% dos casais se separam e não se divorciam, e outros 7% mais ou menos continuam juntos, mas cronicamente infelizes. Ou seja, mais da metade das pessoas que decidem se casar, presumivelmente impulsionadas pelo amor apaixonado, acabam infelizes. As estatísticas são piores para casais que se casam antes dos 25 anos.

E há pouquíssimas coisas piores do que um casamento ruim. Estar em um casamento ruim aumentará suas chances de ficar doente em 35% e diminuirá sua expectativa de vida em cerca de 4 anos. Não há solidão mais aguda do que a sentida quando você está deitado na cama com outra pessoa sem amor. As pessoas se casam imaginando que navegarão juntas em mar aberto, mas quando você está em um casamento ruim, como diz George Eliot, está em uma enseada.

Você se afasta e avalia, porque está ciente de que, em certo grau inevitável, não tem ideia do que está fazendo. Você nunca saberá o que está fazendo, mas ainda quer ter a melhor chance possível. "O fascinante e quase existencialmente pernicioso no casamento", escreve David Whyte, "é que qualquer coisa que um lado da parceria deseje não ocorrerá; qualquer coisa que o outro lado da parceria deseje não ocorrerá; e qualquer coisa que ocorrer será a vida combinada que emerge primeiro da colisão e depois da conversa entre as duas: uma conversa que pode parecer estranha para ambos em um primeiro momento; algo que podem não reconhecer ou mesmo achar que querem".

Então como fazer essa avaliação? Já que esta é a decisão mais importante da sua vida, você deve achar que a sociedade o teria preparado para este momento. Deve achar que as escolas teriam fornecido cursos e mais cursos sobre a decisão do casamento, a psicologia, a neurociência e a literatura do casamento. Mas não, a sociedade é uma conspiração em massa para distraí-lo das escolhas importantes da vida e ajudá-lo a se fixar nas coisas não importantes.

AS TRÊS LENTES

Esta é a hora de fazer perguntas difíceis sobre si mesmo. Todo mundo passa tempo demais avaliando o outro ao tomar decisões de casamento, mas quem realmente pode estragar tudo é você. Perguntas como:

Você já atingiu o ponto em que é realmente capaz disso? D. H. Lawrence escreveu: "Você não pode adorar o amor e a individualidade em um mesmo fôlego." A principal pergunta a se fazer é se está pronto para perder o controle e ser sobrepujado pelo casamento, aconteça o que acontecer.

Eu gosto da pessoa que sou quando estou perto dele? Todos temos múltiplas personalidades que projetamos ao mundo, dependendo de quem está por perto. Essa pessoa desperta seu lado rude e de alpinista social ou seu eu bondoso e serviçal?

Qual é o meu principal problema? Essa pessoa o resolve? Tendemos a casar com a pessoa que resolve nosso maior problema psíquico não resolvido. Talvez você anseie por segurança emocional e essa pessoa seja sua mão firme. Talvez deseje intensidade emocional e essa pessoa seja sua fonte de amor.

Qual é o tamanho das minhas expectativas? Algumas pessoas dizem: "Não se contente com pouco. Você precisa se sentir insanamente sortudo em ter essa pessoa." Outras dizem: "Seja mais realista. Você nunca encontrará a pessoa perfeita e é melhor ter um relacionamento decente do que ficar sozinho." Jane Austen achava "terrível" se acomodar e eu concordo com ela. Se você se casar sem admiração e êxtase total, não terá paixão o bastante para se fundir com o outro no início, e vocês se separarão em tempos de dificuldade. Além do mais, acomodar-se é imoral, porque há outra pessoa envolvida. O outro não quer ser a quarta melhor opção na sua vida. E você entrará em um relacionamento dizendo à pessoa que está "se acomodando" ao estar com ela? Se for honesto e disser isso a ela, acabará introduzindo uma desigualdade fatal em seu relacionamento de imediato. Se não disser, estará mentindo para a pessoa que supostamente é a mais próxima de você no mundo todo. Acomodar-se parece realista, mas apenas um amor construído na devoção extasiada é pragmático no fim.

O resto das perguntas diz respeito à outra pessoa e ao próprio relacionamento. A consideração mais importante é a seguinte: o casamento é uma conversa de 50 anos. O fator mais importante ao pensar sobre se casar com alguém é: *eu gostaria de falar com essa pessoa pelo resto da vida?*

Se a resposta a essa pergunta for sim, há três lentes que as pessoas usam ao tomar o restante da decisão do casamento: a lente psicológica, a emocional e a moral.

A primeira é a lente psicológica. Os personagens dos romances de Jane Austen e George Eliot passam muito tempo avaliando o temperamento um do outro, ou o que chamamos de traços de personalidade. Há uma boa razão para isso. Os traços de personalidade são bem estáveis em adultos. Como diz Ty Tashiro em *The Science of Happily Ever After* ["A Ciência do Felizes Para Sempre", em tradução livre]: "Se você escolher um parceiro dos sonhos inteligente, engraçado, autoconfiante, bondoso e bonito, e que ame a mãe, então a boa notícia é que, ao reavaliar sua situação romântica depois de 25 anos de casamento, esse parceiro ainda será inteligente, engraçado, autoconfiante, bondoso e bonito e um bom filho."

Então como discernir os traços permanentes da personalidade de uma pessoa? Em 1938, o pesquisador Lewis Terman argumentou que você deve observar o passado relacional dessa pessoa. Ele classificou as coisas que devem ser observadas:

1. Felicidade superior dos pais
2. Felicidade dos filhos
3. Falta de conflito com a mãe
4. Disciplina doméstica firme, mas não dura
5. Forte apego à mãe
6. Forte apego ao pai
7. Falta de conflito com o pai
8. Franqueza parental sobre questões de sexualidade
9. Infrequência e suavidade da punição na infância
10. Atitude pré-marital em relação ao sexo livre de repulsa e aversão

Outras dizem que o indício mais revelador a ser observado é o estilo de apego. Pessoas que desenvolvem uma sólida afeição a um de seus cuidadores já aos 18 meses (cerca de 60% de todas as pessoas) têm um modelo em suas mentes de como construir e manter relacionamentos seguros. Quando tais pessoas estão na presença de alguém que amam, sua frequência cardíaca e sua respiração diminuem. Elas relaxam porque existe uma sensação de normalidade.

Pessoas que experimentaram padrões ansiosos de apego quando eram crianças têm mais probabilidade de ter problemas em relaxar quando estão em relacionamentos amorosos. O modelo em suas cabeças diz a eles que a pessoa que amam está prestes a ir embora. Sua frequência cardíaca e padrão respiratório aceleram. As pessoas que tiveram padrões de apego de evitação quando eram jovens (enviavam sinais a seus cuidadores, mas não recebiam retorno) se fecham antecipadamente. Seu modelo diz: se você não se aproximar, a falta de retorno não causará dor.

De acordo com um estudo longitudinal confiável, 90% das pessoas com apego estável se casam, e delas 21% se divorciam. Setenta por cento das pessoas com apego de evitação se casam, e delas 50% se divorciam. Para pessoas com apego ansioso, as taxas de divórcio são ainda mais altas.

Pode-se pensar que todo mundo tentaria se casar com pessoas com apego estável. Mas não é assim que funciona. As pessoas se casam desproporcionalmente com pessoas com o mesmo estilo de apego. Estável com estável, evitação com evitação, ansioso com ansioso. Os padrões de apego na primeira infância não são um destino; as pessoas podem mudar, mas se você vir os marcadores de estilos de apego de evitação ou ansioso em seu parceiro, vale a pena fazer um lembrete mental.

Outras ainda dizem que a melhor maneira de entender o psicológico de outra pessoa é aplicando o modelo Big Five da matriz de traços de personalidade. São eles: abertura para a experiência, conscienciosidade, extroversão, amabilidade e neuroticismo. Quando se trata de um parceiro de relacionamento, os dois últimos traços são os mais importantes. Basicamente, Ty Tashiro argumenta, é bom procurar a amabilidade e evitar o neuroticismo.

A amabilidade — ser uma boa pessoa — não soa como o traço mais sexy ou mais romântico que existe. A pessoa amável é bondosa, afetuosa, amigável, condescendente, compreensiva, acolhedora, sensível e confiável. Geralmente se diz que um homem amável é masculino com um toque feminino.

O neuroticismo, continua Tashiro, é o que você deve evitar. Parece excitante e dramático em um primeiro momento, mas as pessoas neuróticas são tensas, temperamentais e propensas à tristeza. O neuroticismo é a tendência de experienciar emoções negativas como a raiva e a ansiedade com muita intensidade. "Indivíduos neuróticos tendem a ter um histórico de relacionamentos turbulentos e instáveis com os outros, incluindo familiares e amigos. Também têm a tendência ao que parece azar, mas com o tempo geralmente se vê que seu neuroticismo evoca eventos infelizes de seu ambiente", ele escreve. "Impossível enfatizar mais o quanto é importante dissipar qualquer pensamento desejoso de que o neuroticismo simplesmente desapareça, pois há descobertas notavelmente consistentes sobre a tendência de ele permanecer constante durante a vida toda."

A segunda lente a ser aplicada ao tomar decisões de casamento é a emocional. Isso significa fazer perguntas sobre a natureza de seu amor um pelo outro. Os gregos distinguiram três tipos de amor: *philia* (amizade), *eros* (paixão) e *agape* (amor incondicional). Às vezes podemos sentir eros em relação a uma pessoa sem philia ou agape, nesse caso tudo o que existe é paixão. Ou você pode ter agape sem philia ou eros, que no caso é admiração. Ou, mais provavelmente, você pode estar experienciando philia com um pouco de eros, mas sem agape. A pessoa o faz feliz. Mas a explosão de amor incondicional nunca acontece. Essa é uma amizade maravilhosa, mas não é a base para uma devoção de uma vida inteira. Se um dos seus compromissos de vida for o encantamento, ele já terá elementos de todos os três: intimidade, desejo e amor autossacrificial.

Alguns relacionamentos simplesmente param em uma linda amizade. Ambas as pessoas realmente se admiram, mas de certa forma nunca tocam as profundezas da alma uma da outra, e não conseguem entender o porquê, pois o relacionamento faria muito sentido. Elas podem dizer uma à outra que se amam, podem sentir amor verdadeiro uma pela outra, mas não é o tipo de amor que chega a doer quando se está longe da outra pessoa, o tipo de amor que desperta crises de medo de que a outra pessoa vá embora, o tipo de amor que produz encantamento e felicidade profunda quando os dois estão simplesmente lado a lado fazendo nada, o tipo de amor que convoca o serviço diário e a solicitude constante que o casamento exige.

Relacionamentos de profundidade mediana são os mais difíceis de terminar, pois existe amizade e admiração, mas por alguma razão isso não existe nas profundezas do coração e da alma, e em tal casamento haverá camadas descobertas que darão a sensação de solidão e separação.

Finalmente, há a lente moral. Essa é uma lente importante, pois a admiração da outra pessoa o fará sobreviver a períodos em que o poço emocional seca; a admiração o fará sobreviver a períodos em que você se sentirá irritado com as peculiaridades da personalidade do outro. O bom caráter perdurará a essas épocas em que as coisas vão mal. Então as perguntas essenciais são: *essa pessoa é honesta? Ela tem integridade?*

A diferença de opinião é inevitável e os casamentos sobrevivem a isso, mas o desprezo é mortal e sempre acaba com o laço marital. Então uma pergunta crucial é: *eu admiro essa pessoa profundamente?* Quando você faz um compromisso marital, está fazendo uma jura, uma promessa. Então outra pergunta crucial é: *essa pessoa mantém suas promessas?* Quando você escolhe um companheiro, está escolhendo a mãe ou o pai de seus filhos. Então a pergunta é: *essa pessoa tem as qualidades que você gostaria de passar para seus preciosos filhos?* Mais cedo ou mais tarde em qualquer casamento, a doença, a má sorte ou outra coisa o fará voltar ao seu básico. Então a pergunta é: *o que existe no âmago dessa pessoa, depois que se tira a educação, as habilidades, as realizações e as marcas?* O casamento envolve milhares de decisões pelo caminho. Então a pergunta é: *eu tenho dúvidas frequentes sobre o julgamento dessa pessoa?* O casamento é vivido nas realidades diárias da vida. Então a pergunta é: *essa pessoa se vangloria de comportamentos dos quais deveria ter vergonha — trapacear para obter vantagens, ser cruel com subalternos para estabelecer dominância, manipular outras pessoas para conseguir o que quer?* A outra pessoa obviamente não será perfeita. Todo mundo é egoísta até certo ponto, então você deve se perguntar: *o tipo de egoísmo dessa pessoa é um com o qual consigo conviver?*

COMPLETUDE

É uma pena que *Jerry Maguire* tenha monopolizado a frase, mas o amor marital realmente dá a sensação de completude. Parece a velha história de *O Banquete* de Platão, das duas metades separadas descobrindo juntas que formam uma alma completa. Apenas juntas podem realmente percorrer a jornada inteira. Elas estão prontas para uma vida maior do que tudo o que já consideraram sozinhas.

Dostoiévski foi um homem que lutou com sua própria natureza. Por causa do jogo ou do puro caos de sua própria natureza, ele se afundava em dívidas e tinha que escrever para sair delas. Um dia, com um prazo final se aproximando e atormentado pela pressão de escrever um romance inteiro em um mês, ele conheceu uma estenógrafa chamada Anna Grigoryevna. Eles trabalharam juntos em *O Jogador*. Anna relembrou mais tarde: "A cada dia, conversando comigo como amiga, ele revelava alguma cena infeliz de seu passado. Eu não conseguia evitar ficar profundamente tocada por seus relatos de dificuldades das quais nunca se havia desprendido e, de fato, não conseguia se desprender."

Dostoiévski terminou o romance, pagou a ela o equivalente a US$1.500 pela estenografia e eles seguiram seus caminhos. Ela percebeu que sentia falta dele. "Eu me acostumara tanto à agradável pressa do trabalho, ao encontro alegre e à conversa animada com Dostoiévski, que se tornaram necessários para mim. Todas as minhas antigas atividades não eram mais interessantes e pareciam vazias e fúteis."

Eles mantiveram contato e, um dia, durante uma conversa que deveria ser sobre uma discussão teórica da natureza do casamento, eles discordaram sobre o fato de ser ou não inteligente casar-se com um escritor ou um artista. Dostoiévski acreditava que apenas um idiota se casaria com tal pessoa. Ninguém em sã consciência aceitaria uma proposta de tal tipo instável. "Imagine que esse artista seja eu", disse ele como exemplo, "que eu confessasse meu amor por você e pedisse que fosse minha esposa. Diga-me, o que responderia?".

Anna percebeu que essa não era mais uma conversa teórica. "Eu responderia que o amo e que o amarei eternamente", ela respondeu.

Mais tarde ela refletiu: "Não tentarei expressar as palavras cheias de ternura e amor que ele me disse na época; elas são sagradas para mim. Eu fiquei atordoada, quase subjugada pela imensidade de minha felicidade e por muito tempo não conseguia acreditar naquilo."

Eles experimentaram o gosto da tragédia no casamento. Perderam dois filhos. Mas no geral o casamento foi glorioso. Anna cuidou de sua carreira, praticamente iniciando uma editora para ele, e o transformou em um sucesso financeiro e literário. Ele nunca perdeu seu profundo respeito pelo que viu na alma dela. "Ao longo da vida", ela escreveu depois da morte dele, "sempre pareceu um tipo de mistério que meu bom marido não só me amasse e me respeitasse como muitos maridos amam e respeitam suas esposas, mas quase me adorasse, como se eu fosse um ser especial criado apenas para ele. E isso foi verdadeiro não apenas no começo de nosso casamento, mas durante todos os anos restantes, até a sua morte".

DEZOITO

Casamento: A Escola Construída Juntos

O CASAMENTO COMEÇA COMO UMA ALEGRIA E TERMINA COMO UM ENSInamento. Começa como uma alegria primeiro porque podemos passar todos os dias com a pessoa com quem mais nos importamos no mundo, aquela que nos faz mais feliz apenas por estar por perto. Mas então se transforma em outra coisa. Quando concordamos em nos casar, concordamos em ser completamente conhecidos, uma perspectiva assustadora. Viver como um casal em vez de um indivíduo é uma transformação das rotinas da vida cotidiana. O que você mais ama na pessoa está conectado exatamente ao que o deixará mais maluco. Seu humor cáustico às vezes pode parecer cinismo. Sua sensibilidade emocional pode parecer carência. O único modo de prosperar em um casamento é se tornar uma pessoa melhor — mais paciente, sábia, compassiva, perseverante, comunicativa e humilde. Quando nos comprometemos, nos colocamos em uma situação complicada e para nos livrar dela devemos ser mais altruístas.

O casamento educa jogando uma série de tarefas difíceis em nosso caminho. Judith Wallerstein e Sandra Blakeslee listam algumas das mais importantes:

- Separar-se emocionalmente da família da infância
- Criar intimidade combinada com certa autonomia

- Aceitar o papel de pai/mãe e absorver o impacto da chegada da "Majestade, o Bebê"
- Confrontar as crises inevitáveis da vida
- Estabelecer uma vida sexual rica
- Criar um espaço seguro para a expressão de diferenças
- Manter vivas as imagens um do outro idealizadas no começo do relacionamento

Um casamento sobrevive quando ambos os parceiros admitem suas inadequações individuais para os desafios à frente. Um casamento sobrevive quando os parceiros concordam em fazer cursos que duram a vida inteira juntos — em disciplinas como a empatia, a comunicação e o recomprometimento. A boa notícia é que você não precisa tirar uma nota 10 em todas elas. Se tirar um 9 redondo já estará se saindo muito bem.

SABEDORIA EMPÁTICA

Quando casamentos terminam, é porque um ou ambos os parceiros se sentiram não reconhecidos ou mal compreendidos. Quando as pessoas se sentem assim, elas minimizam e desculpam as próprias falhas: "Eu sei, eu estraguei tudo, mas você não me vê nem me entende!" Elas jogam a culpa na outra pessoa e reforçam seus piores traços próprios.

O amor marital é um amor observador. John Gottman, o reitor dos estudiosos do casamento, captou essa essência na seguinte frase: "Casamentos felizes são baseados em uma amizade profunda. Com isso quero dizer respeito mútuo e o prazer da companhia um do outro. Esses casais tendem a se conhecer intimamente — são bem versados nos gostos, desgostos, peculiaridades de personalidade, esperanças e sonhos um do outro. Têm uma consideração duradoura um pelo outro e expressam essa afeição não só com grandes gestos, mas também em pequenas ações cotidianas."

O amor marital é a compreensão dos padrões da outra pessoa. Em *O que Não Me Contaram sobre Casamento*, Gary Chapman descreve uma variedade de tipos de personalidades diferentes que podem coexistir em matrimônio. Há pintores e apontadores. Em conversas, os pintores descrevem elaboradamente uma cena de um evento. Os apontadores vão direto ao ponto. Há os organizadores e os espíritos livres. O organizador se preocupa com os detalhes. O espírito livre acha que os detalhes podem cuidar de si mesmos. Há os engenheiros e os dançarinos. Os engenheiros querem pensar logicamente em cada decisão. Os dançarinos seguem seus corações. Essas diferenças podem ser conflituosas ou complementares, dependendo do quão bem cada parceiro se entende e concilia tudo isso.

O amor marital é estar ciente de como o passado está presente no casamento. Os psicólogos brincam que um casamento é um campo de batalha em que duas famílias enviam seus melhores guerreiros para determinar a cultura de qual delas direcionará a vida do casal.

Antes de estarem juntos, a influência dessas linhagens era amplamente inconsciente; era apenas o modo como você fazia as coisas. Mas nos primeiros meses de casamento seu jeito de fazer as coisas entra em contato com outro. Essa nova consciência geralmente não é gradual e acadêmica, em que você coça seu queixo calmamente e diz: "Hmmm. Interessante." Ela normalmente vem como uma erupção inesperada. Você reage de modo completamente exagerado a algo pequeno que seu parceiro tenha feito, e no meio dessa reação você se pergunta silenciosamente: "O que diabos está acontecendo?!"

"Agimos frequentemente a partir de roteiros gerados por crises de muito tempo atrás que todos já esquecemos conscientemente", escreve Alain de Botton. "Nós nos comportamos de acordo com uma lógica arcaica que agora nos escapa." Por exemplo, pessoas que foram criadas com amor condicional ou crítico podem ouvir "queria que você não tivesse feito isso" como "estou prestes a deixá-lo". Elas podem ter problemas em compreender que a raiva não ameaça o relacionamento.

Casais com uma compreensão empática se afastam e entendem como cada membro responde ao estresse. Uma das formas mais comuns de término marital é o ciclo exigência-retração. Um parceiro faz um pedido ao outro — limpar a casa, ser pontual —, mas há um pingo de censura no pedido. O outro parceiro ouve o pedido como uma reclamação ou uma implicância. Em vez de se envolver completamente, esse parceiro apenas se retrai. Isso faz com que a outra pessoa que fez o pedido repita o pedido com uma atribuição de culpa mais explícita e mais crítica. Isso aumenta ainda mais a retração do parceiro que já havia se afastado. Se o parceiro que se retrai acabar cedendo, reforçará para o parceiro que fez a exigência a mensagem de que a culpa e a crítica funcionam. Em seguida vem mais culpa até que o parceiro se retraia completamente e em um modo de dissociação. Quanto mais um ataca, mais o outro se retrai.

Casais saudáveis se afastam do ciclo e ajudam um ao outro a sair dele. "A mágica do relacionamento de um casal é que, quando duas pessoas se apaixonam, independentemente do que precisem fazer por si mesmas para crescer emocionalmente é, muitas vezes, a mesma coisa que o parceiro precisa deles", escreve Ayala Malach Pines em *Falling in Love* ["Caindo de Amores", em tradução livre]. "Em vez de se transformar em uma menininha rejeitada que precisava esmurrar portas para ser ouvida, ela precisou aprender a permanecer adulta e pedir o que queria de modo a aumentar a probabilidade de conseguir."

No fim, as pessoas em um casamento duradouro alcançam o *metis*. Essa é a palavra grega para um tipo de sabedoria prática, uma consciência intuitiva de como as coisas são, de como elas se encaixam e de como nunca se encaixarão.

Um professor com *metis* pode sentir quando a classe está começando a sair do controle. Um mecânico com *metis* tem uma sensação do que há de errado com o motor com base em algum ronco ou som escutado semiconscientemente. Um parceiro com *metis* sabe quando dar espaço e quando invadi-lo, quando oferecer o presente surpresa e quando não contar uma piada provocadora. A escola do casamento, na melhor das hipóteses, ensina essa forma de consciência emocional, que não pode ser reduzida a regras ou comunicada em livros, e que emerge como um tipo de sagacidade amorosa.

COMUNICAÇÃO

As palavras são o combustível do casamento. "Tudo o mais é transitório", escreve Nietzsche, "mas a maior parte do tempo em que estiverem juntos será dedicada à conversa".

A qualidade da conversa é a qualidade do casamento. Uma boa conversa cria acolhimento e paz, e uma conversa ruim cria frigidez e inércia. A conversa é como os parceiros contagiam um ao outro.

É claro que a maioria das conversas é mundana — sobre o jantar, cores de tinta ou o sistema digestivo do bebê. Houve um tempo em que a ideia toda de boas maneiras saiu de moda, quando a educação passou a parecer algo extremamente burguês. Mas a boa conduta é a moralidade da vida cotidiana. Como diz Edmund Burke: "A conduta é o que nos aborrece ou acalma, corrói ou purifica, exalta ou rebaixa, barbariza ou refina, por meio de uma operação constante, estável, uniforme e insensível, como o ar que respiramos. Ela dá forma e cor a nossas vidas. De acordo com sua qualidade, pode ser um auxílio à moral, que é suprida ou totalmente destruída por ela."

Uma conversa educada é moldada pelo que John Gottman chama de padrão de lances e voleios. Digamos que você esteja lendo o jornal à mesa de jantar e seu parceiro chegue e diga: "Olha que lindo o gaio-azul na árvore lá fora." Essa é uma proposta conversacional. Você pode olhar e exclamar: "Nossa, é bonito *mesmo*. Obrigado por me mostrar." Essa é uma "proposta de aproximação". Com seu comentário, você se move em direção ao seu parceiro. Ou poderia responder: "Eu estava lendo o jornal; poderia me deixar terminar?" Essa seria uma "proposta de afastamento". Ou você poderia simplesmente resmungar e ignorar o comentário ou mudar de assunto com algo não relacionado. Isso seria uma "proposta de rejeição".

Gottman descobriu que em casamentos bem-sucedidos o casal experimenta cinco propostas de aproximação para cada proposta de afastamento ou de rejeição. As pessoas que Gottman chama de "mestres do relacionamento" fazem o possível para armazenar vales em sua conta bancária emocional. "Existe um hábito mental que os mestres têm, que é: eles procuram no ambiente social as coisas que podem apreciar e agradecer... Os trágicos procuram no ambiente social erros de seus parceiros", disse Gottman em uma entrevista com Emily Esfahani Smith para a revista *The Atlantic*.

O divórcio normalmente não acontece quando o número de conflitos aumenta; ele acontece quando o número de coisas positivas diminui. Julie Gottman, esposa de John, aponta que os mestres do relacionamento estão alertas para o que seus parceiros fazem corretamente e são rápidos em elogiá-los. De acordo com os Gottman, há quatro tipos de grosserias que separam os casais: o desprezo, a crítica, a defesa e a obstrução. A regra de sua pesquisa é simples: se você estiver cansado e seu parceiro fizer uma proposta, faça uma proposta de aproximação gentilmente. Se estiver distraído, faça uma oferta de aproximação gentilmente. Se estiver estressado, faça uma proposta de aproximação.

Os mestres do relacionamento também aprendem a se comunicar bem em épocas de triunfo e conflito. Os momentos de triunfo deveriam parecer uma parte fácil de um relacionamento. Mas Shelly Gable, psicóloga da Universidade da Califórnia – Santa Barbara, descobriu que esses são os momentos que afastam as pessoas. Um parceiro chega em casa relatando alguma promoção no trabalho, mas a outra pessoa não consegue simplesmente se alegrar porque está focada demais em si mesma, então ela: a) muda de assunto para algum triunfo próprio; b) reconhece o triunfo com um resmungo e volta ao que estava fazendo; ou c) menospreza o triunfo perguntando: "Você tem certeza de que é capaz de lidar com esse novo cargo?"

Os mestres também aprendem a nunca ficar emburrados, que é sentir raiva de alguma coisa e não comunicar o motivo. "O emburrado", escreve Alain de Botton, "precisa desesperadamente que a outra pessoa o entenda, mas ainda assim permanece completamente comprometido a não fazer nada para ajudá-lo. A própria necessidade de se explicar é a essência do insulto: se o parceiro exige uma explicação, ele claramente não é digno de uma". O emburrado volta à infância e sonha em encontrar uma mãe que compreenda o que ele quer, sem palavras ou explicações.

Ninguém fica mais sensato quando é culpado ou atacado. Ninguém amadurece porque seu companheiro, no meio de uma briga, grita: "Cresça!" Os livros de conselhos oferecem uma fórmula melhor, mesmo que seja difícil de segui-la quando se está com raiva. Primeiro, tente declarar o problema em termos neutros. Depois, acaricie, posicione-se e negocie.

Lembre a pessoa de que ela foi ouvida e compreendida (acariciar); declare sua posição claramente (posicionar); encontre um jeito de chegar a um meio-termo (negociar).

A ARTE DO RECOMPROMETIMENTO

Existem dois períodos clássicos de crise no casamento — logo depois que os filhos nascem e na estagnação da meia-idade. No primeiro, a tentação é substituir o relacionamento complicado e difícil que você tem com seu companheiro pelo amor alegre e cativante que você tem por seus filhos. Na última crise, as pessoas de meia-idade são assombradas por uma sensação de tristeza generalizada e incompletude. Há uma sensação de que a vida está esvaindo-se e uma tendência a ver o companheiro, com todas as suas falhas e negatividade, resmungos e infelicidade, como o problema verdadeiro, a âncora que o impede de se sentir completo.

Durante esses momentos de crise, há uma tendência a recuar, distanciar-se de seu parceiro. Você começa a dissociar e se retrair. Constrói vidas paralelas com os interesses externos e grupos de amigos diferentes. Você se acostuma com o casamento sem intimidade — a cama do casal, como dizem, onde os companheiros ficam a um centímetro de distância, mas afastados por um milhão de quilômetros. Você usa drogas, álcool, trabalho ou cuida de seus filhos para ocupar o espaço psicológico anteriormente preenchido pelo casamento.

Em um estudo na Universidade de Cameron em Oklahoma, Joanni L. Sailor entrevistou pessoas que se desapaixonaram. As citações coletadas são um testemunho abrasador do quanto é horrível estar em um relacionamento depois que o fogo se apaga: "Durante o sexo não havia beijos. Eu me lembro apenas de morrer de vontade de ser beijada, mas não por ele." "A dor é tão esmagadora." "Eu acho que chorei por um ano." "Sim, era a depressão causada pela solidão profunda." "Meu amor está desaparecendo; meu coração parece estar sendo pisoteado por ele, e ele parece não ligar." "Minha personalidade foi rejeitada... Isso me mudou permanentemente... Eu passei vários anos sem personalidade alguma."

Depois da dissociação, você chega ao período assustador em que o amor no casamento parece secar. Às vezes o casamento realmente está morto. Nenhum parceiro pode mais machucar o outro, porque nenhum deles realmente liga. Nesse caso, ocorre o divórcio. Mas em outros casos as brasas ainda estão quentes, e o casamento só precisa de um ato corajoso de recomprometimento. E este é o próximo curso no currículo do casamento: a arte do recomprometimento.

Durante esses momentos ruins, é útil lembrar que o casamento não é apenas um relacionamento; é uma aliança. É uma promessa moral de manter-se firme durante os altos e baixos. Ambos juraram criar esse projeto ou causa, o casamento, que é mais importante do que o clima emocional individual. É claro que há vezes em que o divórcio é o único caminho possível, mas há vezes em que o sentimento que guia Parker Palmer é útil: "Se não pode sair disso, entre de cabeça!" Se você não pode se afastar facilmente de algo, então a única maneira é seguir em frente com o dobro do esforço.

Quando o poço do amor seca, é preciso um ato de vontade para cavar um pouco mais fundo. "É uma escolha deliberada de proximidade em vez de distância, de companheirismo em vez de desapego, de relacionamento em vez de isolamento, de amor em vez de apatia, de vida em vez de morte", escreve Mike Mason.

Essa não é a inclinação natural. Acredite. Eu sei como é fracassar aqui. O recomprometimento envolve ir contra si mesmo. Mas a vida é definida pelos momentos em que nos pedem para ir contra nós mesmos. O casamento, como todos os comprometimentos, não está aqui para fazê-lo feliz; está aqui para fazê-lo crescer. Como diz Mason: "Um casamento ganha vida, paradoxalmente, naquelas épocas quase impossíveis em que fica perfeitamente claro a ambos os parceiros de que mais nada além do puro amor sacrificial pode mantê-los juntos."

De uma maneira estranha, um modelo de recomprometimento marital pode ser encontrado no segundo discurso inaugural de Abraham Lincoln. Ele discursou em um tempo de grande crise nacional. Ficou claro naquela época que o Norte venceria a Guerra Civil. Lincoln poderia ter usado esse momento como uma oportunidade de se vangloriar:

prevalecemos em uma causa justa. Lutamos pelo bem; vocês lutaram pelo mal. Estávamos certos; vocês estavam errados. Fomos absolvidos, e vocês, sulistas, que têm tanto sangue nas mãos, estão desonrados.

O amor por união de Lincoln — por toda a nação — foi mais forte do que seu amor pelo seu ponto de vista. No segundo discurso inaugural, as palavras-chave foram palavras unificadoras: "nós", "todos", "ambos". "Todos os pensamentos foram ansiosamente direcionados a uma guerra civil iminente. Todos a temiam, todos buscavam evitá-la... Ambos os lados menosprezavam a guerra." Ele coloca o Norte e o Sul na mesma base humilde.

Lincoln não diz que a escravidão era uma instituição sulista. Ele diz que era uma instituição norte-americana. O flagelo da guerra, que expurga esses pecados, recai justamente sobre ambos os lados. Lincoln coloca a todos na mesma categoria de culpabilidade e desonra. Ele reconhece realisticamente as divisões e as decepções que atormentam a nação. Mas não aceita a inevitabilidade de uma casa dividida e pede uma mudança radical de atitude: "Sem malícia contra ninguém, com caridade para com todos."

Curar um casamento quebrado não é tão diferente de curar uma nação dividida. Sempre há diferenças e desacordos em relacionamentos, mas na maior parte do tempo não é isso que os destrói. É o jeito que transformamos o desacordo em uma busca pela superioridade. Não é eu estou certo/você está errado; é eu sou melhor/você é pior, eu sou justo/você é deplorável, eu sou bom/você é desprezível. É a tendência a ser rápido em se ofender de modo que declare sua própria superioridade moral. Marshall McLuhan foi rude, mas não estava errado quando observou: "A indignação moral é uma técnica usada para qualificar o idiota com dignidade."

O recomprometimento muitas vezes significa colocar seus próprios pecados na mesa. A paciência significa reconhecer os erros que foram cometidos e até a raiva que eles criaram, mas colocar a raiva no contexto do amor. A lealdade apenas repete "eu te amo". É surpreendente o quanto a frase "eu te amo" precisa ser dita, e o quão poderosa ela pode ser em um momento de desacordo e crise.

Os especialistas estão alinhados quando se trata de como fazer o recomprometimento: não espere uma solução definitiva ao grande desacordo em seu casamento. Sobrepuje o negativo aumentando o positivo. Inunde as interações negativas com as cinco linguagens do amor: palavras de afirmação, atos de serviço, presentes, períodos de atenção dedicada e toque pessoal.

O recomprometimento é o momento de falar: "Podemos dar uma volta à tarde?" e "Descanse. Eu passo o aspirador". É a hora que Abraham Joshua Heschel chamou de "êxtase de ações". Você faz um mitzvah, uma boa ação, e depois outra, e cada um cria "momentos luminosos em que somos elevados por ações opressoras sobre nossa própria vontade, momentos cheios de alegria extrovertida, com prazer intenso". É uma lei imemorial da natureza humana que a mudança de comportamento precede e causa uma mudança de atitude. Se você se comportar com gentileza em relação a uma pessoa, você se tornará bondoso e a valorizará.

O sexo cura várias mágoas em um casamento ou pelo menos fornece um modo de começar sua cura. Há um velho ditado na crença judaica de que o casamento sem sexo não é um casamento. "A ética do casamento é hedonista, não monástica", escreve o rabino Joseph Soloveitchik; é perigoso ser espiritual demais sobre esse assunto.

Alguns anos atrás, Lydia Netzer escreveu uma postagem de blog chamada "15 Ways to Stay Married for 15 Years" [15 Maneiras de Permanecer Casado por 15 Anos, em tradução livre], que dá conselhos bons e realistas sobre o navegar pelos perigos da vida juntos:

Vá para a cama com raiva. Todo mundo diz que não devemos deixar o sol se pôr em nossa ira. Às vezes isso é ridículo. Você está cansado. Vá para a cama. Durma um pouco. Acorde na manhã seguinte e faça panquecas. E então veja se a briga parece tão séria.

Seja orgulhoso e se vanglorie. Gabe-se das realizações de seu companheiro em público e deixe que ele escute.

Reclame para a mãe dele, não para a sua. Se você reclamar sobre ele para a mãe dele, ela o perdoará; sua mãe nunca fará isso.

Confie na pessoa com quem se casou. Deixe a outra pessoa ajudá-lo. Confie que ela saiba o que é certo.

Seja leal. "Você e seu companheiro são uma dupla", escreve Netzer. "Ninguém mais pode entrar na equipe e ninguém mais entenderá suas regras... Às vezes ele está em foco, às vezes é você. Os altos e baixos, no fim das contas, não importam, porque a dupla persiste."

O conselho de Netzer captura um dos paradoxos do casamento — de que ele é uma instituição sagrada construída com madeira torta. Não há espaço para o perfeccionismo quando você lida com algo tão defeituoso quanto o ser humano, apenas para uma afeição confusa. O casamento começa em rapsódias e termina em caronas solidárias.

O SEGUNDO AMOR

O primeiro amor é champanhe. Mas depois de já estar casado e já ter registros de brigas e recuperações você descobre que entra em seu segundo amor, que é menos apaixonado, porém mais duradouro. O segundo amor é o tipo de amor que as pessoas sentem uma pela outra depois de terem visto o pior da outra, depois de terem perdoado e sido perdoadas algumas vezes, depois de poderem se orgulhar de terem sobrevivido juntas e depois de certo conforto em saber que sobreviverão. É com essa pessoa que você ficará. Essa é a sua vida. O segundo amor é o amor da segunda montanha — depois da emoção da primeira montanha, do vale do sofrimento e agora nas alturas de sua vida juntos, maior e mais altruísta.

Você provavelmente conheceu casais mais velhos que ficaram parecidos um com o outro, que reagem um como o outro, que falam um como o outro. "Você tem 82 anos", escreveu o filósofo André Gorz para sua esposa. "Você encolheu 6 centímetros, pesa apenas 45kg e ainda é linda, graciosa e desejável. Vivemos juntos há 58 anos agora, e eu a amo mais do que nunca. Mais uma vez sinto um vazio perturbador no oco do meu peito que só é preenchido quando seu corpo está pressionado contra o meu."

Esse amor perdura após a morte. Viktor Frankl teve um paciente idoso que não conseguia superar o luto que sentiu pela perda de sua esposa. Já faziam dois anos desde que ela falecera, e a dor ainda era aguda. Frankl acabou perguntando o que teria acontecido se ele tivesse morrido primeiro. O que sua esposa teria experienciado?

"Para ela isso seria terrível; como ela teria sofrido!", respondeu o homem.

"Veja bem", Frankl respondeu, "ela foi poupada de tal sofrimento e foi você quem a poupou de todo esse sofrimento — para ter certeza, com o preço de que agora você precisa sobreviver e lamentar sua perda". O homem pegou seu chapéu, apertou a mão de Frankl e foi embora.

Casais que alcançaram essa harmonia final não alcançaram apenas o contentamento; alcançaram a catarse, que é um estado moral e emocional. A catarse vem depois de vários altos e baixos. Vem quando você olha para trás e percebe que é mais preciso dizer que vocês tiveram cinco ou seis casamentos diferentes, que foram casados com cinco ou seis pessoas diferentes que habitaram, ao longo dos anos, o mesmo corpo. Vem depois dos episódios de comédia e tragédia, da exposição do pecado e da alegria. É como o fim da peça, quando os personagens foram expostos e perdoados, lágrimas foram derramadas e todos riem juntos.

Na catarse, o amor carente se transformou em amor generoso. Cada parceiro mergulhou no absurdo do outro, fez sacrifícios que não tinham sentido algum. Chegaram a um vale pacífico, depois de todos os filhos doentes, da ansiedade da faculdade, dos voos atrasados a caminho das férias etc. Aplaudimos pessoas por fazerem bodas de 50 anos de casamento porque sabemos que isso é uma realização, muito embora para elas pareça apenas um prazer. Elas não terminaram de viver, mas podem dar uma pausa em uma noite de inverno, encostar suas cabeças uma na outra e observar o fogo.

PARTE IV
Filosofia e Fé

DEZENOVE

Compromissos Intelectuais

QUANDO EU ERA JOVEM, SONHAVA COM A REVOLUÇÃO. FISICAMENTE, EU vivia na década de 1980, a era Reagan, mas intelectualmente estava em 1917 em Greenwich Village. Eu me sentava em meio às estantes da biblioteca da faculdade lendo cópias de uma revista antiga chamada *The New Masses*. Era um periódico belamente diagramado e lindamente escrito para radicais marxistas inspirados pela Revolução Russa que acreditavam que um novo mundo estava nascendo das cinzas do antigo e que era ótimo estar vivo.

Intelectuais de esquerda da época se sentiram levados pela torrente da história, totalmente comprometidos com um paraíso que parecia muito próximo. Karl Marx e Friedrich Engels revelaram as profundas correntes históricas. A vanguarda revolucionária assumiu a liderança. John Reed, da turma de Harvard de 1910, foi para a Rússia, participou da revolução e escreveu *Dez Dias que Abalaram o Mundo*. Algumas décadas mais tarde, jovens radicais judeus da City College of New York matavam as aulas e passavam o tempo na lanchonete estudantil, discutindo o futuro do comunismo nos Estados Unidos. Os trotskistas sentavam-se em um canto, os estalinistas no outro, e suas discussões duravam de seis a oito horas por vez. Eram debates exaustivos. Quando a revolução chegasse, seria importante qual interpretação do marxismo teria vantagem.

Não sei se eu estava realmente comprometido com o marxismo — eu me dizia um socialista democrata naquela época —, mas estava comprometido com o seguinte tipo de vida: envolvimento intelectual ardente pelo bem da justiça e da mudança histórica do mundo.

Então, no meu segundo ano da faculdade, foi-me atribuído um livro de Edmund Burke chamado *Reflexões sobre a Revolução na França*. Burke argumentava contra tudo o que eu acreditava, ou achava que acreditava. Ele argumentava que a mudança revolucionária era precipitada — nunca se sabe que tipo de efeito não intencional será disparado —, que o poder da razão é inadequado para entender a complexidade do mundo e que devemos respeitar o "preconceito justo" de nossa cultura, as tradições que sobreviveram ao teste do tempo. Ele defendia a roupagem decente da vida, a etiqueta, a conduta e o cavalheirismo, que dizia dar suavidade à vida e glória à sociedade.

Não consigo dizer o quanto odiei aquele livro. Escrevi vários artigos desdenhando-o. Mas, mesmo naquela época, eu estava vagamente consciente de que Burke me tocara.

Em meu último ano, William F. Buckley Jr. foi ao campus. Eu era colunista de humor no jornal da faculdade e escrevi uma paródia feroz de Buckley, basicamente acusando-o de ser convencido e petulante. Um professor chamado Nathan Tarcov entregou a paródia a Buckley e ele aparentemente a achou engraçada, porque no fim do seu discurso ao corpo estudantil ele disse: "David Brooks, se você estiver na plateia, eu quero dar-lhe um emprego."

Eu não estava na plateia. Eu havia sido selecionado para aparecer em um programa da PBS para debater com o grande economista Milton Friedman, então estava em Palo Alto, onde Friedman trabalhava na Instituição Hoover. A ideia do programa era uma conversa de Friedman com os jovens. Era minha primeira aparição na TV, e você pode encontrá-la no YouTube — eu com um cabelão e óculos redondos que têm praticamente a circunferência da lua. No programa, eu demonstro um ponto de vista regurgitado de algum livro de esquerda, então Friedman destrói meu ponto de vista, e a câmera se fixa em meu rosto pelo que pareceram várias horas enquanto eu tentava pensar em algo para dizer.

Levou uma semana para gravar todos os episódios desse programa. Durante a noite, Friedman e sua esposa, Rose, nos levavam para jantar e conversar sobre economia. Eu nunca tinha visto um libertário ao vivo antes, então era um mundo novo para mim. Também nunca tinha encontrado, cara a cara, um casal que se doasse tanto a ideias e, por meio delas, um ao outro. Minha mente estava aberta. Fiquei e permaneço inspirado por sua vida de missão intelectual compartilhada.

Alguns anos mais tarde, eu trabalhava como repórter nos lados sul e oeste de Chicago, cobrindo, em parte, alguns projetos horríveis de moradia que estavam basicamente inabitáveis. Ocorreu-me que esses projetos haviam sido feitos por sociólogos com as melhores intenções — derrubar os antigos prédios e substituí-los por algo novo em folha. Eles não perceberam que, quando derrubassem os prédios antigos, também estariam destruindo as redes invisíveis de suporte que as pessoas haviam construído para que suas vidas fossem suportáveis. Os construtores deixaram as vizinhanças materialmente melhores por um tempo, mas socialmente piores. Eles eram desprovidos de modéstia epistemológica.

Ocorreu-me que era exatamente sobre isso o que Burke avisara. Eu voltei a ler *Reflexões* e fiquei fascinado. Não me convenci de todas as ideias de Burke, mas comecei a ver certa sabedoria nessa coisa chamada conservadorismo.

Entrei em contato com Buckley e perguntei se a oferta de emprego ainda estava de pé. Pouco depois eu estava trabalhando na revista *National Review*. De repente, eu estava dentro de um movimento de pessoas comprometidas a ideias e mudanças revolucionárias como os marxistas sobre os quais li na faculdade. Na verdade, muitas delas eram exatamente as mesmas pessoas. O movimento conservador moderno foi amplamente iniciado por antigos marxistas atropelados pela realidade — Whittaker Chambers, James Burnham, Irving Kristol, Max Eastman e muitos outros.

Eles carregavam sobras de sua velha postura. Como diz Kristol, citando Trótski, em seu livro *Neoconservadorismo*: "Entrar para um movimento radical quando se é jovem é muito parecido com se apaixonar quando se é jovem. A moça pode ser podre, mas a experiência do amor é tão valiosa que nunca poderá ser completamente desfeita pelo desencanto final."

Eu levei algumas décadas para descobrir que tipo de conservador eu era, mas acabei percebendo que sou um conservador burkeano. A essência do que eu penso ser verdadeiro está contida no livro *Reflexões* de Burke. Eu não duvido do poder das ideias porque aquele livro mudou a minha vida. Ao nomear uma filosofia, ela deu vida a um conhecimento latente dentro de mim. Ela se tornou a base para como eu vejo o mundo. As ideias têm consequências.

Quando estavam velhos e próximos da morte, perguntei a Friedman e a Buckley se eles estavam satisfeitos. Eles tinham mudado a história de maneiras mais profundas do que podiam esperar quando começaram. Achavam que podiam descansar agora e ficar em paz? Nenhum dos dois chegou a entender do que eu estava falando. Havia tanto ainda para fazer. Até o dia de suas mortes, eles impulsionaram ideias, viveram por ideias e tentaram mudar um pouco o mundo na direção de suas ideias. Eles foram exemplos do que é o comprometimento intelectual.

Eram muito radicais, pelo menos quando começaram. Não havia quase ninguém nos Estados Unidos que concordasse com eles na época. Mas, no fim, centenas de milhões concordariam. Há algo lindo em alguém que se posiciona contra a maré em nome de alguma ideia e grita: *Mude!*

Eu me lembro de meus anos de faculdade e fico muito agradecido por uma universidade — a Universidade de Chicago — que me abriu as estantes onde pude encontrar *The New Masses* e teve a audácia de me fazer ler um livro que realmente odiei na época. Uma escola pode transformar uma vida.

O IDEAL HUMANÍSTICO

A educação superior norte-americana evoluiu com o passar das décadas. Na última metade do século XIX e primeira metade do século XX, a maioria das universidades acreditava em algo que Anthony Kronman da Yale Law School chama de "ideal humanístico". Esse ideal diz que o propósito de uma universidade seria teológico — ajudar a responder às principais perguntas da vida. De modo mais direto: o propósito de uma escola era moldar as almas dos alunos.

"O caráter é o principal objeto da educação", disse Mary Woolley, presidente da Mount Holyoke um século atrás. Quando J. F. Roxburgh, o diretor da Stowe School em Vermont, foi questionado na década de 1920 sobre o propósito de sua instituição, ele disse que era criar homens jovens para serem "bem-vindos em um baile e inestimáveis em um naufrágio".

A instituição fazia isso expondo os alunos à excelência. "A pessoa é apta a pensar no fracasso moral como devido à fraqueza de caráter", escreveu o educador britânico Sir Richard Livingstone. "Com mais frequência ele é devido a um ideal inadequado." Então o trabalho de um professor era, nesse modelo educacional, dar exemplos. "Eu faço coisas honráveis serem agradáveis para crianças", disse um educador espartano. Quando os alunos saíssem da escola, teriam tido pelo menos algum contato com as melhores coisas que os seres humanos já pensaram ou fizeram.

Desde então, é claro, as universidades ficaram mais diversas e pluralistas. Percebemos que não pode haver um único ideal de vida. As universidades precursoras deixaram gradualmente de lado o ideal humanístico e adotaram o que Kronman chama de "ideal de pesquisa". Os corpos de conhecimento como a biologia, a literatura e a história foram divididos em especialidades e subespecialidades cada vez menores, e os estudiosos trabalharam em suas especialidades tentando avançar nas fronteiras do conhecimento.

Muito foi descoberto por esse método, especialmente nas ciências, mas, como Kronman argumenta, essa ênfase na especialização "tira nossa atenção da totalidade de nossas vidas e requer, em vez disso, que foquemos alguns pequenos aspectos dela". A ideia de que se poderia questionar as principais formas de vida, ou fazer perguntas amplas e vagas como "o que torna a vida digna de ser vivida?", começou a parecer não só irreal, mas irresponsável e prejudicial. "Pois fez a pergunta do significado da vida parecer amadora — uma pergunta que nenhum professor responsável das humanidades poderia levar a sério daqui em diante", escreveu Kronman. O ideal de pesquisa oferece poucos meios para que a universidade envolva o aluno como uma pessoa completa, uma entidade com anseios e fome de significado. Ele diz sutilmente: "Ignore a alma atrás da cortina."

Não que a educação moral tenha sido ativamente expulsa das universidades, mas todo o empreendimento simplesmente se tornou impraticável, e as pessoas mais ou menos desistiram dela. O desenvolvimento moral é tremendamente importante, todos reconhecemos, mas é algo que você faz sozinho. Steven Pinker de Harvard resume o *éthos* de pesquisa da universidade moderna: "Eu não tenho ideia de como fazer meus alunos construírem um eu ou se transformarem em uma alma. Isso não é ensinado na faculdade, e nas centenas de nomeações e promoções de corpo docente em que participei nunca avaliamos um candidato por sua capacidade de conseguir realizar isso."

Os alunos são ensinados a se envolver no pensamento crítico, a duvidar, se distanciar e separar as coisas, mas quase não recebem instruções de como se apegar às coisas, de como admirar, jurar lealdade, copiar e servir. As universidades, como o resto da sociedade, são ricas em informações e pobres em significado.

Felizmente, frequentei uma dessas instituições com um pé no ideal de pesquisa e um pé ainda teimosamente fixo no ideal humanístico, a Universidade de Chicago. Quando a frequentei, o estudo das grandes obras ocupava pelo menos os dois primeiros anos — muitas vezes, mais. Nossos professores não só lecionavam esses livros, eles os catequizavam. Alguns dos velhos refugiados alemães da Segunda Guerra Mundial ainda estavam por perto e mantinham uma crença, com fervor religioso, de que a chave mágica para o reino dos céus estava nesses livros. Os mistérios da vida e de como vivê-la bem estavam lá para serem absorvidos por aqueles dispostos a ler muito e a pensar profundamente.

Quando eu era um estudante, um professor lendário chamado Karl Weintraub ensinava sobre a civilização ocidental. Ele resumia o comprometimento e o zelo que muitos colocam no ensinamento desses livros. Anos mais tarde, quando estava à beira da morte, escreveu para minha colega de classe Carol Quillen sobre as dificuldades de ensinar sobre a civilização ocidental: "Às vezes, depois de passar uma hora ou mais esbanjando todo o meu entusiasmo e minha sensibilidade no esforço de contar essas histórias na totalidade em que as testemunhei e experienciei, sinto-me esgotado e exausto. Acho que isso funciona para o aluno, mas não tenho certeza."

É uma tragédia do ensino que às vezes os professores transmitam para a classe mais do que os alunos são capazes de receber com a idade que têm. E, nesse sentido, o bom ensino é como o cultivo. Professores como Weintraub estavam lançando as sementes que irromperiam em nós anos ou décadas mais tarde, quando as realidades da vida adulta as convocassem. Eu não sei você, mas eu me senti mais formado por minha educação universitária depois de 25 anos do que no dia em que me formei.

Há um velho ditado que diz que se você pegar fogo de entusiasmo as pessoas caminharão quilômetros para vê-lo queimar. Parte da minha educação foi apenas assistir a meus professores queimando. O ensaísta Joseph Epstein, que frequentou a Chicago um quarto de século antes de mim, relembra o mesmo tom de erudição extensiva: "Do abismo profundo da ignorância de minha adolescência tardia", recorda Epstein, "nunca pensei, nem por um momento, que poderia esperar emular tais homens e mulheres. Contudo, de alguma forma, senti que havia algo imensamente impressionante neles. Lembro-me principalmente de ficar imensamente admirado por esses professores e autores." Como diz a filósofa Eva Brann, há uma sensação de humildade prazerosa em saber que você é menor, mas que está ligado pelo amor a algo maior, que reconhece essa superioridade e é inspirada por ela.

Muitos dizem que a civilização ocidental e esse tipo de educação por meio das grandes obras é um empreendimento elitista dominado por homens brancos mortos. Mas a civilização ocidental era e permanece como um radicalismo — uma contracultura revolucionária subversiva que nos impossibilita de continuar satisfeitos com o status quo. A civilização ocidental é Sócrates, um homem tão perigoso que sua cidade não podia tolerar que vivesse nela. A civilização ocidental oferece maneiras de sair da caverna e ver a realidade com suas cores verdadeiras, não apenas as sombras que os ideólogos ficam satisfeitos em ver. Ela me tirou da suposição de minha época, dos valores da meritocracia moderna e da adoração norte-americana do sucesso. A civilização ocidental me inspirou a passar a vida em busca de uma filosofia — a passar décadas tentando encontrar uma visão de mundo capaz de lidar com a complexidade da realidade, mas que também oferecesse uma visão coerente que pudesse estruturar minhas respostas a eventos e me guiar pelas vicissitudes da vida. Ela é a base rebelde à qual retorno quando quero recarregar minhas insatisfações com o mundo atual. Uma vez que você tenha vislumbrado os picos mais altos da experiência humana, fica difícil de viver permanentemente nas planícies. É um pouco difícil de ser superficial mais tarde na vida, não importa o quanto você esteja inclinado nessa direção.

AS VIRTUDES INTELECTUAIS

Os professores da Chicago, como todos os iniciadores, faziam pelo menos seis coisas. Primeiro, recebiam-nos na tradição dos estudiosos, a longa linhagem de homens e mulheres que se dedicam à leitura, ao pensamento, à discussão e à vida mais completa. Deram-nos abertura para uma longa conversa, que, como escreveu o filósofo Michael Oakeshott, é "uma aventura intelectual não ensaiada sem fim em que, na imaginação, entramos em uma variedade de modelos de compreensão do mundo e de nós mesmos e não somos desconcertados pelas diferenças ou desestimulados pela inconclusividade de tudo". Éramos apenas iniciantes nessa procissão eterna, mas ainda éramos parte dela.

Em segundo lugar, eles nos apresentaram a uma variedade de sistemas morais históricos. Todos nós precisamos de uma filosofia de vida construtiva, um conjunto de critérios para determinar o que é mais valioso. Felizmente, ao longo dos séculos, os seres humanos em diferentes épocas e lugares criaram sistemas distintos de valores e modos de encontrar significado no mundo. Existe, por exemplo, a tradição grega, que enfatiza a honra e a glória; a tradição hebraica, que enfatiza a obediência à lei e o rigor da consciência; a tradição cristã, que enfatiza a humildade, a submissão e a graça; o projeto iluminista, baseado na razão, na liberdade pessoal e no respeito aos direitos individuais. Nossos professores colocaram esses e outros sistemas morais diante de nós: estoicismo, romantismo alemão, gnosticismo, budismo, confucionismo, animismo africano, marxismo, feminismo, desconstrucionismo. Eles não nos disseram qual sistema moral seguir, mas nos deram a chance de experimentar diferentes deles e ver qual era mais adequado.

Terceiro, nossos professores nos ensinaram a ver. Ver a realidade parece algo bem direto. Basta olhar e ver o mundo. Mas qualquer um que tenha estado próximo da política sabe quantos de nós veem o mundo com as lentes distorcidas do partidarismo, quantos de nós veem apenas o que queremos ver e quantos de nós veem o mundo com o filtro de nossos medos, nossas inseguranças ou nosso narcisismo.

Ver bem não é natural. É um ato de humildade. Significa tirar seu próprio eu — suas próprias necessidades e desejos — da frente para que consiga ver o que estiver observando como essa coisa realmente é, não apenas como um espelho de seus próprios interesses. Ver bem é uma habilidade aprendida com outras pessoas que enxergam a realidade claramente: Leonardo da Vinci, George Eliot, George Orwell, Jane Jacobs, James Baldwin, Leon Tolstói.

John Ruskin escreveu: "A melhor coisa que uma alma humana pode fazer neste mundo é *ver* algo e dizer o que *viu* de maneira simples. Há centenas de pessoas capazes de falar para cada uma capaz de pensar, mas há milhares capazes de pensar para cada uma capaz de ver."

A quarta coisa que nossos professores faziam era nos ensinar a coragem intelectual. Não existe pensar por si mesmo ou pensar sozinho. Todo pensamento é comunicação, e todos os conceitos na sua cabeça foram herdados de uma procissão de pensadores que remontam a milhares de anos. Somos animais sociais e muito do nosso pensamento está em busca de ligação, não da verdade. Muito do nosso pensamento tenta ter a opinião que o ajudará a ganhar aprovação social e acolhimento nos círculos sociais certos. A parte difícil da vida intelectual é separar o que é verdadeiro do que fará com que gostem de você.

Quinto, eles nos deram conhecimento emocional. Ler Whitman enquanto ele exulta a alegria, estar com Antígona enquanto ela luta para sepultar seu irmão, viajar com Galileu enquanto ele segue suas descobertas para onde quer que elas o levem, estar com o matemático Pascal enquanto ele se sente diretamente na presença de Deus ou viajar com

Sylvia Plath nas profundezas da loucura não é necessariamente aprender um fato novo, mas ter uma nova experiência.

O conhecimento emocional, argumenta Roger Scruton, é saber o que sentir em certas situações — para que você possa ficar adequadamente enojado pela injustiça, adequadamente respeitoso em face a um ato de autossacrifício, adequadamente solidário em uma amizade e adequadamente contido quando injustiçado. Esse conhecimento emocional é uma habilidade que precisa ser adquirida como outra qualquer. Todos nascemos com certas emoções básicas, mas temos que aprender como é estar em circunstâncias que não experimentamos diretamente — a sensação da invisibilidade desumanizadora que Ralph Ellison experimenta em face ao racismo, a sensação de culpa que atormenta um sobrevivente do holocausto. Temos que aprender as emoções refinadas: a tristeza trágica que é adequada quando um bom homem é arruinado por sua própria falha, a coragem obstinada de Joana d'Arc frente ao fogo, a alegria disciplinada que Mozart coloca em sua sinfonia "Júpiter".

Em sexto lugar, a Universidade de Chicago nos deu novas coisas para amar. Todos os homens e mulheres nascem com um desejo de conhecimento. As crianças encaram rodas e alavancas, impulsionadas por uma paixão de compreensão. Todos ficamos um pouco animados quando encontramos uma passagem em um livro que coloca em palavras algo que tínhamos vagamente intuído. Quando um poeta captura uma emoção perfeitamente, ela não parece só verdadeira; parece bela.

Platão aconselhou os professores a aproveitarem esse anseio natural pela beleza. Apresentar cada vez mais objetos belos aos alunos e assim formar sua imaginação de tal forma que, ao envelhecer, desejem cada vez mais coisas substanciais. Começar apresentando a um aluno um rosto belo. Uma vez que ele tenha apreciado a beleza física, será dominado por uma beleza superior, que é a beleza da encantadora personalidade e do amável coração de uma boa pessoa. E, quando entender isso, ele será atraído por uma beleza ainda superior, que é a beleza de uma sociedade justa. E, quando tiver visto isso, sentirá fome de uma beleza mais superior, que é a busca pela verdade e pela sabedoria; e, quando tiver visto isso, sentirá um anseio pela maior forma de beleza, que é a beleza pura, a forma eterna de toda beleza universal transcendente, que nem floresce, nem murcha, à qual nada pode ser acrescentado e da qual nada pode ser subtraído — que para Platão era a própria divindade.

    Os professores da Chicago despertavam essa fome por belezas superiores simplesmente colocando à nossa frente grandes obras-primas, e criando o que só pode ser descrito como uma atmosfera erótica acerca delas. Uma noite, por exemplo, eu estava fazendo meu dever de casa no porão da biblioteca principal da faculdade, que é possivelmente o andar mais feio do prédio mais feio da face da Terra. Minha tarefa era ler uma passagem de *O Nascimento da Tragédia* de Nietzsche. Sentei-me por volta das sete horas e comecei a ler. Por volta das dez e meia olhei para cima, perplexo e chocado, e percebi onde estava. Não sei dizer o que aconteceu nessas horas que se passaram. Acho que foi um tipo de transe. Talvez tenha sido a genialidade perversa de Nietzsche, os encantamentos exorbitantes de sua prosa ou seu assunto, as danças dionisíacas primitivas que milhares de anos atrás levaram ao nascimento do drama. Tudo o que sei dizer é que o resto do mundo desapareceu; o tempo se esvaiu. Eu estava no livro, não em mim mesmo.

    Uma vez que você tenha esse tipo de experiência, desejará tê-la de novo. Nenhum de nos é tão profundo quanto o poeta Rilke, mas podemos entender mais ou menos aonde ele queria chegar: "Estou aprendendo a ver. Eu não sei o que é, mas tudo penetra mais profundamente em mim e não para no lugar em que até agora sempre costumava terminar. Eu tenho um eu interior do qual era ignorante. Tudo vai para ele agora. O que acontece lá eu não sei."

    Entramos em uma faculdade, a maioria de nós, com um certo conjunto de desejos formais que em sua maioria têm a ver com passar uma boa impressão. Mas se a faculdade faz esse trabalho, ela revela o eu interior ou, pelo menos, a possibilidade de um eu interior. "O homem é um ser metafísico", escreveu Jacques Maritain, "um animal que nutre sua vida na transcendência". Ao arrastá-lo para esse nível, uma universidade desperta um novo conjunto de desejos — entender esse reino, compreender algo sobre o eterno.

Os velhos desejos não somem. Você ainda quer ser popular e bonito e se divertir. Mas fica óbvio que há uma hierarquia de desejos. Vale mais a pena querer uma experiência artística sublime do que uma barra de chocolate. A mensagem central é ser vigilante sobre o que ama, porque você se transforma no que deseja.

David Foster Wallace compreendeu a importância de desejar bem em seu famoso discurso de formatura na Kenyon College:

> Nas trincheiras cotidianas da vida adulta, não existe algo como o ateísmo. Não existe tal coisa de não venerar. Todo mundo venera. A única escolha que temos é *o que* venerar. E uma razão extraordinária para escolher algum tipo de deus ou ente espiritual para venerar — seja Jesus Cristo, Alá, Javé, a deusa-mãe Wicca, as Quatro Nobres Verdades ou algum conjunto infrangível de princípios éticos — é que praticamente qualquer outra coisa que você venere o comerá vivo. Ao venerar o dinheiro e os bens materiais — se for deles que você extrai o real significado da vida — então nunca terá o suficiente. Nunca parecerá o bastante. É a verdade. Venere seu próprio corpo, a beleza e a atração sexual, e sempre se sentirá feio; e, quando o tempo e a idade começarem a aparecer, você morrerá um milhão de mortes antes de finalmente ser sepultado... Venere o poder e se sentirá fraco e temeroso, e precisará de ainda mais poder sobre os outros para manter esse medo afastado. Venere seu intelecto, sendo visto como inteligente —, você acabará se sentindo burro, uma fraude, sempre na iminência de ser desmascarado.

As pessoas e as instituições que deixam uma marca lhe dão coisas melhores para amar, um novo campo de conhecimento ou uma nova forma de lapidação ou autorreparo, ou uma nova visão de mudança social. A liderança, escreveu Peter Drucker, "é levantar a visão de uma pessoa para horizontes mais altos, elevar o desempenho de uma pessoa a um padrão superior, construir uma personalidade além de suas limitações normais".

A Universidade de Chicago, quando a frequentei, tinha alguns problemas. Muitos de nós saíram de lá completamente analfabetos no campo do emprego e da carreira. Enquanto tínhamos paixão por ideias, tendíamos a ficar afastados de outros seres humanos. Naquela época, a cultura institucional atraiu os socialmente desajeitados e encorajou uma timidez interpessoal e uma indiferença que levou anos para ser superada, e nunca o foi totalmente. Mas a instituição nos colocou em contato intenso com visões ideais da condição humana. Ela nos deixou conscientes do que as pessoas eram capazes. Ofereceu o verdadeiro vinho e dificultou a satisfação com o vinho barato no decorrer da vida. Todo mundo diz que uma universidade como a de Chicago é um local inebriante e vivo. Mas isso é exatamente o oposto da minha experiência. O que ela fez com mais excelência foi treinar o coração.

Quando relembro nossas discussões em sala de aula, os assuntos de nossos artigos e as conversas desconexas do refeitório e dos bancos de bar, elas tentavam realmente descobrir o que valia a pena querer, qual desejo era melhor do que os outros, quais anseios deveriam ser abraçados e quais deveriam ficar em segundo plano ou ser renunciados.

Um dos melhores elogios que já recebi de um dos meus próprios alunos, em Yale, veio no último dia de aula: "Esta matéria me deixou mais triste", um homem excepcional refletiu. Ele quis dizer isso de um jeito bom, e eu aceitei dessa forma. Uma vez que você tenha sido apresentado para alguns dos maiores amantes da história e tenha visto que tipo de amor é possível, é difícil se sentir completamente satisfeito porque você tem uma média 10. Você sempre será atormentado por um tipo de insatisfação. Além do mais, essa insatisfação nunca sumirá, porque quanto mais progresso você faz em direção aos seus ideais, mais eles parecem recuar à distância. Como os artistas melhoram em seus ofícios, sua visão do que são capazes corre ainda mais à frente.

Mas a alegria máxima não é encontrada em satisfazer seus desejos, mas em mudá-los para que você tenha os melhores desejos. A vida instruída é uma jornada em direção a um amor cada vez mais superior.

VINTE

Compromisso Religioso

O romance *Jayber Crow* de Wendell Berry conta sobre um jovem que teve uma série de fracassos na escola e no trabalho que o deixam sem ter o que fazer e descomprometido. Então, nas profundezas da Grande Depressão, ele coloca suas coisas em uma caixa de papelão e começa a caminhar na direção de sua antiga casa em Port William, Kentucky.

Enquanto caminhava, uma grande chuva torrencial começa a cair, transbordando o Rio Kentucky e levando pontes e casas. Arrastando-se pela noite tempestuosa, ele encontrou uma ponte que ainda estava de pé e imprudentemente a cruzou. De lá do alto da ponte, ele disse que o rio

> era como um elemento vivo. Era como uma grande multidão gritando. E acima ou dentro do alvoroço da água eu podia ouvir o assovio do granizo caindo. Podia sentir o rio pulsando na ponte. Não digo que não tive medo, mas parecia que o medo não estava em mim, mas no ar, como o som do rio. Parecia ser algo no qual eu havia entrado e não esperava sair facilmente ou tão cedo.

Ele podia ver barris, troncos, árvores inteiras e pedaços de casas sendo levados pelas correntes, e uma passagem da Bíblia surgiu em sua cabeça: "E a terra era sem forma e vazia; e havia trevas sobre a face do abismo.

E o Espírito de Deus se movia sobre a face das águas." Era como se Crow estivesse viajando no tempo a uma consciência primitiva:

> Não tenho certeza se sou capaz de descrever o que aconteceu comigo naquele momento ou se ao menos sei. Na época eu certamente não estava tentando contar a mim mesmo. Mas depois de todos os meus anos lendo esse livro e ouvindo sua leitura, acreditando e desacreditando nele, parecia que eu tinha voltado ao princípio — não apenas do livro, mas do mundo — e todo o resto ainda estava por vir. Eu senti o conhecimento rastejando sobre minha pele.

Ele marchou em frente, tentando chegar a Port William, mas constantemente virando em ruas erradas e se perdendo, seus dentes batiam de frio e a fome apunhalava seu estômago. Finalmente chegou a uma cidade em que os refugiados da enchente cambaleavam na câmara municipal em busca de comida e abrigo. Crow se juntou às almas perdidas e ensopadas e foi recebido com amor — voluntários cuidadosos de algum lugar que passavam por eles oferecendo comida e café.

Ele assistiu aos pais pelo salão carinhosamente colocando seus filhos para dormir no abrigo provisório. Estava exausto e fechou os olhos, mas não dormiu. Em sua mente, via o rio de novo. Mas dessa vez, internamente, ele viu o rio todo, seu comprimento total, com correntes carregando troncos, um celeiro e talvez uma casa inteira. O mundo parecia estar sem rumo e ter sido jogado na torrente.

> E eu soube que o Espírito que havia ido para modelar o mundo e fazê-lo viver ainda estava vivo. Eu não tinha dúvidas. Podia ver que vivi no mundo criado e que ele ainda estava sendo criado. Seria parte dele para sempre. Não havia escapatória. O Espírito que o criou estava lá, modelando e remodelando, às vezes descansando, às vezes em pé e se chacoalhando como um cavalo enlameado, respingando para todo lado.

Crow chegou a uma consciência mais profunda naquela noite. Um conhecimento espiritual rastejou, como ele disse, sobre sua pele.

Assim como anteriormente neste livro mencionei que coleciono os relatos de alegria das pessoas, também coleciono seus relatos de experiências místicas. São momentos em que a casca da realidade normal se quebra e as pessoas percebem alguma luz brilhante vinda de algum lugar além.

Muitas dessas experiências, sem surpresa alguma, acontecem na natureza. Em *As Variedades da Experiência Religiosa*, William James cita um homem que teve um desses momentos, tão nítido quanto um trovão:

> Eu me lembro da noite, e quase do local exato no cume, em que minha alma se abriu, por assim dizer, para o Infinito, e havia uma reunião dos dois mundos, o interior e o exterior. Era um chamado profundo até o abismo — o abismo que minha própria luta abrira no interior sendo respondido pelo incomensurável abismo externo, que ia além das estrelas. Eu fiquei sozinho com Aquele que me fez, e com toda a beleza do mundo, o amor, o pesar e até a tentação. Eu não O procurei, mas senti o uníssono perfeito de meu espírito com o Dele.

Um número surpreendente de grandes personagens da história teve experiências místicas enquanto estava na prisão. A experiência de ficar aprisionado leva todo o resto — a luta material, a liberdade externa, seus cronogramas agitados. Pelo menos para algumas pessoas, a experiência interior e os estados espirituais é tudo que resta. Nasce nelas a percepção de que esses estados interiores são, na verdade, a experiência essencial da vida, e tudo mais é secundário.

Anwar Sadat foi preso durante a Segunda Guerra Mundial por tramar contra o imperialismo britânico. Em suas memórias, *In Search of Identity* ["Em Busca da Identidade", em tradução livre], ele relembrou que na prisão "fui capaz de transcender os limites do tempo e do espaço. Espacialmente, eu não vivi em uma cela de quatro paredes, mas no universo inteiro". Com o material tomado, ele de alguma forma se sentiu maior. "Eu senti como se tivesse entrado em um mundo mais vasto e mais bonito, e que minha capacidade de resistência havia redobrado. Senti que podia aguentar a pressão, qualquer que fosse a magnitude de um determinado problema." Sua perspectiva emocional se alterou.

"Quando minha identidade individual se combinou com a vasta entidade de toda a existência, meu ponto de partida se tornou o amor de casa (Egito), o amor de todo ser, o amor de Deus."

Václav Havel cresceu em uma Checoslováquia comunista. A doutrina marxista lançada pelo Estado foi baseada no determinismo material, a crença de que o trabalho que se faz e as condições físicas de vida determinam o que a pessoa é e como ela pensa. Quando Havel foi jogado na prisão em 1977 por sua atividade dissidente, descobriu que esse não era o caso. A realidade material não é a força impulsionadora fundamental na história humana, concluiu; a realidade espiritual é.

"A experiência específica sobre a qual falo me deu uma certeza", escreveu Havel.

> A consciência precede o ser, e não o contrário, como afirmam os marxistas. Por isso, a salvação desse mundo humano reside apenas no coração humano, no poder humano de reflexão, na modéstia humana, na responsabilidade humana. Sem uma revolução global na esfera da consciência humana, nada mudará para melhor.

Havel ficou muito doente na prisão e quase morreu. Um dia, enquanto olhava através da cerca da prisão, viu o topo de uma árvore. Ao observar a árvore, ele foi, como escreveu para sua esposa, Olga,

> tomado por uma sensação que é difícil de descrever: tudo ao mesmo tempo parecia se elevar acima das coordenadas de minha existência momentânea no mundo em um tipo de estado externo ao tempo em que todas as coisas bonitas que já vi e experienciei existiam em um "copresente" total; senti uma sensação de reconciliação, de fato, de um consentimento quase gentil do curso inevitável dos eventos como revelado a mim agora, e isso combinado a uma determinação despreocupada de encarar o que precisava ser encarado.
>
> Um espanto profundo na soberania do Ser se transformou em uma sensação vertiginosa de rolar eternamente para dentro do abismo de seu mistério; uma alegria desenfreada de estar vivo,

de ter tido a chance de viver tudo o que tinha vivido e com o fato de que tudo tem um significado profundo e óbvio — essa alegria formava uma estranha aliança em mim, com um vago horror pela incompreensibilidade e insustentabilidade de tudo ao que eu estava próximo naquele momento, à "beira do infinito"; eu fui inundado por uma sensação de alegria e harmonia máximas com o mundo e comigo mesmo, com aquele momento, com todos os momentos que pude relembrar e com tudo o que era invisível por trás deles e que tivesse significado. Eu diria até que fora, de certa forma, "atingido pelo amor", embora não saiba precisamente por quem ou pelo quê.

Viktor Frankl experienciou a vida nos campos de concentração nazistas como um ataque constante à dignidade de uma pessoa. Ele descobriu que não podia controlar sua vida, mas ele controlaria sua resposta ao que fosse imposto a ele. Podia exercitar um "controle interno", que significava suportar o sofrimento de forma digna. A vida se tornou não apenas uma luta física, mas também espiritual, uma luta para proteger sua própria humanidade das condições desumanizadoras que o cercavam. "Na verdade, houve uma oportunidade e um desafio", escreveu.

Podia-se transformar essas experiências em vitória, transformando a vida em um triunfo interior, ou podia-se ignorar o desafio e simplesmente vegetar.

A forma pela qual um homem aceita seu destino e todo o sofrimento que ele envolve, o modo pelo qual ele carrega sua cruz, dá a ele uma ampla oportunidade — mesmo sob as circunstâncias mais difíceis — de acrescentar um significado mais profundo à sua vida.

Frankl descobriu que, enquanto o corpo cresce de acordo com o que consome, a alma cresce pela medida de amor que transborda.

Nós que vivemos em campos de concentração conseguimos nos lembrar dos homens que andavam pelas cabanas confortando os outros, dando seu último pedaço de pão. Podem ter sido poucos em número, mas ofereceram prova suficiente de que tudo pode ser retirado de um homem exceto por uma coisa — a última das liberdades humanas —, escolher sua própria atitude em qualquer determinada circunstância, escolher seu próprio caminho.

Em uma manhã de inverno, Frankl estava com um grupo de outros prisioneiros cavando uma trincheira no chão congelado. O céu estava cinza, os farrapos que vestiam estavam cinza, seus rostos estavam cinza. Ele começou a conversar, silenciosamente em sua cabeça, com sua amada esposa, muito embora ela estivesse em algum lugar fora do campo e pudesse já estar morta. Ele tentou cavar o chão por horas enquanto declarava seu amor por sua esposa internamente. De repente, um sentimento estranho tomou conta dele:

> Eu senti meu espírito perfurando a tristeza envolvente. Senti que ele transcendia aquele mundo insignificante e irremediável, e de algum lugar eu ouvia um "Sim" vitorioso em resposta à minha pergunta sobre a existência de um propósito máximo.

Naquele momento, uma luz se acendeu em uma casa de fazenda distante.

> O guarda passou me insultando e mais uma vez comunguei com minha amada. Cada vez mais sentia que ela estava presente, que estava comigo; eu tinha a sensação de que era capaz de tocá-la, de esticar minha mão e pegar a dela. A sensação era muito forte; ela estava lá.

Um pássaro voou para baixo silenciosamente e se empoleirou à frente dele. Eles se olharam.

> Pela primeira vez na vida eu vi a verdade como ela é colocada em uma canção por muitos poetas, proclamada como a sabedoria final por tantos pensadores. A verdade — de que o amor é o objetivo final e mais alto ao qual um homem pode almejar. Então

compreendi o significado do maior segredo que a poesia, o pensamento e as crenças humanas precisam transmitir: *a salvação do homem é pelo amor e no amor*. Eu entendo como um homem sem nada mais no mundo pode ainda conhecer o êxtase, mesmo que apenas por um breve momento, na contemplação de seu amor.

Frankl disse que essa foi a primeira vez que compreendeu as palavras: "Os anjos estão perdidos na contemplação da glória infinita." Ele passou o resto de sua longa vida argumentando que o motivo primário do ser humano não é o dinheiro nem a felicidade, mas o significado. Somos impulsionados acima de tudo a entender o propósito de nossas vidas. Uma vez compreendido, mesmo a mais miserável das condições não pode derrubar a paz interior.

Frankl percebeu que não importava se sua amada já tivesse partido deste mundo. Era a abundância de amor que era salvadora. Ele descobriu, no curso de sua pesquisa no campo, que os prisioneiros que morriam rápido por alguma doença ou colapso eram aqueles que não tinham nada fora do campo com que fossem comprometidos. Mas aqueles que sobreviveram tinham algum comprometimento externo que desejavam e os impulsionava, fosse um livro que sentiam que deveriam escrever ou uma esposa à qual sentiam obrigação de voltar.

Um dia, no campo de concentração, ele conheceu uma jovem doente e morrendo na enfermaria. "Sou grata pelo destino ter me derrubado com tanta força", ela disse a ele. "Em minha vida anterior eu era mimada e não levava a sério minhas realizações espirituais."

Ela estava sozinha em seu leito de morte, mas disse a ele que havia feito amizade com a única criatura viva que conseguia ver, uma castanheira do lado de fora de sua janela. "Essa árvore é a única amiga que tenho em minha solidão", ela disse a Frankl. Disse que falava com a árvore com frequência. Assustado, Frankl não soube como responder, mas acabou perguntando se a árvore a respondia. Ela disse que sim. A árvore falou: "Estou aqui, estou aqui, eu sou a vida, a vida eterna." Essa conexão transcendente com a vida eterna explicou a tranquilidade e o bom humor da jovem face à morte.

"Deus a abençoe, prisão", escreveu o dissidente soviético Alexander Soljenítsin em *Arquipélago Gulag*. "Deus a abençoe por ter estado em minha vida. Pois lá, deitado sobre a palha podre da prisão, percebi que o objetivo da vida não é a prosperidade, como somos levados a acreditar, mas a maturidade da alma humana."

No decorrer de sua prisão, Soljenítsin olhou para o guarda que o tratou com mais crueldade. Percebeu que, se o destino o tivesse transformado em guarda em vez de prisioneiro, talvez ele também tivesse sido cruel. Percebeu que o limite entre o bem e o mal não passa por tribos ou nações, mas diretamente por cada coração humano. A prisão e a tirania que ela representava deram a Soljenítsin um sentido de participação em uma história maior: "Sinto-me mais feliz, mais seguro, em pensar que não tenho que planejar e administrar tudo sozinho, que sou apenas uma espada que foi afiada para ferir as forças impuras, uma espada encantada para destruí-las e dispersá-las. Conceda, ó Senhor, que eu não quebre quando proferir o golpe! Não me deixe cair da Tua mão!"

Muitas pessoas olham essas experiências espirituais com pura descrença: Sobre o que diabos você está falando? Muitas pessoas nunca tiveram experiências assim e então, compreensivelmente, têm problemas em acreditar nessas dimensões supostamente ocultas da existência das quais não se pode realmente fornecer evidências. E, francamente, há boas razões para desconfiar dessas experiências. Talvez sejam apenas o produto de alguma combinação de substâncias químicas no cérebro, alguma alucinação, um estado alterado causado pela exaustão ou pelo estresse. Nesse caso, certamente não são algo no qual basear uma vida.

Os crentes, por outro lado, observam os ateus com a mesma descrença. Como escreve Christian Wiman em *My Bright Abyss* ["Meu Abismo Luminoso", em tradução livre],

> De verdade? Você nunca se sentiu tomado por, e de certa forma inadequado a, uma experiência em sua vida, nunca sentiu algo em si reivindicando além do seu eu, algum mistério sem palavras se

estirando por entre palavras para alcançá-lo? *Nunca?* A religião não é feita desses momentos; ela é o meio para fazer que esses momentos sejam parte da sua vida em vez de meramente intrusões radicais tão estranhas e talvez até apavorantes que você não consegue nem reconhecer sua existência depois. A religião é o que você faz com esses momentos de excesso de maestria em sua vida.

O Universo está vivo e conectado, esses momentos nos contam. Há dimensões da existência que você nunca poderia ter imaginado antes. As partículas quânticas inexplicavelmente se viram ao mesmo tempo, muito embora estejam separadas por vastas diferenças de tempo e espaço. De certa forma, o mundo está vivo e se comunicando consigo mesmo. Há alguma força animadora interconectiva, e nós somos inundados por essa força, que chamamos com nosso reles vocabulário de amor.

O esquisito desses momentos é que, como continua Wiman: "Não é como se nós repentinamente percebêssemos algo que na realidade não havíamos percebido antes, mas como se nós mesmos fôssemos percebidos."

VINTE E UM

Uma Reviravolta Muito Inesperada

ALGUMAS PESSOAS TÊM HISTÓRIAS DRAMÁTICAS DE COMO CHEGARAM À FÉ. Uma luz cegante apareceu! Uma voz chamou! As trombetas retumbaram! Eu não tive isso. Estou contando a história de minha jornada para a fé porque, embora cada salto de fé seja místico e absurdo para qualquer lógica normal, quero ilustrar o quanto ele pode ser normal. Pode acontecer a qualquer pessoa com o mínimo de espiritualidade. Mas você acaba em um lugar surpreendente, acreditando que Deus é, nas palavras de Paul Tillich, a base do ser.

Ouvi as histórias bíblicas pela primeira vez quando criança — Noé e a arca, Davi e Golias, Ester e Hamã, Abraão e Isaque. Esses contos eram apenas parte da arquitetura de minha infância. Na minha vida, e até na escola hebraica, eles eram mitos realizando suas funções — ajudar-me a entender o certo e o errado, a lutar com minhas emoções, a compreender o heroísmo e todas aquelas outras coisas do Bruno Bettelheim. Eles também me ajudavam a entender meu grupo, o povo judeu. Aquelas histórias, começando pelas bíblicas e depois combinando as históricas do Hanukkah e do Holocausto, eram histórias do nosso povo e da nossa identidade. Elas me ajudaram a entender a consistência do meu grupo por um vasto horizonte de tempo.

Então, na faculdade e em minha juventude, comecei a usá-las como literatura sapiencial, como ferramentas para entender e resolver os problemas da vida. Os personagens da Bíblia eram seres humanos normais cheios de nuances confrontados por desafios morais. A pergunta-chave é se eles respondem ao desafio com a postura interna correta — se expressam a caridade quando é pedida, o perdão quando é necessário e grande humildade perante a bondade. Davi nos mostra o que é a bravura perante Golias. Salomão ilustra a sabedoria perante a mulher e o bebê. Boaz exemplifica a ternura em relação a Rute. Durante essa fase tive essas histórias sempre à mão, para ver quais informações úteis poderia extrair. Eu era grande e as histórias eram pequenas, apenas um velho livro em minhas mãos para ser usado por mim ao viver minha vida.

Com o passar das décadas, as coisas começaram a mudar imperceptivelmente. A vida aconteceu, e como diz Wiman: "Minhas velhas ideias não eram adequadas para os extremos de alegria e pesar que eu experienciei." Essas histórias sempre voltavam, mas haviam mudado, como se reformadas pela alquimia do tempo. Elas estavam maiores e mais profundas, mais fantásticas e mais surpreendentes. Espera, Deus pediu que Abraão matasse seu próprio filho?

Suponho que isso aconteça com a maioria de nós ao envelhecermos: ficamos menores e nossas dependências aumentam. Ficamos menos fascinados por nós mesmos, menos inclinados a pensar em nós mesmos como autores de tudo o que existe, e ao mesmo tempo percebemos como fomos moldados — pela história, pela família, por forças além da consciência. E acho que o que mudou, da forma mais incremental e tediosa possível, é que em certo ponto eu tive a sensação de que essas histórias não eram contos fabricados acontecendo a outras pessoas possivelmente ficcionais: elas eram uma forma subjacente da realidade. São interpretações dos padrões recorrentes da vida. São roteiros que repetimos.

Adão e Eva experimentaram a tentação e uma queda do estado de graça, e nós experimentamos o mesmo. Moisés levou seu povo da escravidão sinuosamente em direção à terra prometida, e nós tomamos uma jornada espiritual similar. O salmista observou a si mesmo e perguntou: "Alma, por que és tão abatida?", e nós ainda fazemos isso. O filho pródigo retornou, e seu pai, infundido pela graça e pelo amor, correu para recebê-lo. Às vezes nós também somos excessivamente perdoados. Essas histórias não são apenas sobre coisas comuns acontecendo às pessoas. Elas são representações da vida moral contínua. Estamos vivos no mundo natural e usamos a ciência para entender essa camada de vivacidade. Também estamos vivos em outra dimensão, a dimensão do espírito e do significado. Usamos as histórias bíblicas para entender essa dimensão de vivacidade.

Alasdair MacIntyre escreveu: "Só posso responder à pergunta 'O que devo fazer?' se puder responder à pergunta anterior 'De qual história ou histórias faço parte?'" Se não existem histórias abrangentes, então a vida não tem sentido. A vida não parece sem sentido. Essas histórias fornecem, de modo simples e ainda infinitamente complexo, um roteiro vivo. Fornecem o horizonte do significado em que vivemos nossas vidas — não apenas nossas vidas individuais, mas nossas vidas em conjunto. Essas histórias descrevem um grande drama moral, que não é individual, mas compartilhado. Ainda somos parte desse drama, como Jayber Crow coloca, criados e ainda sendo criados.

UMA PEREGRINAÇÃO EM DIREÇÃO À FÉ

Uma peregrinação é uma jornada executada em resposta a uma história. Eu fui criado em uma casa judia, o que significa que fui criado dentro do mito do Êxodo. O maravilhoso do Êxodo é que, como observa o grande estudioso do Torá Avivah Gottlieb Zornberg, foi uma história que aconteceu para ser contada. Deus ordenou que Moisés contasse a história da libertação antes de Ele realmente realizar a libertação.

Quando jovem, eu não sabia se algum dia existira um homem chamado Moisés ou se os judeus haviam sido escravizados no Egito em algum momento. Eu tendia a duvidar. Achava que existiriam mais evidências arqueológicas.

Mas os judeus contam essa história uns aos outros há milhares de anos, e por isso ela se tornou realidade. Ao ser contado e transmitido, o Êxodo se transformou na realidade modeladora da vida judaica, como os judeus compreendem e moldam suas vidas. É como eles entendem o exílio. É por isso que, ano após ano, os judeus continuam a sonhar: ano que vem em Jerusalém! A migração judaica para os Estados Unidos foi a última história de Êxodo. Assim como o retorno para casa, o Estado de Israel. Em todos esses casos, o Êxodo foi recriado. A história era o cenário, a criação viva, em que os judeus viveram suas vidas.

O rabino Abraão Isaac Kook diz claramente: "Com uma consciência penetrante, passamos a perceber que o evento essencial do Êxodo *nunca cessa*. O público e a revelação manifesta da mão de Deus na história mundial é uma explosão de luz da alma divina que vive e age pelo mundo."

O Êxodo é uma jornada de formação espiritual. Escravos no Egito, os judeus não eram capazes de conduzir as próprias vidas. Não eram capazes nem de ser salvos por outros. Eles são descritos como irremediáveis, desmoralizados, passivos, apáticos e mergulhados em desespero. O medo fez com que se fechassem em si mesmos, se tornassem segredistas, inertes e fracos. Reduzidos a um estado infantil pela opressão, são incapazes de aceitar a responsabilidade por eles mesmos.

Deus deve criar um povo capaz de sustentar Sua aliança, capaz de exercitar o livre arbítrio e de aceitar a responsabilidade por suas próprias vidas. Ele os arranca do Egito, e os mantêm se movendo mesmo quando querem voltar se arrastando para a escravidão. Ele força Moisés a assumir o bastão da liderança, embora Moisés tente escapar dessa responsabilidade. Ele força as tribos diversas a se relacionarem umas com as outras e as obriga a superar o medo humano normal de ser julgado e rejeitado. Envia Seu povo para o deserto. Como observa o rabino Nachman de Breslau, a dificuldade pode ter um efeito paradoxal. Ela nem sempre deixa um povo mais passivo; às vezes ela desperta o desejo de retaliar. Os obstáculos podem despertar desejos. Lentamente os israelitas começaram a mostrar sinais de vida.

A jornada pelo deserto não é apenas um suplício que lhes dá força. Eles estão vivendo uma narrativa que lhes dá identidade. Em pouco tempo estão cantando. Eles cruzam o Mar Vermelho, e Miriam e outras mulheres começam a cantar. Logo, são capazes de confiar novamente. O povo que foi traído e oprimido não confia e, portanto, não tem fé. Mas os judeus, mesmo com suas queixas e reclamações constantes, acabam aprendendo que às vezes promessas são cumpridas, que Deus permanece. Eles se transformam em um povo capaz de ter fé, de receber leis, de obedecê-las e de sustentar seu lado da aliança.

É interessante que Moisés desce do Monte Sinai no exato momento em que seu povo está adorando um bezerro de ouro. Levava para eles a lei que os transformaria em um povo adulto no exato momento em que se comportavam como crianças.

Esse é um lembrete de que a passagem para a vida adulta e um salto de fé não acontecem quando você está pronto para isso. Acontece, diz Zornberg, quando você ainda não está pronto. O salto é feito por alguém com pressa, problemas, que está um pouco nervoso, mas ainda cheio de êxtase e energia. O Êxodo não só descreve um grupo heterogêneo de pessoas vagando pelo deserto. Ele descreve como um povo resiliente é formado. É uma história eterna de formação espiritual e moral que acontece repetidas vezes.

Meus ancestrais também viveram em um estado de medo de ocultação, curvando-se pelo terror trazido pelos enormes cossacos, a violência do pogrom. Eles também tiveram que ser despertados por uma jornada pelo deserto e pela chegada difícil a uma nova terra. Eles também chegaram com um desejo despertado. Minha tataravó materna abriu um açougue kosher no leste da ponta sul de Manhattan, casou-se com um judeu alemão e começou sua grande escalada. O açougue prosperou e isso liberou meu avô, Bernard Levy, para ir à City College, a faculdade comunitária em que os jovens judeus iam para prosperar nos Estados Unidos.

Meu avô foi então para a Columbia Law School, adotou o nome do meio "Justinian" para se distinguir de outros Levys e conseguiu um emprego em um escritório de advocacia no Woolworth Building, que já foi o edifício mais alto do mundo. Outro degrau conquistado. Ele passou muito de seu tempo escrevendo resumos e parte tentando fazer com que suas cartas ao editor fossem publicadas no *New York Times*.

Ele não viveu para me ver colunista lá, mas foi quem me colocou nesse caminho. Ele me mostrou a rota ascendente, a longa jornada que nosso povo devia percorrer dos apartamentos abarrotados no Brooklyn, no Bronx e no leste da ponta sul de Manhattan para os panoramas reluzentes da Madison Avenue, da Fifth Avenue, a terra prometida. Ele me escreveu lindas cartas contando as histórias da família — os ditados duros de sua mãe, seus próprios truques para conseguir vantagens (sempre comprar os melhores sapatos que conseguir pagar). Ele ficava encantado com o que eu escrevia e me mostrou que é possível escrever para subir na vida. O Êxodo não foi realizado com os pés pela minha geração, mas com nossa astúcia. Ele e sua filha, minha mãe, sutilmente me transmitiram a mentalidade imigrante — a sensação de ser um forasteiro, mas também um pouco mais inteligente e mais trabalhador do que os locais. A cultura dos judeus imigrantes instilava uma fome ardente de realização. A fome, uma vez implantada, permanece enquanto você envelhece, mas o alimento que ela busca muda. O sucesso não é mais suficiente.

Só recitávamos o Shemá nas grandes festas, mas falávamos "Você sabia que _____ é judeu?" todos os dias. Todos os gênios eram judeus: Einstein, Freud, Marx, Lionel Trilling. Todos os artistas eram judeus: os Gershwin, os Irmãos Marx, Lauren Bacall e Kirk Douglas, Sandy Koufax e Woody Allen. Todos os escritores, todos os dramaturgos e, sim, até alguns ícones eram surpreendentemente judeus: Marilyn Monroe, Bob Dylan e Sammy Davis Jr. O Êxodo era a jornada da obscuridade à realização. Era uma jornada do esquecimento para a excelência. Havíamos trocado as túnicas dos justos pelo sonho do Prêmio Nobel. Israel não era mais tanto a Terra Santa; era o pequeno Davi que derrotou Golias e venceu a Guerra dos Seis Dias. No Êxodo moderno, cada pequeno Ralph Lifshitz poderia crescer e se transformar em um Ralph Lauren.

Eu tive uma infância fantasticamente feliz. Meus pais me ofereceram apoio, atenção, diálogo e amor, embora nunca tenha sido realmente expressado em palavras ou em abraços. Eu sabia o que significava ser amado, mas não sabia como expressar isso. Por exemplo, quando tinha cerca de 22 anos, visitei meu avô no hospital. Seu quarto estava sufocantemente quente e ele estava sentado em uma cadeira vestindo um roupão. Os médicos não lhe deram muito tempo de vida.

"Estou condenado", ele me disse quando entrei. Conversamos amenidades por algumas horas e quando me levantei para ir embora ele deixou escapar um soluço e me disse: "Ah, Deus, eu amo tanto você." Minha família sempre demonstrara e presumira o amor, mas não falávamos sobre isso. Eu congelei, inexperiente, sem saber o que dizer. Acho que foi um bloqueio do coração. Eu reconheci seu amor, mas fiquei muito inibido para dizer que também o amava, e ele morreu sem nunca ouvir essas palavras vindas de mim.

Esse foi o *éthos* judeu de minha infância. Imagine um futuro melhor; crie um futuro melhor. Não deixe que nos destruam. Prospere na terra prometida. Era um *éthos* mundano, mas surgiu de outro mais profundo e mais eterno. Somos comandados a cocriar o mundo. Somos comandados a terminar o que Deus começou. Nossa salvação comum vem por meio dos trabalhos e das boas ações. Salvação por meio do trabalho. Sobrevivência por meio da inteligência. Justiça é algo que você alcança em conjunto, coletivamente como um povo. E, então, você discute sobre ela à mesa de jantar. Se eu tivesse que capturar o âmago da experiência judia, seria o seguinte: 18 pessoas sentadas em volta de uma mesa de jantar do Shabat, todas elas falando ao mesmo tempo, todas elas acompanhando as 18 conversas que cruzam simultaneamente a mesa, todas elas corrigindo as 18 coisas erradas que as pessoas acabaram de dizer.

GRAÇA

A outra coisa estranha sobre a minha história de Êxodo é que ela leva à igreja. Um dos meios que os judeus nova-iorquinos foram assimilados no meio do século XX foi abraçando a anglofilia. A aristocracia inglesa refinada, elegante e controlada parecia o ponto mais distante possível dos grupos discordantes dos shtetls ucranianos, o passado do qual os judeus norte-americanos fugiam.

Um certo tipo de judeu se tornou anglófilo. O slogan era: "Pense como iídiche, aja como britânico." Judeus como Isaiah Berlin, Gertrude Himmelfarb e Lionel Trilling se agarraram a Dickens, Shakespeare, Burke e Jane Austen. Pais judeus começaram a dar a seus filhos nomes ingleses na esperança de que ninguém pensasse que seus filhos eram judeus: Norman, Irving, Milton, Sidney e Lionel. (Não funcionou; agora todo mundo acha que esses nomes são nomes judeus.)

Meus pais estudaram literatura e história vitorianas. Os nomes das tartarugas que tive quando criança eram Disraeli e Gladstone, em homenagem aos dois primeiros-ministros vitorianos. A poesia em nossa casa era de Auden. Eu acabei passando minha infância com os episcopalianos. Minha creche se chamava St. George's. Minha escola fundamental era a Grace Church School, na parte sul da Broadway em Manhattan. Meu acampamento de verão, que frequentei por 15 anos e foi o centro da minha infância, era o Incarnation Camp, patrocinado pela Church of the Incarnation na Madison Avenue.

Nunca podemos saber como os momentos preciosos da primeira infância moldam uma vida. As influências vêm e são enterradas tão profundamente que é difícil ver o mecanismo pelo qual exercem seu poder. Mas eu me lembro de sentar nas missas da capela a cada manhã na Grace Church School, cantando hinos e recitando orações e, principalmente, observando os arcos góticos ascendentes da abóbada. Eu amava as canções, mas era a arquitetura que comunicava um sentido de imponência — o complexo trançar de colunas, os heróis bíblicos olhando para baixo dos vitrais, os bancos de madeira escura. Eu vivia em um conto de fadas, uma terra de figuras eternas, forças ocultas, cavalheirismo e profundidade infinita.

Os primeiros vislumbres de fé vieram a mim na forma de arquitetura — durante essas manhãs na Grace e, então, dez anos mais tarde na Chartres. A Grace Church fica na rua Tenth com a Broadway, próxima de uma livraria Strand. Fica em uma parte normal e lotada de Manhattan, e na verdade a Broadway se curva para acomodá-la. Mas deixar a calçada e entrar na igreja é como caminhar para uma história mais profunda. O Reino dos Céus é anunciado em sua fachada; você mergulha em uma reverência apressada ao atravessar as portas enquanto o mundo desaparece; você toma a jornada lenta pelo corredor e vislumbra os heróis da fé nas capelas e janelas de ambos os lados. Há o momento de iluminação no transepto, enquanto a luz, vinda de todas as direções, inunda o ambiente, e então ao se virar vê a glória das rosáceas. Grace não é uma igreja grande, mas parecia infinita para mim.

Aprendi o Pai Nosso na Grace, os hinos e as liturgias, e é claro que me familiarizei com a história de Jesus. De certa forma, eu sabia que ele estava no outro time. Havia muitos judeus na Grace naquele tempo, e nós não cantávamos seu nome quando surgia nos hinos. Em minha memória, o volume da prece diminuía.

Nesse contexto, a história de Jesus é um mito bem familiar, que provavelmente se repete em todas as culturas: a cidade está dividida por ciclos de vingança e retaliação. A única maneira de expurgar o ódio e a divisão é juntando os pecados da comunidade em um bode expiatório. É banindo o bode expiatório que os pecados da sociedade podem ser externalizados e expurgados. É matando o bode expiatório que essa unidade é alcançada.

Jesus é o bode expiatório clássico, o forasteiro inocente ao redor do qual todos os grupos poderiam se unir em sua sede de sangue e jogar seu ódio. A única coisa diferente na história de Jesus — e essa é uma grande diferença — é que nela Jesus veio à Terra precisamente para ser um bode expiatório. Ele se voluntariou para esse trabalho, perdoou aqueles que o executaram e carregou por vontade própria os pecados do mundo em suas costas. Ele veio precisamente para se curvar, para sofrer e para salvar o mundo. Não veio para ser o incrível Messias conquistador que a maioria de nós gostaria, mas para ser o cordeiro, para submeter-se, para amar seus inimigos. Ele não veio para ser a vítima do pecado, mas a solução. Sua força era autossacrificial e sua arma era o amor para que nós pudéssemos viver.

Essa é uma reviravolta inteligente.

ANFÍBIO

Em meu mundo semissecular da Nova York judaica, colocamos nossa identidade como povo antes da fé. Vivíamos à sombra do Holocausto, então a sobrevivência não era subestimada. Celebrávamos o esforço, o trabalho, a inteligência, a disciplina, a realização, a conquista. Na tradição rabínica, o Messias era associado à pobreza, a justiça era associada aos pobres e aos miseráveis. Mas o judaísmo não é vivido dessa forma na cultura norte-americana. Seguíamos na direção da realização.

Mas a história de Jesus não falava da realização mundana. Era quase o oposto. Jesus se curvou a fim de se elevar; morreu para que outros pudessem viver. Os cristãos não são salvos pelo trabalho, mas pela fé. Na verdade, você não pode receber o prêmio da salvação, porque ele já lhe foi dado pela graça.

Na história cristã, os pobres estão mais próximos de Deus, não os realizados; as crianças e não os proeminentes. Os humildes são os abençoados — os leprosos, os feridos e aqueles que suportam a dor. Jesus estava levemente desinteressado nos ricos e poderosos, que poderiam ter feito muito bem a ele e acerca de quem tudo no mundo externo gira. Ele foi atraído para baixo — para a prostituta, o rejeitado e a viúva.

Na história da minha infância, os ambiciosos são abençoados pois fazem o que tem que ser feito. Mas o modo cristão é o menor — pequenos atos de bondade radical feitos com muito amor. No meu mundo, você assume as rédeas da vida, exercitando a ação. Mas, no mundo cristão, você não é nem dono de si mesmo. Seus talentos meramente fluem pelo seu corpo; você se doa a quem o criou.

No meu mundo infantil, você se libertava da escravidão da opressão de outros homens. Jesus também oferecia a libertação da escravidão, mas um tipo diferente de escravidão — a do orgulho, do ego, do eu. Em meu mundo, a sabedoria era reverenciada; mas, no mundo cristão, Deus escolhia as tolices do mundo para confundir os sábios e escolhia os fracos para envergonhar os fortes. Os humildes herdarão a terra.

Eu fui e permaneço um anfíbio, vivendo metade do tempo na água, metade na terra. Gostaria de poder me lembrar de ficar confuso pelas duas histórias diferentes que rondavam em minha cabeça. Mas a verdade é que eu não me lembro disso. Apenas fui criado em um dualismo.

O judaísmo veio a mim por meio da preciosa linhagem da minha família e do nosso povo, especialmente todos aqueles tios-avós e tias-avós com seu iídiche, seus nomes estranhos (Aggie e Fagel), seus Kneidlakh, o modo que conseguiam brigar e gritar uns com os outros por horas ao redor da mesa da cozinha. O cristianismo chegou a mim como um braço em torno dos meus ombros, um abraço, o contato suado de um jogo de basquete.

Começando aos seis anos, passei meus verões no Incarnation Camp, dois meses por ano que ofuscavam os outros dez. O acampamento era episcopal no tipo da linha principal progressiva — nós cantávamos "Puff, the Magic Dragon" e "If I Had a Hammer" e também "Lord of the Dance". Estávamos sempre levantando, resplandecendo e com a glória do Senhor nascendo sobre nós. No entanto, as únicas pessoas explicitamente religiosas eram o grupo de hippies cristãos chamado de God Squadder, que tocavam seus violões, fumavam maconha e expressavam seu amor por Jesus por meio de seus cortes de cabelo. Mas todo o restante era implicitamente cristão. Havia vários filhos de pregadores que foram criados com o Evangelho e, boa parte do tempo, o exemplificavam. Não havia sucesso ou fracasso no Incarnation, nem mesmo muito status ou falta dele. Havia amor, em um fluxo livre e sem acanhamento.

Vivíamos em barracas, cozinhávamos sobre uma fogueira, nadávamos e velejávamos em um lago com 1,5km de comprimento e a intimidade era algo imposto. Incarnation é a comunidade integrada mais bem-sucedida que já experienciei. Metade dos campistas eram de Westchester ou de escolas privadas de renome em Manhattan, e a outra metade era das áreas mais pobres do Brooklyn e do Bronx. Nós aprendemos a ter coragem — a saltar de um rochedo para mergulhar no lago, a descer as corredeiras de canoa, a nos esgueirar pelo acampamento à meia-noite para encontrar a namorada. Todo rito de passagem adolescente significativo aconteceu no Incarnation — maconha, primeira bebida alcoólica, primeiro beijo, a primeira troca de carícias íntimas, e um pouco mais. Todas as sensações metafísicas iniciais também aconteceram lá — a sensação de ver uma montanha ao amanhecer em uma viagem de canoa, o modo que uma simples pedra pode ser coberta de encanto quando foi o lugar que você ficou sentado durante os primeiros êxtases do amor adolescente. Eu ainda tenho alguns amigos do ensino médio ou da faculdade, mas cerca de 40 ou 50 amigos de longa data do acampamento, e por décadas eles nem tinham percebido que eu, Brooksie, tinha um primeiro nome.

Muitas pessoas deixaram uma marca no Incarnation, mas escolherei apenas uma, um orientador e diretor de unidade chamado Wes Wubbenhorst. Ele era um criança bobo, grande e atlético. Suas conversas sempre transbordavam entusiasmo, entremeadas por assovios, estouros, exclamações estranhas, risadas repentinas e bom humor. Ele estava sempre interrompendo a si mesmo na metade das frases quando outra coisa que o encantava passava por sua consciência. Viveu até passar dos 60 anos e passou pelas partes mais obscuras do mundo, mas não acho que tenha aprendido a falar do jeito sério que os adultos falam. Alguma parte dele permaneceu para sempre como uma criança abençoada.

Passei a reconhecer pessoas formadas por um acampamento, e elas muitas vezes tinham o mesmo que Wes: um entusiasmo efervescente, um resplendor, um guarda-roupas cheio de tênis velhos, shorts esfarrapados e camisetas rasgadas. Mais tarde, Wes tornou-se um padre episcopal. Ele pregou aos pobres em Honduras, confortou vítimas de violência doméstica. Seu Deus era um Deus de amor, e sua vida no acampamento foi um treinamento para sua missão de amor altruísta. Como diz o ditado, ele foi um homem do povo: acordando-o entusiasticamente pela manhã e ninando-o todas as noites, o melhor jogador de passes na quadra de basquete que já encontrei. Quando alguém fazia algo extraordinariamente idiota, ele só sorria e suspirava fascinado pelas maluquices da vida.

Quando eu era um orientador de 17 anos e ele tinha provavelmente 25 anos, caminhávamos por um campo de jogos e ele me disse que um dia eu seria famoso. Naquela época recebi isso como um elogio. Mas décadas mais tarde o visitei em Annapolis no dia de sua morte. Wes não falava mais, apenas gesticulava e fazia sons disformes. Eu não soube dizer se ele entendeu alguma coisa do que disse a ele sobre minha caminhada de fé sinuosa, os amores em minha vida, mas ao ir embora me ocorreu que talvez houvesse um aviso incorporado em sua antiga previsão sobre minha vida. Wes vinha de um ponto de vista radical que eu não compreendia na época.

A religião não produz muitas pessoas verdadeiramente boas, como Wes, como poderíamos pensar. As pessoas religiosas falam tanto sobre santidade e bondade e amor, que dá para pensar que seriam pessoas com mais virtudes do que os ateus e agnósticos. Em minha experiência, não são, e algumas pessoas religiosas, como os padres católicos que assediam crianças, têm vidas muito religiosas que também são muito ruins.

Mas eu acho que a religião aponta a pessoa em direção a certas visões de bondade. Ao crescer, experimentei um tipo de bondade estereotipicamente judaica. É o *chessed*, a bondade benevolente. São os olhos sorridentes de um sábio rabino reluzindo através de sua barba; é a afeição da Bubbe servindo-o pela segunda vez em uma refeição do Shabat; são os bons de uma comunidade deixando tudo de lado pelo Shivá, a bondade larga de um mensch, todo um povo girando feito um farol quando um judeu é assassinado. É uma bondade terrena, uma bondade popular e dos ricos, englobando a bondade de uma família reunida para uma refeição comemorativa.

Wes era um tipo de bondade diferente, e eu a associava a um tipo de bondade cristã. É simples, sincera, animada, pura, transbordando alegria e um apagamento do eu no dom do amor. Wes só não pensava muito em si mesmo. Talvez por eu ter crescido com ele, o bem judaico fazia sentido para mim. O bem cristão tem o poder de chocar. Como Dorothy Day disse um dia, os cristãos são comandados a viver de uma forma que não faz sentido a não ser que Deus exista.

Às vezes é difícil estar próximo do bem cristão. Ele não é deste mundo, e a justaposição choca. Por exemplo, Jean Vanier passou 7 anos na Marinha Britânica, começando em 1942. Mais tarde notou o modo como as pessoas com problemas mentais eram maltratadas e descartadas pela sociedade em manicômios terríveis. Ele visitou os manicômios e notou que ninguém lá estava chorando. "Quando percebem que ninguém se importa, que ninguém as responde, as crianças não choram mais. Isso exige energia demais. Nós só gritamos quando há esperança de que alguém nos ouvirá." Ele comprou uma casa pequena perto de Paris e começou uma comunidade para pessoas com problemas mentais. Pouco tempo depois havia 134 comunidades do tipo em 35 países.

Vanier exemplifica um altruísmo quase assustador. Ele pensa e se preocupa tão pouco consigo mesmo. Vive quase um dom puro. Pessoas que o conheceram relatam que isso pode ter um efeito preocupante. Vanier saiu de uma sociedade que celebra os bem-sucedidos e os fortes para dedicar sua vida puramente aos fracos. Ele o fez porque entende sua própria fraqueza. "Nós, seres humanos, somos basicamente iguais", escreveu. "Todos pertencemos a uma humanidade quebrada comum. Todos temos corações vulneráveis e feridos. Cada um de nós precisa se sentir valorizado e compreendido; todos precisamos de ajuda."

Ele também entende a beleza da fraqueza. "A fraqueza carrega dentro de si um poder secreto. O cuidado e a confiança que fluem da fraqueza podem abrir um coração. O mais fraco pode evocar poderes de amor no mais forte."

Uma das pessoas influenciadas por Vanier foi Henri Nouwen, que deixou seus cargos de professor em Harvard e Yale para que pudesse viver em uma das comunidades L'Arche de Vanier, servindo pessoas tão mentalmente problemáticas que algumas eram até incapazes de agradecê-lo.

Quando Nouwen deixava a comunidade L'Arche para palestrar, normalmente levava pacientes da comunidade com ele na viagem. Um dia, em uma viagem para Washington, levou um homem chamado Bill. Quando Nouwen subiu ao palco para transmitir suas observações, Bill também subiu ao palco. Quando Nouwen repetiu um tema recorrente de seus discursos, Bill anunciou ao público: "Eu já ouvi isso antes!" Quando Nouwen terminou e foi aplaudido de pé, Bill anunciou que ele também gostaria de fazer um discurso. Uma pontada de pânico passou pela mente de Nouwen. O que diabos Bill diria? Ele pode divagar e criar um constrangimento. Mas Nouwen percebeu que era presunçoso de sua parte pensar que Bill não teria nada importante a dizer e o levou até o microfone.

Bill disse: "Da última vez, quando Henri foi a Boston, ele levou John Smeltzer junto. Dessa vez ele quis que eu viesse com ele para Washington, e estou muito feliz de estar aqui com vocês. Muito obrigado." E foi isso. O público se levantou. Bill também foi aplaudido de pé.

Em seguida, Bill passou de pessoa em pessoa dizendo olá. No café da manhã do dia seguinte, passou de mesa em mesa dando adeus às pessoas que havia conhecido. No voo para casa perguntou a Nouwen se ele havia gostado da viagem. "Ah, sim", Nouwen respondeu. "Foi uma viagem maravilhosa e estou muito feliz por você ter vindo comigo."

"E nós conseguimos isso juntos, não foi?"

Então Nouwen pensou nas palavras de Jesus: "Onde estiverem dois ou três reunidos em meu nome, aí estou eu no meio deles."

MATURIDADE

Parece que vivo minha vida como o que meu amigo Mako Fujimura chama de "caçador de fronteiras", perpetuamente no limite entre mundos diferentes. Politicamente, não sou nem de esquerda, nem de direita. Profissionalmente, não sou nem muito acadêmico, nem bem um jornalista. Em termos de temperamento, não sou nem racional, nem muito romântico.

Alguém deveria gritar para mim: decida-se sobre alguma coisa! E às vezes me pergunto se isso vem de ter passado minha infância no limite entre dois grandes sistemas morais. Eu percebi que, teoricamente, tanto o judaísmo quanto o cristianismo contêm o majestoso e o humilde, a glória do anseio e a santa submissão. Mas eu não cresci em um livro de teologia; cresci na versão norte-americana do judaísmo do final do século XX e na versão do cristianismo do final do século XX. Cresci sendo ou o judeu mais cristão da face da Terra ou o maior cristão judeu, uma situação difícil à qual pude sobreviver devido ao fato de que eu tinha certeza de que Deus não existia, então toda a questão tinha meramente uma importância teórica.

Não vou entediá-lo com uma descrição de minhas décadas de ateísmo. Dizem que a religião é o ópio do povo, mas eu achei a vida ateísta surpreendentemente despreocupada. É claro que eu estava na presença da religião. Quase todos os meus amigos mais próximos eram judeus. Era uma ironia à primeira vista. Falávamos a mesma língua e contávamos as mesmas piadas. Mas os cristãos tinham sua atração magnética: os escritos de Reinhold Niebuhr, as pinturas de Fra Angelico, meu mentor William F. Buckley, aquela cena próxima do final de *Memórias de Brideshead*, quando o patriarca da família aceita Cristo em seu leito de morte e a estrutura da humanidade é dividida em duas.

Na faculdade conheci e, mais tarde me casei, com uma mulher forte e inteligente. Nós nos casamos em uma Igreja Unitária, mas alguns anos mais tarde ela se converteu ao judaísmo, foi trabalhar em nossa sinagoga e decidiu que queria manter um lar kosher e enviar nossos filhos para escolas judaicas. Eu estava em uma trajetória afastada do judaísmo, mas voltei. Resolvemos manter a vida haláchica: a vida de regras kosher, proibições estranhas, comunidade rica e o ciclo de feriados judaicos.

Seu comprometimento com o judaísmo é profundo e impressionante, e se intensificou ano após ano. Nós não nos comunicamos muito sobre esse assunto, mas quando o fazemos há uma grande sabedoria e aprendizado para ela. Agora sua vida é um comprometimento de estudo e de serviço ao Torá, ao judaísmo, aos seus amigos e à sua comunidade.

Minha atitude em relação às regras kosher oscilaram entre um ressentimento feroz e um respeito profundo. Eu ressentia uma prática que pode cair em um legalismo seco e pedante. A ideia é que a mudança de comportamento preceda e cause uma mudança interna (uma crença bem suportada pela psicologia experimental). "Quando o homem haláchico aborda a realidade", escreve Joseph Soloveitchik, "ele vem com seu Torá, dado a ele pelo Sinai, em mãos. Orienta a si mesmo a um mundo por meios de estatutos fixos e princípios firmes. Todo um corpus de preceitos e leis o guiam pelo caminho que leva à existência. Quando Ele observa o horizonte e vê o sol nascer ou se pôr, sabe que cada ocasião vem com mandamentos a serem executados, o Shemá matutino, o ritual do tefilin e assim por diante. Quando passa por uma nascente, ele sabe para que pode usar a água: imersão, expiação do pecado, beber. Tem bênçãos para cada ocasião e orações para cada ação."

Esses rituais e essas bênçãos enraízam a vida terrena. O judaísmo, continua Soloveitchik, é uma "religião concreta, uma religião da vida dos sentidos, em que há a visão, o olfato e o tato, uma religião em que um homem de carne e osso pode sentir com todos os seus sentidos, tendões, órgãos, com todo o seu ser". Ao mesmo tempo, esses mandamentos também apontam para um ideal superior. Eles mantêm um padrão ideal e descrevem o relacionamento entre nossa realidade concreta e a divindade. "A transcendência passa a estar incorporada nos feitos do homem", continua Soloveitchik, "feitos que são moldados pela ordem física legítima da qual o homem faz parte".

O judeu não experiencia a fé primariamente na solidão. Ele a experiencia primeiro em comunidade, no que faz com os outros. A sinagoga não é o lócus da vida judaica. A mesa de jantar do Shabat sim. Minha regra geral é que a maioria dos serviços da igreja são mais espirituais do que os da sinagoga, mas um jantar de Shabat pode ser mais espiritual do que qualquer serviço da igreja.

O judeu não busca uma existência eterna e purificada em algum outro mundo depois da morte. "É melhor uma hora de Torá e boas ações neste mundo do que toda uma vida no mundo que virá", declarou um antigo estudioso. No judaísmo, este mundo é o palco sobre o qual a santidade pode ser alcançada. O judeu busca cumprir os 613 mandamentos que governam a vida nesta Terra. Poucos desses mandamentos têm a ver com a crença religiosa, e menos de 5% têm a ver com as coisas que uma pessoa deveria proferir, como orações e juramentos. Sessenta por cento deles, aponta o filósofo norte-americano Abraham Kaplan, têm a ver com o ritual físico, o acender de velas, o ritual do banho ou usar ramos de palmeira de determinada maneira — eles têm a ver com a execução das coisas.

Esses rituais e essas boas ações são um tipo de linguagem, argumenta Kaplan, e ao realizá-los agimos de acordo com as regras de gramática e sintaxe de uma linguagem profunda demais para ser transmitida em palavras. Depois de um tempo, os rituais não parecem atos que um livro manda executar; eles parecem emergir do centro de seu próprio ser.

O judaísmo exige certa ação criativa. "A santidade é criada pelo homem, por carne e sangue", escreve Soloveitchik. Muitos judeus têm um certo bloqueio mental quando pensam na vida após a morte. O primeiro problema com o próximo mundo é que ele já é perfeito, não é preciso construí-lo e consertá-lo. Então como pode ser tão bom?

Ocasionalmente o cristianismo aparecia em minha vida. Por exemplo, em um coquetel em 2004, alguém mencionou um nome desconhecido, John Stott. Eu liguei para um amigo, Michael Cromartie, que me disse que se os evangélicos tivessem um papa seria Stott. Ele era, possivelmente, o evangélico ativo mais influente. Fiz umas pesquisas e descobri que, com apenas uma exceção, em 1956, seu nome nunca havia aparecido no *New York Times*. Então decidi aprender sobre ele e escrever uma coluna chamada "Who Is John Stott?" ["Quem É John Stott?"].

Para todos que vivem na cultura secular, o primeiro encontro com um cristão alegre e inteligente parece um choque. Somos acostumados a desprezar tipos como Franklin Graham/Pat Robertson, mas é inquietante encontrar um cristão que, no geral, você gostaria muito de ser. A voz de Stott, escrevi, "é amigável, cortês e natural. É humilde e autocrítica, mas também confiante, alegre e otimista. A missão de Stott é atravessar toda a incrustação e compartilhar um contato direto com Jesus. Ele diz que a principal mensagem do Evangelho não são os ensinamentos de Jesus, mas a figura humana/divina do próprio Jesus. Stott está sempre fazendo com que as pessoas voltem à realidade concreta da vida e do sacrifício de Jesus". É uma questão de pensar como Cristo.

Em Stott conheci alguém totalmente confiante de sua fé, mas ainda atraído por seus paradoxos. Jesus ensina a humildade, então por que ele sempre fala de si mesmo? O que significa ganhar poder por meio da fraqueza, ou liberdade por meio da obediência? Em Stott encontrei uma versão mais incontrita e direta do cristianismo. "Toda vez que olhamos a cruz, Cristo parece estar nos dizendo: 'Estou aqui por você'", escreveu Stott. "'São os seus pecados que carrego, de sua maldição que sofro, sua dívida que pago, sua morte que morro.' Nada na história ou no Universo nos critica como a cruz. Todos nós temos visões grandiosas de nós mesmos, especialmente presunçosas, até que visitemos um lugar chamado Calvário. É lá, aos pés da cruz, que somos reduzidos ao nosso verdadeiro tamanho."

Quando Stott veio a Washington, chamou-me para almoçar. Descobri muitos anos mais tarde, depois de sua morte, que ele havia passado algum tempo ponderando, orando e falando com os outros sobre como conduzir esse almoço comigo. Disse aos seus amigos que sentiu um certo tremor no modo como escrevi a coluna, algum movimento ou premonição de fé. No almoço conversamos um pouco e então ele me questionou de forma dura e direta: no que eu acreditava? Onde estava em minha jornada de fé? O que eu achava do Evangelho? O que achava do judaísmo? Ele me disse que sentiu algo em mim, um movimento em direção a Deus. Eu achei que estávamos lá para falar dele, mas ele só estava interessado em mim.

Fiquei inquieto. Se o cão de guarda dos céus estava mordendo meus calcanhares, havia algo que eu não sentia ou uma verdade que não queria encarar. Eu devia saber inconscientemente o quanto isso perturbaria a minha vida. Fechei a abertura e bloqueei a luz.

Mas outras rachaduras começaram a aparecer — no início era de vez em quando, e depois um jato constante. Momentos de transcendência espiritual vinham a mim com uma beleza hipnotizante. A Catedral de Notre-Dame de Chartres me encanta sempre que a visito, como um ponto de contato entre nosso mundo e outro invisível. Em *A Estrada para o Caráter* descrevo indivíduos incríveis. Cerca de dois terços deles eram seculares, mas Dorothy Day estava entre eles, uma das pessoas mais emocionalmente ricas e espiritualmente profundas que já conheci. Day descobriu a fé com o nascimento de sua filha — ela sentiu tanta alegria que precisou de algo para venerar, agradecer e adorar. Ela entregou sua vida para a fé, acolhendo a pobreza, servindo aos pobres, vivendo com os necessitados.

Próximo do fim da vida de Day, Robert Coles perguntou se ela tinha planos de escrever suas memórias. Ela era uma escritora maravilhosa e prolífica, então era uma pergunta natural a se fazer. Ela disse a Coles que um dia pensara em fazer isso, e havia pego um pedaço de papel no qual escreveu "Memórias de uma Vida". Então, "apenas me sentei lá e pensei em nosso Senhor, e em Sua visita a nós todos aqueles séculos atrás, e eu disse a mim mesma que minha maior sorte era ter Ele em minha mente por tanto tempo em minha vida". Ela não sentiu necessidade de escrever nada.

Como deve ser sentir tanta paz e tranquilidade?

Outro personagem do livro foi Santo Agostinho, um homem de brilhantismo impressionante. A cena de conversão de Agostinho é famosa, suas orações são um pouco menos. Fui dominado por elas. A minha favorita é uma oração chamada "Mas, que amo eu, quando te amo?".

> Não amo a beleza do corpo, nem o esplendor fugaz, nem a claridade da luz, tão cara a estes meus olhos, nem as doces melodias das mais diversas canções, nem a fragrância de flores, de unguentos e de aromas, nem o maná, nem o mel, nem os membros tão afeitos aos amplexos da carne. Nada disso amo quando amo o meu Deus. E, contudo, amo uma luz, uma voz, um perfume, um alimento, um abraço de meu homem interior, onde brilha para minha alma uma luz sem limites, onde ressoam melodias que o tempo não arrebata, onde exalam perfumes que o vento não dissipa, onde se provam iguarias que o apetite não diminui, onde se sentem abraços que a saciedade não desfaz. Eis o que amo quando amo o meu Deus!

Lendo sobre Day e Agostinho, encontrei uma sensação que milhões de pessoas encontrariam mais tarde ao observarem o Papa Francisco. Mesmo se você não tiver fé alguma, há algo de emocionante em ver uma pessoa que age como Jesus. Meu coração e minha alma ficavam apertados, mas ocasionalmente a beleza moral afrouxava esse aperto.

Eu diria que, naquela época, eu era um apoiador amigável da fé, mas não a tinha. Era uma daquelas pessoas que apoiam a religião na teoria; eu a achava uma boa influência para as pessoas, mas não acreditava nela. No máximo, experienciei a religião como uma coleção útil de truques de autoajuda. Por exemplo, meus primeiros seis meses como colunista do *New York Times* foram os meses mais difíceis da minha vida profissional. Eu nunca havia sido odiado em grande escala. O tema central de minha caixa de e-mails era "Paul Krugman é ótimo. Você é péssimo". Meus críticos não só eram hostis, eram *eficazmente* hostis, atingindo exatamente os pontos sensíveis que me faziam sentir inseguro, atrapalhado e inútil. Descobri que a única atitude adequada é: "Ame seus inimigos. Trate-os como pessoas que, de seu próprio jeito estranho, lhe trazem presentes." Qualquer outra atitude — ódio ou medo deles — é suicídio emocional.

O ESTÍMULO

Então vieram os eventos do verão de 2013 e o sofrimento envolvido. Meu divórcio aconteceu. Eu fiquei sozinho, humilhado, sem rumo. Tive uma sensação física de queimação constante em meu estômago e intestino. Vi o mundo como se fosse um espelho lamacento e distorcido de parque de diversões — pelo prisma de minha própria dor e humilhação.

Em épocas de sofrimento, temos a tendência de acirrar ainda mais o controle, tentando redirecionar a vida, mas às vezes somos derrotados e simplesmente o perdemos. Coisas estranhas começam a acontecer. "Curar-se significa mover-se da *sua* dor para *a* dor", escreve Nouwen. "Quando você se concentra nas circunstâncias específicas da sua dor, fica facilmente irritado, ressentido e até vingativo... Mas a cura real vem da percepção de que sua própria dor particular é uma parcela da dor da humanidade... Toda vez que você mudar sua atenção da situação externa que causou a sua dor e focar a dor da humanidade da qual participa, será mais fácil de tolerar seu sofrimento."

O conhecimento que adquirimos por meio do sofrimento pode ser articulado, mas não totalmente compreendido por alguém que não suportou o caminho que o fez chegar lá. Eu diria que não saí desse abismo de mãos vazias. A vida já me derrubara antes, eu estava sensível o bastante para ser tocado. Ela teve que me quebrar um pouco antes de conseguir me expor. O sofrimento abriu as fontes mais profundas do ego e expôs o solo fértil para um novo plantio.

E foi quando tudo aconteceu. Um dia eu estava sentado em meu apartamento quando Jesus Cristo flutuou através da parede, transformou minha água em vinho e ordenou que eu o seguisse.

É brincadeira. Não aconteceu nada disso. No entanto, esse tipo de coisa parece acontecer com outras pessoas, e não quero soar depreciativo. Mas minhas experiências foram todas mais prosaicas e menos convincentes. Elas vieram como momentos isolados de absorção. Eu conduzia meu dia normalmente quando, de repente, por razões que não entendia, alguma intrusão mística me atravessava e atingia uma realidade mais profunda.

Uma certa manhã, por exemplo, eu estava saindo do metrô na Penn Station em Nova York durante a hora do rush. Estava cercado, como sempre, por milhares de pessoas, silenciosas e amuadas, arrastando-se para o trabalho em longas filas. Normalmente nessas circunstâncias você acaba sentindo-se apenas mais uma formiga vivendo em um universo insignificante. Geralmente a rotina da vida entorpece sua capacidade de fascinação. Mas dessa vez tudo mudou e eu vi almas em todas elas. Era como se, de repente, tudo estivesse iluminado, e eu tivesse ficado ciente de uma profundidade infinita em cada uma dessas milhares de pessoas. Elas eram almas vivas. Repentinamente pareceu que a parte mais vívida da realidade era a seguinte: almas acordando pela manhã. Almas indo de trem para o trabalho. Almas ansiando a bondade. Almas feridas por traumas anteriores. Almas em cada uma das pessoas, iluminando-as de dentro para fora, assombrando-as e, ocasionalmente, arrebatadas dentro delas, almas vivas ou dormentes; e com isso veio uma sensação de que eu estava conectado por ondas de rádio a todas elas — alguma alma oculta da qual todos fazemos parte.

De repente considerei toda a multidão com um tipo de admiração, uma reverência, não das profundezas de uma manhã específica, mas das profundezas dos séculos. Se parar para pensar um pouco, você é confrontado pela possibilidade de que estamos conectados não apenas com as almas que vivem agora, mas com as almas de todas as pessoas que já viveram, de geração a geração, que ainda estão presentes hoje, porque esse espírito oculto animado ainda é e sempre será onipresente. E, se existem almas, é um salto curto para a crença de que algo soprou almas para dentro de nós em um ato de carinho e amor. Eu me lembro disso como um pensamento muito maravilhoso.

O rabino Heschel diz que essa admiração não é uma emoção; é uma forma de compreensão. "A admiração é, em si, um ato de compreensão de um significado maior que nós mesmos." E hoje em dia acho que não consigo ver as pessoas de outra forma que não seja como criaturas com almas. Não consigo fazer meu trabalho como jornalista a não ser que comece pela premissa de que todas as pessoas sobre quem escrevo têm almas, e de que todas as pessoas que conheço também as têm. Os acontecimentos não fazem sentido sem esse fato. O comportamento não pode ser explicado a não ser que você veja as pessoas como almas desejosas, famintas ou completas, dependendo do ano, da hora ou do dia.

Naquele verão, fiz minha caminhada anual ao American Lake, que fica no topo de uma montanha perto de Aspen, no Colorado. Naquela manhã, eu estava em contato com minha espiritualidade e, durante a subida da montanha, compus uma lista de todas as coisas que teria que entregar a Deus caso Ele realmente existisse: meu trabalho, minha reputação, minhas amizades, minha vida, meus amores, minha família, meus vícios, minhas contas bancárias.

Cheguei ao lago, sentei em uma pedra e peguei um livro de Orações Puritanas que havia levado. A maioria delas é sombria, sobre a depravação humana e tudo o mais. Então cheguei a uma chamada "O Vale da Visão". A primeira linha diz: "Senhor, alto e santo, manso e humilde." Olhei para os picos simples e majestosos da montanha à minha frente. Naquele momento, uma pequena criatura marrom que parecia um texugo bamboleou até o lago sem me notar. Ele chegou a meio metro dos meus tênis antes de olhar para cima assustado e sair correndo. Alto e santo, manso e humilde.

A próxima frase era: "Tu me trouxeste para o vale da visão." Bem, lá estava eu, na cavidade formada ao redor daquele lago. "Onde eu vivo nas profundezas, mas vejo-te nas alturas." Eu estava em todos os tipos de profundezas, mas podia ver os topos das montanhas. "Cercado por montanhas de pecado eu contemplo Tua glória." O restante do texto resume todo o inverso da lógica da fé: o coração quebrantado é o coração curado. O espírito contrito é o espírito de alegria. A alma arrependida é a alma vitoriosa. Vida em minha morte. Alegria em minha tristeza. Graça no meu pecado. Riquezas na minha pobreza. Glória em meu vale.

Eu tive uma sensação das coisas se encaixando, como o som da porta de um carro luxuoso que se fecha gentilmente. Era uma sensação de harmonia e pertencimento profundos, o tipo descrito por Jayber Crow naquela ponte: de que a criação é uma coisa viva, uma coisa boa de que ainda estamos sendo criados e de que somos aceitos. O conhecimento se arrastou pela minha pele. Eu não me senti exatamente um só com a natureza. Tive uma sensação de que havia um espírito animado inerente a toda a criação. O Universo se inclina em direção à nossa bondade.

Sempre ouvi aquela frase "Deus é a base do ser" — de que ele não é um cara grande no céu com uma barba, mas uma presença moral afetuosa que penetra toda a realidade, um amor fluido que concede à vida sua ternura, à existência seu significado. Junto ao lago, tive a sensação de que a vida não é apenas uma coleção aleatória de moléculas que acabaram juntando-se no espaço. Nossas vidas decorrem em uma ordem moral determinada. Sentei lá por algum tempo e observei as encostas inclinadas que cercavam o lago e levavam até os picos das montanhas. Imaginei pequenos dramas morais e lutas entre exércitos — no estilo do *Senhor dos Anéis* —, as forças do amor e do egoísmo brigando entre si nesse vale. E tudo isso é mantido nas mãos em concha de Deus. Escrevi um relato naquele dia: "Deus realmente se desenha sob medida para você. Para aqueles de nós com um sentido de não pertencimento, de ser um visitante, Ele dá o pertencimento, a aceitação e a participação." A descida demorou cerca de uma hora e meia e foi marcada pela vertigem.

Essa não foi uma conversão religiosa. Não foi uma mudança de uma coisa para outra. Pareceu mais com uma compreensão mais profunda. Entendo aqueles que não conseguem se identificar com essa experiência ou que apenas a veem como uma resposta emocional à natureza. Posso apenas relatar como me senti e como me sinto. Foi e é uma sensação de abrir os olhos para ver o que sempre esteve ali, ver a presença do sagrado nas realidades do cotidiano. Como uma peça que você assistiu a vida inteira, e de repente percebe que a peça que se passa no palco não é a única sendo encenada. Há a peça em segundo plano, com os mesmos personagens, mas em um nível diferente, com lógica e forças distintas envolvidas e com consequências maiores.

É fácil não estar ciente da outra peça, mas quando você a vê é difícil voltar a enxergar a primeira, que trata de ambições mundanas como a principal realidade. A história principal é a história da alma.

Jonathan Haidt é um acadêmico judeu secular que estuda sentimentos morais. No início de sua carreira, foi estudar na Índia. Quando chegou lá, descobriu que as pessoas experimentavam uma realidade cotidiana não apenas nas dimensões normais, mas também em uma dimensão espiritual. Esse outro eixo era vertical. Tudo o que você faz pode elevá-lo à pureza ou rebaixá-lo à poluição. Tudo o que as pessoas comiam na Índia, tudo o que diziam, tudo o que pensavam e tudo o que faziam podia elevá-las à consagração ou rebaixá-las à degradação nesse eixo espiritual.

Quando Haidt retornou aos Estados Unidos, ele sentiu falta de estar cercado por pessoas que sentiam a dimensão espiritual vertical na vida cotidiana. Começou a pensar nos Estados Unidos como a "Planolândia", um reino mais superficial. Descobriu que ainda estava com a mentalidade indiana, embora estivesse de volta à Planolândia. Ele sentiu nojo ao pensar em usar sapatos, com os quais andaria o dia todo, na santidade de sua própria casa, até mesmo em seu próprio quarto. Notou uma vergonha repentina em levar certos livros para o banheiro. Ficou mais consciente de seus sentimentos sutis ao testemunhar comportamentos sórdidos, uma consciência de que as pessoas estavam, de certa forma, se rebaixando em direção à poluição e para longe da santidade. Ele ainda via a realidade através de toda essa gradação de pureza e poluição.

Depois da minha caminhada até o American Lake, percebi que eu era uma pessoa religiosa. Fiquei ciente dessa presença sobrenatural, que é Deus, permeando o mundo físico. Os judeus têm um conceito de *tzimtzum*, ou contração, para descrever o modo que as essências espirituais se infundem no mundo material. Os cristãos têm um conceito de encarnação: quando a divindade encarna no homem na Terra. Os cristãos acreditam que o mundo da eternidade entrou no tempo por intermédio de Jesus.

Ser religioso, na minha compreensão, é perceber a realidade por lentes sagradas, sentir que há realidades espirituais em coisas físicas iminentes. Thomas Merton escreveu que: "Tentar resolver o problema de Deus é como tentar ver seus próprios olhos." Deus está no que e como você vê e sente.

A maioria de nós carrega esse tipo de consciência protorreligiosa consigo enquanto segue a vida normalmente, mesmo quando não somos religiosos. Ficamos moralmente repugnados quando terroristas decapitam um prisioneiro não apenas porque houve uma morte, mas porque algo sagrado foi insultado. Um corpo humano não é apenas um pedaço de carne; ele também é um templo com um espírito da transcendência infundido dentro dele. Mesmo quando uma pessoa está morta, o corpo ainda carrega o resíduo dessa presença espiritual e merece um manuseio digno. É por isso que nos sentimos elevados pelo ritual judaico do taharah, quando os membros da sinagoga lavam afetuosamente o corpo de um congregado que morreu mais cedo naquele dia.

No mês seguinte à minha caminhada até o American Lake, eu estava na Irlanda como convidado de um amigo que havia alugado uma casa enorme e convidara várias pessoas para se hospedar lá. Nosso anfitrião e seu amigo, ambos idosos, passaram muitos de seus dias discutindo política, economia e política monetária. A esposa do anfitrião estava quieta, pois sofria de Alzheimer e sua memória estava desaparecendo. Em uma noite, quando estávamos em meio à nossa discussão política, ela pareceu particularmente confusa. Seu marido se virou para olhar para mim e havia lágrimas em seus olhos. Nós trocamos um olhar longo e poderoso que atravessou algo mais profundo do que apenas empatia e cuidado. De repente vi dimensões inteiras de experiência no fundo de seus olhos.

Em um nível éramos um monte de pessoas falando de política monetária, mas em outro, mais profundo e silencioso, era toda a peça de segundo plano novamente: os acordes imortais do amor, corpos vivendo e morrendo, almas buscando alegria profunda e paz espiritual, tudo isso animado por alguma força vital misteriosa, os padrões da vida formados por histórias eternas e recriando-as.

"A fascinação ou o espasmo radical é a principal característica da atitude do homem religioso em relação à história e à natureza", escreve o rabino Heschel em *Deus em Busca do Homem*. "Uma atitude é estranha ao seu espírito: menosprezar as coisas." Há faíscas santas em toda ocasião e um universo cósmico em cada pessoa.

Eu não segui essa jornada espiritual sozinho. Consultei dezenas de pessoas, buscando, de uma forma bem patética e carente, conselhos e recomendações. Os judeus, no geral, não sabiam como falar comigo. O judaísmo não tem bem uma tradução de entrada e saída. Você nasce membro da tribo e não há uma tradição evangélica. Alguns dos meus e-mails com perguntas para meus amigos judeus não tiveram resposta. Levei meu rabino para almoçar e contei a ele sobre meu passado religioso conjunto cristão e judaico. Ele disse que entendia a beleza da história cristã e que também ficara cativado por ela. "Pense bem!", exultou. "O Senhor Jesus Cristo morrendo pelos nossos pecados!" Obrigado, rabino.

Os cristãos não desgrudaram de mim. Notícias das minhas divagações espirituais se espalharam e logo dezenas rezavam por mim. Amigos queridos voaram de Chicago e de outros lugares para palestrar e pregar. Um amigo começou a orar por mim e pela minha família e me envia um texto encorajador toda sexta-feira desde então. Alguns cristãos procuraram, de maneira vulgar, me conquistar como um prêmio para seu time, e eram uma força destrutiva. A maioria me deu livros. Eu recebi cerca de 300 livros sobre fé naqueles meses, dos quais 100 eram cópias diferentes de *Cristianismo Puro e Simples*, de C. S. Lewis.

Tive alguns companheiros fixos, incluindo Stuart e Celia McAlpine, que comandavam uma igreja local, e Jerry Root, um estudioso de C. S. Lewis. Então havia Anne Snyder, minha pesquisadora e colega na *Times*. Na verdade, eu entrevistei Anne para esse emprego primeiramente porque ela fora de Andover, a escola preparatória, para uma faculdade cristã, Wheaton. Isso me pareceu um passo incomum que provavelmente exigiu certa coragem. Na época, como agora, tento contratar pessoas que têm alguma progressão em seus currículos que não fazem sentido pela lógica convencional da meritocracia. Quero ver que elas acreditam em algo maior do que a definição convencional do sucesso.

Anne e eu tínhamos trabalhado juntos por três anos, e eu valorizava demais o seu trabalho, mas mal a notava como pessoa. Nunca almoçamos ou tomamos café juntos, e me recordo talvez de uma avaliação de desempenho superficial. Eu era um colega ausente e inepto.

Ela foi uma das pesquisadoras com quem trabalhei em meu livro anterior, *A Estrada para o Caráter*, especialmente no capítulo sobre Dorothy Day. Nessa época, trocamos uma série de memorandos sobre diferentes capítulos do livro e por meio deles comecei a ver o quanto a consciência religiosa é radicalmente diferente da secular, o quanto o salto de fé é realmente grande e absurdo. Eu estava descrevendo a jornada espiritual de Day como um esforço para alcançar a bondade e a compreensão superiores; Anne me corrigiu e argumentou que é uma disposição de submissão a uma verdade fora de você mesmo. Eu sempre escrevia como se Day fosse a força motora. Anne me ajudou a ver que, aos olhos de Day, Deus é a força motora e Day, seu receptáculo.

A essência desse livro foi a distinção do rabino Soloveitchik entre os dois lados de nossa natureza, que ele chamou de "Adão primeiro" e "Adão segundo", e que eu chamei de virtudes de currículo e virtudes de obituário. Eu disse que Adão I era sobre grandeza e carreira, e Adão II, o lado espiritual, era sobre a busca pela bondade e pelo propósito. Anne me enviava memorandos dizendo que minha interpretação de Adão II era new age demais ou muito cheia de categorias seculares contemporâneas. Ela apontou que Day não serviu aos pobres porque queria encontrar propósito em sua vida para que pudesse descansar alegremente e ficar feliz consigo mesma. O que Adão II realmente buscava, escreveu, era devoção e obediência à "verdade absoluta, a verdade objetiva".

Nesses memorandos, Anne tentava me conduzir a uma compreensão mais profunda da visão de mundo de Soloveitchik. Ela escreveu: "Ao ficar ciente de uma realidade externa que exige a lealdade de alguém e estabelece um caminho delimitado específico, Adão II finalmente encontra a realização, mas o objetivo não é parar na autossatisfação. Há muito mais, e além de si mesmo. Há uma verdade na qual apostar uma vida. E a compreensão dessa verdade permeará tudo. Revindicá-la terá um custo."

Nos primeiros meses da conversão de Day ao catolicismo, ela conheceu algumas mulheres católicas que concordaram em abdicar do sexo até o casamento. Day as admirou muito por seu sacrifício e pela dignidade dessa recusa. Eu fiquei impressionado. Em meu mundo, as proibições do sexo antes do casamento desaparecem com os vitorianos. Eu era antiquado o bastante para acreditar que você só deve fazer sexo com alguém que ama, mas o sexo é uma forma de comunicação, e é adequado fazer sexo com alguém com quem se está comprometido, como forma de aprofundar e explorar esse laço, e de se divertir.

Anne explicou a visão cristã ortodoxa. Day não era puritana. Ela era uma pessoa intensamente sensual que não considerava o sexo algo sujo. Mas, basicamente, via o casamento como uma aliança sagrada, uma criação de uma só carne, uma obediência mútua a Deus e um movimento até Ele. O sexo também não é apenas uma cópula física, mas uma união espiritual, um modo de entregar toda a sua pessoa completamente para a outra, uma "entrega de vida inteira", um ato de honestidade total e nua, a consumação da jornada amorosa de duas pessoas tornarem-se uma só.

Seu lugar é, portanto, dentro da aliança do casamento. Na visão de Day — e na de Anne também — fazer sexo fora e antes do casamento é degradá-lo e isolá-lo, diminuir o presente máximo subentendido pelo ato. Reservar o sexo para o casamento, a criação de uma só carne, é preservar a imponência e a real beleza do sexo, impedi-lo de ser arrastado para a superficialidade materialista do mundo.

Estive próximo de crentes ortodoxos, judeus e cristãos em diferentes épocas da minha vida, mas eu não fui o tipo de pessoa que puxava conversas sobre temas delicados como a fé ou qualquer outra coisa. Então eu não sabia o que a fé ortodoxa realmente envolvia, quanta submissão ao eixo vertical exigia e o quanto ela reorientava uma vida inteira. Acabei aprendendo que Anne era sensível a todos os tipos de pecado que eu nunca havia considerado, incluindo a impenitência, a falha em buscar a penitência adequada para seus pecados. Ela se sentia espiritualmente danificada por coisas que eu subestimava — como o consumismo de um shopping de luxo. Mais tarde passei a ver que ela experiencia diferentes estados da alma em diferentes momentos do dia, ou da vida. Às vezes, dependendo do que ela está fazendo e em que circunstâncias está, ela se sente mais próxima de Deus, mas em outras sente-se distante.

Enquanto trabalhávamos no livro, eu sentava em meu pequeno apartamento e escrevia esses memorandos. Anne me escrevia de volta e a correspondência se tornou boa parte da estrutura para *A Estrada para o Caráter*, especialmente os capítulos sobre Day e Santo Agostinho. O assunto fascinante ao qual eu sempre a fazia voltar era a ação e a graça. Eu sou um produto da cultura da meritocracia. Nessa cultura, assumimos o controle de nossas vidas trabalhando arduamente e produzindo resultados. Em um nível instintivo, eu tratei minha jornada para a fé como um dever de casa: se eu fizesse todas as leituras e escrevesse os trabalhos finais, certamente chegaria lá. De certa forma eu sabia que isso era ridículo, mas foi assim que eu aprendi.

À medida que o trabalho no livro progredia, fiquei encantado por Day e Agostinho, e realmente queria entender a fé como eles a experimentaram. Anne sugeriu que eu lesse um livro chamado *A Severe Mercy* ["Misericórdia Austera", em tradução livre], de Sheldon Vanauken, sobre um casal alcançando a fé em Oxford. Eu escrevi uma circular com 15 perguntas sobre o livro e a fé em geral. Anne respondeu a cada pergunta da melhor forma que pôde. Ela nunca me induziu. Ela nunca interveio ou tentou direcionar o processo. Aguardou. Se eu lhe fizesse uma pergunta, ela respondia, mas nunca falava algo que eu não tivesse perguntado. Ela demonstrava fé deixando Deus no controle. E essa é uma lição crucial para qualquer um que esteja no meio de algum tipo de jornada intelectual ou espiritual: não tente induzir ou influenciar. Deixe-os serem conduzidos pelo que os convoca.

Eu estava lutando com o conceito de submissão e graça. Não gostava da ideia de Martin Luther de que não podemos ser salvos pelos trabalhos, apenas pela fé. Queria estabelecer um meio-termo, que eu chamei de "graça participativa". Você faz algo para outro ser humano e de certa forma Deus o recompensaria por isso.

Anne se recusava a aceitar.

Quero reiterar que, sim, a graça é a principal das ofertas de Cristo, mas é a passagem. E é o caminho para conhecê-lo. Eu vejo muita ênfase no esforço em sua nota e aprecio seu antídoto para facilitar a graça. Mas o fato fundamental é que você não pode criar o próprio caminho a um estado de graça — isso nega o poder dela e subverte sua própria definição. A graça deve chegar aos abalados e desmerecedores. Deve chegar a quem reconhece simples e vulneravelmente sua própria necessidade e seu vazio. Ela só pode encontrar acolhimento naqueles que estão imóveis.

O nome da minha condição era orgulho. Eu estava orgulhoso de quem tinha me tornado. Tinha conquistado uma determinada identidade e uma concepção de mim mesmo trabalhando duro e sendo muito bom no que fazia. Descobri que era mais fácil trabalhar o tempo todo do que encarar o vazio que estava no âmago da minha solidão.

O orgulho de si mesmo tem muitas formas. Entre elas há o orgulho do poder, a ilusão de que você pode conseguir suficiente poder mundano para se colocar em segurança. Esse é o orgulho experimentado por aqueles que buscam controlar os outros ou dominar outras nações. Há também o orgulho intelectual, o orgulho sofrido por aqueles que tentam organizar a vida em uma ideologia geral que supostamente explica todos os mistérios. Cada forma de fanatismo, diz Niebuhr, é uma tentativa de esconder a insegurança existencial. E existe o orgulho moral, o desejo do ego de escapar da insegurança moral pensando ser melhor do que os outros, que conseguiu a própria salvação. Ao sentir orgulho moral, julgamos nós mesmos com um padrão indulgente, que nós excedemos, e julgamos os outros com um padrão restrito, o qual deixam a desejar. Há também o orgulho religioso. Este é o orgulho que afeta pessoas que pensam que a religião envolve seguir os códigos morais e que se acham superiores por segui-los. Tal pessoa pode orar todos os dias, mas sua principal preocupação é si mesma. Deus está ouvindo minhas orações?

Deus está respondendo meus pedidos? Deus está me dando paz? Todo mundo vê minha bondade, e eu sou recompensado por minha virtude?

Todo orgulho é competitivo. Todo orgulho contém um pouco de malignidade. Todo orgulho é inflado e frágil, porque as tentativas do ego de estabelecer segurança por meio do poder, do dinheiro, do status, do intelecto e da presunção nunca são bem-sucedidas.

No mundo normal, o orgulho geralmente é recompensado, mas na peça em segundo plano da qual lentamente estava ficando ciente, o orgulho é o grande tormento e a humildade é o grande conforto. Em *Crime e Castigo*, o protagonista Raskólnikov sofre de orgulho. Ele busca dominar o conhecimento e a moralidade. Uma personagem chamada Sônia defende a santidade. Ela é uma jovem que vive com o pai e a madrasta na pobreza. Suas irmãs e irmãos estavam passando fome e a família não tinha nada para vender. Então Sônia vendeu seu corpo. Ela se tornou uma prostituta para evitar que seus familiares morressem de fome. Ela se tornou uma pessoa rejeitada pela sociedade e fez coisas moralmente erradas.

Se a santidade fosse apenas seguir regras, Sônia certamente as havia quebrado. Mas como diz Jaroslav Pelikan: "No romance de Dostoiévski, essa prostituta era uma heroína, sim, um tipo de santa. Raskólnikov ajoelhou-se perante ela em reconhecimento ao fato de que ela representava o sofrimento de toda a humanidade. Sônia era uma pessoa santa, apesar do fato — ou talvez devido ao fato — de ser uma pessoa imoral." Aqueles que veem a realidade com uma lente sagrada veem um grande drama moral, um grande mito verdadeiro, e nele as regras normais não se aplicam. Na verdade, elas são opostas. Os fracos e os rejeitados geralmente estão mais próximos de Deus do que os grandes e os sábios, porque estão mais distantes do orgulho e da autossuficiência.

Foi relativamente fácil perceber a presença de Deus no American Lake. Seria muito mais difícil realmente praticar uma fé. Eu estava sempre orgulhoso, lutando, assumindo o controle. Não se faz agulhas com buracos grandes o bastante.

Anne relutava em avançar, por razões profissionais, morais e espirituais. Ela realmente acreditava que Aslan avançava, não ela nem eu. Eu tinha muitos amigos cristãos, mas agora estava perguntando a eles um pouco mais sobre como viviam. Aprendi sobre as disciplinas espirituais e os conceitos que formavam sua rotina diária e anual — diários de orações, jejum, o dízimo, retiros silenciosos, estudos bíblicos, grupos de prestação de contas, orações de cura, contato direto e constante com os pobres, discussões sobre o bem-estar espiritual, a presença ou a ausência de Deus, raiva genuína em relação a Deus por esses longos períodos de ausência. Para mim, a vida corporativa significava trabalhar para uma grande empresa. Para eles significava adoração em comunidade.

Como eu disse, muitas pessoas me enviaram livros. Mas o mais sábio me enviou a história. Se você quiser ter filhos, faça amor. Se quiser explorar a fé, leia a Bíblia e reze. Religião não é teologia, apesar da tendência de estudiosos em querer transformá-la nisso. Não é uma sensação, apesar da tendência de místicos em querer transformá-la nisso. É apostar a sua vida na probabilidade de um mito ser verdadeiro. Bilhões de judeus, muçulmanos, cristãos e outros apostaram suas vidas — organizaram suas vidas e muitas vezes entregaram suas vidas — em uma suposição de um determinado mito ser verdadeiro. Era preciso retornar, repetidas vezes, à história bíblica.

Então eu continuei voltando às histórias, questionando se eram verdadeiras ou, mais precisamente, deixando as histórias se acomodarem gradualmente nessa camada interna mais profunda que repentinamente ficou acessível. Walker Percy diz que a boa ficção nos conta o que sabemos, mas não sabe bem que sabemos. A Bíblia também é assim.

Anne não estava por perto em boa parte da jornada. Os primeiros meses de minha divagação foram o que ela chama de "período de ouro". Nós trocávamos memorandos e aprendíamos um sobre o outro. Mas não havia um pingo de romance. Minha vida particular estava em seu próprio caminho, sobre o qual ela sabia muito pouco ou nada. Ela tinha seus namorados, sobre os quais vagamente mencionava e eu chamava coletivamente de Confraria dos Atletas Cristãos. Havia algo muito maior acontecendo e era muito atraente. Nossas conversas falavam de catedrais, não de cortejo.

Como você já deve imaginar, o período de ouro não durou. No outono de 2013 já existiam sentimentos emocionais fortes entre nós. Eu estava em um período tumultuoso da minha vida, morando sozinho em um apartamento, desesperadamente solitário, então as emoções me atingiram com força.

Dois pensamentos me ocorreram simultaneamente: nós tínhamos um afeto profundo um pelo outro. E qualquer relacionamento possível entre nós estava condenado.

Anne é 23 anos mais nova do que eu, uma diferença de idade assustadora. Além disso, ela tinha sido minha pesquisadora durante anos enquanto eu ainda estava em meu primeiro casamento. Embora soubéssemos que não ocorrera nada romântico ou de errado entre nós durante esse período, não é preciso ser cínico para ver como as pessoas de fora veriam nossa história. Eu sou uma pessoa meio pública, e não era preciso ser um gênio da comunicação para entender o que essa versão da história faria com a reputação dela. Contudo, em outubro de 2013, eu chegava ao estado emocional em que estava pronto para começar a namorar de novo, e queria tentar namorar com Anne. Ela relutou, pediu conselhos a amigos e a clérigos. Instituiu uma série de intervalos — períodos em que não teríamos contato algum, para que ela pudesse se afastar e entender o que estava acontecendo. Então, no final de dezembro, ela se mudou para Houston para trabalhar escrevendo sobre a experiência imigrante de lá. Eu mudei minha vida social para Nova York, encontrei um grupo maravilhoso de novos amigos e, finalmente, entrei em um relacionamento sério com uma mulher extremamente atenciosa.

ESCUTANDO ATENTAMENTE

Existe um ditado muçulmano que diz: Deus não é o que você acha que Ele é, não importa o que isso seja. Alguns cosmólogos dizem que há um número infinito de universos, e em um deles há uma pessoa exatamente igual a você, sentada em um lugar exatamente igual ao que está sentado. Essa é uma ideia estranha, mas mesmo essa ideia não é tão estranha e incompreensível quanto Deus.

O difícil da fé, escreveu Kierkegaard, é que ela requer uma entrega infinita a algo absurdo. Exige uma resignação sem fim. Kierkegaard usava a história de Abraão e Isaque para ilustrar a enormidade do que Deus pede. Ele pede que Abraão mate seu próprio filho. Abraão precisa ter muita fé em Deus para estar disposto a desobedecer à lógica do mundo. Você precisa estar disposto a se perder, enfatiza Kierkegaard, desnudar-se de si mesmo e renunciar todo o poder que recebeu no decorrer da sua vida.

Repetidas vezes, Kierkegaard descreve como é ouvir atentamente a fé sem ser capaz de dar esse salto absurdo. "De minha parte, posso muito bem descrever os movimentos da fé, mas não posso executá-los. Se uma pessoa quer aprender a nadar, ela pode se deixar ser suspensa no teto em um balanço e executar os movimentos, mas não estará nadando."

Ele continua: "Não consigo executar o movimento da fé, não consigo fechar os olhos e saltar confiantemente no absurdo; essa, para mim, é uma impossibilidade, mas eu não me aplaudo por ela. Estou convencido de que Deus é amor; esse pensamento tem para mim uma validade lírica primordial. Quando está presente fico inexprimivelmente feliz; quando ausente anseio por ele mais intensamente do que o amado pelo objeto de seu amor. Mas eu não acredito; sou desprovido dessa coragem."

De certa forma, Kierkegaard argumenta, o salão deve ser atravessado, o salto para o absurdo deve ser dado. Apenas o cavaleiro com infinita resignação conquista a amada. Você só pode se encontrar ao se perder. É preciso entregar o que você ama para consegui-lo de volta melhor e com mais alegria do que antes.

Em suas memórias, *A Severe Mercy*, Sheldon Vanauken descreve como sua esposa, Davy, passou a ter fé. Durante toda a sua vida adulta ela sentira que a religião era ridícula. Então encontrou o pecado, fez amigos cristãos, leu todos os tipos de livros cristãos, e a fé "caiu em sua alma como a água da vida". Um dia, escreveu em seu diário: "Hoje, atravessando o salão de um lado ao outro, reuni tudo o que sou, tudo o que temo, odeio, amo, espero; e, bem, eu o fiz. Comprometi meus caminhos a Deus em Cristo."

Algumas noites depois, Sheldon estava sentado próximo ao fogo, admirando as brasas, quando reparou Davy de joelhos rezando ao lado dele. Ela sussurrou: "Ó, querido — por favor, acredite!"

Quase em lágrimas, ele sussurrou de volta: "Ah, eu acredito." Ele escreve que "ficou abalado pela afirmação que alastrou-se sobre ele". Mas isso não durou. Foi seu amor por sua esposa que o fez proferir tais palavras, não a crença verdadeira. De fato, passou a ressentir a especial bondade que dominou Davy depois de sua crença, mesmo sua bondade em relação a ele. Ele queria a antiga Davy de volta.

Sheldon alcançou a fé de maneira diferente. Ela não chegou como uma convicção e uma entrega repentinas. Era mais intelectual. Em vez de uma visão completa, ele fora finalmente persuadido pelos argumentos de que Deus deve existir. Neles, percebeu visões do divino, mas teria que fazer uma escolha sem certezas. Uma escolha consciente e cuidadosa. "Só se pode escolher um lado. Então eu, eu agora, escolho meu lado; escolho a beleza; escolho o que amo. Mas escolher acreditar *é* crer", afirmou. "É tudo o que posso fazer: escolher. Confesso minhas dúvidas e peço ao meu Senhor Cristo para que entre em minha vida... mas digo: Senhor, eu creio — ajuda-me Tu em minha incredulidade."

Um compromisso religioso — como os outros comprometimentos — é mais como responder aos chamados do que escolher qual sopa comprar no supermercado. É algo que você, de certa forma, controla e não controla. Ninguém alcança a fé simplesmente correndo atrás dela, mas ninguém a alcança sem correr atrás de algum modo. Conheço muitas pessoas que prefeririam ter fé religiosa, mas não a têm. E conheço outras, nem melhores nem piores, que têm fé, e talvez às vezes desejassem não a ter.

Eu gosto da descrição de Christian Wiman sobre o alcance da fé como um consentimento de uma verdade que já estava latente dentro de si. Gosto da descrição de fé de C. S. Lewis como uma perda da inibição, uma libertação:

> Sem palavras e (acho eu) quase sem imagens, um fato sobre mim me foi de alguma forma apresentado. Fiquei ciente de que vinha mantendo algo à distância ou calando alguma coisa. Ou, se preferir, que estava vestindo algo rígido, como um espartilho, ou mesmo uma carapaça, como se eu fosse uma lagosta. Senti, naquele momento, que recebera uma livre escolha. Poderia abrir a porta ou mantê-la trancada; poderia tirar a carapaça ou conservá-la... A escolha parecia ser muito importante, mas era também estranhamente impassível... Digo, "escolhi", mas não parecia possível dizer o contrário...

Depois veio a repercussão no plano imaginativo. Senti-me como um boneco de neve que finalmente começava a derreter depois de muito tempo. O derretimento começara em minhas costas — gotejando e agora escorrendo. Não posso dizer que gostei da sensação.

O melhor jeito que encontrei para descrever meu próprio momento de decisão é este: imagine que você esteja em um trem. Sentado em seu lugar, lendo um livro ou olhando para o seu telefone. Há pessoas à sua volta fazendo coisas normais. Superficialmente, tudo parece igual. Mas enquanto isso você viaja quilômetros atravessando o país. De repente lhe ocorre, sem surpresa alguma, mas simplesmente um reconhecimento óbvio, que você está muito longe da estação inicial. Há muito chão atrás de si. Além disso, em algum ponto da jornada, você atravessou uma fronteira. Não havia oficial de alfândega e nenhum alarde. Você percebe que apesar de Deus ainda ser um grande mistério, você não deixa de acreditar nele. Você não é ateu. Nem mesmo é agnóstico. Não viverá sem a metafísica bíblica. Você entrou em um novo país, e os mitos parecem reais.

É justo perguntar: "Eu me converti? Larguei o judaísmo e me tornei um cristão?" A primeira coisa a dizer é que, enquanto essas categorias são bem opostas no mundo, na história e nas mentes de quase todo mundo que conheço, elas nunca foram grandes opostos em minha vida. Eu tive ambas as histórias conduzindo minha vida desde os quatro anos, e não há nada diferente agora. Eu me sinto mais judeu do que nunca. Eu sempre fui e sempre serei culturalmente judeu, mas agora me sinto religiosamente judeu. A aliança de Deus com o povo judeu é algo real. Quando estou em eventos judaicos, como faço com frequência, meu coração infla e eu me sinto em casa. Eu amo a fé mais agora do que nunca. Se os judeus não me quiserem como um judeu, terão que me expulsar.

Por outro lado, não posso fingir que não li Mateus. As beatitudes são a sublime moral, a fonte de admiração, a pureza moral que tira o fôlego e para a qual tudo indica. Nas beatitudes vemos o mapa final para nossas vidas. Há muitos milagres na Bíblia, mas o mais impressionante é a existência desse curto sermão.

Como Cynthia Bourgeault resume: "Nossa única tarefa humana realmente essencial aqui, ensina Jesus, é ir além dos instintos de sobrevivência do cérebro animal e do sistema operacional egoico para a alegria e generosidade kenóticas da personalidade humana completa. Sua missão foi nos mostrar como fazer isso."

Jesus é quem nos mostra como é se doar. Ele não demonstra misericórdia; ele é misericórdia. Não oferece o amor perfeito; é o amor perfeito. Como o intelectual católico Romano Guardini escreve: "Nas beatitudes, algo de grandeza celestial surge. Não são meras fórmulas de ética superior, mas notícias da entrada da realidade sagrada e suprema no mundo." Esses relatos me parecem uma conclusão. O que me traz à pergunta crucial: eu acredito na ressurreição de Jesus Cristo? Acredito que seu corpo sumiu do sepulcro três dias depois da crucificação? A resposta simples e brutalmente honesta é: às vezes sim, às vezes não. O caçador de fronteiras em mim ainda é forte.

A resposta completa é que o modo como experiencio a fé não é um bloco de concreto. A fé muda. Ela está aqui em um momento e desaparece no próximo, um riacho que evapora. Pelo menos para mim. O romancista Frederick Buechner observou que se fosse questionado sobre o que é a fé, responderia: "é exatamente a jornada pelo espaço e pelo tempo que eu falei, os altos e baixos ao longo dos anos, os sonhos, os momentos singulares, as intuições... Fé é saudade de casa. Fé é um caroço na garganta. Fé não é tanto uma posição, é mais um movimento em frente, não é tanto uma certeza, é mais um palpite. Fé é esperar."

Preciso confessar que não me identifico muito com as pessoas religiosas que conheço. Não quero usar minhas dúvidas como uma medalha de honra para que pareça mais razoável ou sofisticado perante o mundo. Reconheço completamente que essas dúvidas vêm de minha insuficiência, dos anos vivendo a vida em um nível de jogo superior. Só digo que não experiencio a fé como algumas pessoas, para quem Deus é tão real quanto a mesa à sua frente. Para elas, a fé é incondicional. Elas a têm com toda a alma. Em *As Variedades da Experiência Religiosa*, William James cita uma mulher que não consegue imaginar perder tempo com a dúvida e toda essa ponderação. "No mesmo instante em que ouvi o chamado de meu Pai, meu coração se vinculou em reconhecimento. Eu corri, estiquei os braços, gritei: 'Aqui, aqui estou, meu Pai.'" Há algo de belo nessa unicidade do coração.

Mas eu alcanço a fé de um ângulo diferente, baseado em uma jornada diferente, de maneiras que são inquestionavelmente ligadas à minha formação e personalidade. Eu me conecto mais a um grupo menor de pessoas que tem dificuldade com a fé, que luta com toda a improbabilidade ridícula da fé. Experiencio a graça antes de experienciar Deus e, às vezes, ainda tenho problemas em voltar à fonte. Mas acho que enquanto houver cinco ou dez pessoas na sua vida cuja fé pareça decidida, real e semelhante à sua, isso mantém tudo muito atraente. Você só precisa de um representante de cristãos e judeus.

REALISMO RELIGIOSO

Para esses realistas religiosos, há uma luta para ser fiel à própria fé. Para eles, a fé vem como uma expansão da consciência que não dura. Você passa a estar ciente de uma dimensão extra da existência que uma vez experimentada é muito familiar e, então, desaparece. Como o poeta Richard Wilbur coloca:

> *O truque da alegria é fornecer*
> *Algo que refresque e sacie os lábios secos,*
> *Deixando-os também abismados com um desejo*
> *Que nada pode satisfazer.*

A fé não é tanto o viver constante nessa dimensão extra da profundidade, mas sim vislumbrá-la e passar a desejá-la. As pessoas nesse campo descrevem a fé não como uma compreensão constante, mas como um tipo de desejo, ou talvez um tipo de suspeita. Não é tanto conhecer Deus em todas as suas particularidades, mas um movimento constante em direção a algo que você nem chega a sentir na maior parte do tempo.

Nesse tipo de fé, o mistério está sempre à espreita. "Senhor, posso aproximar-me de ti apenas por meio de minha consciência, mas ela só consegue abordá-lo como um objeto, coisa que não és", escreve Wiman. "Não tenho esperanças de experienciá-lo como experiencio o mundo —

diretamente, de imediato —, mas ainda é só o que quero. De fato, tão grande é minha fome por ti — ou seria isso uma evidência de sua fome por mim? — que chega a parecer que o vejo nas flores fúnebres que os enlutados depositam em sepulturas de desconhecidos... na abundância nua de uma árvore invernal cujo próprio galho está iluminado e carregado de neve. Senhor, Senhor, como é iluminado o abismo dentro desse 'parecer'."

Metáforas de água são abundantes na fala religiosa porque há tanta avidez. Fala-se que Deus é a corrente da água viva pela qual arquejamos, assim como um cervo arqueja por água em um riacho. Fala-se que a fé é um gole que desperta uma sede.

Se você ler os relatos de fé até mesmo dos crentes mais profundos, verá que existem períodos de seca, agonias e momentos de desafios intensos. O rabino Joseph Soloveitchik observa que "a religião não é, no início, um refúgio de graça e misericórdia para o desanimado e desesperado, uma torrente encantada de espíritos oprimidos, mas sim clamorosa da consciência do homem com todas as suas crises, angústias e tormentos". É precisamente a jornada por essas corredeiras que expurga a fé de sua superficialidade, argumenta Soloveitchik. Não é fácil e confortável. Como diz Wiman, se Deus deveria ser um alívio para curar feridas psíquicas ou uma fuga das dores da vida, "então preciso admitir: *não está funcionando para mim*".

Madre Teresa teve uma experiência intensa de fé em 10 de setembro de 1946 enquanto estava em um trem. Ela experienciou o amor de Deus como a "sede do coração de Jesus, oculto nos pobres". Mas já em 1953, e até pelo menos 1995, ela pareceu perder o contato com Deus. Em suas cartas particulares confessa: "Eu não tenho fé... Dizem-me que Deus me ama... Nada toca minha alma." Ela falou de "um lugar vazio... em meu coração não há fé". Ela sentia uma "terrível dor de perda — de Deus não me querer — Deus não sendo Deus — de Deus não existir de verdade". Década após década, a escuridão durou, mesmo enquanto ela continuava seu serviço. Mas década após década o anseio pela fé perdurou. Na verdade, o anseio pareceu intensificar à medida que a escuridão aumentava. "Eu falo de você [Jesus] por horas — de meu anseio por Ti." Durante todo esse tempo, ela continuou abrindo casas para os pobres, servindo-os e sofrendo por eles.

Durante esses anos, sua vida interior foi marcada, como um de meus alunos, Daniel Gordon, diz, pelo "anseio na ausência". Em 1961, um jesuíta austríaco, o reverendo Joseph Neuner, disse a ela que ela estava experienciando a noite escura que todos os mestres espirituais devem suportar, e que a única resposta era uma entrega ainda mais completa. Por razões difíceis de compreender, a lição atingiu Madre Teresa com força tremenda. "Pela primeira vez em 11 anos passei a amar a escuridão", ela escreveu. De acordo com um biógrafo, sua escuridão vinha de uma identificação profunda com aqueles a quem ela servia. Os pobres toleraram o sentimento de serem rejeitados. Ela agora era chamada para assumir e compartilhar seu fardo. Escreveu que "mesmo na escuridão o caminho é certo". Continuou: "Tenho apenas a alegria de não ter nada — nem mesmo a realidade da presença de Deus."

Como Gordon escreve, o significado pode ser encontrado pelas atitudes tomadas em relação ao sofrimento inevitável. Uma vez que Madre Teresa entendeu o significado de seu sofrimento, começou a senti-lo como um tipo de missão. Sua fé não era um bálsamo para ela; muitas vezes era uma tristeza sombria, mas ela manteve seu comprometimento com sua fé mesmo depois que a fé a deixou, e suportar essa escuridão e compartilhar o sofrimento dos pobres colocou-a em associação com Jesus.

Em outras palavras, um compromisso com a fé é um que deve ser mantido pelos vários períodos de fé, e até naqueles em que ela está ausente. Comprometer-se com a fé é se comprometer a uma longa série de altos e baixos, intuições, aprendizado e esquecimento, conhecer um tipo de Deus quando você tem 25 anos e outro bem diferente aos 35, aos 55 e aos 75. Significa resistir quando a vida se revela de novas formas e a fé precisa ser reformulada mais uma vez. Comprometer-se com a fé é se comprometer com a mudança. E ela inclui momentos de desespero, ou não seria fé.

Quando estava com 27 anos, Frederick Buechner já havia publicado dois romances. Mudou-se para Nova York para tentar escrever em tempo integral, mas isso não deu muito certo. Ele ficou deprimido e considerou outras carreiras — talvez publicidade. Sem razão aparente, começou a frequentar uma igreja presbiteriana na Madison Avenue, embora achasse que a maioria dos clérigos pregasse com superficialidade. Um dia, ouviu a um sermão comparando a coroação da Rainha Elizabeth e de Jesus. O pastor disse que Jesus não fora coroado em meio ao esplendor, mas "entre confissões e lágrimas e muitas risadas".

Buechner escreve que o som da frase "e muitas risadas", "por razões que nunca compreendi satisfatoriamente, a grande muralha da China ruiu e Atlantis emergiu do mar, e na Madison Avenue, na 73rd Street, lágrimas saltaram de meus olhos como se tivessem batido em meu rosto".

Buechner passou a experienciar a fé como uma busca pelo que chamou de presença subterrânea da graça no mundo. Passou a experienciá-la como um sentido vago de que a vida não é apenas vários átomos chocando-se casualmente, mas um romance com um enredo que leva a alguma coisa.

Mais tarde na vida, Buechner se viu entre jovens cristãos que falavam confiantemente sobre Deus como se falassem com Ele o tempo todo e Ele os respondesse. Deus lhes disse para seguir neste emprego e não naquele, e para pedir isto e não aquilo em um restaurante. Ele ficou abismado. Escreveu que se você disser que ouve Deus falando consigo todos os dias sobre todos os assuntos, ou você está tentando enganar a si mesmo ou aos outros.

Em vez disso, ele continua, você deve levantar da cama e perguntar: "Eu consigo acreditar de novo hoje?" Ou, melhor ainda, fazer essa pergunta a si mesmo depois de ler as notícias da manhã e ver todas as atrocidades que foram cometidas. Se sua resposta a essa pergunta da crença for "sim" todos os dias, então você provavelmente não sabe o que realmente significa acreditar em Deus, escreve Buechner. "Pelo menos cinco de dez vezes a resposta deve ser 'não', porque 'não' é tão importante quanto 'sim', talvez ainda mais. O 'não' é o que prova que você é humano caso algum dia chegue a duvidar disso. E então, se em uma manhã a resposta for realmente 'sim', ela deve ser um 'sim' engasgado por confissões e lágrimas e... muitas risadas."

O comprometimento com a fé, então, é a persistência da fé em tempos de dúvida; é a persistência na fé em tempos de sofrimento e ansiedade; é a persistência na fé em tempos de luta, e a persistência na fé mesmo com todos os idiotas e cretinos imorais que falam sobre fé. É a persistência na fé apesar da idiotice ocasional das sinagogas, das mesquitas ou das igrejas que deveriam ser casas de fé. "A igreja é meu maior problema intelectual e moral, e também minha casa mais confortadora. Ela é tanto minha prostituta deplorável quanto minha noiva habitual", escreve o monge franciscano Richard Rohr. E, ainda, a fé é o centro e a alegria de sua vida.

O Êxodo é a jornada, e as beatitudes e o amor que morreu por nós são a beleza sublime para a qual tudo aponta. Eu persisto em direção a esse ponto, com todos os altos e baixos. Em alguma altura comecei a perceber que herdei uma narrativa, e não quero viver uma vida que não seja orientada em direção a essa beleza sublime. Não posso controlar quando acredito e quando não acredito. Só posso ser fiel às histórias vivas e persistir na aposta de que o sublime é real. Em algum ponto percebi que o trem da vida me levou para um país diferente. Eu creio. Sou uma pessoa religiosa. A Bíblia, aberta a uma infinidade de interpretações, é a base da verdade.

O que tentei descrever aqui é algo sobre o qual não falamos nos jornais — como ocorre o processo de transformação interna. Ele não é percebido diariamente, mas quando olho para trás para quem eu era há cinco anos é um pouco incrível, como aposto que é para você em sua jornada. É uma mudança na qualidade da consciência. É um processo gradual de adquirir um novo corpo de conhecimento que lentamente é armazenado no centro do seu ser. Cynthia Bourgeault escreve que o Reino dos Céus não é um lugar para onde se vai; é o lugar de onde se vem. É um modo transformado de ver o mundo, que surge quando nos aprofundamos em Deus e Deus se aprofunda em nós.

E você acaba com essa grande sensação de conexão, o sentido da unicidade metafísica. Não existe nada como um eu egoísta separado de tudo e de todos. Essa é a ilusão da modernidade. A melhor parte de ter feito uma viagem esquisita nos últimos 5 anos da minha vida é que ela me lembra da possibilidade de que eu posso fazer outra viagem esquisita nos próximos 5, 10 ou 20 anos. Então nada é rejeitado como ultrajante demais. Quando você se liga a um espírito que não consegue compreender, nada mais o choca, mas tudo o leva para um estado de fascínio e admiração.

VINTE E DOIS
Rampas e Muros

Agora eu só tinha que descobrir como viver esse comprometimento. Como as pessoas religiosas vivem? A essa altura você provavelmente já consegue imaginar qual parte da fé seria difícil para mim — a parte da entrega cega. Fala-se muito, especialmente no cristianismo, sobre morrer para si mesmo, entregar tudo a Deus, tirar as mãos do volante e deixar Deus dirigir. Fala-se muito sobre a depravação total da humanidade, a suposta oposição entre carne e espírito. Eu costumava pensar que ser religioso significava admitir que Deus está no controle da sua vida, e você se renderia a qualquer coisa que Deus mandasse. E consigo ver por que pensava assim. Muito do que se fala em todas as religiões dá a impressão de que Deus exige uma ausência de ação. Deus é o mestre e você é Seu servo.

Felizmente, esse tipo de obediência cega ou total anulação de si mesmo não parece ser o que Deus quer. Com certeza a vontade é algo problemático. Ela é autocentrada. Tende a ver toda a existência humana como algo que me cerca, como algo à minha frente, ao meu lado e atrás de mim. Há um certo egoísmo inerente na perspectiva humana normal.

A vontade também é narcisista. Como observa C. S. Lewis, toda reconsideração parece envolver o ego. Se você não estiver pensando se está com frio ou com calor, com fome ou satisfeito, está ensaiando algo inteligente para falar, ou sentindo-se com raiva sobre o modo como outra pessoa o tratou. Mesmo quando faz algo realmente altruísta e bom, o ego surge e admira a si mesmo por ser altruísta e bom.

A vontade também é voraz. Ela quer popularidade e nunca fica satisfeita. Os grandes pecados vêm da adoração excessiva de si mesmo e indiferença em relação aos outros: avareza, injustiça, preconceito, cobiça, desonestidade, arrogância e crueldade.

"No momento em que começo a exercitar minha vontade, descubro que preciso colocar uma raposa no controle do poleiro", escreveu o já falecido teólogo Eugene Peterson. "Minha vontade é minha glória; é também o que me dá mais problemas." Como William Ernest Henley coloca em seu poema "Invictus", se você se fizer "mestre do meu destino... capitão de minha alma", estará condenado.

Mas Deus não parece querer a eliminação da vontade; Ele parece querer seu treinamento e transformação. Ele não quer a falta de vontade, mas uma fusão entre a vontade da pessoa e a vontade de Deus. Peterson descreve isso da seguinte forma: quando era criança podia trabalhar no açougue de seu pai. Ele começou varrendo o chão e então foi promovido para moer carne. Depois, um pouco mais velho, entregaram-lhe uma faca. "Essa faca tem vontade própria", disse um dos outros açougueiros. "Conheça a sua faca."

Peterson também descobriu que "uma carcaça de boi tinha vontade própria — não é só uma massa inerte de carne, cartilagem e ossos, mas tem personalidade e juntas, textura e temperamento. Cortar um quarto de carne em carne para assados e bifes não era uma questão de impor a vontade de minha faca sobre uma substância inerte, mas respeitosa e reverentemente entrar na realidade da matéria".

Os carniceiros — açougueiros ruins — tentavam impor sua vontade sobre a carne. Os resultados eram feios e ineficazes. Mas os bons açougueiros aprenderam a fazer cortes em resposta à carne. Trabalhavam com humildade perante a matéria à sua frente.

Um crente se aproxima de Deus com uma reverência humilde e passa, por meio do estudo, da oração e das disciplinas espirituais, a sentir o amor de Deus. Aprende gradualmente a viver no sentido natural do amor de Deus e não contra ele. Não é uma tentativa caprichosa de dominar a vida, nem é a entrega total ou a autoaniquilação. É uma resposta entusiasmada. É participação, a participação complexa da vontade de uma pessoa na vontade maior de Deus.

Como diz Peterson, é não tentar viver na voz ativa, a dominação, nem na voz passiva, a submissão, mas na voz intermediária, uma conversa com resposta: "Não queremos nos abandonar no riacho da graça e nos afogar em um oceano de amor, perdendo a identidade. Nós não manipulamos as cordas que ativam as operações de Deus em nossas vidas, sujeitando Deus à nossa identidade assertiva. Nem manipulamos Deus (voz ativa) nem somos manipulados por Ele (voz passiva). Estamos envolvidos na ação e participamos de seus resultados, mas não a controlamos nem a definimos (voz intermediária). A oração ocorre na voz intermediária."

Fé e graça não são uma questão de perda de ação. Elas envolvem o fortalecimento e a potencialização da ação enquanto a transformam. Quando a graça nos inunda, ela nos dá coisas melhores a desejar e mais poder para desejá-las. Quando as pessoas falam sobre a morte do ego, estão falando sobre a morte dos velhos desejos e o nascimento para um conjunto novo e melhor de desejos. Quando eu era criança adorava Ki-Suco, um desejo que hoje não me atrai nem um pouco. Agora prefiro café e vinho, desejos que não me atraíam naquela época. Quando comecei minha carreira queria mesmo era ser famoso e convidado aos círculos mais restritos. Agora tenho mais fama do que realmente quero e vi tanto dos círculos restritos que eles perderam seu charme.

O amor de Deus e a participação com ele representam uma destituição do ego, mas não um enfraquecimento do eu. Gerald May distingue teimosia de disposição: teimosia é o desejo de ser o capitão do seu próprio navio. Disposição é o desejo de responder ao chamado com uma resposta mais forte.

A vida religiosa não é feita apenas de pensamentos e sentimentos abstratos. Ela envolve práticas concretas, estar com pessoas de verdade, participar de comunidades reais. Comecei a pensar em minha jornada religiosa como a Peregrinação de Chartres. Eu estava em uma jornada em direção a Deus, e descobri rapidamente no caminho que as pessoas e instituições religiosas às vezes constroem rampas que facilitam a continuação da minha jornada, ou constroem muros, dificultando-a. Descobri que muitos dos muros no mundo cristão eram causados pela combinação de um complexo de inferioridade intelectual combinado a um complexo de superioridade espiritual. Descobri que os cristãos, especialmente a variedade evangélica protestante, são atormentados pela sensação de que não são tão intelectualmente meticulosos ou tão calculados quanto o mundo secular. Ao mesmo tempo, muitos deles são inflados pela noção de que são um ou dois saltos significativos mais morais.

Essa combinação pode levar, por exemplo, ao primeiro muro: a mentalidade defensiva. Muitos cristãos notam que há lacunas amplas entre seus valores e os seculares, especialmente nas questões sobre sexualidade. Isso pode chegar muito rápido a um senso coletivo de vitimização. A "cultura" está atrás de nós. Precisamos nos retirar à pureza de nosso enclave. O estranho é que a mentalidade defensiva parece boa para o povo que se agarra a ela. Ela lhes dá um modo direto de interpretar o mundo — nós, os nobres, contra eles, os poderosos e pecadores. Temos a inocência da vitimização.

Em pouco tempo o cristianismo deixa de ser uma fé humilde; é uma brigada de combate em uma cultura de guerra. "Evangélico" deixa de ser um adjetivo e passa a ser um substantivo, uma tribo. Logo os fins justificam os meios — tudo para defender a tribo. Em seguida você vê essas generalizações radicais sobre a suposta hostilidade do mundo externo. (Toda vez que um pastor começa uma fala com a frase "A cultura", ele deveria parar, deitar e tirar um cochilo.) Rapidamente você acaba com o que o rabino Sacks chama de "dualismo patológico", uma mentalidade que divide o mundo entre aqueles que são incontestavelmente bons e aqueles que são irremediavelmente maus.

O segundo muro é o da escuta ruim. Há um certo número de pessoas religiosas que chegam em uma conversa armados com um conjunto pronto de aforismos e frases de para-choques de caminhão. Em vez de realmente ouvir as perguntas das pessoas à sua frente, eles simplesmente repetem aforismos independentemente das circunstâncias.

O terceiro muro é o do cuidado invasivo. Algumas pessoas usam o disfarce da fé para se intrometer na vida alheia quando não são chamadas. Dizem a si mesmas que estão apenas demonstrando compaixão e cuidado. Dizem a si mesmas que pela oração discerniram algo importante no que acontece na vida da outra pessoa, que é importante que essa outra pessoa escute. Mas na verdade estão apenas entrando em um terreno que desconhecem, e no qual não são desejadas, sob o pretexto de que Deus as quer lá.

O quarto muro é o da mediocridade intelectual. Eu leciono em Yale. Quando professores de Yale discutem os manuscritos uns dos outros, eles são brutais. Mas são brutais em busca da excelência. Às vezes os cristãos não são brutais uns com os outros. Eles querem ser gentis; querem dar apoio, e isso suaviza toda a discussão. Então a joia da verdade não é sólida. Palavras vagas e sentimentos piegas são tolerados porque todos querem ser gentis. Vários anos atrás, Mark Noll escreveu um livro chamado *The Scandal of the Evangelical Mind* ["O Escândalo da Mente Evangélica", em tradução livre] — e, com algumas exceções notáveis, o escândalo continua.

Esses são os muros. Eu também encontrei rampas. A primeira é a rampa do ritual. A religião é cheia de acender velas, curvar-se, ficar em pé, procissões e tudo mais. Esses hábitos são encenações coletivas da ordem moral e uma história sagrada. São lembretes de certas lições e verdades. No Torá, o acender de velas é coordenado com o queimar do incenso, pois em nossas vidas a iluminação do conhecimento está conectada à experiência da paixão e dos sentidos. Não somos pensadores frios; aprendemos com paixão.

Como diz o sociólogo Christian Smith: "A liturgia recria ritualisticamente uma tradição, uma experiência, uma história, uma visão de mundo. Ela expressa em forma dramática e corpórea um sistema sagrado de crenças em palavras, música, imagens, aromas, sabores e movimentos corporais. Na liturgia, os adoradores tanto executam quanto observam, executam a verdade e a recebem, relembram o passado e o carregam para o futuro." É estranhamente poderoso abrir seus braços em adoração; o pequeno ato físico abre a mente e torna o coração vulnerável.

A segunda rampa é a da fé despudorada. Quase nunca se vê a fé descarada em uma sinagoga judaica, mas geralmente a vemos em uma ortodoxa; homens envolvidos em seus talits, balançando-se e lamentando, doando a si mesmos em adoração. De forma similar, quase nunca se vê a fé descarada em uma igreja protestante de linha principal, a não ser que seja a fé no Sierra Club. Mas podemos vê-la em igrejas carismáticas, onde as mãos se erguem para o alto, olhos são fechados, aleluias são proferidos em muitos decibéis. Claro, existe um elemento de performance. Mas há algo contagioso na fé que não tem medo de se expressar.

A terceira rampa é a oração. Eu não sou um bom orador. Normalmente acabo direcionando minhas palavras mais para a pessoa com quem estou do que para Deus. Infelizmente sempre realizo uma crítica literária em minhas orações, enquanto as digo e logo depois — argh, isso foi chato, essa perdeu um pouco de coerência no final. Em *Madame Bovary*, Flaubert escreve que "a palavra humana é como um caldeirão trincado onde batemos melodias para fazer os ursos dançarem, quando se quereria enternecer as estrelas". Minhas orações são assim.

Mas mesmo uma pessoa que está apenas no caminho pode orar. A oração é um encontro e uma conversa com Deus. As orações mais fáceis de proferir são as de agradecimento — por uma refeição ou alguma outra coisa boa. Mesmo as orações fáceis são boas, porque a gratidão é um solo em que o egoísmo não tende a crescer.

Nossas conversas mudam dependendo de com quem falamos. Falar com Deus é um confronto com a graça, que não é apenas Seu amor imerecido, mas o tipo de amor que flui mais poderosamente aos deméritos daquele que o recebe. As orações mais profundas têm assim uma qualidade maravilhosa que não é como uma conversa com pessoas normais. O tom emocional desse tipo de oração é difícil de capturar em prosa. Muitas pessoas indicam o poema de George Herbert:

> *Oração, banquete das igrejas, era dos anjos*
> *sopro de Deus no homem que renasce,*
> *Alma em paráfrase, coração em romaria,*
> *. . .*

Tipo de melodia; que todas as coisas ouvem e temem;
Brandura e paz, e alegria, e amor, e bem-aventurança,
Exaltado Maná, prazer dos mais intensos,
Céu no ordinário, homem ataviado,
A Via Láctea, a ave do Paraíso.

Com o tempo a oração reorienta os desejos. O próprio ato de falar com Deus inclina uma pessoa a uma certa direção; tenha uma conversa adequada com Ele; sucumba seus desejos para agradá-lo e glorificá-lo. Assim como casais antigos ficam mais parecidos um com o outro com o tempo, a pessoa que passa anos ouvindo e respondendo à companhia de Deus fica mais parecida com Ele, no nível secreto, no qual só Deus pode ver.

A quarta rampa é a consciência espiritual. Nós do mundo secular tendemos a reduzir tudo à causa e ao efeito material — economia, padrões de votação, relações internacionais. Mas essa lente erra tudo constantemente, pois os seres humanos não são apenas criaturas materiais conduzidas por interesses políticos e econômicos próprios definidos de forma limitada.

Quando você está com o melhor dos fiéis, não importa sobre o que esteja falando, sua conversa é mais rica. Comunidades religiosas falam naturalmente sobre a pessoa inteira, o coração e a alma assim como o corpo e a mente. Quando comunidades religiosas pregam aos pobres, quando faculdades religiosas ensinam seus alunos, elas pregam e as ensinam como pessoas inteiras, que não precisam só de dinheiro, mas também de dignidade, amor e propósito.

A quinta rampa é a linguagem do bem e do mal. Essa linguagem também foi amplamente abandonada no mundo público. A palavra "pecado" é usada principalmente para falar de sobremesas. Mas, se quiser falar sobre a jornada mais profunda, você precisa de palavras como "pecado", "alma", "degradação", "redenção", "santidade" e "graça". Se quiser ter alguma concepção de vida em um eixo vertical, precisa de alguma concepção das várias gradações de bondade e maldade. Entrar no mundo religioso e encontrar mesmo que apenas algumas pessoas pensando e falando sobre essas coisas de forma sutil, inteligente e refletida é algo tremendamente poderoso.

A rampa final é o choque puro. A religião é uma surpresa infindável. Nunca ficamos confortáveis com a ideia de que a criação está viva e que existe uma coisa como o amor universal. E o maior choque de todos é o modo como alguns crentes amam. Por que Madre Teresa passou aquelas décadas nas favelas? Por que Thomas Merton passou aquelas décadas no monastério? Por que Dorothy Day passou aquelas décadas vivendo na pobreza e alimentando os pobres? Por que Dietrich Bonhoeffer retornou para a Alemanha para resistir a Hitler — com uma boa chance de ser morto na luta, como de fato aconteceu? Essas pessoas não sabem que existem férias na praia a serem tiradas e bons restaurantes para frequentar?

E essas são apenas as pessoas famosas. Encontramos pessoas assim o tempo todo, que subverteram suas vidas para trabalhar em hospitais e favelas do mundo todo com a crença de que Deus as chamou para o trabalho árduo.

O impulso natural da vida é o movimento para cima, aumentar a riqueza, o poder, o sucesso, a posição. E ainda assim, por todo o mundo, vemos pessoas indo para baixo. Não usamos com frequência a palavra "humilhante" como algo bom, mas deveríamos. Por todo o mundo há pessoas que se humilham para Deus. Elas se transformam em servas. Ficam de joelhos, lavam os pés dos necessitados, por assim dizer, colocando-se em situações em que não são o foco; os invisíveis e os marginalizados é que o são. Elas oferecem perdão quando não faz sentido, praticando uma bondade radical de tirar o fôlego.

Recentemente houve um documentário sobre Fred Rogers, o pastor presbiteriano que criou um programa de TV com a suposição de que a criança está mais próxima de Deus do que o adulto. Normalmente os adultos querem se mover na direção da sofisticação com a idade, mas o programa de Rogers era todo sobre simplicidade — a simplicidade de amarrar seus sapatos, a simplicidade de declarar o amor abertamente. Normalmente, a vida adulta trata do movimento à assertividade e à autossuficiência. Mas Rogers foi em direção à vulnerabilidade e à dependência. Em certo ponto o fantoche que representa a criança interior de

Rogers cantou uma música que dizia "às vezes me pergunto se sou um erro". Às vezes ele se pergunta se foi mal feito. Normalmente a maturidade significa ir do pequeno ao grande, fazer algo grandioso no mundo, mas Rogers escreveu uma canção chamada "Little and Big" ["Pequeno e Grande"] sobre a beleza do bem pequeno. Literalmente, em um programa, fez o lava-pés. Algumas pessoas se perguntaram se Rogers podia realmente ser tão sincero e bom. Mas o documentário deixa claro que sim, e no fim todos no cinema choram inesperadamente. Há algo surpreendente, poderoso e extraordinário naquele tipo de bondade inversa.

Como disse Agostinho: "Onde há humildade, há majestade; onde há fraqueza, há poder; onde há morte, há vida. Se quiser obter estas, não despreze aquelas." T. S. Eliot capturou certa vez o ideal da vida religiosa: "Uma condição de completa simplicidade / (Custando nada menos do que tudo)."

O SUBLIME

Anne morou em Houston por mais de três anos, e nossas vidas tiveram muitas reviravoltas enquanto ela estava por lá. Então, rendendo-nos a um amor que na época parecia impossível e agora parece inevitável, nos casamos na primavera de 2017, quatro anos depois dos eventos descritos anteriormente. Essa parte da história teve um desfecho feliz.

Descobri que ficar deliciosamente apaixonado foi bom e ruim para minha fé. Em momentos de amor entusiástico, o amor transborda. Ele flui do amor a essa mulher específica para cima em direção a um amor superior e mais geral e, finalmente, à fonte do amor. Por outro lado, em minha felicidade deixei o sofrimento para trás, então não tive mais aquelas crises espirituais profundas, sombrias, abrasadoras que tinha quando estava realmente na fossa. (Já vão tarde!)

Ainda assim, a parte da fé ainda está radicalmente incompleta. Mas estar incompleto na fé não é estar insatisfeito. "Eu orei pela fascinação, e não pela felicidade", escreveu o rabino Heschel, "e você a deu para mim". Os judeus ortodoxos dizem que a religião é a consagração do mundo, ver a chama divina em tudo.

"Reverência atônita" é a frase que as pessoas usam para descrever a presença de Deus no mundo. A perplexidade na infinidade de Deus. A perplexidade de Ele se importar conosco. "Deus escreve certo por linhas tortas", escreve Walker Percy. Perplexidade na estranheza. O primeiro milagre de Jesus foi transformar água em vinho. Quem começa uma religião com um truque de mágica?

Espero que a jornada da fé, até agora, tenha me infundido um pouco mais de humildade do que tinha antes. Com certeza me deu mais esperança. Hoje, a fé não parece aquela em um homem velho com uma barba branca que divide as águas. Parece a fé em possibilidades mais amplas do que eu imaginava e viver a vida nas sombras dessas possibilidades.

A realidade reluz. A pessoa ao seu lado no metrô nunca é apenas um corpo. Minha amiga Emily Esfahani Smith, a quem citei algumas vezes, me contou certa vez sobre uma época em que entrou em uma briga com seu marido. Eles fizeram as pazes e depois saíram juntos para alguns afazeres e pararam em uma farmácia. Emily ainda estava chorosa e exausta por causa da briga. Ao pagar a conta, o funcionário do caixa perguntou sobre sua família, se tinham filhos, onde moravam etc. No fim de sua breve conversa, ele sorriu para eles e disse: "Sabe, vocês dois — vocês dois ficam muito bem juntos." Era exatamente o que ela precisava ouvir naquele momento — foi algo tão gentil e carinhoso, uma expressão de graça. Ela pensou algo que nunca pensara antes: "Nossa, talvez anjos realmente existam."

No decorrer deste livro, falei sobre compromissos como uma série de promessas que fazemos ao mundo. Mas considere a possibilidade de que uma criatura de amor infinito tenha feito uma promessa para nós. Considere a possibilidade de que nós sejamos aqueles com quem ela se comprometeu, os objetos de um comprometimento infinito, e que o compromisso é nos salvar e nos levar para casa. É por isso que a religião é esperança. Sou um judeu errante e um cristão muito confuso, mas como meu passo é rápido, como minhas possibilidades são abertas, e como são vastas as minhas esperanças.

PARTE V
Comunidade

PARTE V

VINTE E TRÊS
Estágios da Construção da Comunidade I

Um dia, no fim da década de 1950, Jane Jacobs olhava para baixo pela janela do segundo andar para a rua Greenwich Village. Ela notou um homem lutando com uma menina que estava paralisada, como se não quisesse ir a qualquer lugar a que o homem estivesse levando-a. O pensamento que passou pela cabeça de Jacobs foi que talvez estivesse testemunhando um sequestro. Já se preparava para descer e intervir quando notou que o casal proprietário do açougue surgiu de dentro da loja. Então o homem das frutas saiu de trás de seu quiosque, assim como o chaveiro e algumas pessoas da lavanderia. "Aquele homem não sabia, mas estava cercado", escreveu Jacobs em *Morte e Vida de Grandes Cidades*.

No fim não era nada, apenas uma briga entre pai e filha. Mas a partir dela Jacobs chegou à conclusão certa: a segurança nas ruas em uma vizinhança saudável não é mantida principalmente pela polícia. Ela é mantida pela "rede complexa e quase invisível de controles e padrões voluntários entre as próprias pessoas, imposta por elas mesmas".

Jacobs segue descrevendo a paisagem urbana de seu quarteirão como um balé intrincado. Ele começa de manhã cedo, mais ou menos na hora em que Jacobs leva o lixo para fora e os pais levam seus filhos para a escola. Continua por toda a tarde, enquanto os proprietários passam o tempo em frente às suas lojas, os carteiros passam e os estivadores se reúnem nos bares para tomar uma cerveja. Dois namorados caminham. "Quando chego em casa depois do trabalho, o balé está chegando no *crescendo*", escreve Jacobs. "Essa é a hora dos patins, das pernas-de-pau e dos triciclos... É a hora dos embrulhos e dos pacotes, de ziguezaguear da farmácia para o quiosque de frutas e voltar."

Parece frenético e caótico, mas, Jacobs argumenta, realmente há uma ordem orgânica dinâmica nisso. "Sob a aparente desordem da velha cidade, sempre que ela funciona prosperamente, há uma ordem maravilhosa para manter a segurança nas ruas."

Jacobs escrevia enquanto urbanistas como Robert Moses destruíam esse tipo de paisagem urbana. Eles a viam como antiquada e ineficiente. As ruas deveriam ser máquinas para mover carros, seguia o novo pensamento, então os urbanistas começaram a construir estradas pelas vizinhanças, destruindo velhos prédios de apartamentos e casas geminadas, e construindo torres de blocos de apartamentos cercados por praças vazias.

Jacobs queria que as pessoas vissem a velha paisagem urbana da vizinhança de modo diferente e que resistissem a esses planos desumanizadores. Hoje, pelo menos no mundo do urbanismo, Jacobs venceu. Todos agora entendem o valor da paisagem urbana densa e diversificada. Mas quando se trata de questões maiores do que formar uma comunidade, que era a real questão de Jacobs, a luta continua.

A LINDA COMUNIDADE

Uma comunidade saudável é um sistema denso de relacionamentos. É irregular, dinâmica, orgânica e pessoal. Os vizinhos aparecem para ajudar quando sua carga de trabalho está pesada, e você faz o mesmo quando eles precisam. Em uma comunidade rica, as pessoas se metem nos trabalhos dos outros, conhecem os segredos uma da outra, caminham juntas em tempos de pesar e celebram juntas em épocas de alegria. Em uma comunidade rica, as pessoas ajudam a criar os filhos umas das outras. Nesses tipos de comunidade, que existiam normalmente em toda a história até mais ou menos os últimos 60 anos, as pessoas estendiam aos vizinhos o tipo de devoção que hoje só damos à família. Os vizinhos precisavam uns dos outros para prosperar e sobreviver — para colher plantações, para compartilhar em momentos difíceis.

Uma pessoa envolvida em uma comunidade rica tem um vizinho que a ajudará a conseguir uma entrevista de emprego quando estiver desempregada. Um adolescente se sente isolado em casa, mas existe um vizinho que está sempre de portas abertas, então ele passa um tempo lá. Em uma comunidade rica, existe sempre uma "Sra. Thompkins", uma mulher mais velha e forte que parece estar sempre por perto, que diz aos adolescentes quando abaixar o som e às crianças quando pararem de correr perto dos carros, que responsabiliza as pessoas e impõe as normas da comunidade. Todos têm um certo medo da Sra. Thompkins, mas todos a amam também. Ela é a mãe do quarteirão, efetivamente a prefeita dele.

Nesse tipo de comunidade, a pressão social pode ser levemente autoritária, a intrusão às vezes é difícil de aguentar, mas o desconforto vale a pena porque o cuidado e os benefícios são ótimos.

Quando os estudiosos falam sobre esse tipo de comunidade, eles usam o termo "capital social". O termo não é dos melhores. Os sociólogos às vezes tentam emprestar o prestígio dos economistas usando conceitos difíceis que soam como os de economia. A frase "capital social" sugere que o que é medido é quantitativo. Mas o cuidado é principalmente qualitativo. Uma comunidade é saudável quando os relacionamentos são sentidos profundamente, quando são histórias de confiança, um sentido compartilhado de pertencimento mútuo, normas de comprometimento mútuo, hábitos de assistência mútua e afeição real de um coração e alma a outros.

A GUERRA INTERNA

Há não muito tempo, conheci um casal israelense que tinha se mudado para uma vizinhança abastada no sul da Califórnia. Eles me contaram um episódio assustador que ocorrera alguns meses antes. O marido estava viajando a trabalho e telefonou para conversar com sua esposa à noite. Depois que desligaram, ela foi verificar seu filho de quatro anos. Ele não estava na cama. Ela o procurou pela casa freneticamente, mas não o encontrou. Correu até a piscina para ver se ele havia caído nela. Mas não.

Saiu em disparada para fora da casa e correu para cima e para baixo pela quadra gritando o nome dele o mais alto que podia. Era cerca de 22h. As luzes de alguns vizinhos estavam acesas, mas ninguém saiu para ajudar. A essa altura, estava aterrorizada. Correu de volta para casa para procurar mais uma vez e o encontrou na sala. Ele construíra um forte com almofadas e estava dormindo pacificamente embaixo dele.

No dia seguinte, ela estava caminhando pela calçada quando alguns de seus vizinhos perguntaram educadamente por que ela esteve gritando o nome do filho no meio da noite. Ela me olhou com incredulidade ao contar essa história. Que tipo de comunidade é essa em que as pessoas não ajudam uma mãe a encontrar seu filho? Em Israel, disse ela, as ruas ficariam cheias de gente de pijama procurando-o freneticamente.

Não vivemos mais nos Estados Unidos de Jane Jacobs.

Essa história aconteceu em uma vizinhança com todas as vantagens possíveis. Em comunidades do mundo ocidental, a dilaceração do tecido social é muito pior. Robert Putnam, Theda Skocpol, Charles Murray, Marc Dunkelman e muitos outros registraram minuciosamente a fragmentação do tecido social, e eu não preciso repetir o trabalho deles aqui. Basta mencionar a carnificina que resulta de todo esse isolamento social.

A epidemia de suicídios é uma manifestação desse isolamento. A redução da expectativa de vida é outra — as chamadas mortes do desespero. O contágio de tiroteios em massa também é uma manifestação. Essas mortes em massa se devem a várias questões — armas, demagogia etc. —, mas também ao isolamento social e à difusão da loucura da mente norte-americana. Sempre que há um tiroteio, há um homem solitário que caiu pelas rachaduras da sociedade, que viveu uma vida de decepção solitária e que um dia decidiu tentar dar um salto em um mar de sangue da insignificância à infâmia. Caras como esse são atraídos por ideologias extremistas que explicam suas decepções e lhes dão um sentimento de conexão a alguma coisa. Eles se convencem de que, ao massacrar inocentes, estão servindo como guerreiros a alguma causa justa.

Os níveis cada vez maiores de depressão e problemas de saúde mental são mais uma manifestação. As pessoas costumavam dizer que a depressão e outros desafios de saúde mental eram primariamente devidos a desequilíbrios químicos no cérebro. Mas como argumenta Johann Hari em seu livro *Lost Connections* ["Conexões Perdidas", em tradução livre], essas questões de saúde mental são devidas tanto a problemas da vida — solidão prolongada, perda de um emprego significativo, sentir-se pressionado e estresse com a ausência da comunidade — quanto devidas à neuroquímica.

"A solidão prolongada faz com que você se feche socialmente e fique mais desconfiado de qualquer contato social", escreve Hari. "Você se torna hipervigilante. Começa a ser mais propenso a se ofender quando não há ofensas e a ficar com medo de estranhos. Começa a temer a coisa de que você mais precisa."

Isso soa como um bom resumo da política norte-americana atual — e então, sim, a polarização também é um produto do isolamento social.

A camada-base da sociedade norte-americana — a rede de relacionamentos, comprometimentos e confiança em que o Estado, o mercado e tudo o mais se baseia — está ruindo. E os resultados são tão sangrentos quanto qualquer guerra.

Talvez seja hora de começar a ver tudo isso como uma guerra. De um lado estão as forças que semeiam a divisão, a discórdia e o isolamento. Do outro estão todas as forças na sociedade que nutrem a afeição, a conexão e a solidariedade. É como se estivéssemos testemunhando um grande confronto entre os retalhadores e os tecelões sociais.

E esta é a parte difícil da guerra: ela não é feita entre um grupo de pessoas boas e outro de pessoas ruins. A guerra ocorre no meio de todos os corações. A maioria de nós faz parte do problema do qual reclama.

A maioria de nós comprou a ideia de um individualismo radical que, como previu Tocqueville, faz com que nos vejamos como organismos autossuficientes e que extrai cada eu recluso dos outros eus isolados. A maioria de nós compra a ideia de um *éthos* viciado em trabalho que nos deixa com pouco tempo para a comunidade. Aqueles que trabalham na mídia sabem que para gerar visualização de página precisam oferecer afirmações da superioridade moral da sua tribo no estilo do antigo jornal russo *Pravda*. A maioria de nós se adapta a um código de privacidade que nos leva a não conhecer nossos vizinhos; vive com a tecnologia que tem como fim reduzir o atrito em qualquer encontro, e acabamos nos acostumando a esse modo de vida. Mas a vida em comunidade — o cuidado um com o outro — é construída com atrito, com relacionamentos grudentos e ineficazes.

A comunidade também está sob ataque porque terceirizamos o cuidado. Como Peter Block e John McKnight argumentam em seu livro, *The Abundant Community* ["A Comunidade Abundante", em tradução livre], muitos dos papéis que costumavam ser executados na comunidade migraram para o mercado ou para o Estado. O bem-estar mental agora é trabalho do terapeuta. A saúde física, do hospital. A educação, do sistema escolar.

O problema dos sistemas, argumentam Block e McKnight, é que eles despersonalizam. Essas organizações precisam operar em grande escala, então tudo precisa ser padronizado, seguir regras. "O propósito da administração é criar um mundo repetível", escrevem. Mas as pessoas nunca são iguais.

Quando há perda de cuidado, uma vizinhança fica fragilizada, assim como as pessoas que vivem nela. Elas ainda estão lá, mas a fluidez da confiança na qual estavam suspensas secou. Se as coisas derem errado, elas têm poucas pessoas a quem recorrer. Se ansiarem por um sentido de pertencimento, coisa que todos fazemos, não fica claro onde conseguirão encontrá-lo. Do lado de fora, as vizinhanças como a do sul da Califórnia podem parecer comunidades saudáveis, mas a qualidade emocional está transformada. O cuidado foi substituído pela distância e desconfiança.

Então como a comunidade é restaurada? Basicamente, ela é restaurada pelas pessoas que vivem na segunda montanha, pessoas cuja principal lealdade é aos outros e não a si mesmas. Anteriormente neste livro, mencionei o Weave: The Social Fabric Project, grupo que cofundei no Aspen Institute. No momento em que escrevo isso, passamos um ano falando sobre pessoas que colocaram a construção de relacionamentos no foco de suas vidas. Construir uma comunidade, como construir um relacionamento, é um processo lento e complexo. É a reunião de muitas coisas, como o balé de Jane Jacobs. Eu gostaria de guiá-lo pelos estágios da criação da comunidade, que são como os estágios da intimidade, mas em larga escala e com peças móveis.

AQUELES QUE FICAM

A renovação da comunidade começa, como você deve imaginar, com um comprometimento. Alguém decide colocar a comunidade acima do ego. Por exemplo, Asiaha Butler cresceu em Englewood, uma das vizinhanças mais pobres e violentas de Chicago. Asiaha (pronuncia-se Ai-xa) foi roubada lá. Gangues controlavam o quarteirão e havia assassinatos do lado de fora de sua porta de vez em quando. Uma noite, uma bala atravessou sua janela. Não havia uma escola local decente em que ela e seu marido pudessem matricular sua filha de nove anos. Um dia deram um basta. Decidiram se mudar para Atlanta, onde as ruas eram mais seguras.

Fizeram um churrasco de despedida para seus amigos e começaram a encaixotar suas coisas. Era um domingo e Asiaha estava olhando pela janela o terreno vazio do outro lado da rua. Existem aproximadamente cinco mil terrenos vazios no bairro. Neste havia algumas meninas brincando, jogando pedras e garrafas quebradas, e brincando com pneus abandonados na lama. Ela se virou para o marido e disse: "Não podemos partir assim."

Seu marido ficou incrédulo. "Ah? Mesmo, Asiaha?"

"Se nos mudarmos, vai ser como todo mundo que se muda. Não estaremos aqui para dar um exemplo do que é ter um emprego e criar uma família." Asiaha venceu a discussão. Eles decidiram ficar. Comprometer-se com a vizinhança.

Asiaha não sabia por onde começar. Ela não conhecia seus vizinhos. Então fez uma busca no Google: "voluntariado em Englewood" e encontrou alguns grupos próximos. Um deles colocou-a no comitê de educação. Um outro grupo local organizava festas para adolescentes, mas os organizadores adultos estavam já em seus 50 e 60 e poucos anos, e não tinham ideia de como entreter adolescentes. Asiaha apimentou as coisas com hip-hop e rap. Então percebeu que podia fazer os vizinhos conversarem se os abordasse com filmes, então instituiu o "Documentários e Diálogos". Convidou pessoas para se reunir e assistir a documentários curtos e discuti-los em seguida. Dentro de dois anos, centenas de pessoas estavam envolvidas.

Englewood era dividida em seis distritos e não tinha uma organização que cobrisse a área toda, então Asiaha criou a Associação de Residentes da Grande Englewood (que em inglês tem a sigla RAGE). A RAGE realiza feiras de empregos e fóruns de candidatura em época de eleição. Organiza "mutirões de compras solidárias" em que os moradores locais se reúnem para comprar de lojas locais. As pessoas saíam da obscuridade para frequentar a RAGE — designers gráficos, executivos, pessoas que sabiam cozinhar e levavam biscoitos. Nada desse trabalho é heroico ou mesmo incomum. Agora as pessoas se conhecem. As lojas locais vendem camisetas com os dizeres WE ARE ENGLEWOOD [NÓS SOMOS ENGLEWOOD] e DAUGHTER OF ENGLEWOOD [FILHA DE ENGLEWOOD]. "Adoro pequenas vitórias", diz Asiaha. Elas começam com essa decisão de comprometimento.

A VIZINHANÇA É A UNIDADE DA MUDANÇA

O próximo estágio da construção da comunidade é compreender que você precisa consertar a vizinhança como um todo. Não basta focar indivíduos um por um.

Você provavelmente ouviu falar da história da estrela-do-mar. Um menino na praia encontra milhares de estrelas-do-mar levadas para a costa pelo mar, morrendo. Ele pega uma e a joga de volta no oceano. Um transeunte pergunta por que ele se importava. Todas essas milhares de outras estrelas-do-mar ainda morrerão. "Bem", responde o menino, "eu salvei aquela".

Muitos de nossos programas sociais são baseados nessa teoria da mudança social. Tentamos salvar as pessoas uma de cada vez. Escolhemos uma criança promissora em um bairro e damos a ela uma bolsa de estudos para que possa ir para uma grande faculdade. Os programas sociais e os esforços filantrópicos encontram a nata dos indivíduos de diversas maneiras. Eles supõem que o indivíduo é a unidade mais importante da mudança social.

Obviamente, é possível fazer o bem com base no individual. Mas com essa abordagem não se muda realmente os sistemas morais, ou as estruturas e sistemas que moldam vidas.

Talvez a história da piscina seja uma metáfora melhor do que a da estrela-do-mar. Como diz um amigo meu: não se pode limpar apenas parte da piscina na qual se nada. Você não pode purificar uma molécula de água e jogá-la de volta na piscina suja.

A reconstrução da comunidade envolve ver que a vizinhança, não o indivíduo, é a unidade essencial da mudança social. Se você está tentando melhorar vidas, precisa pensar em mudar muitos elementos de uma única vizinhança ao mesmo tempo.

Um fato marcante sobre a era da internet é que a distância não está morta. A localização é tão importante quanto sempre foi, e muito mais do que imaginávamos. O norte-americano médio mora a 30km de distância de sua mãe. O aluno de graduação comum se matricula em uma universidade a 25km de distância de casa. Um estudo de amigos do Facebook por todos os Estados Unidos descobriu que 63% das pessoas com quem temos amizade moram em até 160km de distância. Os norte-americanos se mudam menos hoje em dia, não mais.

Dentro de um raio razoavelmente pequeno de nossas vidas, o comportamento é altamente contagioso. O suicídio, a obesidade e a mobilidade social ocorrem em redes à medida que as pessoas sutilmente modelam o comportamento umas das outras de maneiras subconscientes. O trabalho do economista Raj Chetty e de outros mostram que as crianças que crescem em uma vizinhança são mais propensas a ter resultados de vida diferentes do que pessoas que crescem em vizinhanças próximas demograficamente similares. Por exemplo, em 1º de abril de 2010, 44% dos homens negros de baixa renda do bairro de Watts, no centro de Los Angeles, estavam encarcerados. Por outro lado, apenas 6,2% dos homens que cresceram com rendas similares do bairro de Compton estavam encarcerados no mesmo dia. Compton fica a apenas 3,7km de Watts.

O trabalho do sociólogo Eric Klinenberg mostra o quanto a vizinhança é importante ao determinar quem sobreviverá em uma crise. Klinenberg comparou as mortes em dois bairros de Chicago durante a onda de calor em 1995. Seis vezes mais pessoas morreram em North Lawndale do que em South Lawndale, embora os dois locais sejam demograficamente parecidos e separados apenas por uma estrada.

Klinenberg descobriu que o ingrediente secreto estava na densidade dos laços comunitários. Havia mais locais para encontros em um bairro do que no outro, mais lugares para que as pessoas desenvolvessem relacionamentos, e pessoas em relacionamentos densos se preocupam em conferir o bem-estar umas das outras em tempos de crise. Não dá pra imaginar que a presença de uma biblioteca no bairro teria um grande efeito em quem morre em uma onda de calor, mas tem.

Pensar em termos de vizinhança requer um realinhamento radical em como você vê estruturas de poder. O bairro controla seus próprios serviços públicos? Os vizinhos têm feiras de rua onde podem se conhecer? Existem fóruns onde a vizinhança pode contar sua história coletiva?

Pensar em termos de vizinhança significa uma transformação radical em como a mudança é feita. Significa escolher uma área demográfica e fazer tudo o que for possível: reformas nas escolas, educação na primeira infância, programas esportivos e artísticos e assim por diante. Uma infinidade de influências positivas reforça sutilmente uma à outra de maneiras infinitamente complexas. Significa eliminar o modo como a filantropia é realizada agora, em que um doador financia um programa e tenta isolar um ponto de vantagem para ter "impacto". Pensar em termos de vizinhança traz a realidade de que não existe um remédio milagroso.

A TECNOLOGIA PARA CONVOCAÇÃO

Depois de perceber que a vizinhança é a unidade de mudança, é necessário encontrar um jeito de reuni-la — substituir a distância pela intimidade e pela conexão.

O terceiro estágio do comprometimento a uma comunidade envolve a invenção de uma tecnologia para reuniões. Ou seja, inventar algum método para reunir as pessoas e fazê-las seguir em direção à intimidade e à confiança.

Como Peter Block observa em seu livro *Community* ["Comunidade", em tradução livre], os líderes iniciam a mudança social quando mudam o contexto no qual as pessoas se reúnem. Isso significa convidar novas pessoas para o círculo, especialmente as que você pode ter identificado anteriormente como "o problema". Ou seja, mencionar perguntas poderosas na conversa e, então, ouvir as respostas.

O poder é criado do nada quando os convites são feitos, e novas pessoas se reúnem e agem de novas formas. "O futuro é criado de sala em sala, de reunião em reunião", escreve Block. "Cada reunião precisa ser um exemplo do futuro que queremos criar." Nessas conversas, as pessoas que estiveram nas margens da sociedade trazem dons especiais, a sensibilidade externa de como as coisas são, uma maior consciência em relação aos outros.

Em 2016, Dottie Fromal visitou Nelsonville, Ohio, para encontrar alguns amigos. Ela andou pelas ruas da casa de seu amigo e as pessoas a chamavam de suas varandas para contar algo sobre seu gato ou qualquer outra coisa. "Algumas dessas pessoas não têm ninguém para conversar o dia todo", percebeu. Ela viu crianças solitárias e com problemas passando o tempo nas praças.

De certa forma, ela nunca saiu de Nelsonville. Começou a fazer pequenas coisas pelas pessoas que pareciam precisar de sua ajuda. Começou a ir de porta em porta e a convidar as pessoas para jantares comunitários às quintas-feiras à noite. Isso começou como uma forma de alimentar as crianças do programa extracurricular no centro da cidade que não tinham comida em casa. Mas logo os pais e outros adultos começaram a chegar — até 125 pessoas apareciam. Ela não tinha fluxo de financiamento ou organização. Simplesmente ia até um supermercado e comprava a comida ela mesma. Depois de alguns meses, à medida que a notícia dos jantares se espalhou, as pessoas a paravam nos corredores do mercado e lhe davam notas de 20 dólares para ajudar nos custos. Seu trabalho é algo completamente normal — fornecer um jantar a pessoas com fome —, mas de algum modo ninguém havia feito isso antes.

Há zilhões de maneiras de fazer isso. Agora existem centenas de organizações de jantares diferentes que reúnem pessoas em volta de mesas redondas de diferentes tamanhos. "Não deixe seu vizinho à deriva na rota da solidão", escreve o rabino Joseph Soloveitchik. "Não permita que se afaste ou se isole de você."

Outros grupos têm tecnologias mais elaboradas de reunião. O programa Becoming a Man trabalha com crianças em risco em West Side, Chicago. Pequenos grupos de jovens se reúnem regularmente para "conferências". Cada um precisa relatar como está se saindo espiritual, emocional, intelectual e fisicamente. Se um jovem não se abre de verdade, os outros pegam no seu pé.

Diana Westmoreland, que mora na parte rural do Texas, criou o Bubba Can Cook, que reúne equipes para uma competição de assar frango, peito bovino e costela — porque aparentemente é em volta de uma churrasqueira que os texanos ficam mais emocionalmente expostos.

Mary Gordon fundou o projeto Roots of Empathy em Ontário, que usa bebês para criar conexões fortes nas escolas. Uma vez por mês um pai e seu filho visitam a sala de aula. Sentam-se em um cobertor verde e a classe se reúne em volta deles para falar sobre o que o bebê está fazendo. Observam-no tentando engatinhar até alguma coisa ou alcançar um brinquedo. Estão aprendendo a se colocar no lugar do bebê, alfabetização emocional e como funciona a ligação emocional profunda. Em uma classe da Gordon havia um menino do oitavo ano chamado Darren, que testemunhou o assassinato de sua mãe quando tinha quatro anos e desde então passava pelos sistemas de lares adotivos. Ele era maior do que todos em sua classe pois estava dois anos atrasado. Um dia, para a surpresa de todos, Darren pediu para segurar o bebê.

Ele tinha uma aparência assustadora e a mãe ficou nervosa, mas consentiu, e Darren se saiu muito bem com o bebê. Foi até um canto silencioso e ninou o bebê enquanto ele se aninhava em seu peito. Darren devolveu o bebê à mãe e perguntou inocentemente: "Se uma pessoa nunca foi amada, você acha que ela ainda assim poderia ser um bom pai?"

Foi o florescimento da empatia e da conexão. Um momento em que a comunidade começa a curar um ferimento e criar uma possibilidade.

Uma das metodologias mais sofisticadas para convocação que vi foi em Baltimore, em uma organização chamada Thread, cofundada por Sarah Hemminger. Quando ela era criança em Indiana, seu pai descobriu que o pastor estava desviando o dinheiro da igreja. Relatou isso à congregação, mas, em vez de despedirem o pastor, a comunidade passou a evitar a família de Sarah. Ela e seus irmãos iam a festas e eventos da vizinhança e ninguém conversava com eles. Sarah passou oito anos de sua infância banida.

Em resposta, focou suas energias de duas formas. Tornou-se competidora nacional de patinação artística, praticando até oito horas por dia, e concentrou suas energias nos trabalhos escolares. Acabou fazendo doutorado em engenharia biomédica na Johns Hopkins e recebeu uma oferta de cargo no National Institutes of Health.

Mas, devido ao ostracismo, ela sempre teve uma sensibilidade especial em relação a quem não fazia parte da comunidade, aos solitários. Quando caloura do ensino médio, se encantou por um menino chamado Ryan, que desde o início do período escolar seguia cada vez mais o caminho do isolamento e do fracasso enquanto sua própria vida desmoronava. Seis professores criaram uma estrutura de suporte em volta dele. Ele conseguiu mudar suas notas, foi aceito na Academia Naval dos Estados Unidos e, finalmente, anos mais tarde, casou-se com Sarah.

Um dia, quando trabalhava em seu doutorado na Hopkins, passou de carro pela Paul Laurence Dunbar High School em Baltimore. Ela estava solitária e queria um jeito de se conectar com pessoas que fosse capaz de compreender. Pensou que poderia ajudar alunos das escolas municipais de Baltimore da mesma forma que as pessoas ajudaram Ryan. Ela decidiu encontrar voluntários para oferecer a mesma rede de apoio que ela e os professores proporcionaram a Ryan. Pediu ao diretor que lhe desse os nomes dos alunos com mais problemas acadêmicos da escola. Convenceu-os a se encontrarem com ela — basicamente oferecendo pizza — e então perguntou se eles estariam dispostos a ajudá-la a desenvolver um programa. A maioria deles ficou feliz em participar, contanto que houvesse mais pizza. Ela então convenceu dezenas de alunos da Hopkins a se voluntariar e agir como membros de uma segunda família para as crianças: levando-as à escola, dando-lhes almoço, levando-as de volta à escola quando matavam aula, ajudando-as com as tarefas de casa e levando-as para acampar.

Sarah não percebeu na época, mas um compromisso havia sido feito. Sua carreira científica nunca aconteceria. Ela criou o Thread, que tece uma rede de voluntários em torno dos adolescentes com os piores desempenhos acadêmicos de Baltimore. Cada aluno tem até quatro voluntários em sua família no Thread. Cada voluntário é instruído por outro voluntário, chamado de chefe da família, que serve como um sistema de suporte para voluntários da família. Esse chefe da família é instruído por outro voluntário mais experiente, chamado de avô. Os avós são instruídos pelos gestores da comunidade, que são funcionários remunerados do Thread. Em volta de todo o sistema de relacionamentos estão os colaboradores do Thread, que oferecem conhecimentos especializados — ajuda legal, tutoria para exames escolares, aconselhamento em saúde mental e assim por diante. Quando os alunos se envolvem pela primeira vez, assinam um contrato dizendo que serão ativos no Thread por dez anos. Não há como sair antes ou desistir desse comprometimento.

O objetivo nominal do Thread é ajudar adolescentes com baixo desempenho. O objetivo real do Thread é criar uma rede de relacionamentos que se amplia (até agora) a 415 alunos e 1.000 voluntários. O objetivo real é criar uma comunidade em que seja possível combater a solidão — tanto a de Sarah quanto a de todo mundo.

Muitas vezes as crianças ficam desconfiadas quando começam no Thread. Como algumas me disseram, nunca tiveram alguém que estivesse constante e incondicionalmente lá para elas, e então ficaram desconfiadas e ressentidas quando isso começou a acontecer. Seu primeiro desejo é fugir, rejeitar a intrusão. A desconfiança é seu estado normal. Mas os voluntários do Thread continuam lá.

"O amor incondicional é tão raro na vida que sua identidade muda quando alguém continua presente mesmo quando você a rejeita", diz Sarah. "Sua identidade também muda quando você é o rejeitado."

O comprometimento de Sarah não é ao modelo do Thread; ela mudaria a organização imediatamente se achasse necessário. É à toda rede de relacionamentos. É à comunidade. A Baltimore. Dezenas de cidades pediram que Sarah replicasse o Thread lá, mas ela recusou. É melhor se aprofundar em Baltimore. Ela usa um pingente com um pequeno mapa da cidade no colar todos os dias. Está comprometida com a comunidade não de um jeito abstrato. Está comprometida com um lugar e espera, quando o Thread estiver grande o bastante, poder mudar a estrutura da cidade inteira.

O Thread é muito sistemático em relação ao modo como os relacionamentos são estruturados. Também existe um jeito muito sistemático de rastrear os contatos entre as pessoas da comunidade. O Thread criou um aplicativo chamado Tapestry, que registra sempre que um voluntário faz contato com um dos jovens. O Tapestry pode rastrear a frequência dos contatos de um jovem, quem não os teve recentemente e como o número de contatos se correlacionam com seus resultados. Sarah chama isso de Fitbit dos relacionamentos sociais. Como muitos dos melhores construtores de comunidades, Sarah combina um coração desejoso com uma cabeça de engenheira. E, como muitos dos melhores construtores de comunidades, ela não acha que esteja fazendo nada de extraordinário.

HISTÓRIAS DE COMBUSTÃO

A reunião de pessoas é o começo da comunidade, mas ainda não é uma comunidade em si. Precisa haver uma combustão — aquele momento em que o substrato de uma vida toca o substrato de outra, quando, como as pessoas dizem depois, você se aprofunda.

As pessoas geralmente entram em uma sala estranha com desconfiança, dúvidas e uma sensação de desconforto. Mas se você reunir um grupo de colegas para, digamos, ler uma passagem de uma história como *The Ones Who Walk Away from Omelas* ["Aqueles que Se Afastam de Omelas", em tradução livre] de Ursula K. Le Guin, então há uma ocasião para se aprofundar.

De alguma forma, começa a narração de histórias. Alguém compartilha uma vulnerabilidade e assim assume a liderança. Um *éthos* é estabelecido. Como dizem no Thread, todos vão "transparecer". Ou seja, levarão toda a sua confusão para o grupo. Há uma expectativa na sala de que todos "deem nomes às coisas". Não existirá evasões e eufemismos. Uma história segue a outra, e logo as histórias mais profundas são desenterradas. A vulnerabilidade é compartilhada, as emoções são despertadas e a combustão acontece.

Ela é especialmente poderosa quando uma pessoa forte conta uma história de fraqueza. Carter Davis, que vive no Óregon, tem uma organização chamada Lift for the 22, que ajuda veteranos lutando contra a depressão e pensamentos suicidas. Ele é bem aberto sobre sua própria tentativa. "Eu me lembro de sentar à mesa para o café, olhar minha arma, pensar na piada que eu era. Aqui está o veterano que mora a duas quadras do VA [Veteran Affairs], que nem foi um veterano de combate e está se matando." Sua própria história abre a possibilidade para todos na sala.

Michelle Leff é membro da diretoria do Thread. Ela é uma mulher forte, competente e aparentemente poderosa. Juntou-se ao grupo para ajudar os jovens, mas a honestidade radical da organização corroeu lentamente suas defesas sobre si mesma. Ela começou a contar histórias aos colegas da diretoria que nunca tinha contado nem aos próprios filhos. E então sentiu que a integridade exigia que ela contasse como fora realmente sua infância aos seus filhos.

Quando ela pensa como foi crescer, pensa em dor, desamparo e vergonha, escreveu. Pensa na raiva de seu pai, que podia ser provocada por qualquer coisa. Era culpa dela não ter praticado piano o suficiente. Era culpa dela ter sido tão burra que não conseguia entender matemática do sexto ano no primeiro. "Eu me lembro de estar no primeiro ano e me sentir feliz por ter cabelo preto e grosso porque ele escondia os galos por ter sido espancada na noite anterior... Qualquer coisa que o frustrasse (e ele se frustrava fácil) era descontada em mim ou na minha mãe. Na minha cabeça de criança, meu crime parecia ser existir, ocupar espaço e dar gastos."

No nono ano a pressão se tornou insuportável. Ela tentou engolir 50 comprimidos para dor. Descobriu que não era fácil ter uma overdose. Sua garganta trancou. Ela ficou triste e aliviada quando acordou e descobriu que sua tentativa de overdose havia fracassado.

Agora é uma mulher bem-sucedida em uma diretoria importante. Inspirada pelas conversas da qual fez parte, decidiu compartilhar as realidades de sua infância — com a diretoria e com sua família — pela primeira vez: "Por que me faço presente no Thread", escreveu em uma carta para sua família. "Lembro-me claramente de como é ter 14 anos e me sentir presa e incapaz. Por que me faço presente? O Thread me dá o otimismo do futuro, para os alunos e para mim mesma. Por que me faço presente? O Thread me deu esse presente de sua visão. A essa altura, a visão pelas lentes do Thread me permitiram examinar minhas fraquezas (essas suposições enviesadas e julgamentos rápidos que costumo fazer). O mais valioso para mim é que essa visão do Thread me permitiu reconhecer a riqueza dos relacionamentos."

Michelle cresceu amando Elton John, mas nunca o viu até 2011, quando tocou em Baltimore. Ninguém queria ir com ela ao show além de sua filha de 13 anos. "Quando Elton John tocou músicas de seu álbum *Goodbye Yellow Brick Road*, eu comecei a chorar. Mas eu não estava chorando de tristeza, chorei porque fui tomada por emoções fortes enquanto minha mente alternava entre o contraste desolado de minhas memórias de uma infância solitária e minha esplêndida vida adulta. Quando eu tinha 13 anos, ouvia Elton John quase o tempo todo desejando estar morta; mas naquela noite ouvi sua música com minha filha de 13 anos, ambas sorrindo. Minha vida agora é rica, com relacionamentos sólidos e saudáveis. A vida ficou muito melhor do que eu podia imaginar."

Quando você se revela, pode parecer que está retrocedendo. Percebe que há muito trauma; há tanta culpa e você precisa de tanto perdão. Percebe que existem muitas pessoas divididas entre a tentação de negar eventos traumáticos e o desejo de declará-los. Muitas vezes a luta é exteriorizada como raiva, culpa e fúria, o que pode fazer com que o conserto seja impossível.

Mas, na verdade, a história brutal e honesta é o tipo de história que produz combustão. Passamos a maioria do tempo projetando realizações, talentos e capacidade. O confronto com a fraqueza pode ter esse efeito detonador.

VINTE E QUATRO
Estágios da Construção da Comunidade II

HISTÓRIAS PESSOAIS SÃO PODEROSAS. QUANDO SÃO CONTADAS E ASSIMILAdas, a confiança é criada. Mas em uma cultura narcisista é fácil pararmos por aí. É fácil sentar uma noite, contar algo pessoal e, então, depois de ter uma experiência rica, ir para casa com a ilusão de que fez algo de bom para o mundo. Um comprometimento com a comunidade envolve passar das histórias "individuais" para as histórias "coletivas". A mudança, como sempre, é primeiro interna e depois externa. Interna em nossa própria vulnerabilidade e externa em solidariedade aos outros.

O próximo estágio da criação de uma vila é contar a história compartilhada — uma história que conecte as pessoas. Alguns lugares têm histórias densas e outros nem tanto. Costumo frequentar novos subúrbios em Nevada ou no Arizona, onde em razão do pouco tempo de existência não há uma história comunitária, e é possível sentir sua falta. Por outro lado, estive recentemente em Wilkesboro, na Carolina do Norte, uma cidade de cerca de 3.500 pessoas no noroeste do estado. Ela tem uma população 81% branca com uma renda média de cerca de US$35 mil em um condado em que três quartos dos votos foram para Donald Trump em 2016.

Wilkesboro e sua cidade vizinha, North Wilkesboro, já foram centros de negócios prósperos. A Lowe's, a American Furniture Company, a Holly Farms e o Northwestern Bank eram lá, junto a grandes fabricantes de espelhos e móveis. Mas esses empregadores se mudaram, faliram ou foram adquiridos por outros. No início dos anos 2000, a cidade foi atingida com força pela epidemia de opiáceos. Não havia lugares para os jovens se reunirem ou trabalharem.

A cidade levou seus golpes, mas o impressionante é que ainda existe um forte senso de identidade. Existe uma história comunitária clara.

Parte dessa identidade vem de serem apalaches — ter uma linhagem histórica distinta, uma cultura de lealdade feroz e protetora uns com os outros. As pessoas de Wilkesboro podem brigar e gritar uns com os outros, mas se um forasteiro criticar alguém, eles se levantam como um só para acabar com ele. Um forasteiro é definido como alguém que não foi concebido em Wilkesboro. Os ianques que se mudam para lá ainda na barriga da mãe ou mais tarde não contam.

Parte da identidade comunitária vem do que os ancestrais realizaram há muito tempo. "Tivemos muitas coisas boas criadas em Wilkes", diz Nate, que acabou de abrir uma cafeteria. "É o que fazemos em Wilkes, criamos as coisas do zero. Há uma paixão em fazer isso."

Uma comunidade é, em parte, um grupo de pessoas organizado acerca de uma história comum. O povo de Wilkesboro, como em muitos outros lugares, conta uma narrativa de redenção: ascensão, declínio, resistência, renascimento. Parte do renascimento é espiritual, parte é econômico e parte é físico.

"Como criar o orgulho novamente? Todo mundo está constrangido", diz LB, um jovem ativista local. "Somos a cidade das fábricas abandonadas. Somos a cidade que sobreviveu a isso! Nossa história é de criadores. Nós conseguimos. Sabemos como fazer isso."

Então há o projeto comum. As comunidades não se reúnem pelo bem da comunidade; fazem isso para construir algo juntas. Em Wilkesboro, o projeto comum é o planejamento e gestão de espaços públicos. Temos uma tendência de pensar que a estrutura social está em pedaços porque a cultura é ruim ou as forças econômicas estão destruindo tudo. Mas às vezes simplesmente não há locais para as pessoas se reunirem. Wilkesboro já teve uma pista de boliche na cidade, mas ela pegou fogo e ninguém a reconstruiu. Hoje, em resposta, as pessoas de todos os estilos de vida estão abrindo cafeterias, academias, galerias de arte e destilarias, e criando espaços para performances, vida noturna para adolescentes e festivais de música.

O fascinante é o quanto essa visão de recuperação é coesa, envolvendo muitas pessoas que, sendo pessoas, às vezes discordam e brigam. Uma história comum coerente é uma nova forma de poder.

Uma história da cidade pode ser formada de várias formas. Quando eu morava em Chicago, Mike Royko e outros colunistas do jornal local moldaram o *éthos* da cidade e sua definição de si mesma. Enraizaram a história de Chicago em suas vizinhanças étnicas afastadas do lago (até que Royko enriqueceu e se mudou para a beira do lago). Em alguns locais, os artistas formam a história comunitária. Os incríveis murais *Indústria de Detroit* de Diego Rivera no Detroit Institute of Arts definem a cidade em quatro muros voluptuosos. Por algumas décadas, Detroit parecia não ter nada mais em que construir sua história, mas isso foi o bastante para mantê-la reunida, e agora a cidade está mais uma vez em ascensão. Uma das tarefas mais importantes de uma comunidade é criar sua história.

Uma narrativa comunitária tem quatro partes, diz Trabian Shorters, que lidera um grupo de bolsas para homens afro-americanos em Miami chamado BMe. Existe a estrutura (que define o contexto), a narrativa (de onde viemos e para onde vamos), a identidade (quem somos) e o comportamento (ação que nos define). Histórias comunitárias quase sempre são intergeracionais. Elas começam com a origem de um lugar e então contam como ele cresceu.

Edmund Burke argumentou que as pessoas que nunca olharam a história de seus ancestrais não serão capazes de olhar para a frente e planejar o futuro. Pessoas que olham para trás em busca do heroísmo e da luta que as precederam veem a si mesmas como devedoras, tendo a obrigação de pagar a dívida para as futuras gerações. "A ideia de herança apresenta um princípio seguro de conservação e um princípio seguro de transmissão", escreveu Burke. "Recebemos, mantemos, valorizamos o que nos foi dado, e aproveitamos essas coisas e as melhoramos para os outros. Respeitando nossos ancestrais, aprendemos a respeitar a nós mesmos."

Comunidades honestas contam histórias complicadas, sobre os tempos em que pecaram e infligiram dor, bem como os tempos em que persistiram e demonstraram misericórdia. As histórias norte-americanas honestas falam sobre escravidão e racismo. As histórias honestas de Nova York contam sobre a destruição da antiga Penn Station e todas as grandes belezas que foram destruídas em nome do comércio. Sempre existe alguma coisa fora do comum e, de certa forma, injusta em toda comunidade. As pessoas em comunidade vivem em uma encruzilhada em que seu orgulho pelo local e sua raiva pela injustiça se encontram.

O CÓDIGO DA VIZINHANÇA

Depois que a comunidade se reuniu e contou sua história, ainda há uma atitude a ser tomada: o ato de tirar a comunidade do isolamento. A construção da comunidade é feita por atos diários de cuidado, de sala em sala. É feita por aqueles que adotam o código da vizinhança.

Um vizinho não está em uma jornada solitária pela vida, mas está imerso. Ele se vê como alguém que foi moldado por uma tradição de comportamento local e pelo lugar. Sente-se em dívida por esse legado e fica feliz em pagá-la. Sua vida profissional, em família e em vizinhança não estão em silos diferentes. São peças interconectadas de seu serviço ao seu lugar. O código da vizinhança gira em torno de alguns princípios comuns:

Somos o bastante. O vizinho não espera que alguém aborde os problemas da comunidade. Ele não é apenas um espectador. Como escreve Peter Block: "A maioria das melhorias sustentáveis em uma comunidade ocorre quando os cidadãos descobrem seu próprio poder de ação. Qualquer que seja o sintoma — drogas, casas em deterioração, economia ruim, deslocamento, violência —, quando os cidadãos param de esperar que profissionais ou a liderança eleita faça alguma coisa e decidem que podem retomar o que delegaram aos outros é que as coisas realmente acontecem. Esse ato de poder está presente na maioria das histórias de melhorias e mudanças duradouras em comunidades."

Vila do eu. Uma pessoa boa se incomoda pelo bem da comunidade. Uma pessoa ruim incomoda a comunidade pelo seu próprio bem.

Iniciando a conexão. O bom vizinho é aquele que convida os outros para um jantar. É aquele que fala com o outro vizinho e o apresenta ao outro lado da rua.

Olhos de 30 anos. Um vizinho tem uma linha do tempo diferente de um indivíduo. Suas ações não são orientadas a melhorar esse lugar para o amanhã, são ajustadas para melhorar esse lugar para daqui a 30 anos. A criança sendo instruída hoje será um líder comunitário daqui a 30 anos. Esse festival sendo organizado será uma tradição forte em meio século. A árvore plantada dará frutos que ele nunca comerá e fornecerá uma sombra que ele nunca desfrutará.

Hospitalidade radical. Robert Frost escreveu: "Lar é o lugar em que, quando você não tem mais para onde ir, são obrigados a aceitá-lo." Quando alguém precisa de alguma coisa, o código da vizinhança diz que a hospitalidade vem em primeiro lugar, o julgamento e todo o resto vem depois. O vizinho é como o pai do filho pródigo que corre para encontrá-lo sem fazer perguntas. Graça e perdão primeiro, depois podemos pensar no que deu errado e sanar as falhas.

A comunidade é a especialista. Os vizinhos sabem que não é a escola que educa a criança, não é apenas a polícia que mantém a cidade segura, não é só o hospital que mantém as pessoas saudáveis. É o estilo de vida compartilhado. As pessoas estão seguras quando a paisagem urbana está ativa. As pessoas são saudáveis quando a alimentação saudável é a regra. As crianças são educadas quando os adultos conversam e encorajam os jovens. São as normas e o comportamento da vizinhança. São as pessoas se encaixando para encontrar o melhor jeito de viver.

Chegando de baixo. Hermann Hesse escreveu um conto chamado "Journey to the East" [Jornada para o Leste, em tradução livre], em que um grupo de homens faz uma longa jornada. Eles são acompanhados por um criado chamado Leo, que realiza as tarefas domésticas e anima o grupo cantando. Ele cuida das pequenas coisas. A viagem vai bem até que Leo desaparece. Tudo vira uma confusão e a viagem é abandonada.

Muitos anos mais tarde, um dos homens encontra a organização que havia patrocinado a jornada e descobre que Leo é, na verdade, o líder dessa grande organização e não apenas um funcionário. Essa história inspirou o conceito da liderança servidora. A lição é que um líder comunitário geralmente é a pessoa que realiza as tarefas "domésticas", a pessoa solícita. Como George Eliot observou na famosa última frase de *Middlemarch*: "O bem crescente do mundo depende em parte de atos não históricos; se as coisas não vão tão mal para nós como seria possível, metade devemos àqueles que viveram fielmente uma vida anônima e repousam em túmulos que ninguém visita."

As minorias serão maioria. As comunidades são definidas pelo tratamento de suas minorias: os jovens, os pobres, os deficientes ou os deprimidos. Jean Vanier construiu comunidades para os mentalmente incapacitados. "Venho aqui para contar o quanto essas pessoas me deram vida", contou uma vez para uma plateia em Harvard. "Que elas têm um dom incrível para oferecer ao nosso mundo, são uma fonte de esperança, paz e talvez de salvação para nosso mundo ferido... Se mantivermos nossos olhos fixos nelas, se formos fiéis a elas, sempre encontraremos o caminho."

O pecado é parcialmente meu. A falibilidade mútua é uma das colas que mantêm a comunidade. Entendemos que somos todos fracos e egoístas em parte do tempo. Geralmente contribuímos para os problemas sobre os quais reclamamos.

"A verdadeira comunidade é diferente por causa da percepção de que o mal é interno — não apenas dentro da comunidade, mas dentro de mim", escreve Vanier. "Não consigo pensar em tirar o grão de poeira do olho do meu vizinho enquanto estou trabalhando no galho que tem no meu." A comunidade é um local de dor porque é um local em que a verdade mútua aparece. Mas também é um local de amar mesmo com dor, de discordância que pode ser exprimida de maneira livre, precisamente por causa do amor incondicional.

O TRATADO DA VILA

Em seu livro *The Home We Build Together* ["O Lar que Construímos Juntos", em tradução livre], o rabino Jonathan Sacks aponta que na Bíblia a descrição da criação do Universo no Gênesis é tratada em meros 34 versículos. Mas então há esse episódio estranho do Êxodo que ocupa um terço inteiro do livro — centenas e centenas de versículos. São as instruções para a construção do tabernáculo.

Por que a construção dessa estrutura — com instruções específicas sobre o comprimento das vigas e todas as madeiras e ornamentos diferentes — requer uma atenção tão minuciosa? É porque os israelitas ainda não são um povo. São um grupo de tribos e indivíduos oprimidos e díspares. Como diz Sacks: "Para transformar um grupo de indivíduos em uma nação comprometida, eles devem construir algo juntos." Uma pessoa é formada pelo fazer, continua Sacks; uma nação é edificada pela construção.

Sacks conta a história do diplomata britânico Victor Mishcon. No início da década de 1980, ele tentava negociar um acordo de paz com o Oriente Médio, então convidou o Rei Hussein da Jordânia e o Ministro das Relações Exteriores israelense Shimon Peres para jantarem em sua casa. Eles comeram e tiveram uma conversa agradável, e finalmente se levantaram para ir embora. Mishcon disse a eles que não iriam a lugar nenhum. Precisavam lavar os pratos. Ele colocou o Rei Hussein na pia e Peres ao lado do escorredor e os fez trabalhar lado a lado, lavando e secando. Esse foi o objetivo da noite para ele.

Prince Holmes é diretor do Youth Rebuilding New Orleans. Ele reúne diferentes tipos de jovens e os coloca para trabalhar construindo casas. "A comunidade que construímos é mais importante do que a construção de casas", diz ele. "Temos muita energia. O fato de construir uma parede com alguém que nunca conheceu cria um laço instantâneo. Não é trabalho para mim."

O ato de trabalhar em projetos comuns redesenha os limites entre os grupos e redefine a posição das pessoas na hierarquia. De repente um homem que trabalha bem com as mãos está acima do cara do nível executivo. No Êxodo, os israelitas nunca estão mais felizes do que quando estão construindo o tabernáculo.

Quando as pessoas se reúnem para construir alguma coisa, fazem promessas implícitas umas às outras. Prometem fazer as coisas funcionarem. Prometem fazer sua parte do trabalho ou mais. Prometem seguir até o fim a intenção de construir algo novo.

Às vezes eu penso que deveriam explicitar melhor esse momento. Assim como um casal faz juras um ao outro em uma cerimônia de casamento, às vezes eu acho que as comunidades deveriam organizar uma cerimônia de tratado da vila. Os colonizadores europeus que chegaram aos Estados Unidos em 1620 assinaram o Pacto do Mayflower, em que juraram publicamente "conjuntamente formar um Corpo Político Civil". Uma cerimônia moderna poderia envolver um grupo de pessoas jurando lealdade uma à outra, especificando os tipos de projetos que estão dispostas a assumir, o preço que estão dispostas a pagar. Uma cerimônia moderna poderia ter ritos de iniciação, rituais de pertencimento mútuo, a repetição da narrativa da história comunitária, símbolos que signifiquem a associação comum e um local sagrado de encontro, onde as pessoas de todas as gerações poderiam fazer seus juramentos. Então, é claro, haveria uma festa.

A CONVERSA DA POSSIBILIDADE

Há algo em nossa cultura que nos faz pensar naturalmente em termos de resolução de problemas. A vida é uma série de problemas a serem analisados e abordados. Como consertar nossas escolas deficientes? Como reduzir a violência? Essas perguntas centradas em problemas geralmente são as erradas a se fazer. Elas focam os pontos fracos, não os fortes.

Uma conversa problemática tende a focar um momento no tempo — o momento em que um aluno não se formou no ensino médio, o momento em que um jovem cometeu um crime, o momento em que uma pessoa ficou desabrigada. Mas vidas reais são vividas cumulativamente. É preciso uma série de choques antes que uma pessoa fique sem teto — a perda de um emprego, uma ruptura no relacionamento familiar, talvez problemas com o carro ou alguma questão de transporte. É preciso uma série de choques antes que uma criança desista da escola. Se você abstrair isso da natureza cumulativa da vida e definir o problema como um episódio, abstrairá a forma como a vida é vivida. Todas as conversas são humanizadoras ou desumanizadoras.

As melhores conversas sobre construção de comunidade focam possibilidades, não problemas. São perguntas como: quais momentos decisivos estamos enfrentando agora? O que podemos construir juntos? Como podemos melhorar nossas vidas juntos? Quais talentos temos aqui que não foram totalmente exprimidos?

Uma conversa sobre possibilidade leva a uma biografia do sucesso. Como seria a biografia de alguém se sua vida começasse a melhorar? Tal conversa não começa com a pergunta impessoal: como abordaremos a falta de moradia? Ela começa com a pergunta pessoal: o que podemos fazer para ajudar Mary a levar uma vida estável, segura e tranquila em uma casa? Quando prevemos o sucesso como uma biografia — como uma pessoa específica vivendo uma trajetória de vida diferente — vemos, de formas muito concretas, todos os diferentes fatores que entram em um futuro melhor. Todos os diferentes relacionamentos que precisam ser construídos. Vemos como a camada social e emocional precisa ser reconhecida, muito embora o problema sobre o qual estamos falando esteja superficialmente apenas no físico, como encontrar um abrigo para o sem-teto.

Os cientistas sociais modernos, infelizmente, tendem a pensar em correlações estatísticas, não em narrativas biográficas. Experimentos controlados aleatórios buscam extrair relacionamentos de causa e efeito distintos entre uma entrada e um resultado. A ciência social geralmente busca desagregar. Mas as vidas reais são longitudinais e relacionais. Vidas reais são vividas com milhares de outras influências que interagem em um milhão de maneiras diferentes com o tempo. Distorce a realidade para tentar dividir uma vida em diferentes fatias de causa e efeito, como se o ser humano fosse uma bola de bilhar. Tendemos a entender isso quando falamos sobre nossas próprias vidas, mas somos propensos a objetivar as coisas quando falamos de outras pessoas ou grupos.

A pergunta em uma conversa sobre possibilidade não é: "De quem é a culpa?" É: "Quais pontos fortes podemos empregar para que nossa vizinhança se torne aquela em que todos cuidam uns dos outros? Com quais dons, que ainda nem descobrimos em nós mesmos, podemos contribuir?" Em Denver, por exemplo, os imigrantes nepaleses têm problemas para interagir no sistema público escolar. Kate Garvin, uma tecelã comunitária local, percebeu que os idosos da vila eram uma fonte subutilizada de motivação, orientação e poder de convocação. Então ela integrou os idosos ao sistema escolar e liberou uma fonte inexplorada de riqueza comunitária. Em Washington, D.C., Sharon Murphy acolhe refugiados e outros que estão no ponto mais baixo de suas vidas, mas ainda diz: "Você vem para a Mary House e fica mais forte no que já faz bem." Isso é pensar na possibilidade. Se quiser mudar a cultura, precisa ter uma conversa que ainda não teve sobre possibilidades em longo prazo. Como esse lugar pode ser em 2049?

A INVENÇÃO DA TRADIÇÃO

Quando uma comunidade começa a construir junta, não cria apenas coisas novas; cria normas. Faz uma contribuição à comunidade e, com o tempo, essa contribuição se torna algo que se espera que todos façam. Por exemplo, meu amigo Rod Dreher tinha uma irmã chamada Ruthie, que morou em uma pequena cidade da Louisiana. Ruthie era professora, uma daquelas pessoas que irradiam uma luz interna. Tragicamente, ela morreu de câncer aos 40 anos. Mais de mil pessoas foram ao seu funeral. Ruthie amava andar descalça, então os carregadores levaram o caixão descalços do departamento de bombeiros local, em que seu marido trabalhava, até a sepultura.

Ruthie sempre pensou que os mortos de sua cidade deveriam ser lembrados no Natal, então criou uma tradição. Toda véspera de Natal, ela ia ao cemitério da cidade colocar uma vela em cada sepultura. Aconteceu de Ruthie morrer pouco antes do Natal, e, quando a família se reuniu na véspera de Natal, Rod perguntou à sua mãe se ela gostaria de fazer o que Ruthie costumava fazer — acender uma vela em cada sepultura. Sua mãe respondeu que talvez em outros anos isso seria bom, mas naquele ano seria difícil demais.

Naquela noite os pais de Rod foram à missa e passaram de carro pelo cemitério no início da noite na volta para casa. Eles olharam e suspiraram. Alguém havia colocado uma vela em cada sepultura. É assim que funciona a comunidade. Alguém começa alguma coisa. Uma tradição é estabelecida. Outras pessoas a assumem e continuam.

UMA NOVA ARQUITETURA CÍVICA

Os projetos comunitários realmente difíceis não requerem apenas uma nova organização ou novas normas. Requerem uma arquitetura cívica completamente nova. Há pouco tempo, em Spartanburg, na Carolina do Sul, visitei os escritórios de algo chamado Spartanburg Academic Movement (SAM). As paredes estavam cheias de gráficos de medição de itens como disposição do jardim de infância, notas de leitura do terceiro ano e matrículas no ensino pós-médio.

Em volta da mesa estavam praticamente todas as pessoas em Spartanburg que podiam tocar a vida de uma criança. Os superintendentes e diretores da escola, mas também os chefes da câmara do comércio e o United Way local, o chefe de polícia, um ex-prefeito e o editor do jornal, alguém do setor da saúde e um punhado de estatísticos. Essa coalizão era algo que nunca fora visto. Era setor privado e público, igreja e negócios. Representantes de quase todo setor da comunidade, e eles estavam todos olhando para os mesmos gráficos.

As pessoas da SAM registram tudo o que é possível mensurar sobre os jovens de Spartanburg, do berço à carreira. Reúnem todos que podem ter alguma influência nesses dados — pais, igrejas, médicos, especialistas em nutrição etc. E então juntos, como um amplo sistema comunitário, fazem perguntas: onde as crianças estão desviando-se do caminho? Por quê? Que pontos fortes temos em nosso sistema que podem ser aplicados a esse problema? Como podemos trabalhar juntos para aplicá-los?

Isso é bem diferente do jeito que eu estava acostumado a ver comunidades tentarem alcançar suas possibilidades. Em muitos casos, temos várias organizações que querem fazer o bem. Elas se inscrevem em uma fundação local ou agências do governo e competem por fundos. Algumas são escolhidas e começam a fazer o que pretendem. Um doador, uma organização, um problema, um programa. Depois de alguns anos, alguém faz um estudo para ver se o programa teve algum efeito mensurável, e na maioria dos casos a resposta é não. Acabamos com uma comunidade em que uma aplicação de programas aleatórios competem por um pequeno pote de dinheiro, trabalha de forma independente e muitas vezes em propostas cruzadas, exagerando seus sucessos e escondendo seus fracassos. E de certa forma esperamos que tudo dê certo.

Mas em Spartanburg os grupos que vi não estavam tentando competir por dinheiro para mostrar que tinham impacto isolado. Eles eram parte de uma rede trabalhando de forma interdependente para ter um impacto coletivo. Quando a vida vai bem, é porque essas influências estão fluindo juntas e reforçando uma à outra. A SAM tenta aproveitar dezenas de influências de uma forma que se enquadre à maneira que as pessoas e os locais realmente cresçam.

A SAM incorpora uma nova arquitetura cívica que ficou conhecida como a abordagem do "impacto coletivo". Ela não é um caso isolado. Spartanburg é uma de 70 comunidades pelos Estados Unidos que usam o chamado método StriveTogether. Esse método começou em Cincinnati há apenas uma década. Alguns líderes comunitários tentavam melhorar a educação na cidade e pensaram em começar outro programa. Mas um executivo da Procter & Gamble que fazia parte do grupo observou: "Somos ricos em programas, mas pobres em sistema." Ou seja, Cincinnati tinha muitos programas. O que faltava era um sistema eficaz para coordená-los.

Nasceu uma metodologia e, com ela, mais uma forma nova de poder comunitário: organização acerca de dados; foco em pontos fortes da comunidade, não nos fracos; percepção de que não há um remédio milagroso; a criação de uma "organização estrutural" (como a SAM) que pudesse reunir todos os interessados; coordenação da tomada de decisão; comunicação contínua; criação de equipes de trabalho para implementar a ação; responsabilidade compartilhada.

A certa altura, o povo em Cincinnati notou que seus alunos não estavam indo para a escola preparados para o jardim de infância. Os dados sugeriam que os programas privados anteriores ao jardim da infância (chamados de pre-K) tinham melhor desempenho do que os públicos. Então o sistema escolar público alocou parte de seus fundos para apoiar outros programas privados, tornando Cincinnati uma das primeiras cidades a oferecer o pre-K universal. Isso é uma comunidade trabalhando em conjunto.

As estruturas de impacto coletivo receberam esse nome em 2011, quando John Kania e Mark Kramer escreveram um ensaio influente para o *Stanford Social Innovation Review*, em que citaram o StriveTogether e forneceram a base filosófica e teórica para esse tipo de abordagem.

O impacto coletivo começa com um grupo de pessoas impulsionado, argumentam Kania e Kramer, por uma urgência de mudança. Talvez queiram aumentar a expectativa de vida local em cinco anos. Talvez queiram acabar com o desabrigo.

Eles perceberam a complexidade de seu problema. Não terão uma solução predeterminada no início. Eles se envolverão em um processo longo e iterativo de ação e resposta antes de conseguirem descobrir a combinação certa de programas — ou seja, terão que comprometer grandes somas de dinheiro e esforço antes de saber exatamente o que farão com o dinheiro, o que é uma coisa desconfortável de se fazer.

Eles estão investindo em um processo de aprendizagem. Estão fazendo com que toda a comunidade junta veja um problema complexo a partir de vários pontos de vista e deixando as soluções surgirem da conversa resultante. A qualidade de seus esforços é definida pela qualidade de suas perguntas, como: por que, apesar de nossos melhores esforços, fomos incapazes de melhorar essa situação?

Para todos os efeitos, estão projetando um modo de fazer com que toda a comunidade aja como uma revoada. Um bando de pássaros tem a habilidade impressionante de viajar junto e mudar de curso sem que os pássaros individuais colidam uns com os outros. Os cientistas aprenderam que eles fazem isso porque cada pássaro segue três regras simples: manter uma distância mínima entre si mesmo e o pássaro vizinho; voar na mesma velocidade do vizinho; sempre voar em direção ao centro do bando.

O impacto coletivo requer o pensamento de sistemas, que é construído acerca da ideia de que se você toma a abordagem direta de qualquer problema, provavelmente as coisas darão errado porque você não vê a complexidade do sistema completo. Por exemplo, as pessoas costumavam pensar que o modo de resolver a criminalidade era jogar um monte de criminosos na cadeia. Isso pareceu funcionar em um primeiro momento, mas com o tempo ficou claro que o encarceramento em massa tirava homens potencialmente produtivos da vizinhança; sujeitava-os a uma experiência na prisão que, mais tarde, os levaria de volta ao crime e desestabilizaria ainda mais a comunidade. No longo prazo, você acabava piorando muito mais o problema que tentava resolver.

Uma abordagem de sistemas significa reconhecer que cada um de nós vê apenas uma parte de um mundo complexo. Se uma alavanca é puxada de um lado, você provavelmente produzirá um resultado inesperado do outro. É preciso que todo o bando, toda a comunidade, mapeie o sistema inteiro e aja em todas as suas partes de modo contínuo, com conversas de feedback contínuo.

Em um sistema colaborativo, um acordo é estabelecido no qual ninguém é punido por um fato desagradável. Por exemplo, muitos sistemas escolares usam dados para classificar e fechar escolas, e com isso incentivam a competição. Em Spartanburg não se faz isso. Eles querem que todos os jogadores no sistema sejam cooperativos e não competidores. Eles precisam ter pureza de comunicação acima de tudo e transparência nos dados. Não querem ninguém escondendo dados porque têm medo da punição. Eles usam os dados como uma lanterna, não como um martelo. Essa ética de contribuição (todos cedem) e essa ética de colaboração total (somos todos responsáveis) é a mais importante para o trabalho comunitário em seu nível mais alto.

O AUMENTO DA DENSIDADE

Na primeira montanha, a ênfase está no eu desimpedido, na realização individual, na criação de uma sociedade em que todas as pessoas sejam livres para serem elas mesmas. Essa é uma sociedade fluida, e, em curto prazo, uma sociedade produtiva, mas rasa. É uma sociedade em que as pessoas são apenas levemente ligadas umas às outras e às suas instituições. A sociedade da segunda montanha é densa. As organizações e as comunidades nessa sociedade deixam uma marca. Então estive pensando muito sobre o que torna uma organização densa ou rasa.

As comunidades densas têm uma cultura distinta — assim como a Universidade de Chicago, a Morehouse College, o Corpo de Fuzileiros Navais dos Estados Unidos. Uma instituição densa não tenta servir às suas pessoas instrumentalmente, dar a elas uma formação ou simplesmente ajudá-las a ganhar um salário. Ela busca mudar toda a identidade de uma pessoa. Envolve a pessoa inteira: cabeça, mãos, coração e alma.

Instituições densas têm um local físico, geralmente lotado, em que os membros se reúnem presencialmente de maneira regular, como em uma mesa de jantar, ou uma academia cheia, ou um salão de montagem. Tais instituições têm um conjunto de rituais coletivos — jejum, recitação de um credo em uníssono ou ficar posicionado em formação. Compartilham tarefas, que muitas vezes envolvem que os membros cuidem uns dos outros de perto, assim como os jogadores de futebol precisam observar uns aos outros em campo. Nessas instituições as pessoas ocasionalmente passam a noite na mesma instalação ou centro de retiros, para que todos possam ver o eu verdadeiro umas das outras, antes da maquiagem e depois do jantar.

Tais organizações muitas vezes contam e recontam uma história de origem sagrada sobre si mesmas. Muitas experienciaram um momento em que quase quebraram e celebram os heróis que as tiraram da beira do precipício. Elas incorporam a música na vida diária, porque é difícil demais não se conectar a alguém com quem você dançou e cantou.

Elas têm culturas locais idiossincráticas. Muitas faculdades, por exemplo, são parecidas. Mas as que realmente deixam uma marca em seus alunos (St. John's, Kenyon, Wheaton, MIT) têm a coragem de ser distintas. Você pode amar ou odiar esses lugares. Mas você sabe quando conhece alguém que se forma lá, e isso acontece entre ex-alunos também, mesmo depois de décadas; eles sabem que têm algo importante em comum.

A psicóloga da Universidade da Pensilvânia Angela Duckworth acrescenta que instituições densas quase sempre têm um objetivo compartilhado claramente definido, como vencer o Super Bowl ou salvar o ambiente. Têm rituais de iniciação; um guia de orientação sagrado ou um objeto passado de geração a geração; jargões e frases distintas faladas dentro da cultura, mas não compreendidas fora dela; um rótulo, como ser KIPPster para um aluno da escola KIPP; e normalmente têm uniformes ou outros emblemas, como bandeiras, anéis e braceletes.

Jonathan Haidt da NYU aconselha que, se você quiser criar uma instituição densa, deve chamar a atenção às características que seus membros têm em comum, não o que os diferem. Em segundo lugar, explore a sincronia. Faça com que as pessoas cantem, toquem ou se movam em conjunto. Terceiro, crie uma competição saudável entre equipes, não entre indivíduos. As pessoas se esforçam e se sacrificam mais por seus colegas do que por uma abstração, então insira-as em relacionamentos de equipe.

Instituições densas são orientadas acerca de uma causa moral. Elas não veem seus membros como recursos a serem explorados, mas como colegas que marcham em uma missão sagrada. Instituições densas o destroem para reconstruí-lo. Elas o envolvem em longas tradições e costumes sagrados que parecem arcaicos boa parte do tempo. Pedem que você enterre sua própria identidade na identidade coletiva. Apontam para um ideal muito distante e que não pode ser alcançado em uma única vida. "O segredo da vida", disse um dia o escultor Henry Moore, "é ter uma tarefa, algo a que você devote sua vida inteira, algo em que você concentre tudo, cada minuto de cada dia do resto de sua vida. E o mais importante é que deve ser algo impossível".

VINTE E CINCO
Conclusão: O Manifesto Relacionalista

NESTE LIVRO FALEI MUITO SOBRE DUAS MONTANHAS. COMO MENCIONEI, esse artifício foi uma tentativa de representar na forma narrativa o contraste entre duas diferentes visões morais de mundo. A primeira montanha é a visão de mundo individualista, que coloca os desejos do ego em foco. A segunda montanha é o que podemos chamar de visão de mundo relacionalista, que coloca a relação, o comprometimento e os desejos do coração e da alma em foco. Meu argumento central tem sido que já abusamos da visão de mundo individualista. Ao nos conceber principalmente como seres autônomos, despedaçamos nossa sociedade, abrimos espaço para a divisão e o tribalismo, passamos a adorar status individuais e autossuficiência, e encobrimos o que há de mais belo em cada coração e alma humana.

Nesta conclusão, gostaria de reunir as duas linhas de pensamento. Mas não por meio de citações de outras pessoas, nem histórias ou parábolas, mas na forma de um manifesto, com toda franqueza, fervor e convicção que me impulsionou, com cada vez mais intensidade, a escrever este livro.

O mundo está em meio a um desses momentos de transição. O sistema moral individualista está ruindo à nossa volta. Ele deixou as pessoas nuas e sozinhas. Para muitos, a primeira reação instintiva é a evolucionária: voltar à tribo. Se nós, como sociedade, respondermos ao excesso de "Sou Livre para Ser Eu Mesmo" com uma era de "Reversão à Tribo", então o século XXI será uma era de conflito e violência que fará com que o século XX pareça brincadeira de criança.

Há outra maneira de encontrar o pertencimento. Há outro modo de encontrar significado e propósito. Existe outra visão de uma sociedade saudável. Por meio do relacionalismo. É nos aprofundando em nós mesmos e encontrando, assim, nossa habilidade infinita de nos preocupar e, então, exteriorizando isso com comprometimento para os outros. Neste manifesto, tento demonstrar o ponto contra o hiperindividualismo do momento presente e a favor do relacionalismo, um estilo de vida melhor.

Hiperindividualismo

1. Sempre há um equilíbrio entre o eu e a sociedade. Em algumas eras, as pressões do grupo são sufocantes e aniquilam o eu, e os indivíduos sentem uma necessidade desesperada de se libertar e exprimir sua individualidade. Em nossa era, por outro lado, o eu está inflado e o coletivo está fraco. Fomos demais em direção ao individualismo. O resultado é uma perda da conexão — uma crise da solidariedade.
2. O hiperindividualismo, o *éthos* dominante de nossos dias, é um sistema de morais, sentimentos, ideias e práticas baseado na ideia de que a jornada pela vida é individual, de que os objetivos de vida são a felicidade individual, a autenticidade, a autorrealização e a autossuficiência. O hiperindividualismo coloca a mesma pergunta na boca de todos: "O que posso fazer para me fazer feliz?"
3. O hiperindividualismo se baseia em uma história de emancipação. O eu heroico se liberta das correntes sufocantes da sociedade. O eu caminha com os próprios pés, determina seu próprio destino, assegura seus próprios direitos individuais. O hiperindividualismo define a liberdade como a ausência de restrições.

4. Assim, o hiperindividualismo subestima gradualmente qualquer conexão que não seja baseada na escolha individual — conexões com a família, a vizinhança, a cultura, a nação e o bem comum. O hiperindividualismo desgasta nossas obrigações e responsabilidades com os outros e com nossos semelhantes.
5. Os problemas centrais de nossa era fluem desse desgaste: o isolamento social, a desconfiança, a polarização, a divisão da família, a perda da comunidade, o tribalismo, o aumento das taxas de suicídio, o aumento dos problemas de saúde mental, uma crise espiritual causada pela perda de um propósito comum, a perda — nação após nação — de qualquer senso de solidariedade comum que ligue as pessoas pela diferença, a perda daquelas histórias e causas comuns que nutrem a comunidade, a mutualidade, a camaradagem e o propósito.
6. A principal falha do hiperindividualismo é que ele leva a uma degradação e uma pulverização da pessoa humana. É um sistema construído sobre os impulsos egoístas dentro de cada um de nós. São os impulsos de interesse próprio — o desejo de sobressair; deixar uma marca no mundo; crescer em riqueza, poder e status; vencer e ser melhor do que os outros. O hiperindividualismo não enfatiza e, por fim, nem vê outros impulsos — as motivações mais profundas e elusivas que buscam conexão, fusão, serviço e cuidado. Esses não são desejos do ego, mas anseios do coração e da alma: o desejo de viver em interdependência terna com os outros, o anseio de viver a serviço de algum ideal, de se render a um bem maior. O hiperindividualismo anestesia esses anseios mais profundos. Finalmente, ele cria mônadas isoladas e de interesse próprio que sentem que há algo faltando em suas vidas, mas não conseguem dizer o quê.
7. O hiperindividualismo prospera em sistemas superficiais. O consumismo amputa o que há de crucial para a pessoa pelo bem da aquisição material. A meritocracia amputa o que há de mais profundo pelo "sucesso" individual. O capitalismo desequilibrado transfor-

ma as pessoas em workaholics aceleradas extremamente utilitaristas, nas quais nenhuma ligação permanente consegue penetrar.

8. O hiperindividualista se vê envolvido em uma rede de amor condicional. Sou digno de ser amado apenas quando alcanço o status ou o sucesso que o mundo espera de mim. Sou digno do amor quando posso oferecer à outra pessoa algo em retorno. Sou o que o mundo diz sobre mim. No fim, o hiperindividualismo não torna uma pessoa suficiente e segura. Ele destrói a segurança emocional e espiritual tornando tudo condicional. Deixa as pessoas extremamente sensíveis aos julgamentos alheios e rapidamente ofendidas quando se sentem esnobadas.

9. O hiperindividualismo direciona as pessoas a vidas falsas e insatisfatórias. Algumas levam uma vida estética. Provam uma série de experiências que podem ser agradáveis, mas que não se acumulam porque não servem a uma causa maior. Algumas se tornam estrelas inseguras. Buscam vencer alcançando o amor, a admiração e a ligação que não conseguem de outra forma, mas é claro que nenhuma quantidade de realizações lhes dá o amor que desejam.

10. Quando a sociedade é totalmente construída sobre uma visão superficial da natureza humana, acabamos com uma cultura desumanizada em que as pessoas são privadas das coisas que desejam mais profundamente.

11. A pessoa não comprometida é a pessoa não lembrada. Uma pessoa que não se compromete a alguma lealdade fora do ego não deixa marcas profundas no mundo.

12. O hiperindividualismo leva ao tribalismo. As pessoas acabam por se rebelar contra o isolamento e a falta de sentido do hiperindividualismo juntando-se a uma tribo partidária. Isso parece uma relação, mas na verdade é o oposto. Se a mentalidade relacionalista é baseada em afeição mútua, a mentalidade tribalista é baseada na desconfiança mútua. É sempre nós contra eles, amigo ou inimigo, destruir ou ser destruído. A raiva é o método. O tribalista procura a conexão, mas se isola ainda mais amargamente em seus próprios ressentimentos e desconfianças. O tribalismo é o gêmeo

mau da comunidade. O trágico paradoxo do hiperindividualismo é que aquilo que começou como uma libertação exultante acaba como uma guerra de tribo contra tribo, esmagando os indivíduos que tentava libertar.

Relacionalismo

1. A revolução será moral ou não existirá. A sociedade moderna precisa de um sistema moral que rejeite o hiperindividualismo dominante do momento. Precisamos articular um credo que coloque a relação, não o indivíduo, em foco, e que articule, de forma clara, as verdades que todos conhecemos: que somos formados por relacionamentos, somos nutridos por relacionamentos e ansiamos por relacionamentos. A vida não é uma jornada solitária. É construir uma casa juntos. É um processo de ser formado por ligações e, então, formar ligações em troca. É uma grande corrente de gerações transmitindo dons umas para as outras.
2. O hiperindividualista vê a sociedade como uma coleção de indivíduos que fazem acordos uns com os outros. O relacionalista vê a sociedade como uma rede de conexões que, de muitas formas, precede a escolha. Um hiperindividualista vê o indivíduo como uma unidade autossuficiente; o relacionalista diz que uma pessoa é um nodo em uma rede, uma personalidade é um movimento em direção aos outros.
3. Quando criança, cada base espiritual e emocional de uma pessoa é formada pelo amor incondicional de um adulto afetuoso. O estilo de conexão de cada pessoa é formado pela dança das interações entre ela mesma e um adulto afetuoso. O "nós" precede o "eu".
4. Como adultos, medimos nossas vidas pela qualidade de nossos relacionamentos e a qualidade de nosso serviço a esses relacionamentos. A vida é um empreendimento qualitativo, não quantitativo. Não é a quantidade, mas a densidade e a profundidade.

Definir como é um relacionamento de qualidade é uma tarefa crucial de qualquer sistema moral.
5. A melhor vida adulta é vivida por meio de comprometimentos e ao manter-se fiel a eles: a uma vocação, a uma família, a uma filosofia ou fé, a uma comunidade. A vida adulta trata de fazer promessas aos outros, de ser fiel a essas promessas. A vida bela é encontrada na doação mútua de dons incondicionais.
6. O relacionalismo é um caminho intermediário entre o hiperindividualismo e o coletivismo. O primeiro separa a pessoa de todas as conexões profundas. O último destrói a pessoa dentro do grupo e vê os grupos como hordas sem rosto. O relacionalista vê cada pessoa como um elo em uma rede densa e encantada de comprometimentos afetuosos. Busca construir uma vizinhança, uma nação e um mundo de pessoas diversas e criativas que se comprometeram de muitas maneiras diferentes, que apesar disso são reunidas por elos sagrados.
7. O relacionalismo não é um sistema de ideias. É um estilo de vida. É um ponto de vista que vem de muitas fontes, de Edmund Burke e Martin Luther King Jr., de Martin Buber, Dorothy Day e Walt Whitman, de Jacques Maritain, Emmanuel Mounier, Martha Nussbaum e Annie Dillard a Gandhi e Josiah Royce.
8. O hiperindividualista opera por uma lógica direta: eu me fortaleço e consigo o que quero. O relacionalista diz: a vida opera por uma lógica inversa. Possuo apenas quando doo. Eu me perco para me encontrar. É quando me submeto a algo maior que tenho mais força e mais poder.

O Processo de Se Tornar uma Pessoa

1. A jornada central da vida moderna é mudar do eu para o serviço. Começamos ouvindo os padrões do ego e pouco a pouco aprendemos a ouvir os chamados mais altos do coração e da alma.

2. Muito do pensamento social moderno, aproveitando pensadores como Maquiavel, Hobbes, e da economia moderna, vê os seres humanos como fundamentalmente egoístas. As crianças, Freud escreveu, "são completamente egoístas; sentem suas necessidades intensamente e lutam cruelmente para satisfazê-las". A maior parte do pensamento moderno foi escrito por homens, e com frequência um certo tipo de homem alfa, que nem chegou a ver os sistemas de cuidado que reforçaram as sociedades em que viveu.
3. O relacionalismo afirma que os seres humanos são fundamentalmente defeituosos, mas também esplendidamente generosos. Temos desejos egoístas de interesse próprio, e precisamos desses desejos para realizar algumas das tarefas necessárias da vida: construir uma identidade, deixar uma marca no mundo, livrar-nos dos pais, criar e brilhar. Nossos impulsos selvagens de dominar, assassinar, estuprar e saquear estão gravados através da história. Mas o relacionalismo afirma que há outras partes mais profundas de nós mesmos. Existem motivações ainda mais fortes do que o interesse próprio, mesmo que sejam mais difíceis de entender. No cerne mais profundo de cada pessoa há o que chamamos, metaforicamente, de coração e alma. Existem capacidades que podem domar os desejos selvagens e conter as bestas que permanecem em nosso interior, e essas capacidades são realizadas em comunidade.
4. O coração é aquela parte de nós que anseia por fusão com outras pessoas. Não somos criaturas primariamente pensantes; somos primariamente amorosas e desejosas. Somos definidas pelo que queremos. Tornamo-nos o que amamos. A pergunta central para cada um de nós é: "Educamos nossas emoções para amar as coisas certas do jeito certo?"
5. A alma é a parte de nós que dá a cada pessoa dignidade e valor infinitos. A escravidão é errada porque destrói uma alma. O estupro não é apenas uma agressão a moléculas físicas; ele destrói outra alma. A alma deseja bondade. Cada ser humano quer levar

uma vida boa e significante, e sente a vida se esvaindo quando parece não ter sentido.
6. Uma criança nasce com ego, coração e alma em plena exibição. Mas para muitas pessoas, por volta da adolescência, o ego começa a inchar, e o coração e a alma retrocedem. Nessa idade as pessoas precisam estabelecer uma identidade, esculpir um eu. Enquanto isso, nossa sociedade diz a meninos adolescentes para enterrarem suas emoções e se tornarem homens. Diz a meninas que, se revelarem suas verdadeiras intensidades, ninguém gostará delas. Nossa cultura pública normaliza e racionaliza o egoísmo, encobre e nos torna inarticulados sobre os anseios profundos do coração e da alma.
7. Mas finalmente a maioria das pessoas percebe que há algo faltando na vida de interesse próprio. Elas alcançam o sucesso mundano e o acham insatisfatório. Ou talvez se apaixonem, ou sejam amadas de forma que isso abra o solo rígido da vida e revele a personalidade verdadeira abaixo. Ou talvez passem por um período de fracasso, sofrimento ou luto que perfure sua superfície e releve as vastas profundezas abaixo. De uma forma ou de outra, as pessoas são apresentadas às profundezas de si mesmas, à toda amplitude da vida. Percebem que apenas o alimento emocional, moral e espiritual pode fornecer a nutrição que desejam.
8. Quando uma pessoa passa por uma dessas experiências, que podem acontecer em qualquer idade, ela não é mais um indivíduo; ela se torna uma pessoa. Sua pessoa completa está viva e engajada. Ela descobriu, lá no substrato, sua habilidade infinita de se importar. O relacionalismo nos guia enquanto passamos por essa transformação pessoal, superando os desejos do ego e caminhando para uma jornada maior.
9. O movimento em direção a se tornar uma pessoa é interno e depois externo: ver mais profundamente dentro de nós mesmos onde encontramos os desejos pelos outros e, então, exteriorizando em relacionamentos em direção ao mundo. Uma pessoa alcança o autodomínio, escreveu Maritain, pelo propósito da autodoação.

10. Um indivíduo que se transforma em uma pessoa fez uma rebelião. Ele se rebelou contra o *éthos* individualista e todos os sistemas de impersonalismo. A sociedade lhe diz para querer independência, mas ele declara sua interdependência. A sociedade diz para que viva em uma realidade materialista, mas ele diz que vivemos em uma realidade encantada. A sociedade lhe diz para manter as opções em aberto, mas ele diz: "Não, eu vou me comprometer. Vou me enraizar." A sociedade diz: "Tente sobressair e ser melhor do que os outros"; ele diz: "Não, eu caminharei junto, servirei e estarei na base." A sociedade diz: "Cultive o lado do interesse próprio de sua vida"; ele diz: "Não, cultivarei todo meu ser. A vida só vai bem quando se vive com todo o seu ser."
11. O relacionalista não se afasta da meritocracia capitalista, os sistemas da vida convencional. Mas equilibra essa visão de mundo com um *éthos* de compensação que suplementa, corrige e enobrece. Caminha nesse mundo, com todos os seus prazeres e realizações, mas com um espírito, uma abordagem e objetivos diferentes. Ele é comum quando o mundo é individual demais. É mais emocional quando o mundo é cognitivo demais. É moral quando o mundo é utilitarista demais.

A Boa Vida

1. O relacionalista não tenta dominar a vida por pura força de vontade. Não tenta tomar o controle e criar estratégias para sua vida. Ele se faz disponível. Ele se abre para que possa ouvir um chamado e responder a convocações. Ele pergunta: "Qual é a minha responsabilidade aqui?" Quando uma pessoa encontra seu chamado superior na vida, ela não sente que assumiu o controle; sente-se submetida a ele. As ações mais criativas são aquelas realizadas em resposta a convocações.
2. A convocação normalmente vem em forma de amor. Uma pessoa se apaixona por seu filho, seu marido, seu vizinho, seu chamado

ou seu Deus. E com esse amor vem um desejo de fazer promessas, de dizer: sempre o amarei. Sempre o servirei e estarei presente. A vida é um vale de promessas.
3. Ou uma convocação pode vir na forma de uma necessidade. Há certa injustiça, certo erro social, que precisa ser corrigido. Uma pessoa assume a responsabilidade — faz uma promessa de assumir essa briga e corrigir esse erro.
4. Quando uma convocação foi sentida e uma promessa foi feita, um compromisso foi selado. A vida de um relacionalista é definida por seus comprometimentos. A qualidade e realização de sua vida será definida por como ele se compromete e como cumpre esses compromissos.
5. Um comprometimento é uma promessa feita a partir do amor. Feita sem esperar nada (embora haja muitas recompensas). Um relacionamento comprometido é uma promessa de duas vias. É jogar-se de corpo e alma pelo outro enquanto o outro se joga de corpo e alma por você.
6. A pessoa transforma seus compromissos em comprometimentos totais. Ela não tem apenas uma carreira; tem uma vocação. Não tem só um contrato de casamento (o que eu ganho com isso?). Tem uma aliança de casamento (eu vivo e morro por você). Não tem apenas opiniões. Submete-se a um credo. Não vive apenas em um local. Ajuda a construir uma comunidade. Além do mais, não está apenas comprometido à noção abstrata de "comunidade". Está comprometido a uma comunidade, uma pessoa, um credo específico — coisas enraizadas em épocas e locais específicos.
7. Ao se comprometer e cumprir as obrigações diárias de seus compromissos, a pessoa se integra em um todo coerente. As horas e os dias de uma vida são organizados pelos compromissos. Uma pessoa comprometida alcança a consistência no decorrer do tempo. Seu caráter é construído por meio de atos de serviço habituais às pessoas que ama. Seu caráter é construído ao ser o humilde recebedor dos dons das outras pessoas e, assim, reconhecer sua

própria dependência. Um contrato lhe traz benefícios, mas um compromisso transforma quem você é.

8. Os relacionalistas priorizam essas ações que aprofundam o comprometimento, constroem relações e melhoram a dignidade humana: doar; contar histórias; dançar; cantar; projetos comuns; reuniões; jantares; rituais; orações comuns; conversas profundas; perdão; criar o belo; conforto mútuo em tempos de tristezas e ameaças; trabalho mútuo pelo bem comum.

9. Uma vida comprometida envolve algumas lutas comuns.

10. É, por exemplo, uma luta constante ver pessoas em sua total intensidade. Na vida cotidiana de negócios, existe a tentação constante de ver a outra pessoa como um objeto e não como um todo. De rotular e generalizar. De reduzir as pessoas a dados e vê-las como pontos de dados. Você pode contar maçãs com dados. Pode acompanhar o comportamento humano de massa. Mas há algo único e insubstituível em cada pessoa que os dados não podem ver. O relacionalista tenta ver cada indivíduo como uma pessoa completa — um corpo, uma mente, um coração e uma alma.

11. Existe a luta constante de se comunicar bem. A cada momento há uma comunicação profunda ou superficial. O relacionalista busca condições que tornem essas comunicações profundas e puras. Isso é difícil porque há algo em nós mesmos que elude nossa habilidade de comunicação. Há algo adequado na modéstia e na revelação lenta de si mesmo. Para alcançar a comunicação Eu-Tu, mesmo apenas vislumbrá-la, o relacionalista senta-se pacientemente enquanto suas vulnerabilidades são reveladas pouco a pouco. Oferece segurança e respeito. Às vezes o mais profundo é relatado em forma de mito, história e música. Quando a comunicação falha ou é corrompida, diz o filósofo francês Emmanuel Mounier, eu sofro uma perda de mim mesmo. A loucura e o sofrimento são uma separação da comunicação com os outros.

12. Existe a luta constante de viver como um doador efetivo e recebedor de dons. Há milhões de pessoas à nossa volta cujas vidas são definidas pela generosidade e pelo serviço. O ser pessoal, conti-

nua Mounier, é essencialmente generoso. Mas nossa sociedade não nos ensina a ser um doador efetivo de dons. As escolas não enfatizam isso. A cultura popular confunde essa noção.
13. É uma luta constante ver a vida através de lentes morais. O mundo de trabalho diário prático prioriza as lentes do utilitarismo. O consumismo exige um eu que seja orientado acerca do prazer material. O dinheiro tem um poder anônimo e tende a deixar a pessoa do outro lado de uma transação invisível. As rivalidades do local de trabalho e a política moderna exigem indivíduos blindados — tanques humanos sem exposição. O esforço de lutar contra as lentes do utilitarismo e ver a vida cotidiana com lentes morais é uma luta difícil e infinita.
14. Essas lutas não são contra outras pessoas. A linha entre o ego e a alma está no centro de cada pessoa. A maioria de nós, de tempos em tempos, aceita um *éthos* workaholic que nos deixa pouco tempo para relacionamentos; assume um código de privacidade que nos impede de realmente conhecer as pessoas que vivem próximas; vive com uma tecnologia com o objetivo de reduzir o atrito e maximizar a eficiência. Diariamente, a maioria de nós volta para o egocentrismo, sucumbe à fome de status e precisa reconhecer isso e mergulhar novamente na relação.
15. A visão de mundo relacionalista não trata das forças do bem conquistando as do mal. É sempre uma competição entre verdades parciais. Sempre envolvendo uma conversa entre o eu e a sociedade. Está sempre equilibrando tensões e tentando viver a vida em elegante equilíbrio.
16. A vida relacional é desafiadora, mas no fim é uma vida alegre, porque está enredada em afeição e é coroada pela alegria moral.

A Boa Sociedade

1. Como observou T. S. Eliot, a principal ilusão da atividade política moderna é a crença de que se pode construir um sistema tão

perfeito que as pessoas nele não precisem ser boas. A realidade é que a democracia e a economia têm uma fundação, que é a sociedade. A sociedade é um sistema de relacionamentos. Se não há confiança nas bases da sociedade, se não há bondade, cuidado ou fidelidade, os relacionamentos sucumbem e o mercado e o Estado desmoronam. Se não há normas compartilhadas de certo e errado, nenhum senso de ligação comum, então as pessoas no mercado e no Estado se despedaçarão enquanto disputam poder e dinheiro. A sociedade e a cultura vêm em primeiro lugar e são mais importantes do que a política ou o mercado. A saúde da sociedade depende do altruísmo voluntário.

2. Nesta era, nossos principais problemas estão nas fundações. No nível do sistema de relacionamentos. Nossa sociedade tem ascendido a níveis cada vez mais altos de desconfiança, desconhecimento e alienação. Uma ação ruim cria outra. Uma hostilidade ampliada cria outra.

3. O chamado do relacionalismo é conduzir uma transformação social tecendo novamente a reciprocidade e a confiança, construindo uma sociedade, como disse Dorothy Day, em que seja mais fácil ser bom.

4. A estrutura social não é tecida por líderes superiores, mas sim em todos os níveis, por meio de milhões de ações de cuidado, de uma pessoa para a outra. É tecida por pessoas que cumprem seus papéis como bons amigos, vizinhos e cidadãos.

5. Sempre que trato outra pessoa como se fosse um objeto, eu destruo a estrutura social. Quando trato outra pessoa como uma alma infinita, crio a estrutura social. Sempre que minto, abuso, estereotipo ou traumatizo uma pessoa, destruo a estrutura social. Sempre que vejo alguém verdadeiramente e o faço se sentir reconhecido, construo a estrutura. Sempre que acuso alguém de corrupção sem provas, destruo a estrutura social. Sempre que discordo sem motivos maléficos, a construo. A estrutura social é criada por uma infinidade de pequenos atos morais, e pode ser destruída por uma série de imorais.

6. As transformações pessoal e social acontecem simultaneamente. Quando entramos em contato e construímos a comunidade, nutrimos a nós mesmos.
7. A fé máxima no relacionalismo é que estamos todos unidos em níveis mais profundos. Na superfície temos nossa gloriosa diversidade. Mas no substrato há uma comunalidade que nenhuma hostilidade poderá extinguir completamente, nenhuma divisão poderá separar totalmente.
8. Relacionamentos não têm escala. Eles precisam ser construídos um a um, com paciência e autocontrole. Mas as normas têm escala. Quando o povo em uma comunidade cultiva relacionamentos afetuosos, e o fazem repetidamente de forma que sejam transmitidos aos outros, as normas são estabelecidas. A ação confiável é admirada; a empatia é celebrada. A crueldade é punida e condenada. A civilidade se torna o estado-padrão. Um sistema emergente, uma cultura, foi criado e sutilmente guia todos os membros em certas direções. Quando criamos uma norma por meio da repetição de alguma boa ação, criamos uma nova forma de poder. As pessoas em um sistema moral recebem milhões de empurrões sutis para viver à altura de sua total dignidade ou se afundar em seus desejos básicos. O sistema moral é o que criamos juntos por meio de nossas decisões diárias.
9. Reconstruir a sociedade não é apenas convivência — reunir pessoas de modo intelectual ou moralmente neutro. Precisa existir uma mudança na cultura moral, na definição de boa vida que as pessoas imaginam juntas.
10. O Estado tem um papel importante, mas incompleto, nesse processo. O Estado pode fornecer serviços, mas não consegue fornecer cuidados facilmente. Isto é, o Estado pode redistribuir dinheiro aos pobres, pode construir abrigos para os desabrigados e creches. Pode criar as plataformas materiais sobre quais relacionamentos podem ser construídos. Mas o Estado não pode criar os relacionamentos íntimos que constroem uma pessoa totalmente funcional. Isso só pode acontecer pelo contato pessoal habitual.

CONCLUSÃO: O MANIFESTO RELACIONALISTA

Apenas por intermédio dos relacionamentos podemos nos tornar vizinhos, trabalhadores, cidadãos e amigos.

Declaração da Interdependência

1. Uma boa sociedade é como uma floresta densa. Existem videiras e galhos entrelaçados. Sistemas de raízes enredadas e conexões pelas copas, onde há macacos brincando e borboletas voando. Cada criatura tem um lugar no grande ecossistema. Há uma lindíssima diversidade, beleza e vitalidade.
2. Uma boa pessoa levando uma boa vida é uma criatura enredada nessa floresta. Uma vida bela é uma vida fixa, ligada, mas dinâmica. Uma boa vida é simbólica — servir aos outros de corpo e alma e ser servido da mesma forma. São os atos diários de amor afetuoso, gentileza na abordagem, autocontrole depois do insulto. É uma aventura de cuidado mútuo, construção e exploração. A pergunta crucial não é "quem sou eu?", mas "de quem eu sou?".
3. A maioria de nós melhora seu jeito de viver a vida com o passar do tempo. Então chega um momento, que pode vir cedo ou tarde na vida, em que percebemos qual é a questão da vida. Nós a observamos e revemos os momentos em que nos sentimos mais vivos, em nosso melhor. Geralmente, esses são momentos em que estávamos trabalhando com outras pessoas a serviço de algum ideal. Esse é o momento da ação. Quando alcançamos a clareza sobre o que devemos fazer e como devemos viver. É o momento em que o ego perde o controle. Há uma explosão repentina de energia que chega com a libertação do ego autocentrado. A vida fica mais guiada e mais doada. Esse é o momento em que nossa vida chega a um ponto.
4. Quando vemos pessoas nesse ponto, percebemos que elas têm uma fortaleza interior de valores e devoções contra a qual até mesmo a ameaça da morte não consegue prevalecer. Quando vemos pessoas nesse ponto, vemos uma generosidade que irradia

para o mundo. Vemos pessoas que se doam, não de grandes formas, mas apenas em pequenos favores e considerações atenciosas. É assim que a floresta fica densa e saudável.

5. Quando vemos um grupo de pessoas nesse estado, vemos não só indivíduos, mas um povo, uma comunidade, uma sociedade em ascensão, onde as pessoas ajudam, engrandecem os talentos, aproveitam a criatividade e contam com a hospitalidade umas das outras.

6. Quando vemos pessoas nesse ponto, vemos pessoas com um poder que supera a divisão e a desconfiança. A desconfiança é uma perversidade. Ninguém quer viver mergulhado em desconfiança ou ser solitário. A desconfiança surge devido a nossas próprias falhas de relação. Mas o amor tem um poder de redenção, argumentou Martin Luther King. Tem o poder de transformar os indivíduos e quebrar a desconfiança. Se você ama alguém e continuar amando, primeiro essa pessoa pode atacá-lo, mas acabará caindo sob o poder do seu cuidado. A divisão não é principalmente curada pela resolução do mal, mas pela superação do mal com o bem. Se for possível maximizar o número de boas interações entre as pessoas, então as discordâncias repousarão em uma cama de cuidado amoroso, e o mal terá uma tendência a dar conta de si mesmo. Quando a confiança é restaurada, o coração relaxa e as pessoas são felizes juntas. A alegria é encontrada do outro lado do serviço sacrificial. É encontrada na doação de si mesmo.

7. Quando vemos isso, percebemos que a alegria não é apenas um sentimento, é uma atitude moral. É um estado permanente de dar graças e amizade, comunhão e solidariedade. Não é um fim para os problemas e preocupações. A vida não nos oferece utopia. Mas o eu voltou ao seu tamanho adequado. Quando os relacionamentos são doces, os comprometimentos são fortes, a comunicação é pura, as feridas da vida foram absorvidas e os erros perdoados, as pessoas se inclinam em direção umas às outras, se entrelaçam e uma combustão mística acontece. O amor emerge entre as pessoas do nada, como uma chama pura.

NOTAS

Introdução

xix **"Eu limpei para que ele pudesse"**, Barry Schwartz e Kenneth Sharpe, *Practical Wisdom* (Nova York: Riverhead, 2010/2011), 10.

xxi **"A carga, ou peso"**, C. S. Lewis, *The Weight of Glory* (Nova York: HarperOne, 1976), 10. Publicado no Brasil com o título *O Peso da Glória*.

xxx **"Quanto mais Levin cortava"**, Leon Tolstói, *Anna Karenina*, trad. Richard Pevear e Larissa Volokhonsky (Nova York: Penguin Classics, 2004), 253.

xxx **"Não há palavras"**, William McNeill, *Keeping Together in Time* (Cambridge, MA: Harvard University Press, 1995), citado em Jonathan Haidt, *The Happiness Hypothesis* (Nova York: Basic, 2005), 237.

xxxi **"Um homem magérrimo"**, Zadie Smith, "Joy", The *New York Review of Books*, 10 de janeiro de 2013, https://www.nybooks.com/articles/2013/01/10/joy.

xxxi **"Se escrevesse o melhor livro"**, Nancy L. Roberts, *Dorothy Day and the Catholic Worker* (Albany: SUNY Press, 1985), 26.

xxxii **"A alegria é o ponto de encontro"**, David Whyte, *Consolations* (Langley, WA: Many Rivers Press, 2015), 127.

xxxiii **"Por um longo momento estive ali"**, Christian Wiman, *My Bright Abyss* (Nova York: Farrar, Straus and Giroux, 2013), 44.

xxxiv **"Sempre que mergulho na vida selvagem"**, Belden C. Lane, *Backpacking with the Saints* (Nova York: Oxford University Press, 2014), 8.

xxxv **"Enquanto estava lá deitado"**, Jules Evans, "Dissolving the Ego", *Aeon*, 26 de junho de 2017, https://aeon.co/essays/religion-has-no-monopoly-on-transcendent-experience.

xxxix **"A alegria não é meramente externa"**, Miroslav Volf, "The Crown of the Good Life: A Hypothesis", em *Joy and Human Flourishing*, ed. Miroslav Volf e Justin E. Crisp (Mineápolis: Fortress Press, 2015), 135.

UM Sistemas Morais

9 **"O homem é uma criatura"**, Iris Murdoch, "Metaphysics and Ethics", em *Existentialists and Mystics* (Nova York: Penguin Press, 1998), 75.

DOIS A Vida no Instagram

18 **"tenho certeza de que um dia"**, Jack O. Balswick, Pamela Ebstyne King e Kevin S. Reimer, *The Reciprocating Self* (Downers Grove, IL: InterVarsity Press, 2005), 182.

18 **"capital de identidade"**, Meg Jay, *The Defining Decade* (Nova York: Twelve, 2012), 10. Publicado no Brasil com o título *A Idade Decisiva*.

TRÊS A Estrela Insegura

25 **"é um lugar em que você"**, David Whyte, *The Three Marriages* (Nova York: Riverhead, 2009), 25.

QUATRO O Vale

29 **"Eu tentei alcançar a perfeição intelectual"**, Leon Tolstói, *A Confession*, em *Pilgrim Souls*, ed. Amy Mandelker e Elizabeth Powers (Nova York: Touchstone, 1999), 51.

32 **"Lá estava eu, alguns anos depois da faculdade"**, William Deresiewicz, *Excellent Sheep* (Nova York: Free Press, 2014), 110.

34 **"Algo que não tem muito a ver"**, David Foster Wallace, citado em Hubert Dreyfus e Sean Dorrance Kelly, *All Things Shining* (Nova York: Free Press, 2011), 24. Publicado no Brasil com o título *Um Mundo Iluminado*.

34 **"Conversa atrás de conversa"**, Veronica Rae Saron, "Your Unshakable Stuckness as a 20-something Millennial", *Medium*, 20 de dezembro de 2016, https://medium.com/@vronsaron/your-unshakable-stuck-ness-as-a-20-something-millennial-d7580383e1b0.

35 **Setenta e seis por cento,** Rosalyn F. T. Murphy, "The Fellowship of The King", *Comment*, 12 de junho 2018, https://www.cardus.ca/comment/article/the-fellowship-of-the-king.

36 **"o estado de espírito que pode considerar uma ordem social"**, Robert Nisbet, *The Quest for Community* (São Francisco: ICS Press, 1990), xxiii.

37 **apenas 20% dos jovens adultos,** William Damon, *The Path to Purpose* (Nova York: Free Press, 2008), 60.

37 **o comparecimento em igrejas caiu,** Charles Heckscher, *Trust in a Complex World* (Oxford: Oxford University Press, 2015), 50.

CINCO O Deserto

44 **"Você está passando por uma época estranha"**, Henri J. M. Nouwen, *The Inner Voice of Love* (Nova York: Image Books, 1999), 16. Publicado no Brasil com o título *A voz íntima do amor*.

45 **"O que acontece quando uma 'criança superdotada'"**, Lane, *Backpacking with the Saints*, 56.

45 **"Sua dor é profunda"**, Nouwen, *The Inner Voice of Love*, 88. Publicado no Brasil com o título *A Voz Íntima do Amor*.

46 **"Se me fosse pedido"**, Frederick Buechner, *The Alphabet of Grace* (Nova York: HarperOne, 2009), 87.

46 **"À medida que a escuridão começou a cair"**, Parker J. Palmer, *Let Your Life Speak* (São Francisco: Jossey-Bass, 1999), 19.

46 **"Tentar viver"** Ibidem, 5.

47 **"Quando me aventuro no deserto"**, Lane, *Backpacking with the Saints*, 76.
48 **"Seu ego prefere a certeza"**, James Hollis, *What Matters Most* (Nova York: Avery, 2009), 95.

SEIS Coração e Alma

49 **livro sobre um cara que comprou uma casa,** Ronald Rolheiser, *The Holy Longing* (Nova York: Image Books, 2009), 17.
50 **"Ser humano é"**, James K. A. Smith, *You Are What You Love* (Grand Rapids, MI: Brazos Press, 2016), 8. Publicado no Brasil com o título *Você É Aquilo que Ama*.
51 **Por ter essa essência dentro de si,** Gerald K. Harrison, "A Defence of the Soul", *The Montreal Review*, junho de 2016, http://www.themontrealreview.com/2009/A-defence-of-the-soul.php.
54 **"O surgimento da minha doença"**, Nathaniel Hawthorne, *The Blithedale Romance* (Boston: Ticknor, Reed, and Fields, 1852), 73.

SETE A Vida Comprometida

60 **"Um homem que diz"**, Dietrich von Hildebrand e Alice von Hildebrand, *The Art of Living* (Steubenville, OH: Hildebrand Project, 2017), 23.
61 **"A espiritualidade é uma emoção"**, Rabbi David Wolpe, "The Limitations of being 'Spiritual but Not Religious'", *Time*, 21 de março de 2013, http://ideas.time.com/2013/03/21/viewpoint-the-problem-with-being-spiritual-but-not-religious.
63 **"urgência existencial"**, Paul Froese, *On Purpose* (Nova York: Oxford University Press, 2016), 54.

OITO A Segunda Montanha

73 **"Existe um peso"**, Richard Rohr, *Falling Upward* (São Francisco: Jossey-Bass, 2011), 117.
76 **"Em vez disso, vimos"**, Anne Colby e William Damon, *Some Do Care* (Nova York: Free, 1994), 70.
81 **"Caótica, extrovertida"**, Patrick Woodhouse, *Etty Hillesum: A Life Transformed* (Nova York: Continuum, 2009), 7.
81 **"Eu acho que meus pais"**, Ibidem, 13.
81 **"Meu cérebro habilidoso"**, Etty Hillesum, *An Interrupted Life: The Diaries, 1941–1943* (Nova York: Henry Holt, 1996), 49.
82 **"O que eu realmente quero é um homem"**, Ibidem, 17.
82 **"Todas as minhas tensões internas"**, Ibidem, 7.
82 **"Você é meu amado"**, Woodhouse, *Etty Hillesum*, 21.
83 **"Em outras palavras, eu queria subjugar a natureza"**, Ibidem, 33.
83 **"Ó, Deus, leve-me com Tuas grandes mãos"**, Hillesum, *Diaries*, 33.
84 **"Não é mais: eu quero isto ou aquilo"**, Woodhouse, *Etty Hillesum*, 46.
84 **"A ameaça está cada vez maior"**, Hillesum, *Diaries*, 133.
84 **"O que está em jogo"**, Woodhouse, *Etty Hillesum*, 81.
84 **"Eu não acredito mais"**, Hillesum, *Diaries*, 84.
86 **"É como se"**, Woodhouse, *Etty Hillesum*, 105.

86 **"Há muitos milagres"**, Ibidem, 120.
87 **"O sofrimento aqui é muito terrível"**, Ibidem, 128.

NOVE O que É Vocação

95 **"Que é possível estar certo e ainda ser derrotado"**, Jeffrey Meyers, *Orwell: Wintry Conscience of a Generation* (Nova York: W. W. Norton & Company, Inc., 2000), 170.
97 **"Não importava o que"**, Viktor E. Frankl, *Man's Search for Meaning* (Nova York: Pocket Books, 1985), 98. Publicado no Brasil com o título *Em Busca de Sentido*.
97 **"Quando uma questão é menos central"**, Anne Colby e William Damon, *The Power of Ideals* (Oxford: Oxford University Press, 2015), 84.

DEZ O Momento da Anunciação

103 **"Uma coisa bela"**, Frederick Turner, *Beauty: The value of values*, citado em John O'Donohue, *Divine Beauty: The invisible embrace* (Nova York: HarperCollins, 2004), 55.
104 **"Ainda consigo lembrar"**, Walter Isaacson, *Einstein: His life and universe* (Nova York: Simon & Schuster, 2008), 13. Publicado no Brasil com o título *Einstein: Sua vida, seu universo*.
104 **"A Música, a Natureza e Deus"**, Ibidem, 14.
104 **"Apenas aqueles que percebem"**, Froese, *On Purpose*, 8.
105 **"Deixa a jovem alma sobreviver"**, Friedrich Nietzsche, *Schopenhauer as Educator*, trad. Daniel Pellerin (autopublicação, CreateSpace, 2014), 4.

ONZE O que os Mentores Fazem

109 **Escapar da morte por um crocodilo**, E. O. Wilson, *Naturalist* (Washington: Island Press, 1994), 31. Publicado no Brasil com o título *Naturalista*.
110 **"O professor, aquele amador profissional"**, Leslie Fiedler, *What Was Literature?*, citado em Deresiewicz, *Excellent Sheep*, 182.
110 **"A educação moral é impossível"**, Tracy Lee Simmons, *Climbing Parnassus* (Wilmington, DE: ISI Books, 2007), 45.
110 **"As provisões mais indispensáveis"**, Ibidem, 44.
111 **"Em qualquer disciplina difícil"**, Matthew B. Crawford, *Shop Class as Soulcraft* (Nova York: Penguin Press, 2009), 65.
112 **"Fui passar um dia por curiosidade"**, William James, "What Makes a Life Significant?", *Leading Lives That Matter*, eds. Mark R. Schwehn e Dorothy C. Bass (Grand Rapids, MI: Eerdmans, 2006), 15.
112 **"O significado sólido"**, Ibidem, 27.

DOZE Problemas de Vampiros

116 **Oitenta e três por cento de todas as fusões de empresas**, Chip Heath e Dan Heath, *Decisive* (Nova York: Crown, 2013), 3.
116 **"Não se engane"**, L. A. Paul, *Transformative Experience* (Oxford: Oxford University Press, 2014), 47.
117 **"É notável a minha falta de clareza"**, Colby e Damon, *The Power of Ideals*, 108.
120 **"Seu comprometimento emocional"**, Robert Greene, *Mastery* (Nova York: Viking, 2012), 180. Publicado no Brasil com o título *Maestria*.

122 **uma bola de neve em cima de um iceberg,** Timothy D. Wilson, *Strangers to Ourselves* (Cambridge, MA: Belknap Press, 2004), 6.
123 **A quantidade de pais que chegavam atrasados dobrou,** Samuel Bowles, *The Moral Economy* (New Haven: Yale University Press, 2016), 5.
125 **"o hábito da análise",** Atam Etinson, "Is a Life Without Struggle Worth Living?", *The New York Times*, 2 de outubro de 2017.
126 **"Eu a observei se mover",** Mary Catherine Bateson, *Composing a Life* (Nova York: Grove Press, 2001), 39.
127 **"Depois de um evento como aquele",** Emily Esfahani Smith, *The Power of Meaning* (Nova York: Broadway Books, 2017), 163. Publicado no Brasil com o título *O Poder do Sentido*.
127 **"Nossa mente deve ser uma mente investigadora",** Thomas Bernhard, *Old Masters* (Chicago: University of Chicago Press, 1992), 20.

TREZE **Maestria**

134 **"Meu disfarce pessoal",** Lane, *Backpacking with the Saints*, 41.
135 **Bradley encontrou dois corredores estreitos,** Greene, *Mastery*, 79. Publicado no Brasil com o título *Maestria*.
138 **"mas também precisamos aprender a virtude",** Galen Guengerich, "One Well Deep Enough" (sermão, All Souls Unitarian Church, Nova York, NY, 5 de outubro de 2014).
139 **"Algo muito intrigante",** Schwartz and Sharpe, *Practical Wisdom*, 87.
139 **toda a arquitetura de uma peça musical,** Greene, *Mastery*, 6. Publicado no Brasil com o título *Maestria*.
140 **"o melhor álbum cover",** Bruce Springsteen, *Born to Run* (Nova York: Simon & Schuster, 2016), 49.
142 **"Um artista está consciente",** Wiman, *My Bright Abyss*, 41.
143 **"Era aqui que eu queria me manifestar",** Springsteen, *Born to Run*, 264.

QUATORZE **O Casamento Supremo**

152 **"Esses homens chegam à vida adulta",** Judith S. Wallerstein e Sandra Blakeslee, *The Good Marriage* (Nova York: Houghton Mifflin Harcourt, 1995), 43.
152 **"Eu estava tentando pensar na pior briga",** Ibidem, 313.
152 **"Precisamos trocar a visão romântica",** Alain de Botton, "Why You Will Marry the Wrong Person", *The New York Times*, 28 de maio de 2016.
153 **"Eu acho que o bom",** Wallerstein e Blakeslee, *The Good Marriage*, 173.
154 **"O individualismo expressivo",** Eli J. Finkel, *The All-or-Nothing Marriage* (Nova York: Dutton, 2017), 82.
154 **"Temos vivido na era",** Eli J. Finkel, "The All-or-Nothing Marriage", *The New York Times*, 14 de fevereiro de 2014.
154 **"meu companheiro",** Finkel, *The All-or-Nothing Marriage*, 111.
154 **"o escolhedor experiente e soberano",** Polina Aronson, "Romantic Regimes", *Aeon*, 22 de outubro de 2015, https://aeon.co/essays/russia-against-the-western-way-of-love.
155 **"Devemos retornar a uma atitude",** Mike Mason, *The Mystery of Marriage* (Colorado Springs: Multnomah, 2005), 107. Publicado no Brasil com o título *O Mistério do Casamento*.

156 **"Seja ela uma crise saudável, desafiadora e construtiva"** Ibidem, 10.
157 **"E há o grande problema do casamento"**, Timothy Keller e Kathy Keller, *The Meaning of Marriage* (Nova York: Dutton, 2011), 180. Publicado no Brasil com o título *O Significado do Casamento*.

QUINZE Os Estágios da Intimidade I

162 **"Um homem nesse estado"**, C. S. Lewis, *The Four Loves* (Nova York: Harcourt Brace, 1991), 93. Publicado no Brasil com o título *Os Quatro Amores*.
164 **Cerca de um quinto dos adultos em culturas ocidentais**, Hal Shorey, "Fear of Intimacy and Closeness in Relationships", *Psychology Today*, 19 de abril de 2015.
166 **"Pessoas boas espelharão a bondade"**, Rohr, *Falling Upward*, 155.
166 **Somos iguais**, Whyte, *The Three Marriages*, 50.

DEZESSEIS Os Estágios da Intimidade II

169 **"Esposa e marido juntos abençoam"**, Amy A. Kass e Leon R. Kass, *Wing to Wing, Oar to Oar* (Notre Dame, IN: University of Notre Dame Press, 2000), 449.
169 **"Muitos dos casais divorciados que vi"**, Wallerstein e Blakeslee, *The Good Marriage*, 48.
169 **"Há uma desordem adorável"**, O'Donohue, *Divine Beauty*, 150.
171 **"Assim uma poderia acordar a outra"**, Sheldon Vanauken, *A Severe Mercy* (Nova York: Harper & Row, 1977), 39.
173 **"Aquele que é desprovido do poder"**, Martin Luther King Jr., *Strength to Love* (Mineápolis: Fortress Press, 2010), 44.
175 **"O ser humano desconectado"**, James Hollis, *Finding Meaning in the Second Half of Life* (Nova York: Gotham, 2006), 119. Publicado no Brasil com o título *Encontrando Significado na Segunda Metade da Vida*.
176 **"Dissemos: 'Se não estivermos mais apaixonados'"**, Vanauken, *A Severe Mercy*, 43.
176 **"Melhor isso do que o adeus"**, Lewis, *The Four Loves*, 107. Publicado no Brasil com o título *Os Quatro Amores*.

DEZESSETE A Decisão do Casamento

180 **As estatísticas são piores**, Jay, *The Defining Decade*, 74. Publicado no Brasil com o título *A Idade Decisiva*.
182 **"Se você escolher um parceiro dos sonhos"**, Ty Tashiro, *The Science of Happily Ever After* (Nova York: Harlequin, 2014), 152.
183 **Elas relaxam porque existe uma sensação de normalidade**, Ibidem, 195.
183 **Pessoas que experimentaram padrões ansiosos de apego**, Ibidem, 203.
184 **"Indivíduos neuróticos"**, Ibidem, 173.
184 **três tipos de amor**, Reimer, *The Reciprocating Self*, 226.

DEZOITO Casamento: A Escola Construída Juntos

189 **"Separar-se emocionalmente"**, Wallerstein e Blakeslee, *The Good Marriage*, 28.
191 **"Agimos frequentemente a partir de roteiros"**, Alain de Botton, *The Course of Love* (Nova York: Simon & Schuster, 2016), 83. Publicado no Brasil com o título *O Curso do Amor*.

192 **"A mágica do relacionamento de um casal"**, Ayala Malach Pines, *Falling in Love, 2nd Edition* (Nova York: Routledge, 2013), 183.
193 **"Existe um hábito mental"**, Emily Esfahani Smith, "Masters of Love", *The Atlantic*, 12 de junho de 2014.
194 **"O emburrado precisa desesperadamente"**, de Botton, *The Course of Love*, 63. Publicado no Brasil com o título *O Curso do Amor*.
196 **"É uma escolha deliberada de proximidade"**, Mason, *The Mystery of Marriage*, 42. Publicado no Brasil com o título *O Mistério do Casamento*.
196 **"Um casamento ganha vida, paradoxalmente"**, Ibidem, 36.
198 **"êxtase de ações"**, Abraham Joshua Heschel, *God in Search of Man* (Nova York: Farrar, Straus and Giroux, 1976), 358. Publicado no Brasil com o título *Deus em Busca do Homem*.
199 **"Você tem 82 anos"**, Alain Badiou e Nicolas Truong, *In Praise of Love* (Londres: Serpent's Tail, 2012), 45. Publicado no Brasil com o título *Elogio ao Amor*.

DEZENOVE Compromissos Intelectuais

205 **"Entrar para um movimento radical"**, Irving Kristol, *Neoconservatism* (Chicago: Ivan R. Dee/Elephant Paperbacks, 1999), 470. Publicado no Brasil com o título *Neoconservadorismo*.
207 **"A pessoa é apta a pensar no fracasso moral"**, Simmons, *Climbing Parnassus*, 43.
207 **"tira nossa atenção"**, Anthony T. Kronman, *Education's End* (New Haven: Yale University Press, 2007), 127.
207 **"Pois fez a pergunta"**, Ibidem, 125.
210 **"uma aventura intelectual não ensaiada sem fim"**, Paul Franco, *Michael Oakeshott: An introduction* (New Haven: Yale University Press, 2004), 122.

VINTE Compromisso Religioso

218 **"E eu soube que o Espírito"**, Wendell Berry, *Jayber Crow* (Washington: Counterpoint, 2001), 83.
221 **"Na verdade, houve uma oportunidade"**, Frankl, *Man's Search for Meaning*, 93. Publicado no Brasil com o título *Em Busca de Sentido*.
222 **"Pela primeira vez na vida"**, Ibidem, 57.
223 **"Essa árvore é a única amiga que tenho"**, Ibidem, 90.
224 **"De verdade? Você nunca se sentiu tomado"**, Wiman, *My Bright Abyss*, 10.
225 **"Não é como se nós repentinamente"**, Ibidem, 82.

VINTE E UM Uma Reviravolta Muito Inesperada

228 **"Minhas velhas ideias não eram adequadas"**, Ibidem, 92.
230 **"Com uma consciência penetrante"**, Avivah Gottlieb Zornberg, *The Particulars of Rapture* (Nova York: Schocken, 2011), 10.
239 **"Quando percebem que ninguém se importa"**, Jean Vanier, *Becoming Human* (Nova York: Paulist Press, 2008), 9.
239 **"A fraqueza carrega dentro de si"**, Ibidem, 40.
242 **"religião concreta"**, Joseph Soloveitchik, *Halakhic Man* (Filadélfia: The Jewish Publication Society of America, 1984), 58.

243 **"A santidade é criada pelo homem"**, Ibidem, 46.
245 **"apenas me sentei lá"**, Robert Coles, *Dorothy Day: A radical devotion* (Reading, MA: Addison-Wesley, 1987), 16.
248 **"A admiração é, em si"**, Heschel, *God in Search of Man*, 74. Publicado no Brasil com o título *Deus em Busca do Homem*.
252 **"Uma atitude é estranha"**, Ibidem, 45.
257 **"No romance de Dostoiévski, essa prostituta"**, Jaroslav Pelikan, *Fools for Christ* (Eugene, OR: Wipf and Stock, 2001), 76.
260 **"De minha parte, posso muito bem descrever"**, Søren Kierkegaard, *Fear and Trembling*, ed. C. Stephen Evans e Sylvia Walsh, trad. Sylvia Walsh (Nova York: Cambridge University Press, 2006), 31.
261 **"Só se pode escolher um lado"**, Vanauken, A *Severe Mercy*, 99.
263 **"Nossa única tarefa humana"**, Cynthia Bourgeault, *The Wisdom Jesus* (Boston: Shambhala, 2008), 106.
263 **"Nas Beatitudes, algo de grandeza celestial surge"**, Romano Guardini, *The Lord* (Washington: Gateway Editions, 1996), 84. Publicado no Brasil com o título *O Senhor*.
265 **"a religião não é"**, Soloveitchik, *Halakhic Man*, 142.
265 **"então preciso admitir"**, Wiman, *My Bright Abyss*, 9.
267 **"entre confissões e lágrimas"**, Philip Yancey, *Soul Survivor* (Nova York: Galilee/Doubleday, 2003), 249. Publicado no Brasil com o título *Alma Sobrevivente*.
267 **"Pelo menos cinco de dez vezes"**, Ibidem, 264.
267 **"A igreja é meu maior problema intelectual"**, Rohr, *Falling Upward*, 80.

VINTE E DOIS **Rampas e Muros**
270 **"No momento em que começo a exercitar minha vontade"**, Eugene H. Peterson, *The Contemplative Pastor* (Grand Rapids, MI: Eerdmans, 1993), 98. Publicado no Brasil com o título *O Pastor Contemplativo*.
273 **"A liturgia recria ritualisticamente uma tradição"**, Christian Smith, *Moral, Believing Animals* (Oxford: Oxford University Press, 2003), 16.

VINTE E TRÊS **Estágios da Construção da Comunidade I**
281 **"rede complexa e quase invisível"**, Jane Jacobs, *The Death and Life of Great American Cities* (Nova York: Vintage, 2016), 32. Publicado no Brasil com o título *Morte e Vida de Grandes Cidades*.
282 **"Sob a aparente desordem"**, Ibidem, 50.
291 **"O futuro é criado"**, Peter Block, *Community: The structure of belonging* (São Francisco: Berrett–Koehler Publishers, 2008), 85.

VINTE E QUATRO **Estágios da Construção da Comunidade II**
304 **"Venho aqui para contar"**, Vanier, *Becoming Human*, 7.
304 **"A verdadeira comunidade é diferente"**, Ibidem, 50.
306 **os israelitas nunca estão mais felizes**, Aaron Wildavsky, *Moses as Political Leader* (Jerusalém: Shalem Press, 2005), 111.

Índice

A

abandono, 113
abertura para a experiência, 183
Abraão Isaac Kook, 230
Abraham Lincoln, xix
absorção, 161
ação
   espiritual, 9
   física, 8
acédia, 26
Ada Calhoun, 32
Adam Phillips, 171
Adão e Eva, 228
admiração, 248
adultos emergentes, 17
agape, 184
Alain de Botton, 152
Alan Ehrenhalt, 4
Alasdair MacIntyre, 229
Albert Camus, 95
Albert Einstein, 104
alegria, xxviii–xxxix
   explorar, 161
   moral, xxxv–xxxix
   níveis, xxx
   permanente, xv
   pessoal, xvi
Alexander Soljenítsin, 224
Alfred North Whitehead, 110
alienação, 36
alimento
   espiritual, 41
   frívolo, 41
alma, 51–53
alma gêmea, 152
altruísmo, 69

amabilidade, 183
amor, 35
   afetuoso, xxxvii
   amizade, 60
   apaixonado, 175
   entusiástico, 277
   filial, 60
   incondicional, 74
   marital, 150
   parental, 60
   segundo, 199
   visão, 159
Amos Tversky, 117
André Gorz, 199
Andrew Solomon, 102
Angela Duckworth, 314
anglofilia, 233
Anne Colby, 76
Annie Dillard, 47
anseios, xvii
ansiar, 52
ansiedade existencial, 24
Anthony Kronman, 206
Anthony Trollope, 136
antissemitismo, 6
Anwar Sadat, 219
apego
   padrões, 183–184
aposento da irreflexão, 39
aquisição, xx
arte, 142
asceticismo, 142
Asiaha Butler, 287–288
ateísmo, 241
atitude mental, xv
atitude mental distraída, 20
ativistas morais, 8
autenticidade, 16
autocentrado, xviii

autocura, 38
autoesquecimento, xxix
automatização, 135
autonomia, 57–58
autoproteção, 38
autossuficiência, 41
autotranscendente, xxxix
aversão à perda, 118
Avivah Gottlieb Zornberg, 229
Ayala Malach Pines, 192

B

baby boomers, 10
Barry Schwartz, xix
Belden Lane, 45
beleza, 103
bem cristão, 239
Benjamin Franklin, 134
Benjamin Hardy, xxxvii
Bert Williams, 107
Betty Friedan, 6
Bill Bradley, 135
Bispo Tutu, xxxv
bondade, 47
   terrena, 238
Bruce Springsteen, 139–143

C

calamidade, 86
campo de concentração, 85–87
capital de identidade, 18
capitalismo, xxvii
capital social, 283
caráter, xxiv
caridade, 80
Carl Jung, 175

carreira, 96
casamento, 150-158
　autoexpressivo, 154
　casamento-trégua, 157
　companheiro, 153
　decisão, 179-188
　egoísmo, 156
　personalidades, 190-191
　quebrado, 197
　supremo, 152-156
Casey Gerald, 129
centralidade da realização, 12
Centros de Controle e Prevenção de Doenças, 36
cérebro
　analítico, 50
　pensante, 49
certeza vocacional, 69
cheiro, 162
chessed, 238
Chip Heath, 119
choque puro, 276
Christian Smith, 273
Christian Wiman, xxxiii
ciência social moderna, xxvii
círculos sociais, xvi
civilização ocidental, 209
código da vizinhança, 302-304
código de honra
　gregos e romanos, 4
colisão de ambições, 25
combustão emocional, 67
comedimento, 63
compaixão, 80
comparação, 20
comportamento, 8
compreensão, xxiv
comprometimento, 60-64
　caráter moral, 63
　emocional, 120
　identidade, 62
　intelectual, 206
　intenso, 60
　liberdade, 63
　sentido de propósito, 62
compromisso, xviii
comunicação, 192-195
comunidade, 282-283

afeição, 39
comprometimento, 288
conexão, 303
densa, 313-314
hospitalidade, 303
identidade, 300
minorias, 304
mundo ocidental, 284
tradição, 309
conformidade, 7
Confúcio, 134
conhecimento, 120
　emocional, 211-212
　prático, 108
consciência, 122-123
　espiritual, 275
conscienciosidade, 183
conservadorismo, xxvi
constrangimento, xxxi
construção do ego, xx
consumismo, 12
contentamento, 128
　moral, xxiv
contração, 251
contracultura dos anos 1960, 10
contrato, 60
contribuição, xx
controle interno, 221
coração ávido, 49
　realizado, 51
coragem intelectual, 211
Cortesia, 171
crenças, 17
criminologistas, xxxvii
crise, 171-173
　casamento, 195-199
　conexão
　　solidariedade, xxii
　social, 35-39
　teleológica, 33-34
　　adormecida, 33
　　ambulante, 33
cristianismo, 236-268
C. S. Lewis, 48
cuidado invasivo, 273
cultura
　comunal, 13
　dominante, xviii
　narcisista, 299

curiosidade, 161-162
Cynthia Bourgeault, 263

D

Dalai Lama, xxxv
Dan Heath, 119
Daniel Kahneman, 117
Daphne de Marneffe, 55
David Foster Wallace, 20
David Whyte, xxxii
David Wolpe, 61
David Yankelovich, 36
dedicação, 58
definição de si mesmo, xx
demônio, 121-122
depressão, 37
desapego, 18
descomprometimento, 20
desconfiança, xxvii
desejo, 49-51
　camadas, 72
desentendimento central, 172
desenvolvimento moral
　educação, 208
desprender do ego, xx
destrutivos, 63
Deus, 249
　interno, 11
D. H. Lawrence, 181
diálogo, 162-165
Dietrich Bonhoeffer, 77
dignidade, 51
disciplina, 142
discrição, 6
discurso de formatura, 15
dissociação, 196
distensão, 161
distração, 20
divórcio, 153
doação, 77
doenças mentais, xxvii
Donald Yates, 176
dor
　romântica, 172
Dorothy Day, 253-255
Dottie Fromal, 291
dualismo patológico, 272
dúvidas, 18

E

Edmund Burke, 193
efeito halo, 118
ego, xvii, 48, 54
egoísmo, xxvii
elevação, 156
　moral, xxxvi
Eli Finkel, 154
elitista, xx
Elkhonon Goldberg, 139
emancipação, 10
　individual, 34
Emily Esfahani Smith, 126
emoções, 50-51
encarnação, 251
enraizamento ontológico, 35
entrega cega, 269
entretenimento, 20
entusiasmo, 209
E. O. Wilson, 101-103
　naturalista, 102
Eric Klinenberg, 290
eros, 184
escolha transformativa, 115
escuta, 46
　paciente, 79
　ruim, 272
espiritualidade, 61
Estados Unidos, 11
estilo de vida estético, 18-22
estrela insegura, 26
éthos, xxii, 9
　pesquisa, 208
ética, 51
Etty Hillesum, 81-88
euforias temporárias, xv
Eugene Peterson, 270
eu protegido, 11
europeus, 13
Eva Brann, 209
Êxodo, 229-231
　jornada, 230
experiência, 18-21
　aleatórias, 19
　espiritual, 224
　mística, 219
　retirada, 70
expressividade, 9

êxtase de ações, 198
extroversão, 183

F

falta de direcionamento
　moral, 34
fascismo, 95
fé, 227-268
　despudorada, 274
　expressão, 274
felicidade, xxix
　sóbria, 73
feridas, xvii
fidelidade, 60
filosofia de vida, 210
Fiódor Dostoiévski, 55
fonte de sabedoria, 16
formação moral
　relacional, 64
fracasso, 15
fragmentação do tecido
　social, 284
fraqueza, 239
Frederick Buechner, 46
Frederick Turner, 103
Fred Swaniker, 129
Friedrich Engels, 203
fusão, 50

G

Gabriel García Márquez,
　151
Galen Guengerich, 138
Garry Shandling, 164
Gary Chapman, 190
generosidade, xxxvi
Geoffrey Canada, xxxv
George Bernard Shaw, 95
George Eliot, 37
George McClellan, xx
George Orwell, 93-95
　classe trabalhadora, 94
　desafio moral, 95
　destino, 94
George Washington, 150
Gerald K. Harrison, 51
G. K. Chesterton, 176
graça participativa, 256

Grande Depressão, 4
grandes escolhas, 116-132
Gregory Boyle, xxxvii
grosserias
　tipos, 194
guerra, 38

H

hábitos virtuosos, 63
H. A. Dorfman, 136
Hannah Arendt, 38
Helen Keller, xxxviii
Henri Nouwen, 44
hierarquia das necessidades
　de Maslow, 11
hiperbajulador, 24
hiperindividualismo,
　316-319
hippie, 9
história cristã, 235
hospitalidade radical, 75
humildade, 6

I

idade adulta, 17
ideal de pesquisa, 207
ideal humanístico, 206-210
identidade, 61
　social, 17
igualitária, xx
Iluminismo, 29
　aprovação pública, 30
　intelectuais, 30
　progresso, 30
　razão, 30
Immanuel Kant, 52
impacto coletivo, 310
impulso moral, 53
independência, 57-58
indeterminação, 19-22
indignação moral, 197
individualismo, 57-58
infância, 17
injustiça, 95
Instagram, 19-22
insulto, 51
interdependência, 57-58

interesse, 120
  próprio
    ganho material, 72
    reconhecimento de status, 72
intimidade, 159-166
  combustão, 167-178
  responsabilidade, 171
intuições, 117-118
Iris Murdoch, 111
Irving Kristol, 205
isolamento social, 284-287

J

Jack Gilbert, 149
Jacques Maritain, 213
James Burnham, 205
James Hollis, xvi
James K. A. Smith, 50
Jane Austen, 182
Jane Jacobs, 281-282
Jaroslav Pelikan, 257
J. B. Priestley, 168
Jean Vanier, 239
Jesus
  história, 234
J. F. Roxburgh, 207
Jim Lehrer, 3
Joanni L. Sailor, 195
Johann Hari, 285
John Cheever, 135
John E. Biersdorf, 80
John Gottman, 190
John Keats, 39
John McKnight, 286
John O'Donohue, 103
John Reed, 203
John Ruskin, 211
John Steinbeck, 52
John Stott, 243
  paradoxos, 244
John Stuart Mill, 125-126
Jonathan Haidt, xxxvi
Jonathan Sacks, 60
José Ortega y Gasset, 124
Joseph Campbell, 8
Joseph Epstein, 209
Judith Wallerstein, 152

Julie Gottman, 194
juventude, 9

K

kairós, 45
kalon, 103
Karl Barth, 55
Karl Marx, 203
Kenneth Sharpe, xix
Kierkegaard, 16
kosher, 61

L

laço Eu-Tu, 50
L. A. Paul, 115
lealdade, 197
legisladores da humanidade, 8
lente
  emocional, 184
  moral, 185
  psicológica, 182
Leon Tolstói, 29
Leslie Fiedler, 110
Lewis Terman, 182
liberdade, 16-22
  negativa, 63
  positiva, 63
  real, 63
linguagem do bem e do mal, 275-276
liturgia, 273
Lord Shaftesbury, 156
Louis de Bernières, 50
Lydia Netzer, 198

M

Madre Teresa, 265
mágoas, xvii
Malcolm Muggeridge, 54
maldade, 47
manifestações psicológicas, 34
Martin Luther King Jr., 133
Mary Catherine Bateson, 126
Mary Woolley, 207
Matias Dalsgaard, 26

Matthew Arnold, 123
Matthew Crawford, 111
Max Eastman, 205
Maya Angelou, 135
mediocridade intelectual, 273
medo, 129
  existencial, 38
  intimidade, 164
Meg Jay, 18
melhoria, 156
mentalidade
  defensiva, 272
  relacional, xxv
  terapêutica, 12
mentores, 107-114
  escrita, 111
meritocracia, 25-26
  autodisciplina, 25
  caráter, 25
  comunidade, 25
  determinação, 25
  produtividade, 25
  sociedade, 25
metis, 192
Michael Oakeshott, 107
microculturas, 4
Mike Beebe, 138
Mike Mason, 156
millennial, 34
Miroslav Volf, xxxix
Moby Dick, 141
modelo Big Five, 183
modernidade líquida, 20
modéstia, 6
  epistemológica, 205
Moisés, 228
momento de anunciação, 102-106
  estético, 103
momentos sublimes, xxxiv
moralidade vitoriana, 4
mortes por desespero, 36
motivação, 120
movimento
  conservador moderno, 205
  radical, 205

mudança
  motivacional, 72
  social, 291
mulher, 6
mutualidade radical, 79

N

Nabeelah Jaffer, 38
Nachman de Breslau, 230
Nathaniel Hawthorne, 54
nazismo, 84
neuroticismo, 183
New Age, 9

O

obrigação, 129
obscenidade, 51
o grande desmonte, 34
opinião local, 6
opioides, 36
oração, 274–275
orgulho, 256
Origens do Totalitarismo, 38
Oswald Chambers, 141
Otto Rank, 154

P

paciência, 197
padrão de lances e voleios, 193
padrões ansiosos de apego, 183
  evitação, 183
padrões cerebrais, 139–140
paixões, 50
Papa Francisco, xxxv
papéis de gênero, 17
paradigma cultural, xxv
parceiros, 17
Parker Palmer, 46
Patrick Woodhouse, 81
Paul Farmer, xxxv
Paul Froese, 63
Paul Tillich, 40
pensamento intrusivo, 161
perdão, 173–174
peregrinação, 229

perfeição, 30
  moral, 30
personalidade, 77
pessoas religiosas, 238
Peter Block, 78
Peter Drucker, 214
philia, 184
Philip Darlington, 109
pioneiros culturais, 8
Platão, 186
poder de ação, 74
polarização, 285
Polina Aronson, 154
política, 39
pontos de vista políticos, 17
possibilidades, 16
pragmatismo, 27
prática, 135–146
prazer estético, 128
priming, 118
privatização do significado, 11
privilégio
  paradoxo, 63
processo de transformação interna, 268
programas sociais, 288
progresso, 8
promessa, 58
propósito da vida, 52

Q

questões substanciais, 21

R

racismo, 6
radical, xxv
raiva, 191
Ralph Waldo Emerson, xxxiv
razão, 50
realidade
  espiritual, 220
  inevitável, 62
  material, 220
realistas religiosos, 264–268
realizações mundanas, 57
recomprometimento, 196–199

redução da expectativa de vida, 284
reflexão moral, 76
regra 10-10-10, 119
Reino dos Céus, 268
relação, 57–58
relacionalidade, 78–81
relacionalismo, 319–320
relacionamento, 78–88
  profundidade mediana, 185
religião, 61
renúncia do ego, 55
reputação, xvi
resolução de problemas, 306
  conversa, 306–308
responsabilidade, xviii
  moral, 51
reverência atônita, 278
Richard Rohr, 73
ritual, 273
Robert Greene, 120
Robert Nisbet, 36
Roger Scruton, 51
Romano Guardini, 263
rotina de trabalho, 135
rótulos, 144

S

sabedoria, 43
salto, 170–171
Sandra Blakeslee, 152
Santo Agostinho, xxxiv
Sarah Hemminger, 293–295
saúde mental, 35
Seamus Heaney, 33
segurança, 281
sensibilidade à privação, 161
sentido da vida, 97
sentido de ação, 25
servir, 43
sexo, 254
Shabat, 242
Sheldon Vanauken, 171
Shelly Gable, 194
Sigmund Freud, 97
significado, 37–38
Simon May, 35
Sir Richard Livingstone, 110

sistema moral, 4–7
 histórico, 210
Sócrates, 52
sofrimento
 compreensão, 39–41
 conhecimento, 247
 solidariedade, 40
solidão, 35–36
sonho da liberdade total, 12
sorriso de Duchenne, 162
Stephanie Hruzek, 79
Steven Pinker, 208
subcultura, 8
subempregos, 18
sucesso, xvi
 autoestima, 96
 respeito, 96
 segurança financeira, 96
suicídios, 284
Susan Wolf, 76

T

taharah, 251
talento, 120
T. D. Jakes, 117
tecelões, 68–88
técnicas racionais, 119
tecnologia, 12
tempo
 qualitativo, 45
 síncrono, 45
teoria da orquídea e do dente-de-leão, 121
Thomas Bernhard, 127
Thornton Wilder, 174
Thread, 294–295
Tim Keller, 63
Timothy Wilson, 122
tiroteios em massa, 284
tolerar, 77
tomada de decisão, 117–132
 estágios, 118–131
 racional, 118–119
Tom Clancy, 126
trabalho, 133–145
traços de personalidade, 182
tradição, 210

transação, 60
transcendência, xxix
transformação, 54
tribalismo, 38
 inimigo comum, 39
 mentalidade, 39
 tribos indígenas, 13
tristeza inteligente, 73
T. S. Eliot, 94
Ty Tashiro, 182–183
tzimtzum, 251

U

urgência existencial, 63

V

Václav Havel, 220
vaidade, 6
vale da confusão, xvi
 sofrimento, xvi
Vale do Silício, 10
valores, 17
 cristãos e seculares, 272
valor moral, 51
vazio espiritual, 38
Veronica Rae Saron, 34
vício no trabalho, 24
vida
 burguesa, 124
 haláchica, 241
 judaica, 229–243
  identidade, 235
 religiosa, 271
viés do otimismo, 118
Viktor Frankl, 96–97
Vincent van Gogh, 103
virtudes, 6
 intelectuais, 210–215
visão, 211
 limitada, 119
vislumbre, 159–161
vitimização, 272
Vivek Murthy, 35
vocação, 95–100
 Carl Jung, 96
 domínio, 137
 pressentimento, 98

vontade, 270
voz
 ativa, 271
 intermediária, 271
 passiva, 271
vulnerabilidade, xxvi

W

Walker Percy, 105
Walter Trobisch, 174
Wendell Berry, 217
Wes Wubbenhorst, 237
W. H. Auden, 80
Whittaker Chambers, 205
William Damon, 37
William Deresiewicz, 32
William Ernest Henley, 270
William F. Buckley Jr., 112
William H. Sheldon, 88
William James, 109
William Least Heat-Moon, 133
William Seward, xx
William Wordsworth, 98
Woodstock, 9
W. Thomas Boyce, 121

Y

Yo-Yo Ma, xxxv

Z

Zygmunt Bauman, 20